山东科技大学马克思主义学院出版基金资助

绅商情怀：
汤寿潜宪政思想与实践研究

邵勇 ◎ 著

吉林大学出版社
·长春·

图书在版编目(CIP)数据

绅商情怀：汤寿潜宪政思想与实践研究 / 邵勇著.
--长春:吉林大学出版社，2023.9

ISBN 978-7-5768-2183-3

Ⅰ. ①绅… Ⅱ. ①邵… Ⅲ. ①汤寿潜(1857—1917)
—思想评论 Ⅳ. ①K827=52

中国国家版本馆 CIP 数据核字(2023)第 203626 号

书　　名 绅商情怀:汤寿潜宪政思想与实践研究
SHENSHANGQINGHUAI:TANGSHOUQIAN XIANZHENG SIXIANG YU SHIJIANYANJIU

作　　者 邵　勇
策划编辑 黄国彬
责任编辑 闫竞文
责任校对 张　驰
装帧设计 繁华教育
出版发行 吉林大学出版社
社　　址 长春市人民大街 4059 号
邮政编码 130021
发行电话 0431-89580028/29/21
网　　址 http://www.jlup.com.cn
电子邮箱 jldxcbs@sina.com
印　　刷 廊坊市广阳区九洲印刷厂
开　　本 787×1092　1/16
印　　张 18.25
字　　数 270 千字
版　　次 2023 年 9 月　第 1 版
印　　次 2024 年 1 月　第 1 次
书　　号 ISBN 978-7-5768-2183-3
定　　价 78.00 元

前言 PREFACE

《易》曰："穷则变，变则通。"纵观中外历史，当一个王朝、政权面临内忧外患的困境，原有的统治秩序无法再进行下去时，只有改弦更张，寻求变革，才是唯一的出路。但历史的发展也有一种强大的惰性力，生活在其中的人们习惯于这种惰性，时常浑然不觉困境已经来临，亦或即使能感知到，但也不愿意及时求变。因此，人们对"穷"的认识往往是从头破血流的失败开始的，正是这种痛彻心扉的失败、痛苦、屈辱刺痛了因循守旧的麻木，刺破了盲目自大的虚幻，突破了历史惰性的束缚，才有了变革的觉醒和实践。

1840年的鸦片战争，打破了天朝上国的迷梦，动摇了大清王朝的根基，清王朝遭遇前所未有的危机。一方面，西方列强接踵而至，"天朝物产丰盈，无所不有"的中国不堪一击，被迫割地赔款，丧权辱国。另一方面，封建统治者虽然腐朽无能，却依然穷奢极欲，不愿意求变自救。此外，巨额的赔款、沉重的赋税和频发的天灾让苦不堪言，社会矛盾日益激化。这是中国历史从未遇到过的危机，马克思曾指出，与外界完全隔绝曾是保存旧中国的首要条件，而当这种隔绝状态通过英国而为暴力所打破的时候，接踵而来的必然是解体的过程，正如小心保存在密闭棺材里的木乃伊一接触新鲜空气便必然要解体一样。李鸿章称之为"三千余年一大变局"，这是晚清知识分子不得不面对的历史情境。

外来侵略给中国人民带来了深重灾难，但也催生了中华民族精神的觉醒。清朝统治者中较为清醒的官员和知识分子中的有识之士，开始正视中国面临的变局，不断寻找救亡图强之道。然而这条道路上，伴随着传统与现代的交锋、转换，充斥着中与西的对抗、移植，中国近代历史就在这种新陈代谢中蹒跚前行。

同近代中国其他众多知识分子一样，汤寿潜出身于耕读世家，取得进士的功名，有着极强的儒家传统的抱负，同时受时势转移的影响，面对危局，他也更注重时务，慨然有革易时弊之志。他时常处在一种巨大的焦灼、痛苦中，胸中弥漫着一种强烈的危机意识，“伏念宵旰焦劳于上，生民荡析于下，辄为彷徨累叹，往往夜半闻风雨声，寝而复起，绕室行者再”[①]。危机必然引发变革之思。中法战争后，汤寿潜心怀忧愤，撰写《危言》，指陈时弊，警世救国。中日甲午战争后，他抛出《理财百策》，抨击清廷弊政，痛斥官吏腐败，提出富强之策。庚子之变时，他与张謇、赵凤昌、盛宣怀、沈瑜庆等人谋划“东南互保”。1901 年，他又煞费苦心撰写了《宪法古义》，翻新中国旧传统，向清廷呼吁，把君主立宪政体作为政治改革的目标。1905 年日俄战争结束后，清政府在朝野内外立宪主张的压力下，预备仿行立宪，汤寿潜前后奔走，联络张謇、郑孝胥、张元济诸人，参与立宪运动，成为国内立宪派的著名领袖之一。与此同时，在 1905 年 7 月汤寿潜还被推举为浙江铁路公司总理，投身爱国保路运动长达 5 年之久，成为名震朝野的绅商代表人物之一，极负东南人望。在这两个运动中，汤寿潜与满清政府的矛盾也不断激化，他对清政府在立宪运动中表现出的敷衍、推诿、迁延、欺骗的态度极度失望，对清政府饮鸩止渴出卖路权的举措极为愤慨。于是，当 1911 年辛亥革命鼎革时，他顺应时势，从权而变，出任浙江首任都督，从赞成君主立宪转而支持共和，成为清政府的掘墓人。但历史吊诡的是，汤寿潜很快辞去浙江都督，也婉拒赴任南京临时政府交通总长一职，而是短暂游历南洋后，归隐家乡，直到 1917 年病故。

近代中国是一个充满危机和变革的时代，是一个新陈代谢的过渡时代。面对深重的民族灾难、积重难返的统治危机、剧烈的社会变动，接受过传统教育的知识分子最为敏感和焦灼，他们在古、今、中、西、新、旧的碰撞中进行艰难的探索和抉择。张灏先生在《危机中的中国知识分子——寻求秩序与意义》一书中以康有为、谭嗣同、章炳麟、刘师培为考察对象，深刻探讨了处在失序中的近代中国知识分子，如何在同传承性和断裂性的冲突中重塑政治秩序和道德境界的。汤寿潜虽然不及上述思想家思想深刻、社会影响大，但他也是过渡时代的敏锐思想家，而且还身体力行参与“教育救国”“实业救国”“宪政救国”等运动，成为名重一时的绅商代表人

① 汤寿潜：《危言》卷 4，第 27 页，上海：光绪二十一年石印本。

物。他的这种兼俱传统士绅功名与近代工商业者的身份有着独特的研究价值，近代中国思想转换中的中与西、道德与功利、传统与现代、入世与出世、改良与革命、民族主义与走向世界种种二重变奏，在他的思想和实践中身都有体现，彰显了其思想和实践的过渡性、矛盾性、保守性、实用性等特点。从他的宪政之思和践行中可以捕捉到近代中国社会转型的清晰脉络，非常有助于我们解读近代中国思潮的演变和认识宪政在近代中国的命运。

汤寿潜生前与南通张謇齐名，人称“南汤北张”，但同张謇研究相比，学术界对汤寿潜的研究还十分薄弱，其中最主要的原因在于有关汤寿潜研究的文献资料匮乏。近些年，学术界挖掘出版了一批汤寿潜的文献史料和论著，召开了全国性的会议，推动了汤寿潜的学术研究。其中，2011 年，杭州师范大学民国浙江史研究中心将汤氏后人捐赠的汤寿潜档案史料作为《辛亥革命杭州史料辑刊》的重要组成部分影印出版。同年，该中心又和嵊州档案馆合作，影印出版了《嵊州市档案馆藏浙军都督汤寿潜函卷》。2015 年，汪林茂主编的《中国近代思想家文库 · 汤寿潜卷》出版。此书在收录修订 1993 年萧山市政协文史委编写的《汤寿潜史料专辑》基础上，增加了 270 多份新的文献资料，极大地惠及了学术界对汤寿潜的研究。2015 年，孙祥伟君的《近代历史变局中的过渡人物——以汤寿潜为个案的考察》也出版面世，此书是在其博士论文上修改而成，将汤寿潜作为近代历史变局中的过渡人物，详细考察了其思想主张和特色。2020 年 12 月，杭州师范大学民国浙江史研究中心等单位在杭州萧山区召开了“汤寿潜和他的时代暨辛亥革命 110 周年学术研讨会”，笔者也非常有幸参加此次盛会，并提交了论文。2022 年初，部分会议论文以《汤寿潜和他的时代》结集公开出版，代表了当下学术界有关汤寿潜研究最新成果。

本书是在我 2014 年完成的博士论文基础上，除修订了一些史料的舛误和文字表述错误外，基本保持了博士论文的原貌。虽然博士论文已经完成近 10 年，学术界对汤寿潜的研究成果也更丰硕，但笔者较为欣慰的是，本书在史料的运用和学术观点上依然有一定的价值，所以才敢拿出来示人。需要说明的一点是，由于史料相对贫乏，系统进行汤寿潜研究非常的辛苦，这点我感同身受。因此，我对学界前辈和同仁们持之以恒地进行汤寿潜研究充满崇高的敬意，阅读他们的整理的文献和研究成果我也收益匪浅，在此深表谢意。通过此书的出版，我希望能为汤寿潜研究尽微薄之力，当然，由于本人才疏学浅，书中自然存在不少疏误，尚祈学界同仁谅解并不吝赐教。

邵勇

2023 年 5 月 8 日

目录
CONTENTS

绪 论

一、研究缘起

总观中国近现代思想文化史，许多思潮、主张，诸如洋务思潮、维新思潮、民主共和思潮、实业救国思潮、教育救国思潮乃至尚武精神、提倡文明风尚、不缠足等主张，有两点应特别注意：其一，这些思潮、主张无不是为应付时势巨变的强大冲击而形成的，都同政治变革与救亡图存紧密结合，蕴含的共同思想趋向是寻求民族的解放和国家的富强；其二，它们都是在中西文化激烈的冲突中会通而成。后人在研究它们时不仅要认识其中的复杂性和矛盾性，而且要分析它们在中国本土的适应性与解决问题的效能性。

近代中国的宪政思想是伴随着西方的坚船利炮而东来的舶来品。中国志士仁人之所以选择它主要是相信它是能把中国带向富强的"利器"。在近代中国，这是一种合乎情理而又非如此不可的选择。基于此，如何把这种外来的思想、制度与中国本土文化结合，并产生其理想的效用，成为中国近代许多思想家、政治家们孜孜追求的目标。诸如康有为、梁启超、严复、孙中山、张君劢等人，对近代中国宪政思想的构想和制度的设计均大有功焉，且对近代中国社会产生了极大的影响。因此，研究宪政思想，对解读中国近代思想的新陈代谢过程和内在的发展轨迹，具有重要的学术价值。中国学术界对上述杰出思想家和政治家的宪政思想已经有了较为深入的研究。但是，目前学术界对一些重要但为人所忽略的宪政思想和宪政活动研究得还不够，而对这些人的宪政思想和活动的研究无疑会深化中国近代思想文化史的研究，也会加深对中国近代思想史的流变过程与内在发展脉络的理解。毫无疑问，汤寿潜就是这样一位值得解读的历史人物。

汤寿潜(1856—1917)，原名汤震，字蛰仙(一字蛰先)，浙江山阴人(今杭州萧山区)，是清末民初著名的思想家、实业家和立宪派，中国近代绅商的代表人物。他的一生，既跨十九和二十两个世纪，又跨清末与民初两个时代，其思想、行为具有明显的从旧到新的过渡特征。从宪政思想的视野看，他早年曾应时代之巨变，1890 年写成《危言》，呼吁变法，提出了朦胧的宪政主张。1895 年撰《理财百策》，继续宣传他的变法主张，并同情康、梁的维新变法。1901 年，他又写出《宪法古义》一书，提出独特的宪政主张，并探寻在中国实行宪政的依据。1905 年后，他又和张謇、郑孝胥等东南士绅积极参与预备立宪活动，把实行君主宪政作为他们最大的政治追求和思想情怀。从当时看，清政府的立宪改革也似乎让人看到了中国由传统权威政治走向近代民主政治的极大可能性。但是，腐朽的封建统治者是不会自动完成新旧社会制度转型的，1911 年"皇族内阁"的出台让汤寿潜等人彻底绝望。辛亥革命爆发后，汤寿潜弃君主立宪而赞成革命，走向了共和，并被推举为浙江都督，不久又当选为中华民国南京临时政府的交通总长，但随即辞职，回到家乡。1917 年因病而卒。

纵观汤寿潜的一生，他经历了从早期维新思想家、君主立宪派转变到共和派的过程。在这个转变过程中，其思想和行为都具有明显的从旧到新的过渡特征，彰显了一个时代和一个阶层的新陈代谢，这种历史现象本身就值得研究。透过历史现象探寻背后的真相，更能激发后人探索的兴趣。张謇在评价汤寿潜时曾说："君之所以立名于当时，可式于后人，固自有本，其见于事者末也，又不尽其所蓄。"[①]张謇知人论世，对汤寿潜自然有很深的了解，但他并没有给出明确答案。因此，汤寿潜的身上有许多谜待解，其思想之"本"是什么？其思想转变的原因何在？是否有轨迹可寻？他思想的发展轨迹与时代的互动关系如何？其思想特色又是怎样的？作为一名绅商，他对宪政是如何理解的？他的宪政思想以及参加宪政的实践对认识中国宪政发展和命运能提供哪些思考呢？因此，研究汤寿潜的宪政思想和实践有较大的学术价值。

目前，中国近代史学界研究的兴趣主要集中在文化史、社会史、区域史、乡村史、城市史等领域，这反映了学者们广泛的研究兴趣，扩大了中国近代史研究的范围和深度。但与此同时，史学研究的传统领域政治思想史，包括重要政治人物的研究，不应该弱化。如果弱化政治思想史的研究，将无助于对中国近代史的全面认识。虽然，汤寿潜的宪政思想同康有为、梁启超、孙中山等人相比有不足，其思想也有不少矛盾之处，但这是"过渡时代"众多社会精英的共相。本书希望从宪政的视野切入汤寿潜思想的深处，探寻其在思想影响下的行为方式，以此来回应上述提到的种种问题，在加深对其思想和实践认识的同时，以他为个案，解读清末到民初的时代大变局中中国早期资产阶级上层的宪政思想变化以及他们是如何参与和推动中国社会由传统社会向现代社会转化的。

二、学术史回顾

有关汤寿潜的研究资料，人们的关注还是比较早的。在汤寿潜领导浙江保路运动时，日本人支南珏一郎感慨汤寿潜乃"救时"一英雄，便收集资料，写出了

---

① 张謇：《汤蛰先先生家传》，《汤寿潜史料专辑》，浙出书临(90)第 59 号，1993 年(此书没有经过出版社正式出版，浙江省给予准印书号发行，属于内部资料，以供交流。以下出自《汤寿潜史料专辑》的引文准印书号、出版年不再赘述)，第 125 页。

《浙路风潮汤寿潜》的小册子，主要描述了汤寿潜为浙路鞠躬尽瘁的事功，评论分析少，其主要贡献在于资料的汇集。1917 年汤寿潜去世后，张謇写了《汤蛰先先生家传》，马一浮写了《绍兴汤先生墓志铭》，都颂扬了汤寿潜的品格和一生的事功，对汤寿潜赞誉有加，但由于是亲朋好友撰写的墓志铭一类的文章，还谈不上严格意义的学术研究。1934 年，曾在清政府任过职的满人金梁熟读各种名人日记和清朝档案，精心编撰了《近世人物志》，里面收有汤寿潜小传，由于该书材料直观可靠，记述生动，对于了解汤寿潜有一定的参考价值。1944 年，经济学家唐庆增先生在《中国工业月刊》上发表《汤寿潜工业学说述评》，是第一篇专门研究汤寿潜经济思想的文章。唐庆增的父亲唐文治与汤寿潜同为 1892 年(壬辰科)的进士，唐庆增从小就知道汤寿潜，因此，此文写得颇有深度。1948 年，浙江瑞安著名学者宋慈抱为了颂赞乡贤，撰写了《汤寿潜传》，扼要介绍了汤寿潜的生平事迹，但文章短小简略，难以全面、深入地了解汤寿潜。

从解放后到“文革”结束，学术界对汤寿潜的专门研究几近空白，只是在研究立宪运动和浙江保路运动以及浙江辛亥革命时零星地提到汤寿潜，而缺乏系统研究，评价也不高，且有的学者误认为他参与了浙江官绅杀害秋瑾的事件。20 世纪 90 年代以后，学术界开始加强了对汤寿潜的研究。1991 年，浙江地方学者陈志放编写了《平民都督汤寿潜》一书，简单描述了汤寿潜的一生，但作者撰写此书时带有明显的文学加工特点，当属文艺作品，尚欠学术价值。1993 年，汤寿潜的家乡浙江萧山市政协编辑出版了《汤寿潜史料专辑》，书中收集了汤氏后人提供的许多珍贵的第一手史料，还有一部分为当时学者收集的一些零散史料，此书的出版极大弥补了汤寿潜研究资料的不足。1994 年 10 月，绍兴地方政府和学术界又在萧山举行了首届汤寿潜全国学术讨论会，与会论文以《汤寿潜研究》为名结集出版，书中收录论文 40 余篇。会议的召开和论文的出版直接推动了汤寿潜研究的发展。经过学术界十多年的努力，到目前为止，汤寿潜的研究已经取得了不少成果。就笔者掌握的资料，学术界对汤寿潜的研究主要集中在以下几个方面。

(一)汤寿潜的思想

汤寿潜是清末民初著名的思想家，因此，他的思想是学术界研究的重点，成果也相对较多。学术界对汤寿潜思想的研究主要侧重两个方面，一是他的维新立宪思想，一是他的经济思想。

在维新立宪思想方面，戚其章认为，中国早期维新思想经历过三个阶段，1875—1885 年为第一阶段，代表人物是郭嵩焘和王韬。1885—1890 年为第二阶段，代表人物是薛福成、马建忠和郑观应。1890—1895 年是第三阶段，主要代表人物是汤寿潜、陈虬、陈炽等人。戚其章认为，汤寿潜等人除对早期维新思想各自作了发挥，还热衷于谈论议院问题，并为中国未来的议院设计出了自己的方案。戚其章指出，汤寿潜维新思想的特点在于"尽变"，系统性非常强。同时戚其章也指出，学界对汤寿潜的早期维新思想研究还重视不够，应当加以改变。[①] 田琳琳则从"首倡变法，主张立宪""收回路权，维护主权""主张民主、倡导民权""由主张立宪转向拥护共和"四个方面论述了汤寿潜的宪政思想，指出了汤寿潜的立宪思想具有全面性和发展性的特点，同时也有实际的运作。[②] 刘冰冰对汤寿潜的立宪思想和实践提出了自己的见解。她认为汤寿潜著《危言》是其立宪思想的缘起，在清末新政中他的立宪思想有了发展并积极参与立宪运动，推动了运动的发展。到了辛亥革命，汤寿潜由立宪走向共和，其原因在于革命形势的推动和汤寿潜对清廷的失望。[③] 在对汤寿潜思想的探讨中，陈同的研究是比较深入的，他认为无论是汤寿潜早期的维新思想，还是后来的立宪建议，西学对他的影响是显而易见并且是全方位的，陈同也指出，作为受传统儒学影响的知识分子，汤寿潜的改革方案具有务实、注重本国现实条件的突出特点，也正因为如此，汤寿潜的思想在中西之间的冲突中没有找到一个平衡点，使他的思想呈现复杂的、矛盾的特点。[④]

作为晚清著名的实业家，汤寿潜的经济思想也是学者研究的重点。叶世昌以汤寿潜的成名作《危言》为研究对象，指出了其经济改革思想的特点在于重视商办，并主张扩大对外开放。[⑤] 俞政则围绕关税、厘金、国债等方面把汤寿潜的经济思想与马建忠、严复的经济思想做了比较，认为汤寿潜的经济思想接近于马建忠而不同于严复，其思想带有明显的重商主义特色。[⑥] 钟祥财撰文指出汤寿潜具有明确的改良变法的思想倾向，并对其经济理论的形成产生了显著的影响。[⑦] 余丽芬对汤寿潜的思想也有较为深入的研究，主要剖析了汤寿潜的尚俭思想和裁冗

---

① 戚其章：《中国近代早期维新思想发展论——兼论汤寿潜的早期维新思想》，《中州学刊》，1995 年 02 期。

② 田琳琳：《浅论汤寿潜的宪政思想》，《理论界》，2004 年 04 期。

③ 刘冰冰：《论汤寿潜的立宪思想及其社会实践》，《齐鲁学刊》，2002 年 06 期。

④ 陈同：《在西学与中学之间——汤寿潜思想论述》，《史林》，1995 年 02 期。

⑤ 叶世昌：《从〈危言〉看汤寿潜的市场经济思想》，《复旦学报》(社会科学版)，1995 年 01 期。

⑥ 俞政：《汤寿潜经济思想之比较研究》，《汤寿潜研究》，团结出版社 1995 年。

⑦ 钟祥财：《汤寿潜的经济思想》，《江淮论坛》，1995 年 01 期。

思想。[①] 陶士和也撰文指出，作为早期维新家之一，汤寿潜主张商办，大力发展民族工商业的态度非常明确，作者还认为汤寿潜经济思想的特色还在于把发展经济和改革教育结合起来，提出了教育是强国之本、教育是变法之本的观点。

（二）汤寿潜与辛亥革命

1911 年 10 月辛亥革命爆发后，各地纷纷响应。汤寿潜因在浙江保路运动和预备立宪运动中极负东南人望，被浙江革命党人推举为浙江第一任都督，汤寿潜由立宪派的领袖人物转向支持共和，其行为让人深思。因此，学术界对汤寿潜在辛亥革命爆发后思想的转向与实际的行动非常感兴趣，想探讨其中的深层原因，并以此来加深对辛亥革命的认识。对此，刘坚和丁贤勇撰文指出汤寿潜出任浙江光复后的第一任都督是革命形势的使然和众望所归，作者还从五个方面指出了汤寿潜在短暂的任内期间所作的功绩，并分析了汤寿潜很快辞职的原因。[②] 章开沅先生则从张謇和汤寿潜两人的交谊谈起，认为共同的抱负、共同的事业和共同的经济利益使他们成为东南双子座星似的亲密伙伴。作者指出，张、汤二人主动顺应潮流，引领风气，在兴办实业、发展新式教育、推动立宪运动等活动中积极参与，俨然是东南的大佬，他们的活动一度极大地影响了全国政局，对国民政治觉醒也起了一定推动作用。作者认为，张、汤等人试图在君主专制反动势力和共和革命党人之间走一条自上而下的中间道路，但反动势力的顽固和革命形势的发展使他们无法把握局势。辛亥革命后，各种政治势力相互妥协，造成了辛亥革命后混乱、复杂的局面。章开沅还强调，张、汤等人是半旧半新式的人物，他们转向共和是新旧包容式的转化。他们在转化过程中缺乏足够的力度与传统决裂，但又脚踏实地地改变着中国社会的根基。他们对中国社会的作用很大，这是由历史内在规律决定的，后人应当正视和宽容。[③] 章开沅还撰文指出，汤寿潜由立宪转向共和并非是政治投机，而是革命党人请他出来的，虽然他与革命党人有嫌隙，但在他任职期间，思想动向、行为举止都基本值得肯定。章开沅还强调，汤寿潜由于其自身的成长经历和阶级局限性，并没有完全摆脱旧文化的窠臼，民主思想不系统。他只是暂时的革命同情者和同路人，而非坚持到底的革命者，但其作用应当值得尊重。[④]

---

① 余丽芬：《汤寿潜尚俭思想探析》，《浙江学刊》，1994 年 06 期；余丽芬：《从〈危言〉和〈理财百策〉看汤寿潜的裁冗思想》，《浙江社会科学》，1996 年 04 期。

② 刘坚、丁贤勇：《第一任浙江都督汤寿潜》，《杭州师范学院学报》(社会科学版)，1989 年 04 期。

③ 章开沅：《张汤交谊与辛亥革命》，《历史研究》，2002 年 01 期。

④ 章开沅：《论汤寿潜现象——对辛亥革命的反思之一》，《浙江社会科学》，2001 年 06 期。

陶水木撰文指出，汤寿潜积极参与了预备立宪运动，但让人失望的结果以及领导浙江保路运动的艰难过程使他在辛亥革命爆发后很快转向共和。陶水木也指出，在南京临时政府的总统选举事件中，汤寿潜经历了举黎（元洪）到举孙（中山）的转变，反对举黄（兴）；在建都地点上，汤寿潜又经历了由都鄂到都宁的变化。陶水木强调，这些都是汤寿潜对革命形势认识的结果，并非和张謇、赵凤昌等人一样，想操纵临时政府，而且汤力主北伐，反对南北议和，是立宪派中激烈的反袁人士。[①]

（三）汤寿潜与浙江保路运动

汤寿潜生前被时人誉为“夙以时务致称，晚以铁路见贤”。为汤寿潜取得巨大声望的事情是他领导了浙江保路运动。因此，汤寿潜与浙江保路运动的关系也是学术界关注的焦点。杨菁、杨树标撰文指出，在商办浙路过程中，汤寿潜竭力筹款，力拒英人，表现出很强的爱国意识，正是在汤寿潜的领导、广大绅商和民众的支持下，浙江保路运动才取得巨大成就。[②] 姚培锋也认为虽然汤寿潜身上存在着拒款保路决心的坚定性与手段的软弱性之间的矛盾，但汤寿潜把浙路办成晚清商办铁路之冠功不可没。[③] 王道则从汤寿潜卓越的奉献精神和顽强的实干精神入手，考察了汤寿潜在主持浙路公司时，在管理、财务、监督、人才培养等方面采取了诸多行之有效的措施，致使浙路在昙花一现的商办铁路中一枝独秀，其不愧“晚以铁路见贤”的称号。[④] 吴新宇认为汤寿潜领导的浙江保路运动分四个阶段，并最终取得胜利，鼓舞了其他地区的保路运动，对辛亥革命形势的发展起了积极推动作用。[⑤]

（四）澄清了一些过去错误的史实及其他

过去史学界多认为汤寿潜做的最不光彩的一件事情就是在秋瑾案中态度暧昧，有落井下石的嫌疑。郑云山撰文对汤寿潜与秋瑾案牵扯的传闻溯本正源，指出汤寿潜虽然和秋瑾并非同路人，对秋瑾案态度冷漠，但他并没有幕后参与杀害秋瑾，澄清了以往关于汤寿潜的不确传闻。[⑥] 汤寿潜是著名的立宪派，身上有许

① 陶水木：《辛亥革命时期汤寿潜几个问题的探讨》，《民国档案》，2005 年 01 期。
② 杨菁、杨树标：《汤寿潜与中国第一最长的商办铁路》，《浙江学刊》，1994 年 05 期。
③ 姚培锋：《略论汤寿潜与浙江收回路权运动》，《绍兴文理学院学报》，2001 年 02 期。
④ 王道：《汤寿潜“晚以铁路见贤”评析》，《浙江师范大学学报》（社会科学版），2004 年 04 期。
⑤ 吴新宇：《汤寿潜与保路运动》，《浙江档案》，2001 年 10 期。
⑥ 郑云山：《汤寿潜与“秋案”关系析》，《近代史研究》，1991 年 01 期。

多头衔，有一说认为他曾任清末浙江谘议局的议长，现在许多论著仍沿此说。但伊杰指出，汤寿潜从未当过浙江谘议局的议长，甚至连议员也是旋当旋辞。[①]

此外，竺柏松撰文指出，汤寿潜不仅是著名的思想家和实业家，还是一名历史学家，并深受浙东学派"业必贵于专精"和"学业将以经世"的治学特点的影响，治史以经史，治学以经世为目的。作者认为，史学实在是汤寿潜立身行事的根本，不研究汤寿潜的史学，就很难全面、准确了解其人。[②] 熊月之则考察了汤寿潜与浙江的人文传统，认为汤寿潜在"立德、立言、立行"等方面都有所建树，这和浙江的人文传统有密不可分的关系。[③]

总之，学术界对汤寿潜的研究虽然取得了一定的成果，但如果与和他并称的张謇的研究相比，对汤寿潜的研究还很不够。从上述综述来看，目前学术界对汤寿潜的研究多偏重于他和浙江保路运动的关系和他的经济思想，虽然对他的宪政思想也有所研究，但存在着零碎化和表层化的倾向，而缺乏系统而深入的研究。此外，学者研究汤寿潜的宪政思想主要根据他的《宪法古义》的序言和目录，而书的内容则认为已经佚失，并没引用。笔者在国家图书馆发现了此书，通过研读，认为学术界对汤寿潜宪政思想的研究有溢美不实之处，而通过此书的研究，可以深化汤寿潜宪政思想的研究并做出客观的评价。

此外，学术界对汤寿潜的研究还缺乏宏观的把握，没有把他放到近代变革的大时代和他所在阶层中去把握他的思想，基本上就事论事，也没有揭示他思想转变的轨迹以及思想的理论立场和理论来源，因此，其思想的研究总是给人以单薄之感。汤寿潜是中国近代早期资产阶级上层的代表人物之一，亦绅亦商。这个群体主要活跃于堪称"千古变局"的19世纪末20世纪初，他们的宪政思想和活动对辛亥革命以及中国近代社会的变迁具有特殊的意义。从这个群体的兴起演化来透视汤氏思想是一个新的视角，对于深化汤寿潜思想研究以及以其为代表的群体的研究都有着较大的学术价值，而学术界还缺乏这方面的考察，笔者愿意做这方面的努力和尝试。

---

① 伊杰：《读史札记二则》，《近代史研究》，1985年01期。

② 竺柏松：《作为历史学家的汤寿潜及其〈三通考辑要〉》，《近代史研究》，1995年05期。

③ 熊月之：《汤寿潜与浙江人文传统》，《同济大学学报》，1994年第5卷第2期。

三、研究思路、方法和资料状况

（一）研究思路

本书的研究思路是在宏观把握中国宪政思想产生的背景基础之上，大致勾画汤寿潜的人生轨迹，明确他宪政思想形成的时代背景、理论渊源以及思想影响所及。然后以汤寿潜的著作、活动、言论为分析对象，按其思想发展变化的内在轨迹，探微他宪政思想的主要内容。最后把汤寿潜置于他所在的亦绅亦商群体，从这个群体的兴起演化、思想指向透视其思想特色以及与时代、社会的互动关系，揭示汤寿潜和他所在阶层宪政思想对于中国社会的意义及其命运。

按照此思路，本书的章节结构安排如下。

第一章　中国宪政思想的形成背景与汤寿潜的人生轨迹。中国近代，欧风美雨挟坚船利炮强势东来，国家和人民蒙受前所未有耻辱。汤寿潜在中国社会和思想都面临剧变的风潮下，向西方寻求救国救民的真理。但无论思想观念的改变，还是社会制度的变迁，都不可能是毫无内在根源突然发生的，它是一定时期一定历史的产物，并深受历史文化传统的制约。汤寿潜宪政思想的变迁、宪政实践活动都与时代脉动有着密切的关系，同时又与历史传统难以割舍。本章主要考察了中国传统君主专制的特点和宪政的本土资源——民本思想，也探讨了对汤寿潜产生较大影响的明清之际的反君主专制思想，探讨在西方思想冲击之下中国民本思想是如何创造性地进行现代转换的。本章还简要介绍了汤寿潜的生平事迹，梳理其在时代变迁中的政治活动。

第二章　汤寿潜早期宪政思想探微。本章第一节以汤寿潜早年最主要的著作《危言》为中心，对其蕴含的变革主张、民主思想做精微的探析。在第二节中通过对其他相关史料的耙梳整理，钩沉往事，解读汤寿潜维新运动期间的行为和思想，从中窥探他在庚子以后宪政思想发展和宪政活动的理论逻辑和历史逻辑。

第三章　在宪政之途中的活动与思想。庚子之后，汤寿潜积极地联合张謇、郑孝胥等东南名流，旗帜鲜明地揭橥宪政变革主张，成为晚清著名的立宪派领袖之一，在近代中国宪政之途中留下了烙印。本章首先根据他又一力作《宪法古义》，全面、深刻解读汤寿潜在庚子之后的宪政思想，并把《宪法古义》与刘师培、林獬的《中国民约精义》做一比较，深刻地认识汤寿潜宪政思想的独特性。书中还对汤寿潜在《宪法古义》中运用附会写法表达他的宪政思想进行历史透视，进而体味中西文化相互碰撞、相互融合的历史客观性。书中还考察了在大变革时代中汤寿潜在教育、移风易俗以及请开国会等方面的民主主张和实践，认识汤寿潜并非书斋中纯粹的思想家，也是积极践行宪政的活动家。

第四章　从主张君主宪政到拥护共和政体——辛亥革命前后汤寿潜的宪政思想与实践。汤寿潜作为著名的立宪派，曾经主张在清政府主导下自我改革，在体制内实现君主立宪政体，但汤寿潜最终与清政府分道扬镳，走向共和，成为清政府的敌对者和掘墓人。章开沅先生称之为“汤寿潜现象”。本章首先以立宪运动和浙江保路运动为观察视角，解读汤寿潜在两大运动中表现出来的宪政思想、参政意识以及缘何同清政府决裂。其次本章还以汤寿潜在辛亥革命后的活动来解读他与时俱进的思想品格，认识他在辛亥革命后的宪政思想和活动，深化理解无论君主立宪还是共和立宪殊途同归的特点。

第五章　对汤寿潜宪政思想及实践的历史透视。本章通过把汤寿潜置于他所在的具有新旧合体的时代特色、亦绅亦商的阶级属性，以及时代变迁的大历史背景中，探讨其宪政思想和宪政活动的特征，认识他宪政思想和宪政追求体现了一个过渡群体在过渡时代所特有的情怀，而他所处的时代以及他身份所归属的阶层的某些局限性也决定了宪政在中国步履艰难的情况。

（二）研究方法

本书尊重前人的研究成果，在此基础上，在历史唯物主义与辩证唯物主义的指导下，充分利用已经整理出版的史料和未公开发表的档案史料，运用历史学、社会学和政治学等相关方法和理论，对汤寿潜的宪政思想和宪政活动做细致考察。在研究中，充分考虑研究对象所处的时代环境和社会需要，把他放在时势变迁的大历史观视角中，探讨其思想的走向和宪政实现的路径，同时注重个案和群体研究相结合的方法，把汤寿潜置于亦绅亦商的群体中进行研究，以彰显转型时期中国先进知识分子是如何选择富强道路的。本书还注重比较研究的方法，将《宪法古义》同《中国民约精义》做比较，探求发现汤寿潜思想深处的特殊性。行文中坚持论从史出，史论结合的研究方法，在充分占有和分析资料的基础上，把思想史、政治史等研究内容融为一体，横向深入探析，纵向溯其渊源演变，力求全面反映其思想和行为的特色，把握其在中国近代思想史上的地位和作用。

（三）资料状况

汤寿潜生前与张謇齐名，“张汤”并称。二人同郑孝胥又是晚清立宪运动中的“三驾马车”。但是，同学术界对张謇、郑孝胥的研究相比，汤寿潜的研究还很薄弱，其中最主要的原因就是有关汤寿潜的资料匮乏。汤寿潜早年曾著有《古文辞》《刚日札记》《柔日札记》等诗文集，还有《说文贯》二卷、《尔雅小辩》二十卷，这些都是汤寿潜早年研治乾嘉汉学时的成果，但因为内容不切于救亡图存被汤寿潜不复理拾，致皆佚失不传，这对于汤寿潜研究来说是一个遗憾。本书主要应用的资料是政协浙江省萧山市委员会文史工作委员会在1993年编辑出版的《萧山文史资料选编·汤寿潜史料专辑》，内容涵盖了《危言》《理财百策》等汤寿潜的重要著作，以及他在立宪运动、浙路风潮与辛亥革命期间的奏折、草稿、函电等。《宪法古义》也是汤寿潜的一部重要著作，以前学术界以为该著作只存目录，内容则佚失，后笔者在国家图书馆古籍部发现该书，成为研究汤寿潜思想的重要资料。此外，中国第一历史档案馆所藏微缩胶卷《汤寿潜档案全宗》也是本书利用的重要资料，该档案系汤寿潜的后裔捐赠给浙江档案馆的资料，后制成微缩胶卷送给中国第一历史档案馆。《汤寿潜档案全宗》部分内容已经在《萧山文史资料选编·汤寿潜史料专辑》整理出版，但还有相当部分内容本书是第一次应用。杭州文史研究会、民国浙江史研究中心、浙江图书馆主编的《辛亥革命杭州史料辑刊》(全10册)与嵊州市档案馆、杭州师范大学民国浙江史研究中心主编的《嵊州市档案馆藏：浙江都督汤寿潜函卷》由国家图书馆出版社在2011年影印出版，虽然有些史料也出现在《汤寿潜史料专辑》，但有些史料是第一次公开出版，它们也是本书参考的重要资料。此外，笔者还广泛收集其他史料，比如与之交往较深的亲朋好友的文集、日记、信件等中的信息，如在《张謇全集》《郑孝胥日记》《宋恕集》《章太炎书信集》《张元济日记》《张元济书札》《惜阴堂藏札》《忘山庐日记》《汪穰卿师友书札》《盛宣怀年谱长编》《沈曾植年谱长编》中都有一些关于汤寿潜的资料。此外，墨悲编的《江浙铁路风潮》、观渡庐(伍廷芳)编的《共和关键录》中也有不少有关汤寿潜的资料。《申报》《东方杂志》《时报》等中有关汤寿潜的资料笔者也进行了收集。史料是史学研究的基础，笔者通过努力尽量搜罗更多的史料，通过对这些史料的梳理和解读，力图对汤寿潜的宪政思想和实践活动进行比较细致的考察和解读。

第一章

中国宪政思想的形成背景与汤寿潜的人生轨迹

每个历史人物都生活在特定的历史条件下，他们创造历史也必然受特定历史条件的影响和制约。宪政对中国来说完全是舶来品，是伴随着外国帝国主义的坚船利炮来到中国的。然而，对其理解、传播乃至践行必须适合中国语境。若要成功移植、改造它，也必须建立在本土文化基础之上。在汤寿潜等中国近代知识分子那里，西方宪政思想折射到中国传统文化的宝库之中，最显著的便是儒家的民本思想。这既是文化的折射，又是文化的联想，它不是传统的“药方只贩古时丹”治国方略，而是应对外敌入侵的一种抵抗策略。并且，知识分子借助与西方宪政思想契合的传统思想，也更能激发起他们的民族情结和爱国情绪，从这个意义上讲，儒家的民本思想也是中国近代思想家构建新国家的工具。毋庸置疑，探讨近代中国知识分子的宪政思想，既必须回归中国本土，又必须从历史传统中走出。

第一节　中国宪政思想的形成背景

人们的思想观念是一定时期和一定历史的产物，并深受历史文化传统的制约。因为“文化是精神的，民族历史愈长，其民族精神愈益显明，因之愈难接受外国文化，纵令输入外国文化，亦必透过民族精神，加以许多改造，以适应民族的需要。反之，民族历史不长，或没有高级的文化，则舶来文化容易接受，纵是全盘洋化，亦为可能。由此可知，一个民族不能完全接受外国文化，不是因为该民族之无知，也不是因为该民族之保守，而是因为该民族之有文化。但是民族文化不是绝对不变，环境的变更，外来思想的接触，都可能使民族文化为之改变。固然改变，而其本质则受了民族精神的拘束，不能突然改换其面目。至于如何改变，则常决定于世界思潮与社会环境的牵制力，世界思潮是一个力，社会环境也是一个力，二者互相牵制，其实际所能趋向的则是为两力牵制所发生的对角线。”[①]西方宪政思想与中国本土资源两种异质文化在侵略与反侵略的敌对中激烈地碰撞，都发生了变异，其走向也对中国产生深远影响。

一、漫长的君主专制及中国古代的民本思想

（一）百代皆行秦政制

晚清著名维新思想家谭嗣同痛恨君主专制，批评说：二千年来之政，秦政

① 萨孟武：《中国政治思想史》，台北：台湾三民书局，1984年，第555—556页。

也，“皆大盗也”；二千年来的传统儒学“皆乡愿也”；二千年来的帝王皆独夫民贼。[①] 公元前221年，秦始皇统一六国，建立高度集权的君主专制制度。秦朝虽二世而亡，但“秦亡，而秦法未败”。其后历朝历代无不沿袭秦朝的政治体制，“百代皆行秦政制”，君主专制制度遂成为中国政治制度的传统。在君主专制制度下，君主成为掌握权力至高无上的第一人，拥有对臣民生杀予夺的绝对权力。为了能够维持其统治，君主通过自上而下的任命把权力分给各级官僚。各级官僚掌控着大小不一的专制权力，广大的民众则处权力的底端，备受压迫。

中国封建君主专制制度是建立在封闭的、自给自足的小农经济之上的。自秦始皇建立郡县制以来，中国的封建地主经济得以巩固和发展。反之，它也巩固了专制君主的统治。为了维护小农经济的地位，封建统治者推行“重农抑商”政策，把它作为一项根本国策，但这并不意味着代表小农利益。一方面，部分统治者认为过度压榨百姓，会使他们“被逼上梁山”，动摇统治基础；另一方面，统治者通过严格地限制商业资本的发展，使商人阶层形不成更强大的社会阶层，因为分散的小农更容易统治，很难对君主专制构成威胁。为了强化对农民的人身控制，封建统治者还利用户籍、里甲等制度把农民固定在土地上，严格限制农民的流动。封建统治者还实行愚民政策，用“三纲五常”“人伦礼仪”等封建道德来教化人民。总之，在封建专制主义的长期统治中，虽然不甘奴役的农民不断反抗，但“亡，百姓苦；兴，百姓苦”，农民起义不是被镇压，就是成为改朝换代的工具。千百年来，中国民众被封建专制残酷地禁锢，无多少人权可言，而民众本身也缺乏独立的意识，他们根本无法改变被剥削、被奴役的悲惨命运。中国进入近代以后，民众很难接受西方的民主宪政，这和长期受封建专制统治而“民智未开”有很大的关系。

中国封建专制政治是伦理型的人治政治，它的思想基础是儒家教义。自从汉武帝罢黜百家，独尊儒术后，历代统治者都尊崇儒学。儒家学说鼓吹“君权神授”，宣称臣民要绝对忠诚于君主，否则被视为乱臣贼子，人人得而诛之。在封建社会，封建统治者还大力宣扬“三纲五常”“人伦孝道”等封建说教，鼓吹讲天理、灭人欲，束缚人的个性解放。隋唐以后，封建统治者还利用科举取士，宣称“学而优则士”，笼络知识分子入其牢笼。到了明清，封建统治者以程朱理学为官方哲学八股取士，知识分子头脑完全被束缚住。经过君主专制的长期浸染，儒家学说变得僵化、保守。知识分子的最高政治理想和抱负乃是修身、齐家、治国、

① 蔡尚思、方行编：《谭嗣同全集》(增订本)下册，北京：中华书局，1981年，第337页。

平天下，渴望成为"帝王之师"或"帝王之佐"，缺少独立性和为公众服务的意识。西学东渐后，民主宪政在中国蹒跚、曲折的发展过程和中国传统的保守文化以及文化卫道者顽固的态度有着根本的关系。

总之，中国封建专制漫长且锢蔽太深，它已经深入到中国的政治、经济、教育、文化、社会风习等各方面。在强大的君主专制的禁锢下，人民毫无民权可言，不仅人民的"民智""民德"被蒙蔽，即使官吏、士绅们的民主观念也不比百姓高明。蒋廷黻先生认为，当西方文明势头正劲时，我们的东方世界则长期仍滞留于中古，那时我们的政府是中古的政府，我们的人民，连士大夫(知识分子)阶级在内，是中古的人民。① 也就是说，当西方国家发动侵略战争强势而来，处在中古观念的中国根本无力抵抗西方国家的侵略。中国创巨痛深之后，发现只有师法西方才能自救，但要破除长期浸淫在君主专制下的根深蒂固的生活方式、观念意识、伦理精神、行为模式与思维方式，破除如汪洋大海般的小农经济将是长期的、艰巨的历史任务。当中国先进知识分子试图用西方宪政的思想改变传统中国的时候，历史惯性的积弊和时代创新的力量发生了激烈的碰撞、博弈。我们既要认识君主专制制度带来的阻力，认识中国宪政之路的重重困难，同时，我们也要认识中国文化点点滴滴的传统民主思想所蕴含的积极作用。因为当一种外来文化、制度移植于本土时，它必然从自己的传统中寻求其移植的合法性，并且对外来文化产生巨大的影响，经过冲突，走向融合，产生有自己民族特色的文化、制度。

(二)宪政的本土资源：先秦民本思想

近代中国向西方寻求救国之道的早期先驱们对西方民主政治的认识都有一个突出的特点：他们认为西方的民主政治，无论是英国的君主立宪政体，还是美国的共和制，都是中国"三代之治之遗绪"。例如，徐继畬曾这样称赞华盛顿："华盛顿，异人也，起事勇于胜、广，割据雄于曹、刘，既已提三尺剑，开疆万里，乃不僭位号，不传子孙，而创为推举之法，几于天下为公，骎骎乎三代之遗意。其治国崇让善俗，不尚武功，亦迥与诸国异。余尝见其画像，气貌雄毅绝伦。呜呼！可不谓人杰矣哉。"②王韬、郭嵩焘、薛福成以及康有为、梁启超都曾把西方民主政治比拟唐虞三代之治。这种现象说明：在近代中国，当面临着强势而来具有侵略性但又不得不师之以自救的异域文化时，先进知识分子的潜意识中必然要

① 蒋廷黻：《中国近代史》，长沙：岳麓书社，1987年，第24页。

② 徐继畬：《瀛寰志略》，上海：上海书店出版社，2001年，第277页。

寻找本土的资源，既为学习西方寻找合法性，也希望能把外来文化融合到本土文化中。这也表明：中国本土虽然没有像西方那样丰富的民主资源，但也不乏潜在的民主思想，在近代思想家那里，这可谓中国的原始的宪政思想。对这些民本思想简单梳理，对于理解汤寿潜宪政思想，以及近代绅商阶层宪政思想的特色将大有裨益。

在秦朝建立大一统的君主专制制度之前，中国的民本思想还是相对丰富的，历经殷周、春秋、战国千余年的时间，形成了中国历史上一座特殊的"思想库"。

殷周时期的民主思想主要见于《尚书》《诗经》等书。《尚书》中有"安民则惠，黎民怀之""天聪明，自我民聪明；天明畏，自我民明威""民之所欲，天必从之""天视自我民视，天听自我民听""人无于水监(鉴)，当于民监(鉴)"等点点滴滴的民主萌芽。《诗经》中《七月》《伐檀》《硕鼠》《民劳》等篇目也体现了"居庙堂之高"的统治者看到了民众的疾苦，怀有民忧之心，含有不能太残酷地剥削民众的思想。当时思想家们宣扬"民惟邦本，本固邦宁""天命靡常"，要统治者"敬天保民"。这些原始的民本思想对中国古代民主思想产生了深远的影响，成了中国政治思想史上的至理名言。

春秋时期，周室王朝势衰，礼崩乐坏，权力纷争给人民带来了无尽的痛苦。各种思想派别应时而出，提出了各种安民治国的思想与主张，进一步丰富了中国古代的民本思想。例如，孔子发出"苛政猛于虎"的感慨，提出了仁的学说和德治思想。"仁"是孔子思想的核心，主要内容就是"爱人"。如何做到"爱人"呢，孔子认为就是对百姓要"庶之""富之""教之"。在"仁"的基础之上，孔子提出了"德政"思想，强调"为政以德，譬如北辰居其所而众星共之"。[①] 孔子的学说虽然被后世封建统治者改造和利用，但他的民本思想还是对统治者有一定的警示作用的。

战国时期，各国为了赢得战争，纷纷纳贤储士，变法图强，中国历史上出现诸子百家争鸣的局面。许多诸子学说继承了春秋以来对民生的关注，为民本思想注入了更多新鲜的内容。比如，以墨子为代表的墨家提出了"爱无等差"的"兼爱"思想，主张"非攻""节用""非乐""节丧"，反对战争和统治者的骄奢淫逸。墨家还主张"尚贤"政治，提出作为明君的基本条件："吾闻为明君于天下者，必先万民之身，后为其身，然后可以为明君于天下。"[②]孟子则继承了孔子的"仁"学，提出了"民为贵，社稷次之，君为轻"的理论及"仁政"学说。他强调：政权得失在于

① 杨伯峻译注：《论语》，北京：中华书局，1980年，第11页。

② 王焕镳校译：《墨子》，杭州：浙江人民出版社，1984年，第123页。

民，“桀纣之失天下也，失其民也；失其民者，失其心也。得天下有道：得其民，斯得天下矣。得其民有道：得其心，斯得民矣。得其心有道：所欲与之聚之，所恶勿施尔也”。[①] 孟子还深入阐发了“忧民之忧”及“与民同乐”的思想。孟子所表现出的仁政情怀对中国传统知识分子影响极其深远。其后，荀子也强调保民重民，强调“君者，舟也；庶人者，水也。水则载舟，水则覆舟”的思想。虽然荀子极力推动儒学礼法化的进程，但其重民的思想以及对统治者的警示还是有一定的进步性，只不过后世统治者为了维护专制统治，弱化了荀子的民本思想，强化了其君本和礼法化的一面。所以谭嗣同说：“两千年之学，荀学也，皆乡愿也。”[②] 言语虽有些偏颇，但基本符合事实，这也说明后世强大的君主专制扼杀了先秦的民本思想。

纵观先秦的民本思想，概括起来有四个方面的内容。第一，民为邦本，本固邦宁。民心向背是国泰民安的决定因素。第二，“民贵君轻”，国君得失天下的关键在于人民的拥护。第三，统治者要关注民生，保民、养民、富民、教民。第四，选贤举能，推行贤人政治。当然，由于春秋、战国的纷乱，诸子们为了推行他们的主张和实现政治抱负，往往把夏商周三代美化，把三代之治作为后世效法的王道典范。这既是他们对现实不满的表现，也是他们追求的一种政治乌托邦，这给后来的知识分子，特别是处于乱世、衰世的儒生士子以深远的影响。

秦朝以摧枯拉朽之势吞并六国，建立起统一的封建君主专制王朝后，秦始皇挟千古之功废先王之道，焚百家之言，对民众实行愚民政策和残酷的剥削，结果二世而亡。继秦而起的汉朝汲取秦速亡的教训，与民生息，无为而治。但随着皇权的稳定，汉武帝罢黜百家，独尊儒术，采用董仲舒吸收了阴阳家、黄老和法家等思想的新儒学，为君主专制服务。这样，先秦的民本思想与专权政治最终整合，民本思想逐渐丧失了对封建集权的抗衡能力，成了君本政治的工具和奴仆。或者说，成了封建统治者的一种统治术。其后的两千年中，虽然贤明的统治官僚和知识分子有民本的呼吁，但由于民本思想更多体现的是一种道德的说教，本身缺乏对统治者的约束机制，无法改变君主专制制度对民众的剥削与压迫。

两千多年前的先秦时期的思想是中国思想的宝库，后世的知识分子和统治者经常回头寻求思想的灵感和美好的政治幻想。就民本政治而言，当时的思想家虽然不可能提出“民主”这个概念，却提供了探索民主政治的思路，酝酿了近现代民

---

① 李炳英选注：《孟子文选》，北京：人民文学出版社，1957年，第115页。

② 蔡尚思、方行编：《谭嗣同全集》（增订本）下册，北京：中华书局，1981年，第337页。

主的原始观念形态。到了近代，当西方宪政与中国专制碰撞后，中国的思想家们又一次把眼睛回转到先秦，寻找移植西方宪政的本土民主资源。人们并不能随心所欲地创造自己的历史，历史的包袱并不容易卸下来，历史遗产可能会阻碍着现实的改革，但历史遗产又何尝不会发生创造性的转换，推动历史前进呢？在看待先秦民本思想与西方宪政的关系时应当如是观之。

二、明清批判君主专制思想之动向

明清之际，朝代鼎革，历史面临着巨大变革。沿袭了近两千年的封建专制制度百弊丛生，无法推动社会的进步。一批思想家们诸如黄宗羲、顾炎武、王夫之等人怀着国恨家仇，猛烈地讨伐封建专制制度，从而开启了明清之际怀疑、揭露、批判封建专制制度的序幕，对后世产生深刻影响，“孕育了近代的胚芽”[①]。对此，梁启超曾谈及所受明清之际思潮影响：“最近三十年思想界之变迁，虽波澜一日比一日壮阔，内容一日比一日复杂，而最初的原动力，我敢用一句话来包举它，是残明遗献思想之复活。”[②]梁启超亲身经历过晚清社会大变革，其论自然是肺腑之言。我们阅读中国近代思想家的著作发现，从龚自珍、冯桂芬、王韬、郑观应到康有为、梁启超、谭嗣同，再到章太炎、陈天华等人，无不深受明末清初思想家的影响。汤寿潜自然也不例外，他在《危言》中，曾多次引用黄宗羲、顾炎武等人的话语。他对朱舜水也极为推崇，晚年曾与马一浮收集朱舜水的遗著，并刊刻行世。所以，探讨汤寿潜的宪政思想，还要简单明了明清鼎革之际中国思想界对君主专制制度的批评，因为近代思想家们在移植西方宪政思想的时候，不仅从先秦民本思想中寻求本土资源，还直接受到了明末清初思想家对君主制度批评的影响。

明清之际批评君主专制最有代表性的思想家当是黄宗羲。[③] 黄宗羲（1610—1695），浙江余姚人，字太冲，号南雷，世称梨洲先生。其名著《明夷待访录》对近代民主思想影响极大。在书中，黄宗羲指出，君主与万民的关系应该是“以天下为主，君为客”的关系，但后来，这种主客关系被颠倒了，皇帝把一家的私利与千万人的利害对立起来，造成了社会的种种罪恶。黄宗羲痛斥道：“今也以君

---

① 沟口雄三：《中国前近代思想的屈折与展开》，北京：中华书局，2005年，第42页。

② 梁启超：《中国近三百年学术史》，天津：天津古籍出版社，2003年，第33页。

③ 黄宗羲是浙东学派大家，汤寿潜深受其影响。如黄氏曾主张重新设立宰相以牵制君权，汤寿潜在《危言》中便承黄氏之说，发扬君臣平等论。民初汤氏主政浙江，曾把西湖边上的彭公祠改为三贤祠，供奉黄宗羲、张煌言和吕留良，亦见黄氏对汤寿潜的影响。

为主，天下为客，凡天下之无地而得安宁者，为君也。是以其未得之也，屠毒天下之肝脑，离散天下之子女，以博我一人之产业，曾不惨然！曰：'我固为子孙创业也。'"[①]君主视天下公产为私产，敲骨吸髓，恣意妄为。黄宗羲向世人宣称："为天下之大害者，君而已矣"，视为寇仇，名为独夫，毫无过分。黄宗羲还批判了维护封建特权的法律，指出皇帝的所谓法律不过是一家之法，是非法之法，不是天下之法。他强调只有先实行法治，然后才能有人治，只有实行了真正的法治，就算这个皇帝不好，同样不能危害天下，用他的话说就是"莫不有法外之意存乎其间。其人是也，则可以无不行之意；其人非也，亦不至深刻罗网，反害天下。故曰有治法而后有治人"[②]。黄宗羲还揭露封建官吏制度的实质，指出皇帝至高无上，臣为君而设，是君的奴仆、犬马。黄宗羲认为这种畸形的君臣关系会导致臣僚成为皇帝的帮凶，应当放弃，建立一种平等、独立的关系。为此，黄氏提出"君臣共治"的思想。这打破了君为臣纲的传统思想，表现出朦胧的民主思想。

黄宗羲对君主专制并没有完全停留在批判的层面上，而是大胆地提出了自己的社会改革方案。为了克服君主制的弊端，黄宗羲主张重设宰相制，以分君权，皇帝不必担负实行法律的具体责任，把责任和权力交给德才兼备的宰相。为了制衡君主独断，黄宗羲还提出以学校为议政机关的设想。他认为学校不仅是为培养人才，而且应该成为天下舆论的枢纽。他说："学校，所以养士也。然古之圣王，其意不仅此也，必使治天下之具皆出于学校，而后设学校之意始备。"[③]学校应当有监督君主的行为的功能，"天子之所是未必是，天子之所非未必非，天子亦遂不敢自为非是，而公其非是于学校"[④]。黄宗羲所谓的学校，实际上是各阶层知识分子参与政权的机构，已具有某种代议制机关的味道，有些类似于近代议会的形式。

顾炎武、王夫之、唐甄、朱舜水也有相似的思想倾向，他们都推崇经世致用之学，有着强烈的民族意识和政治倾向性，感受到了君主专制制度的专横和罪恶，对其进行无情的批评，都朦胧感受到了封建社会已经到了穷途末日，必须进行变革，另寻出路，思想中都表现出了浓厚的民主意识，启蒙了近代民主思想。

---

① 黄宗羲：《明夷待访录·原君》，北京：中华书局，1981年，第2页。

② 黄宗羲：《明夷待访录》，长沙：岳麓书社，2016年版，第26页。

③ 黄宗羲：《明夷待访录·学校》，北京：中华书局，1981年，第9—10页。

④ 黄宗羲：《明夷待访录·学校》，北京：中华书局，1981年，第10页。

顾炎武(1613—1682)，字宁人，号亭林，江苏昆山人。顾氏力倡经世之学，始终关注国家治乱之源，生民根本大计。他结合评说历代制度和政治得失，对君主政治的暴虐和官僚士大夫的腐败进行了深刻揭露。比如，他认为君并非封建君主的专称，在古代君为“上下之通称”，不唯天子可称君，就是人臣、诸侯、卿大夫，乃至府主、家主、父、舅都可称君。这样的论证，其实就是对君权神授的嘲弄和蔑视。顾炎武深思历史，认为中国的贫穷与积弊来自君权独断的郡县制。有鉴于此，顾炎武主张皇帝分权，与地方“众治”。他说：“人君之于天下，不能以独治也”，他大声呼吁“以天下之权寄之天下之人”，要充分信任地方官吏，郡县守令应该拥有“辟官莅政理财治军”的实权，这样才可以“国可富，民可裕，而兵农各得其业”，从而达到天下大治。[①] 虽然顾炎武不可能完全突破封建的藩篱去否定君主专制，但他怀疑君权、实行“众治”的主张依然闪耀着进步、民主的思想光芒。

王夫之对君主专制的批判也极为深刻。王夫之(1619—1692)，字而农，湖南衡阳人，因晚年隐居湘西石船山，人称船山先生。王夫之对儒家知识分子推崇周文王不以为然，认为周文王为了防止臣民的篡弑，“使天下之经提携于一人”，乃是“恃一人之耳目以弱天下”，指出秦、汉以后效法《周官》遗意的君主专制更是“生民以来未有之祸”，导致“万方统于一人，利病定于一言”，民众根本不可能掌握自己的命运，只有处于被剥削压榨的地位。在这样的体制中，帝王为了维护独尊的统治，达到家天下的一己之私利，往往“忌天下之贤而驱之以不肖”，好人也会变成坏人，因为好人也需要“纵酒纳贿”“托以污名”，才能得到重用，结果造成国家民族的衰亡。为了改变这种恶果，王夫之提出了“天下循公”的政治原则，提出了“君、相、谏官”三者“环相为治”的政治改革方案：“宰相之用舍听之天子，谏官之予夺听之宰相。天子之得失则举而听之谏官”[②]，相权和谏官的权力都是为了制约皇权。他甚至提出了“使有天子而若无”的虚君共和的理想，其前提是“预定奕世之规”，即有一套完整的法制，“以法相裁，以义相制，……自天子始而天下咸受其裁”。[③] 王夫之从社会结构来批判君主专制，主张通过权力制衡和法制来加强对君主的约束，这种认识闪烁着民主的光芒，对近代政治思想产生了深刻的影响。

---

① 顾炎武：《日知录》(卷九)《守令》，长沙：岳麓书社，1994年，第327页。

② 王夫之：《宋论》，《船山全书》第11册，长沙：岳麓书社，1996年，第122页。

③ 王夫之：《读通鉴论》，《船山全书》第11册，长沙：岳麓书社，1996年，第1116页。

唐甄[①]对君主专制的批评也极为引人注目。唐甄(1630—1704)，字铸万，别号圃亭，四川省达州人。唐甄花费三十年的心血，撰写了《潜书》，对封建君主专制进行了猛烈的抨击。首先，他无情地揭露"君权神授"的谎言，"天子之尊，非天帝大神也，皆人也"，又说："人之生也，无不同也。"[②]清楚地说明了君主是人而不是神，君主与天下人，生下来是平等的，别无二致。他无情地指斥君主："自秦以来，凡为帝王者，皆贼也。"[③]他愤懑地批判封建君主专制给人民带来的罪恶，明确指出，君主是一切祸害的总根源，"治天下者惟君，乱天下者惟君。治乱非他人所能为也，君也"[④]。在明末清初的思想家中，唐甄同黄宗羲一样，对君主专制的批判尖锐而深刻，所以侯外庐先生指出："唐甄和黄宗羲有相同的地方，即攻击封建制度是特别露骨的。"[⑤]

讨论明清鼎革之际对近代民主思想产生影响的思想家必须提到朱舜水[⑥]。梁启超曾说："舜水尤为伉烈，他反抗满洲的精神，至老不衰……(舜水的话)入到晚清青年眼中，像触电气一般震得直跳，对于近二十年政治变动影响实在不小。"[⑦]朱舜水(1600—1682)，名之瑜，字鲁玙，宁波余姚人。舜水是他在日本取的号，意为"舜水者敝邑之水名也"，以示不忘故国故土之情。朱舜水出身望族，精研史、书、六经，明末屡奉征辟，皆因"世道日坏，国事日非"，坚辞不就。明亡后，从事抗清活动，失败后逃亡日本，定居日本，讲学二十余年。怀着家仇国恨的悲愤，朱舜水反思明亡的教训，认为明朝灭亡的最大因素在于政治的腐败和经济的崩坏，而政治腐败招致民心的背离最为关键，他说："崇祯末年，缙绅罪恶贯盈，百姓痛入骨髓，莫不有'时日易丧，及汝偕亡'之心。故流贼至而内外响应，逆虏入而迎刃破竹。"[⑧]这里固然有朱舜水对农民起义的偏见，但他的中心思想寄托了对民众同情的正义感。朱舜水从重视民心、民力出发，提出了"利民""富民"的主张，他说："治国有道，因民之所利而利之，岂在博施？……富民当以礼节之，贫民当以省耕省敛以补助之。但要万民免于饥寒，亦不必多历年所。

① 汤寿潜也受到了唐甄的影响，其成名作《危言》一出，时人称颂，还把他比作是和唐甄一样的思想家，"时人以比唐甄"。

② 唐甄：《潜书》，李忠实译注，乌鲁木齐：新疆青少年出版社，2005年，第297页。

③ 唐甄：《潜书》，李忠实译注，乌鲁木齐：新疆青少年出版社，2005年，第568页。

④ 唐甄：《潜书》，李忠实译注，乌鲁木齐：新疆青少年出版社，2005年，第195页。

⑤ 侯外庐：《中国思想通史》第5卷，北京：人民出版社，1956年，第30页。

⑥ 朱舜水也是浙东学派的代表人物，汤寿潜颇受其影响，对其道德学问非常推崇。为了颂扬朱舜水，1912年，汤寿潜命令其婿马一浮编定《舜水遗书》，并亲自作序。

⑦ 梁启超：《中国近三百年学术史》，天津：天津古籍出版社，2003年，第95页。

⑧ 梁启超：《朱舜水先生年谱》，《朱舜水集》北京：下册，中华书局，1981年，第691页。

若要更化善俗，非积年不可也。”[①]为此，他推崇孟子的“仁政”思想，提倡“当以不忍之心为体，不忍人之政为用”的“仁政思想”，也就是要求统治者常怀爱民之心，实行济民之政。

黄宗羲、顾炎武、王夫之、唐甄等人不但开有清一代之学风，而且他们的政治思想对中国近代的政治变革产生了深远的影响，不论是资产阶级改良派还是革命派，都从他们那里获得了思想的启迪。[②] 梁启超强调：“梁启超、谭嗣同辈倡民权共和之说，则将其书(《明夷待访录》)印数万本，秘密散布，于晚清思想之骤变，极有力矣。”[③]梁启超以切身体会道出了明末清初思想家的启蒙作用。谭嗣同对这些思想家也极为推崇，认为王夫之反君主专制的思想“纯是兴民权之微旨”，他盛赞王夫之说：“五百年来学者，真通天人之故者，船山一人而已。”[④]谭嗣同激烈的反君主思想也与唐甄思想暗合，他对君主专制“二千年来之政，秦政也，皆大盗也”的痛斥简直就是唐甄“自秦以来凡为帝王者皆贼”的翻版。改良派中的激进派唐才常也“素服膺王船山之学说，及主讲时务学堂，日以王船山、黄梨洲、顾亭林之言论，启迪后进。又勖勉诸生，熟读《黄书》《噩梦》《明夷待访录》《日知录》等书，时共研习，发挥民主、民权之说而引申其绪，以启发思想，为革命之先导”[⑤]。

资产阶级革命派也从明末清初思想家那里汲取精神力量，为旧民主主义革命提供思想武器。蔡元培、刘师培、陈天华等人都推崇黄宗羲，认为他是中国式的卢梭，是中国民权主义的先驱人物。[⑥] 章太炎最初对黄宗羲也十分钦佩，他曾

---

① 朱舜水：《答野节问三十一条》，《朱舜水集》上册，卷 11，朱谦之整理，北京：中华书局，1981 年，第 385 页。

② 清末甘鹏云《国学笔谈》中说：“王船山《噩梦》、《黄书》，唐铸万《潜书》，黄黎洲《明夷待访录》，檀默斋《法书》之类，皆国初时著作，与近日时势不尽合。王螺洲《枢言》，孙芝房《刍论》，冯林一《校邠庐抗议》，汤蛰仙《危言》，薛叔耘《筹洋刍议》之类，皆五十年以内之书。”甘鹏云此书写于 1899 年，他把王夫之、唐潜、黄宗羲、冯桂芬、汤寿潜等人的书列在一起，是很有意味的。转引自张京华《船山之学的本旨与诠释》。

③ 梁启超：《梁启超论清学史二种》，朱维铮校注，上海：复旦大学出版社，1985 年，第 15 页。

④ 梁启超：《梁启超论清学史二种》，朱维铮校注，上海：复旦大学出版社，1985 年，第 16 页。

⑤ 唐才质：《唐才常烈士年谱》，《唐才常集》，北京：中华书局，1980 年，第 273 页。

⑥ 1903 年蔡元培在《绍兴教育会之关系》说：“自汉以来，儒林、文苑诸传，无不有绍兴人者，而王阳明氏之道学，及今尚为海外哲学之一派，黄梨洲氏且得东方卢骚之目焉，是为学问界之势力。”(《蔡元培全集》第 1 卷，第 170 页。)1904 年初刘师培发表《黄梨洲先生的学说》，便把《明夷待访录》与卢梭的《民约论》相比较，表示对黄宗羲“五体投地而赞扬靡止”。陈天华在《狮子吼》一文中借“文明种”之口说：“明末清初，中国有一个大圣人，是孟子以后第一个人。他的学问，他的品行，比卢梭还要高几倍，他就是黄梨洲先生。他著的书有一种名叫《明夷待访录》，内有《原君》、《原臣》二篇，虽不及《民约论》之完备，民约之理，却已包括在内。”(陈天华：《陈天华集》，长沙：湖南人民出版社，1982 年，第 127—128 页。)

说："昔太冲《待访录》'原君'论学，议若诞谩，金版之验，乃在今日。斯固玮琦幼眇，作世模式者乎？"[①]他认为黄宗羲所提出的天下为主、君为客、虚君重相的主张，已在世界各国得到验证。他赞道："黄氏发之于二百年之前，而征信于二百年之后，圣夫！"[②]章太炎从"排满"的民族主义出发，更为推崇王夫之，誉为近代民族主义之师。他称道："当清之季，卓然能兴起顽懦，以成光复之绩者，独赖而农（王夫之）一家而已。"[③]国粹派健将邓实等人主张要像法国表彰启蒙思想家孟德斯鸠和卢梭一样，表彰黄宗羲、王夫之、顾炎武和颜元等人的学问、反清复明的志节与匡救天下的抱负。他还认为，如果当时能大行思想家们的主张，"是故数君子之学说而用，则中国非如今日之中国可知也。……惜其学不用，乃以成此晚近衰亡之局"[④]。此论虽是一种假设，但也反映了他们服膺思想家们的一种心情。刘师培和林獬合著《中国民约精义》，辑录传统的民本思想，与卢梭的《民约论》相比照，品评优劣，进行革命思想的宣传，其中大量引用了黄宗羲的《明夷待访录》和唐甄的《潜书》中的反君主专制思想。

明清鼎革之际，中国社会风云激荡，一批士大夫怀着沉痛的失国之痛和拯时救世的社会责任感，反省中国传统政治的得失。他们显然认识到了封建君主专制体制所造成的社会弊端，对其猛烈抨击，并提出了一系列变革君主制、限制君主权力的主张。他们的所思、所想皆有感而发，切中时弊，包含着可贵的民主精神和独立意识，其人文启蒙的作用不言而喻。侯外庐先生曾指出："（明清之际的）历史进入了新旧因素的矛盾大发展的局面，活的东西要冲破死的，而死的东西在束缚着活的。"[⑤]他认为明清之际出现的这些思想具有早期启蒙思想的性质，预示了近代社会曙光的隐隐泛亮。谢国祯先生也指出："明末清初的学者……摆在历史的进程上，有并驾齐驱的局势，承前启后推陈出新的作用。"[⑥]日本学者沟口雄三也把明末清初期看作是中国历史一个重要的"转换点"，认为当时出现的"批判君主的一己的或一元的专制，认为政治应是为民的，要求君主尊重民声，政治上要求分治"的思想中"孕育着近代的胚芽"。[⑦]

① 章太炎：《致汪康年书》，《章太炎政论选集》，北京：中华书局，1977年，第3页。
② 章太炎：《章太炎全集》第三册，上海：上海人民出版社，1985年，第29页。
③ 章太炎：《重刊〈船山全书〉序》，《船山全书》第16册，长沙：岳麓书社，1996年，第441页。
④ 邓实：《国学无用辩》，《国粹学报》第30期。
⑤ 侯外庐：《中国早期启蒙思想史》，北京：人民出版社，1956年，第21页。
⑥ 谢国祯：《明末清初的学风》，北京：人民出版社，1982年，第1页。
⑦ 沟口雄三：《中国前近代思想的演变》，北京：中华书局，1997年，第19页。

然而，明末清初的民主萌芽并没有形成燎原之火，焚毁君主专制制度，推动中国社会进入近代。随着清王朝实行文字狱，思想文化界遭受重创，学风被迫转向了远离政治的考据一途。中国政治依然按照一乱一治的历史惯性向前滑行，但离世界大势的方向越来越远。清朝统治者动用了各种手段，强化了封建专制统治，暂时缓解了君主专制的衰败，但同时，其内部的活力也更为窒息，进而加重了体制内部的紧张状态。当西方列强强力而至时，封建专制再也无力进行调适，中国的社会制度只能向近代民主政治转化。

我们固然可以说中国宪政思想在近代社会的发生、发展是"西力东渐"刺激的结果，但这是一种外部因素。我们可以这样认识：宪政思想和实践在近代中国的起步阶段，外部因素即资本主义的刺激是主导因素，但在转型、发展和成败问题上，关键的还是取决于内部因素。在晚清，黄宗羲、顾炎武、王夫之等人的著作广为刊行也说明中国反对君主专制内源的广泛影响。当然我们不否认，由于民本思想带有中国君主制度下的本色，它们和资产阶级的民主有着本质的区别。正因如此，一方面，西方民主政治思想可以在中国"借壳"成长、发展；另一方面，由于中国近代知识分子太衷情、太自负于中国本土资源，对西方民主制度产生了种种"误读"，阻碍它们在中国的正常成长。因此，在近代中国，民主宪政走的是一条蹒跚徘徊、进退失据之路。宪政的追求者不仅面对着社会保守势力带来的巨大压力，而且他们自身也充满矛盾性：近代性与传统性相纠缠、新旧杂糅、思想与行动脱节，宪政的实践果实往往是南橘变北枳，这点在汤寿潜身上表现得特别明显。

三、朦胧中的"西政"

1840 年的鸦片战争，英国凭借"坚船利炮"轰开了天朝上国的国门。中国面临着"三千年未有之变局"，遭受了前所未有的屈辱和痛苦。然而，苦难也催生了变革，正是民族危机刺激了中国先进的知识分子，强烈的忧患意识驱使他们自觉承担了开眼看世界、奋发图强的历史重任。他们开始了解西方，继而呼吁学习西方，变革传统，虽然前行之路阻力重重，步履蹒跚，但在一代代先进中国人的努力下，涓涓细流终成磅礴潮流，引发了中国由传统社会向近代社会的深刻变化。

就中国学习西方民主政治制度而言，中国知识分子对其认识、选择经历了一个逐渐深入、复杂以及中国化的过程。在这个过程中，从鸦片战争到甲午战争前，西方民主制度在中国的介绍和传播可谓处在一个朦胧、发轫的阶段。而此阶段，又可分为三段：1840 年到 1860 年为第一阶段，以林则徐、魏源、徐继畬、梁廷枏等先进知识分子为代表。他们对西方民主制度虽有向往之情，但终属“创榛辟莽”初识阶段，影响并不大。1860年到1880年为第二阶段，以洋务派知识分子冯桂芬、郭嵩焘以及部分传教士为代表，在此阶段后期，虽然王韬、郑观应等人也有介绍西方民主制度的言论，但产生影响还在1880年后，所以对他们的言论的考察放在1880年后的阶段。此阶段，中国知识分子对西方民主制度介绍渐趋广泛和深入，但没有形成规模影响。1880年到1895年为第三阶段，西方民主制度最终产生规模影响，以早期维新派为代表。他们参照西制，都积极主动地设计中国的政治制度，虽然没有摆脱传统的窠臼，但毕竟走出了宪政中国化的重要一步，为维新变法以及后世的宪政运动提供了思想源泉。对此过程进行历史的、微观的观察，旨在说明汤寿潜宪政思想的形成是建立在前人对西方民主政治的观察、羡慕以及最初根植的基础之上的，汤寿潜是这个链条上的一分子。

毛泽东说：“在中国的民主革命运动中，知识分子是首先觉悟的成份。”[①]鸦片战争的隆隆炮声惊醒了一批像林则徐、魏源、徐继畬、梁廷枏等思想开明、头脑敏锐的爱国士大夫，他们开始睁眼看世界，迈出了中国走向世界的最初一步，也开了中国了解、学习西方民主制度的先河。

还在鸦片战争进行时，林则徐就已开始了解、研究中国以外的世界情况。他购买新闻纸，雇人把有关西人的资料编成《华事夷言》，作为决策参考，还雇人把英国人慕瑞的《地理大全》编译为《四洲志》。通过“翻夷书”“悉夷情”，林则徐朦胧意识到了西方的政治制度的优势。《四洲志》中曾这样描写美国的政治运作：

“因无国王，遂设勃列西领一人，综理全国兵刑、赋税、官吏黜陟。然君国重事，关系外邦和战者，必与西业会议(国会)而后行。设所见不同，则三占从二。升调文武大吏，更定律例，必洵谋佥同。……数百年来，育奈士迭(美国)遵成富强之国。……故虽不立国王，仅设总领，而国政操之舆论，所言必施行，有害必上闻，事简政速，令行禁止，与贤辟所治无异。此又变封建郡县官家之局而自成世界者。”[②]

文中对美国民主制度虽未置可否，但字里行间还是流露了赞赏之情。《四洲志》作为晚清介绍西学的开端之作，被魏源吸收到《海国图志》中，是中国人“讲求外国情形之始”(康有为语)，对中国民主思想启蒙产生了深远影响。

---

① 《五四运动》，《毛泽东选集》(第二卷)，北京：人民出版社，1991年，第599页。

② 林则徐：《四洲志》；转引自章开沅、罗福惠：《比较中的审视：中国早期现代化研究》，杭州：浙江人民出版社，1993年，第67页。

在中国近代思想史上，魏源的《海国图志》可谓跨时代、开风气的巨著。魏源提出了“师夷长技以制夷”的口号，破除了骄虚自大的“夷夏”传统观念，开中国向西方学习的先河。《海国图志》与徐继畬的《瀛环志略》、梁廷枏的《海国四说》等书是中西文化冲突、交融的第一批著作。他们不仅向耳目闭塞的国人叙述了世界各国的地理、历史、文化、教育、科技及风土人情等情况，还介绍了西方的民主制度。当时，西方的民主制度有两种类型。一种是以英国为代表的君主立宪制，另一种是以美国为代表的民主共和制。魏源等人都给予了关注。

魏源介绍英国的君主立宪政治时说，英国有女王，又有巴厘满衙门，亦即议院，议院又分爵房(即上议院)与乡绅房(即下议院)，“国有大事，王谕相，相告爵房，聚众公议，参以条例，决其可否，辗转告乡绅房，必乡绅大众允诺而后行，否则寝其事勿论。其民间有利病欲兴除者，先陈说于乡绅房，乡绅酌核，上之爵房，爵房酌议可行，则上之相以闻于王，否则报罢”①。“设有用兵和战之事，虽国王裁决，亦必由巴厘满议允。”②此外尚有新闻机构刊印报纸，“以论国政”，如政事有失，“许百姓议”。魏源对英国君主立宪制的民主原则、国王与议会的关系以及人民对政府的监督等方面勾勒的轮廓大致清楚。

对美国的总统制度，魏源则不惜笔墨，大加称赞：

“公举一大酋总摄之，匪惟不世及，且不四载即受代，一变古今官家之局，而人心翕然，可不谓公乎！议事听讼，选官举贤，皆自下始。众可可之，众否否之，众好好之，众恶恶之。三占从二，含独徇同，即下预议之人，亦先由公举，可不谓周乎！”③

魏源认为美国的总统制至“公”而“周”，“其章程可垂奕世而无弊”。他对实行共和制度的瑞士也极为推崇，誉之为“西土之桃花源”“惩硕鼠之贪残，而封泥告绝”，虽然周边国家“各拥强兵”，但安然无恙，“岂不异哉！”④魏源在书中对美国和瑞士共和制度的描述充分表露了他对近代民主制度的一种朦胧向往，从另一方面说，则折射了他对腐朽封建专制制度的不满和诋斥。

---

① 魏源：《海国图志》中册，卷52，长沙：岳麓书社，1998年，第1446页。

② 魏源：《海国图志》中册，卷50，长沙：岳麓书社，1998年，第1382页。

③ 魏源：《外大西洋墨利加洲总叙》，《海国图志》下册，卷59，长沙：岳麓书社，1998年，第1611页。

④ 魏源：《大西洋瑞士国》，《海国图志》中册，卷47，长沙：岳麓书社，1998年，第1337页。

1844年梁廷枏编写《合省国说》，[①] 该书详细介绍了美国的情况，对美国的资产阶级民主制度着墨尤多，且夹叙夹议，大胆表明对这种制度的钦慕之情。他非常推崇美国的法治建设，认为法律体现了人民的意愿，总统按法律由人民选出，按法律也就是人民的意愿治理国家，不能随意变更法律。梁廷枏感慨美国的民主制度简直就是中国三代古制的再现，"'视听自民'之茫无可据者，至是乃彰明较著而行之，实事求是而证之"[②]，良法美制，让人神往。

与魏源的《海国图志》一样，徐继畬在1848年刊行的《瀛环志略》也是中国睁眼看世界的名著。在书中，徐继畬比较系统地描述了英、美议会制度。他介绍英国的代议制度说："大约刑赏徵伐条例诸事，有爵者(上议院议员)主议；增减课税筹办帑饷，则全由乡绅(下议院议员)主议。此制欧罗巴诸国皆从同，不独英吉利也。"[③]虽无明显的称赞之词，但暗含颂扬欧洲民主制度的大义。徐继畬大加赞赏美国的民主制度和伟大人物，对于"创古今未有之局"的华盛顿，徐继畬专门加按语称赞。在君主专制的严酷年代，徐继畬介绍并推崇美国的资产阶级民主制度和资产阶级革命的领袖人物，不仅显示了他的真知灼见，而且表明他胆略过人，这对后来的早期维新思想家和资产阶级维新派产生了积极影响。

鸦片战争把中国推向了世界舞台，出现了一批睁眼看世界的先进人物，林则徐、魏源、梁廷枏、徐继畬作为其中的佼佼者，对西方的认识不仅仅停留在器物、技艺方面，还扩展到了政治方面，其最大的价值在于突破了"夷夏大防"的传统观念，迈出了近代中国将救亡图存与向西方文化学习联系起来思考的第一步。当然，由于传统思想的长期禁锢，他们对西方民主政治的了解是肤浅的、直觉的，他们也没有明确提出"师夷"西方的民主制度。在鸦片战争后的最初20年，中国人对西方民主政治的了解和引进只是片鳞断爪，还处于胚胎状态，并没有引发多大的社会影响。但历史的巨变往往孕育在不经意的细小变化中。黑格尔曾言，一粒种子在最初的状态就已经蕴含了以后诸多的可能性。历史的发展会让毁灭封建专制的种子发芽、茁壮成长、最终结果。

19世纪60年代以后，中国社会发生了显著变化。经历了太平天国和第二次鸦片战争后，清政府不得不稍变成法，进行洋务运动。魏源"师夷长技以制夷"的呐喊由空谷足音变为实践，中国迈出了向西方学习的重要一步。在此背景下，又

---

① 《合省国说》是《海国四说》的一种，是梁氏参考美国人《合省志略》一书，结合自己在粤海关等处搜集的有关美国资料编纂而成。《海国四说》的其余三种为《耶稣教难入中国说》《粤道贡国说》《兰伦偶说》。

② 《海国四说》，北京：中华书局，1993年，第52页。

③ 徐继畬：《瀛环志略》，上海：上海书店出版社，2001年，第235页。

一批中国知识分子从各种角度介绍西方的民主政治。同时，部分传教士也开始传播一些西方民主知识。中国民主思潮的暗流在不断积累、涌动。

第二次鸦片战争以后，深入探究西方国家富强真谛、走在时代前列的知识分子当属冯桂芬。冯桂芬(1809—1874)，字林一，号景亭，江苏吴县人，道光进士，为林则徐弟子，生平重视经世致用之学。1861 年，冯桂芬写成《校邠庐抗议》，此书被称作近代中国思想界的“百年不刊之论”。冯桂芬对中国的丧权辱国的失败进行了深刻反省。他指出：中国之所以受制于列强，“非天时、地利、物产不如也，人实不如耳”，这表现在：“人无弃材不如夷，地无遗利不如夷，君民不隔不如夷，名实不符不如夷。”[①]显而易见，冯桂芬的议论不仅承认西方在器物工艺方面超出了中国，而且直言不讳地指出“君臣不隔不如夷”，正切中封建专制政体的要害。虽然冯桂芬提出的解决中国君民隔绝弊端的方法依然是“公黜陟”“复乡职”“复陈诗”“许自陈”传统的办法，并无关乎近代民主制度，但根据熊月之的研究，在《校邠庐抗议》手稿的《公黜陟》篇末，曾有这样一句话：“及见诸夷书，米利坚以总统领治国，传贤不传子，由百姓各以所推姓名投匦中，视所推最多者立之，其余小统领皆然。国以富强，其势骎骎凌俄、英、法之上，谁谓夷狄无人哉！”[②]显然，冯桂芬对美国的普选制是赞赏的，他心中可能有一个欧美的政治模式，而中国传统方法不过是借此发端而已。在正式刊行的版本中没有此话，说明了冯桂芬的矛盾心态，他固然害怕招致祸害，更重要的是，冯桂芬学习西方的根本目的在于“以中国之伦常名教为原本，辅以诸国富强之术”，并无主观上变更君主专制制度的政治诉求。但他对君民隔绝弊端的指责以及“法苟不善，虽古先吾斥之；法苟善，虽蛮貊吾师之”[③]的果敢宣称则引发了人们借鉴西方民主制度改革君主专制政体的思考。

1875 年，作为军机大臣兼总理衙门大臣的文祥曾折冲于中外之间，他了解“事事必合乎民情”的君民共主政体是很自然的事情，但身为朝廷命官又是满人，他并不认为此政体能行于中国，“中国天泽分严，外国上议院、下议院之设，势有难行，而义可采取”[④]，既有倾慕之情，又有忠诚于朝纲的自觉，其中的意味是后人难以理解的，但历史的魅力正在此，儒家传统的教化使他们把纲常视为身

① 冯桂芬：《校邠庐抗议》，郑州：中州古籍出版社，1998 年，第 198 页。
② 《陈旭麓文集》(第三卷)，上海：华东师范大学出版社，1997 年版，第 30—31 页。
③ 冯桂芬：《校邠庐抗议》，郑州：中州古籍出版社，1998 年，第 154 页。
④ 赵尔巽等：《清史稿》卷 386 页，北京：中华书局，1977 年，第 11691 页。

心性命，但现实的危机又驱使他们本能地去汲取西学，这种复杂的心理是当时知识分子的一种普遍心理状态。

第二次鸦片战争后，中国与外部世界的接触已成大势所趋，部分政府官员和知识分子得以走出国门，去考察西方世界。在异邦，他们以特有的好奇和敏感记载了所见所闻，其中不乏对民主政治的观察和感想。1866 年 3 月至 7 月，清政府首次公派斌椿一行五人去欧洲考察。在伦敦，他们参观了公议厅，了解到了英国人议事的程序是由"各乡公举六百人，共议地方公事。意见不合者，听其辩论，必俟众论佥同，然后施行，君若相不能强也"①。这种君相权力不干涉地方事务的制度给他们留下了深刻的印象。在法国，随行的年轻人张德彝则对民主政体开明平等的一面甚感惊奇。在被邀观剧时，他看见"气足神定，威颜凛凛"的法国君主同在剧场，但"并无仪仗护卫，只有十数名红衣兵耳"，而泰西王子们也"无异庶民"，他们经常"微行于市"，很多人不知其贵为王子。② 这对于见惯繁文缛礼、等级森严的专制制度的张德彝来说，确实别开生面。

1868 年，随蒲安臣访问欧美国家的志刚编有《初使泰西记》，记载了他出使泰西的经过，其中不乏对西政的关切。他发现"西国不讳名，故美国总统专逊之名，国人皆通呼之"③。这对生活在威威皇权之下的中国臣民来说，简直是不可思议的天外奇谈。志刚还发现："泰西立君，不拘于男女。然为君而不能尽君道者，国人不服，则政令有所不行，不得安其位矣。故西国君主，治法不必尽同，而不敢肆志于拂民之情，则有同揆焉。"④他认识到了在民主政治下，民意的强大和不可违。

其后，随着去外国访问和游历的中国人增多，人们的思想渐趋开放，观察西方民主政治的眼光少了几分好奇，多了几分思考。1876 年，郭嵩焘作为中国派出的第一任驻英公使，对英国的民主政治有了更为深刻的体会。一次，他亲赴英国下议院观察，看到了民主政治跟富强之间的关系："推原其立国本末，所以持久而国势益张者，则在巴力门议政院有维持国是之义，设买阿尔治民，有顺从民愿之情。二者相持，是以君与民交相维系，迭盛迭衰，而立国千余年终以不敝。"⑤他高度评价英国的君主立宪政体下君民相洽、互动的和谐局面。

① 斌椿：《乘槎笔记》，钟叔河：《走向世界丛书》，长沙：岳麓书社，1985 年，第 114 页。
② 张德彝：《航海述奇》，钟叔河：《走向世界丛书》，长沙：岳麓书社，1985 年，第 494 页。
③ 志刚：《初使泰西记》，长沙：湖南人民出版社，1981，第 270 页。
④ 志刚：《初使泰西记》，长沙：湖南人民出版社，1981 年，第 118 页。
⑤ 《郭嵩焘奏稿》，长沙：1983 年，第 373 页。

马建忠对西方民主政治的认识也颇深，欣赏西方的三权分立政体。1877 年，他上书李鸿章汇报在法国的见闻，谈到了西方诸国的政治异同："或为君主，或为民主，或为君民共主之国，其定法、执法、审法之权分而任之，不责于一身，权不相侵，故其政事纲举目张，粲然可观。"他认为只有这样的政体，才可以使"墨吏无所逞其欲……酷吏无所舞其文"①。不仅如此，马建忠还看到西方政体对人的权利带来的益处，"人人有自立之权，即人人有自爱之意"②。当然，马建忠也不认为西方的民主政治是至善至美的，他也看到了民主政治的弊端。他批评英国议院制度是"上下议院徒托空谈，而政柄操之首相与二三枢密大臣"，美国总统选举时则"贿赂公行"，法国官员之间则"互为朋比"。③ 这些观察和批评颇有见地，反映了中国知识分子对西方民主政治的冷静思考。

此阶段，部分传教士通过译书或者办报也传播一些民主知识，对中国民主意识的觉醒起了一定的作用。如，1875 年《万国公报》刊登了林乐知的《译民主国与各国章程及公议堂解》一文，较详细地介绍了西方的三权分立制度，"最要者言之，不过分行权柄而已"，"一曰行权，二曰掌律，三曰议法"。该文还明确指出泰西各国"治国之权，属之于民"，主权在民是其立国的"不拔之基"。④ 在民主政治制度的传播方面，英国传教士傅兰雅的《佐治刍言》也值得重视。该书不仅介绍了各种民主政体，还专门介绍了天赋人权和自由平等思想。康有为、梁启超、章太炎等人都读过《佐治刍言》，梁启超认为此书是"论政治最通之书"。⑤

此阶段，传播西方民主政治的人数已不像鸦片战争后最初二十年那样寥若晨星，内容也不再是隔岸观火的感性认识，而是有了深入的观察和反思，认识到了西方的富强之本在于民主政治。虽然部分低级出使人员囿于学识与传统，对西方民主政治的认识还有雾里看花之嫌，传教士的宣扬也是出于王婆卖瓜，自卖自夸，但也有像冯桂芬、文祥等人对君主专制制度的深刻反省和对西方民主制度的敏锐认识，提出了"采西学""制洋器"的可贵主张，对中国社会颇具影响力。汤寿潜就深受冯桂芬影响，在《危言》中，汤寿潜不仅汲取了冯桂芬在改科举、刷新吏

---

① 马建忠：《上李泊相言出洋工课书》，《适可斋记言记行》卷 2，台北，台湾文海出版社，1968 年，第 79 页。

② 马建忠：《上李伯相出洋工课书》卷 2，台北，台北文海出版社，1968 年，第 80 页。

③ 马建忠：《上李伯相出洋工课书》，《适可斋记言记行》卷 2，台北：台湾文海出版社，1968 年，第 79—80 页。

④ 《万国公报》第 340 卷，1875 年 6 月 12 日，台北：台湾华文书局影印本，1968 年。

⑤ 梁启超：《读西学书法》，《饮冰室合集 集外文》下册，北京大学出版社，2005 年版，第 1165 页。

治方面的思想，而且时局观、道器观也有冯氏的痕迹。郭嵩焘、马建忠身处异国，学识又高，他们在对西方民主政治有了更为真切和深入的了解后，进而批评洋务运动“中体西用”的变法观，从而由洋务派转向早期维新派。在19世纪80年代以后，他们同汤寿潜、郑观应、王韬、何启、胡礼垣、陈炽、宋恕、陈虬、宋育仁等人纷纷提出了设议院的主张，中国的民主政治向前迈出了飞跃式的一步。此后，中国民主宪政思潮一浪高过一浪，逐渐成为时代的主流。

对于19世纪80年代到甲午战前的早期维新派的民主宪政思想，因为笔者将在后面具体分析汤寿潜的《危言》中的民主宪政思想时涉及，此处不赘述，只是指出，早期维新思想家多活跃于民间，思想比较大胆、开放，他们对西方民主政体的认识较为完整，思考也更为深刻。更重要的是，他们不再仅仅对西方民主政治“临渊羡鱼”，而是转向“退而结网”，开始以西方为参照设计中国式的民主政治，这是一次历史性的飞跃。一时间，“民重君轻”“通下情”“上下一心”“民权”“议会”等话语成为“舆论之所趋向”，连洋务官员崔国因、张树声也不甘人后，突破封建纲常的羁绊，大胆向朝廷提出了立宪主张。可以说，从19世纪80年代到甲午战前，中国知识界对西方宪政的认识已经开始走出雾里看花的朦胧状态，有了明确的主张。虽然他们的理论还嫩拙，还多是纸上谈兵之论，“君民共主”认识也没有获知西方民主政治的精髓。但是，这是历史的必然，有序幕才有高潮。早期维新派的宪政思想是先觉者在寻求救国道路上的重要思想，为后来的维新变法运动做了思想上的启蒙和舆论上的准备。就汤寿潜个人而言，他怀着拯时救世的抱负，以激愤之心作《危言》，其思想、主张和其他早期维新思想家的思想一样，是时代的先声。其后，他与时俱进，以宪政作为自己最大的政治情怀和追求，在中国宪政运动史上留下了身影，而其思想的历程以及宪政的实践活动也留给后人更多的思考。

第二节　汤寿潜的人生轨迹

曹聚仁在他的回忆录《我与我的世界》中曾讲到他在1915年暮春初次到杭州，碰到了他父亲心目中所敬仰的大人物——汤寿潜。被他父亲当作圣贤看待的汤氏在曹聚仁眼里又是怎样的一个人呢？曹氏写道：“他穿了一套土布短褂，戴了一顶箬帽，脚上一双蒲鞋，手上拿了一把纸伞，十足的庄稼人。他的诗文都不错，却是维新志士，实实在在去做社会建设工作的人。……（辛亥革命时）他任浙江省都督。后来转任交通部长，一直是这么一种打扮。其后，任铁路督办，也是这么一种打扮。即是说，他的生活享受和生产条件相符合，不仅是俭朴而已。”[①]关于汤寿潜的穿着打扮，土里土气，完全是一位乡下老农的模样，在很多人眼中实在微不足道，可是在曹聚仁的心目中却留下了深刻的印象，即使时隔50多年以后写这一段回忆录，也不假思索，信笔写来。曹聚仁还写道：“汤氏，乃是启蒙时代觉悟了的知识分子。他倒并不矫情，事事求其心之所安的；先父敬之如神明，即在于此。”[②]从曹氏的描写和评价中我们可以粗知汤寿潜的性格，作为觉悟了的知识分子，面对近代中国深重的国难，汤寿潜积极入世，青年时代就“慨然有革易时弊之志”。[③] 但他又淡泊名利，具有隐士的性格，清廷多次的征命除授，都被他婉拒。汤寿潜的这种双重性格对其思想和行为产生了很大影响，他思想趋于革新，但又表现出稳健、保守的特色，他希望在清政府的体制内进行变革，使中国走向现代化，对清政府有相当的感情，但他对清政府的腐败、自欺、冥顽不化又痛恨不已，批评毫不留情。他一生最大的政治情怀应当是君主立宪政体，但当革命爆发后，他又与时俱进，从立宪转向革命。这些都可以看出汤寿潜性格、思想、行为的矛盾与复杂性。他的至交，与之并称的张謇曾说：“君之所以立名于当时，可式于后人，固自有本，其见于事者末也，又不尽所蓄。”[④]由此，我们后人对汤寿潜的所作所为不能就事论事，要看到背后复杂的思想原因。汤寿潜在临终时告诫其子时也说：“吾生平行事，人能道之，若其处心，知者或寡。”[⑤]所以说，要探究汤寿潜的宪政思想并非易事。为探究其思想，先要对其人生轨迹有一个大致了解。

汤寿潜原名汤震，曾用字孝起、翼仙，后更字蛰仙、蛰先，1856年7月3日(清咸丰六年六月初二)出生在浙江省绍兴府山阴县天乐乡大汤坞村(今属杭州市萧山区进化镇)。

汤寿潜的先人可以追溯到南宋汤鹏举。汤鹏举在南宋颇有政名，从地方官做起，一直到枢密院参知政事，同南宋权臣秦桧有过斗争。秦桧死后，他奏请宋高宗，坚决恳请铲除秦桧死党余孽，汤寿潜对这位先祖的一身凛然正气很钦佩。汤

① 曹聚仁：《我与我的世界》，上海：上海三联书店，2014年，第100页。

② 曹聚仁：《我与我的世界》，上海：上海三联书店，2014年，第100—101页。

③ 张謇：《汤蛰先先生家传》，《汤寿潜史料专辑》，第127页。

④ 张謇：《汤蛰先先生家传》，萧山政协文史委员会编：《汤寿潜史料专辑》，杭州：浙出书临(90)第59号，1993年版(此书是浙江萧山政协文史委员会主编，用临时书号出版，赠送给研究者，后边引文出自《汤寿潜史料专辑》的注释，皆指此书，不再表明出版项，特此说明)，第125页。

⑤ 《汤寿潜诫子书》，见张謇：《汤蛰先先生家传》，《汤寿潜史料专辑》，第127页。

氏世居河南汤阴，南宋绍兴年间始迁居杭州。在杭州经历了九世再迁居到山阴天乐乡，传到汤寿潜时，已经是到了南迁后的三十三世。汤家迁居到山阴后，“家世力农”，家族中没有什么高官显贵，但在当地也颇有口碑，“以行谊著称”。[①]汤寿潜的曾祖钦文，在家务农，基本没有读过书，但能吃苦，善于持家，家道还算殷实。祖父甸源，监生出身，乡居，做过塾师。汤寿潜的父亲沛恩，字石泉，监生出身。沛恩兄弟三人，其兄在家务农，其弟来往于绍兴、杭州之间，以商为业，贩卖米、丝绸等。汤沛恩长期在乡间以塾师为业，虽然不是饱学之士，但“笃学勤诲，孝友肫至”[②]，深得乡邻好感。在同治年间，汤沛恩像其他绍兴读书人一样，曾短暂在陕西武功、盩厔(今周至)等县充任过师爷。但他看到地方官随意抓捕人民，严刑拷打，“恻然悯之”，认为“民之罹刑纲，由上之失教，非其罪也”。[③] 他不时地购买药材，暗中帮助一些受刑之人。不久，汤沛恩就厌倦了腐败、无情的官场，辞掉师爷的工作回家。在归家途中，他把随身所带的所有财产都散赠给遇到的穷苦百姓，到家时，只剩下铺盖，“夷然不以为意也”[④]。汤寿潜的一生深受父亲汤沛恩的影响，疾恶如仇，对民众充满同情之心，淡泊名利。蔡元培曾说：“知其志行多本之庭训，信乎教化之原，自家而国。”[⑤]汤寿潜几次辞去清政府的官职，都是以伺候父亲的名义辞掉的。

汤寿潜少时，清王朝正值多事之秋，虽然太平天国的风暴在长江流域已经总体减弱，但在1860年，李秀成为了解天京之围，采取围魏救赵之计，剑指浙江。同时，英法联军趁火打劫，战争也波及浙江。战争的威胁、社会的衰败动荡以及政府的腐败给年少的汤寿潜心灵留下了难以磨灭的阴影，几十年后，他给伯父立传时还想起此事：

“咸丰季年，发匪起于浙东，绍兴府县尽陷。吾乡义兵起，世父率吾父与焉。寨旗指萧山县城，谋所以复之。经南门外水村曹，有无赖故通匪，匿匪于内，坚

① 蔡元培：《汤沛恩传》，高平叔编：《蔡元培全集》第7卷(1936－1940)，北京：中华书局，1989年，第172页。

② 蔡元培：《汤沛恩传》，高平叔编：《蔡元培全集》第7卷(1936－1940)，北京：中华书局，1989年，第172页。

③ 蔡元培：《汤沛恩传》，高平叔编：《蔡元培全集》第7卷(1936—1940)，北京：中华书局，1989年，第172页。

④ 蔡元培：《汤沛恩传》，高平叔编：《蔡元培全集》第7卷(1936－1940)，北京：中华书局，1989年，第172页。

⑤ 蔡元培：《汤沛恩传》，高平叔编：《蔡元培全集》第7卷(1936—1940)，北京：中华书局，1989年，第172页。

留义勇饭。饭未竟，伏发，义兵惊而溃，村上石桥已撤，不得渡，大乱。世父一跃过；吾父跃，几及而溺。世父援以手中械，始达。赓续授数人，得脱。吾族去者凡二十余人，脱者未及半。吾父每述，必泣谓是役微伯氏几殆，死生呼吸事也。”①

汤寿潜 6 岁就开始入乡塾读书，接受严格而系统的封建教育，塾师为同宗汤仰山先生。在那时，汤寿潜接受的封建教育，和其他士子一样，就是家人希望他长大后能科举入仕，光宗耀祖。在先生和父亲的谆谆教诲下，汤寿潜从小就表现出了少有的聪明卓异，器识冲远。入学两三个月的时间，他就能熟练背诵《大学》《中庸》等书。汤寿潜还能积极问学，有一天，听仰山先生讲课至《论语·吾十有五》，便好奇地问道：“孔夫子年十五而始志学耶?”先生答道：“十五以前有小学功夫，十五则始志于大学耳。”听到先生的回答，汤寿潜便问道：“今弟子年甫六岁，已读《大学》竟矣！视孔夫子何如?”先生窘迫竟不能答。第二天，汤仰山对汤寿潜的父亲汤沛恩说：“语虽强词夺理，然其志实非常人也。”②

少年时期，汤寿潜基本是在家乡和山阴县城读书。1873 年，18 岁的汤寿潜去省城杭州游学。从 18 岁到 28 岁，汤寿潜基本来往于家乡和杭州之间，在杭游学苦读，闲暇时宁家省亲。在这期间，汤寿潜像其他浙东学子一样，除了研读四书五经外，还受浙东学术的经世思潮和重视史学传统的影响，对典章制度产生了浓厚的兴趣。在杭州游学期间，汤寿潜致力于《三通考辑要》的编纂工作。

“三通考”是指三部综述历代典章制度的巨著，包括宋元之际著名历史学家马端临编撰的《文献通考》、明代王圻编撰的《续文献通考》以及清朝嵇璜和刘墉等领衔修的《皇朝文献通考》(现称《清朝文献通考》)。三通考卷帙浩繁，是令人望而生畏的巨著，购之不易，“亦不克卒读”③。汤寿潜为了方便读者，怀着拯时之苦心，对其进行了艰苦的研究和辑要。汤寿潜这样做的缘由是什么呢？1898 年《三通考辑要》成书时，汤寿潜在自序中道出了其中缘由：“彼东西国法科尚知斠求我国掌故，曾中国学子徒震眩于彼之艺学，绝不思有学始有政，有政始有艺，政之不存，艺将焉附。前车屡折，来轸方遒。夫使上之所求，下之所习，宪古证今，咸务实用，人人能春秋决狱，尚书治河，谁为时事竟不可为？然则辑三通考以便

① 汤寿潜：《敕赠奉直大夫五品衔安徽青阳知县国学生世父造甫府君传》，《汤寿潜史料专辑》，第 474 页。

② 汤寿潜：《县学生业师仰山先生传》，《汤寿潜史料专辑》，第 470 页。

③ 汤寿潜：《三通考辑要·自序》，汪林茂编：《中国近代思想家文库——汤寿潜卷》，北京：中国人民大学出版社，2015 年，第 514 页。

读者，亦拯时之苦心乎？”[①]可以看出，年轻的汤寿潜对于鸦片战争特别是第二次鸦片战争以后的中国士子们的学风不甚满意，对于列强的侵略也有奋起反抗之心。他认为西方的器物固然先进，但张皇失措，不知如何抵抗，依然会遭受失败。汤寿潜编辑三通考希望能挖掘中国典章制度的实学，根据中国的国情，克服士子们虚无的学风，有利实用，有利救亡图存。但是，三通考有 898 卷[②]，约 1294 万字，确实令读书人生畏，在当时的艰苦条件下，编辑此书的辛苦可想而知。从 1874 年到 1885 年，汤寿潜连续不断地到杭州租赁三通考，摘抄研究，用时 11 年，终于初步编成《三通考辑要》，后屡有“去取增损，累有更定”[③]，直到 1898 年《三通考辑要》才出版，共 76 卷，30 册。前后历时二十余年，费时可谓长久。书成时，汤寿潜在自序中感慨编辑此书的艰辛：“寿潜窭人也，兔园之策，儿■(此处原文字迹无法辨认，用‘■’表示，下同)录亦未具备，无论通考等巨帙，穷乡又无可秵借。既冠游学省门，始向坊肆赁读，爰取《三通考》赓读抄撮。穷日继夜，灯昏目眵。”[④]当然，汤寿潜这期间也并非钻故纸堆，他曾去上海，留心各种经世致用的时务。正是对于中国典章制度的精通和留心时务，汤寿潜在撰写《危言》和《宪法古义》时才茹古涵今，言之有据。

1886 年，刚过而立之年的汤寿潜因“家贫求力养”[⑤]，开始投入社会活动。这年夏天，他来到山东济南，入山东巡抚张曜幕府。张曜字亮臣，号朗斋，籍隶浙江钱塘，因镇压捻军起义有军功，一步步擢升。1886 年张曜调任山东巡抚，1891 年卒于任。汤寿潜因与张曜有乡谊，便投奔张曜，一来养家，二来实现拯时救世的抱负。当时，正值山东黄河水患严重，汤寿潜写了《分河》一文，提出具体治理黄河的建议，张曜十分赏识，招入幕府，委以重任。

汤寿潜走向社会时，中国的内忧外患正日益加深。中法战争中“中国不败而败”的荒唐结果、边疆危机的频繁、吏治腐败的日益严重以及人民由于天灾人祸所遭受的灾难，汤寿潜看在眼里，忧在心中：“十年以来，琉球悬矣，越裳裂矣，缅甸墟矣，老挝、暹罗危于累卵，朝鲜八道蟊贼内讧，倭嗾之，俄覗之都。书生孱弱，不克荷戈，义愤所激，裂眦痛心。”[⑥]他指出这种焦虑的痛苦：“伏念宵旰

---

① 汤寿潜：《三通考辑要·自序》，《汤寿潜史料专辑》，第 51 页。

② 汤寿潜在《三通考辑要·自序》中说有 866 卷，是计算上的错误，应是 898 卷。

③ 汤寿潜：《三通考辑要·自序》，汪林茂编：《中国近代思想家文库——汤寿潜卷》，北京：中国人民大学出版社，2015 年，第 515 页。

④ 汤寿潜：《三通考辑要·自序》，《三通考辑要》，上海：上海图书集成局，1899 年。

⑤ 张謇：《汤蛰先先生家传》，《汤寿潜史料专辑》，第 126 页。

⑥ 汤寿潜：《危言·自序》，上海：光绪二十一年石印本。

焦劳于上，生民荡析于下，辄为彷徨累叹，往往夜半闻风雨声，寝而复起，绕室行者再。”[①]面对深重的社会危机，汤寿潜在深思，“益习闻国政之得失”[②]。从1887年起，他开始撰写《危言》，指陈时弊，警世救国。1890年《危言》汇印成书，共四卷，40篇。《危言》一出，便受到朝野的重视，“时人以比唐甄、冯桂芬，有疏通知远之用”[③]。从此，汤寿潜便以中国早期资产阶级维新思想家闻名于世。

汤寿潜在科举求士之路上颇为坎坷。1879年，汤寿潜时年24岁，乡试中副榜，成为一名副贡生。其后几次乡试，都没有考取好成绩。经过近十年蹉跎，1888年汤寿潜再次参加乡试，得中浙江第六名举人。但科举之挫，让汤寿潜深感科举之害，认为沉溺于科举完全是徒耗光阴，虚蹈无用，无益于国家。他说，“寿潜年三十，大悟五百年时文之毒，天下遂成虚病”，要矫正虚病，“非急兴实业不可，非唯治生然，治国亦由之”。[④] 虽然汤寿潜认识到科举之害，但在当时，科举制度毕竟是贫寒子弟跻身廊庙的终南捷径。在封建时代，草野之士纵然有凌云之志，不世之才，如果要实现其抱负，大多只有经过科举中第，才有了却心愿的机会。所以，此时的汤寿潜没有绝仕之心，仍然在科举之路上跃跃欲试。

1890年，汤寿潜脱离张曜幕府，入京师参加会试，但名落孙山。落第后，他回到家乡，来往于杭州、上海等地，继续留心经世之学。1892年，他再次入京参加会试，中进士，实现了一个科举人的梦想。在这次会试中，汤寿潜并没有拘于科举八股文的限制，而是破除常规，放论时政，把他经过多年思考的时务观写在会试卷中。如在第三场策试中他明确提出，“国家欲图富强，要自善商政始”[⑤]。汤寿潜在《危言》中就提出过教育的重要性，在会试中汤寿潜再次向最高统治者呼吁教育的重要性，指出人才缺乏的危险性。他说：“学校无真品，斯廊庙鲜真才，则世运之忧也。”[⑥]他对于文人士子们谬于门户之见，互相倾轧十分不满，表示：“间尝流览史编，旷规时事，每慨清流之祸，人才之衰，皆偏之一念误之也。”[⑦]为了化解门户之见，汤寿潜主张除了加强道德、气节的修养外，还应当搜罗“异邦有利用之书”[⑧]，师法学习，也能减少纷争。在庙堂之上，作为一介

① 汤寿潜：《危言·北河》卷4，第27页，上海：光绪二十一年石印本。

② 张謇：《汤蛰先先生家传》，《汤寿潜史料专辑》，第126页。

③ 张謇：《汤蛰先先生家传》，《汤寿潜史料专辑》，第127页。

④ 汤寿潜：《县学生鉴甫族祖传》，《汤寿潜史料专辑》，第471页。

⑤ 汤寿潜：《会试朱卷》，《汤寿潜史料专辑》，第439页。

⑥ 汤寿潜：《会试朱卷》，《汤寿潜史料专辑》，第428页。

⑦ 汤寿潜：《会试朱卷》，《汤寿潜史料专辑》，第428页。

⑧ 汤寿潜：《会试朱卷》，《汤寿潜史料专辑》，第429页。

布衣，汤寿潜提出如此的真知灼见，显现了他救国救时的迫切心情和毫无芥蒂、坦荡的性情胸怀。有鉴于此，主持会试的总裁官翁同龢和副总裁官李端棻对汤寿潜都赞誉有加。翁同龢盛赞汤寿潜的会试朱卷："茹古涵今，经策渊懿。"[①]李端棻评赞道："熔经铸史，经策明通。"[②]还有房师认为其论述语重心长，有范仲淹"先天下之忧而忧，后天下之乐而乐"的抱负。

汤寿潜中进士后，曾把会试朱卷刊刻，一时间士人争相诵读。马叙伦在《石屋续渖》中说："八股文，余少时曾习之，然至起股而止，其程式则今犹能辨之……其始仅须帖括经义，故亦称帖括文。至明乃名为代圣立言，遂依题敷衍，始有限格，侵上犯下，规矩肃然。然上者犹能借吾之笔，作古人之口，畅所欲言，寄余怀抱；下者遂如学究，谨守绳墨，无复波澜，清季墨卷盛行，皆此道也。至甲午前后，始自解放。如汤蛰先寿潜丈之中式文字，竟破程式，放言时事，海内诵之。"[③]

这一年参加壬辰科会试同汤寿潜成为同年的还有叶德辉、屠寄、赵启霖、汪康年、张元济、蔡元培、丘逢甲、唐文治、熊希龄等人。这年，张謇也参加了会试，但名落孙山。这一科可谓人才济济，很多人都成为汤寿潜志同道合的朋友，在维新运动、清末宪政运动中留有身影，影响了中国近代历史的变迁。

汤寿潜中进士后，朝考二等，受翰林院庶吉士。在翰林院三年，汤寿潜利用很好的读书环境，广泛涉猎，既有中国典章制度，也有新译西书。他还和有变革思想的大臣、同年们广泛唱和、交游，探讨救时的策略。此外，他还修订了《危言》，增删其中的内容。1895 年《危言》再版时，卷数依旧，但篇数由原来的 40 篇增至 50 篇。

1894 年汤寿潜庶吉士学习期满后，以知县衔归吏部铨选，起先被任命山西乡宁县知县，旋改任安徽青阳县知县。1895 年 3 月，汤寿潜离京赴任。赴任前夕，翁同龢招呼汤寿潜畅谈。翁同龢认为汤寿潜所著《危言》"论时事极有识"，到任后，必定为好官。[④] 但此时，汤寿潜震惊于清政府在甲午战争中的惨败，认为只有厉行变法，才能雪耻图强。小小青阳知县已经无法让他实现抱负。所以，到任仅三个月，汤寿潜便以"亲老不乐就养"为由，主动辞官回到浙江。

---

① 汤寿潜：《会试朱卷·批中批》，《汤寿潜史料专辑》，第 427 页。

② 汤寿潜：《会试朱卷》，《汤寿潜史料专辑》，第 427 页。

③ 马叙伦：《石屋余渖》，太原：山西古籍出版社，1995 年，第 210 页。

④ 陈义杰整理：《翁同龢日记》(五)，北京：中华书局，1997 年，第 2784 页。

这时，康有为、梁启超领导的维新运动在全国范围开展起来，并得到许多志士们的支持，就是一些洋务官员也受到影响，言必维新，对变法表示支持。汤寿潜当然激愤于甲午战争的惨败，对于维新运动自然不能置之度外。虽然他在整个维新运动期间没有成为风云人物，但他十分关注这场运动，按照自己对变法的理解，以务实、谨慎的态度参与其中。汤寿潜认为变法的关键在于培植新式人才，所以，这年他接受金华丽正书院的聘请，担任书院的山长。任山长伊始，汤寿潜就一改过去的陈腐学风，大讲实学和西学，吸引了众多士子前来求学。与此同时，他还撰写《理财百策》，向罗振玉主编的《农学报》撰写文章，向社会宣示自己的变法主张。1897 年，他还受湖北质学会的委托，主持编辑《质学会丛书》。经过几个月的努力，汤寿潜编辑成《质学丛书初集》，刊刻了 30 种共 80 卷图书，大都是介绍西学的图书，除了地理、军事、科技类图书外，还包括汤寿潜自撰的《危言》、徐建寅的《德国议院章程》、梁启超的《西学书目》、宋育仁的《采风记》以及外国传教士傅兰雅的《佐治刍言》、李提摩太的《新政策》等。这些书都对维新思想的传播产生了积极的影响。

这个时期，汤寿潜还认识到办报纸、开学会的重要性，曾经参与浙江《经世报》的创办，还积极支持汪康年的《时务报》，为报纸的销路出谋划策。当《时务报》内部因汪康年、梁启超之间矛盾激化影响报纸发展时，张之洞还一度邀请汤寿潜任《时务报》主笔，但由于种种原因，汤寿潜并没有就任。汤寿潜在维新期间表现出的趋新而稳健的态度，深得一些洋务官员的欣赏。1898 年初，清政府请京内外大员荐举人才，汤寿潜被多人看重。湖广总督张之洞、仓场侍郎李端棻、内阁学士张百熙都向朝廷进行举荐。1898 年，光绪帝对汤寿潜也产生了极大的兴趣，两次电令浙江，敦促汤寿潜进京觐见。汤寿潜因母病缓请进京。9 月，慈禧太后发动政变，戊戌变法失败。汤寿潜失去了一次在变法中心活动的机会，当然也躲过了一场劫难。

1899 年春，汤寿潜任湖州南浔浔溪书院山长。此时义和团运动在北方日益高涨，对于义和团运动，汤寿潜认为完全是暴民运动，误国甚巨，应当给予镇压，消除帝国主义侵略中国的借口。汤寿潜的爱国心不容置疑，但他没有正确认识到中国民众反侵略的正义性，他的爱国心与民众的爱国心此时还是有隔膜的。1900 年春，八国联军出兵中国，气焰非常嚣张，一时间中国面临被列强瓜分的危险。面对八国联军带来的灾难和瓜分危机，汤寿潜深感“震扰”，生怕江南也陷于混乱之中，加剧危机。于是，汤寿潜辞去浔溪书院山长职务，奔波于上海、南京、武汉之间，同张謇、陈三立、沈瑜庆等江南士绅和盛宣怀一起向两江总督刘坤一、湖广总督张之洞等督抚呼吁“东南互保”。1900 年 6 月，英、美等帝国主义与南方各省督抚达成“东南互保”协议。对于汤寿潜在“东南互保”中的作用，张謇在《汤蛰先先生家传》中说：“及庚子拳乱，召八国之师，国之不亡者，仅君往说两江总督刘坤一、湖广总督张之洞，定东南互保之约，所全者其大，其谋实发于君。”①

庚子以后，清政府为了挽救其统治，不得不改弦更张，实行“新政”。看到清政府改革的倾向，汤寿潜非常高兴，认为清政府终于走上变革的道路，自己追求多年的君主立宪政体也不再是纸上谈兵了。为了启蒙官员们的宪政观念，1901 年汤寿潜撰写了《宪法古义》，翻新中国旧传统，提出了自己对宪政的理解，指出宪政虽然在西方成为现实，但中国历史中也有许多古制和观念暗合西方宪政的本意，所以不要谈宪政而色变。由此，他大胆地向朝廷呼吁，把君主宪政作为政治改革的目标。在新政初始，汤寿潜就提出了宪政的改革目标，显示了他的远见。

为了实现变革图强的改革目标，汤寿潜还积极参加具体的社会活动，以践行他以身作则、不托空言的做事原则。1902 年初，他协助张謇在通州建立师范。1904 年，清政府擢他为两淮盐运使，对这个众人羡慕不已的肥缺，汤寿潜坚辞不就，而是出任上海龙门书院(上海中学前身)院长。

清末给汤寿潜带来巨大声誉的事件是他领导了浙江保路运动。汤寿潜同郑观应、张謇等人一样，看重商政，认为西方的富强之本在于工商业，中国也应当大力发展工商业，“国家欲图富强，要自善商政始”②。1905 年 2 月，汤寿潜与张謇等人共同创办大达轮步股份有限公司。1905 年，为抵制英国侵夺苏(沪)、杭、甬铁路修筑权，汤寿潜又偕同张元济、夏曾佑等浙江名流、商人发动旅沪的浙江同乡，倡议拒绝外款，招股自办全浙铁路，以捍卫国家主权。7 月，旅沪的浙江商人成立浙江全省铁路公司，选举汤寿潜出任公司总理，请求自建浙江铁路。第二年，江苏铁路公司成立，王穆清担任公司总理，张謇任副理。两公司约定，共建铁路。8 月，清政府授予汤寿潜以四品京卿，总理全浙铁路事宜。在任全浙铁路经理的几年中，汤寿潜“不受薪金，不支公费，芒鞋徒步，忽杭忽沪者无论矣”③，任劳任怨，备尝艰辛。然而，浙江绅商的自集资金筑路自救的苦心并没有得到清政府的全力支持。英国银公司不甘放弃到手的利权，向清政府施加压

① 张謇：《汤蛰先先生家传》，《汤寿潜史料专辑》，第 126 页。

② 汤寿潜：《会试朱卷》，《汤寿潜史料专辑》，第 439 页。

③ 《浙江学会之哀声》，《民呼、民吁、民立报选辑》，郑州：河南人民出版社，1982 年，第 129 页。

力，要求与清政府订立修筑苏杭甬铁路的正式合同。清政府迫于英国政府的压力，但又摄于国内舆论，便玩弄阴谋，由邮传部向外国借款，然后转借给江、浙两省铁路公司，表面上看铁路仍归两省自造，但实际已经把铁路的修筑权抵押给了英国。

清政府的卖路行径激起了江浙爱国士绅和商人以及人民的强烈愤慨，在汤寿潜、张謇等人的领导下，江浙两省人民群起反抗，发动了声势浩大的"集民股、保路权"的爱国运动。但是，清政府置人民呼声于不顾，反而与英国银公司正式签订借款合同。同时，任命出卖路权的盛宣怀、汪大燮出任邮传部侍郎。消息传来，汤寿潜十分愤慨，多次致电军机处，指责邮传部"掩耳盗铃""不渴而饮鸩"，完全违背了民意，陷政府于危机之中。为了压制人民的爱国运动，清政府使用调虎离山之计，在1908年8月和11月，相继任命汤寿潜为云南按察使和江西提学使。对于清政府的意图，汤寿潜不为所动，三辞按察使，两辞提学使。1910年8月，在爱国心的驱使下，汤寿潜向清政府施加压力，再次致电军机处，称盛宣怀是出卖路权的"罪魁祸首"，请求政府要么把盛调离邮传部，"以谢天下"，要么"请旨严饬寿潜，勿令干预路事，……悬寿潜之首于藁街，以谢盛宣怀，而为遵旨自商办者戒"。[①] 清政府终于恼羞成怒，于8月23日发布上谕："措辞诸多荒谬，狂悖已极，朝廷用人自有权衡，岂容率意妄陈，……汤寿潜著即行革职，不准干预路事，以为沽名钓誉、巧手趋避者戒。"[②]消息传出，社会震动，舆论哗然，江浙人民纷纷掀起挽留汤寿潜的运动。1911年2月，清政府见众怒难犯，同意废止沪杭甬铁路借款合同，浙江保路爱国运动以胜利告终。浙江保路风潮是辛亥革命前保路运动的重要组成部分，它表现出了浙江绅商强烈的经济民族主义和地方自治意识，它对晚清宪政运动乃至辛亥革命时机的成熟都产生了积极的影响。汤寿潜"晚以铁路见贤"立名于当世绝非虚誉。

汤寿潜是晚清民初著名的立宪派代表人物，追求宪政政体是其一生最大的政治情怀。如前所述，汤寿潜在《危言》《宪法古义》中都提出了自己独特的君主宪政理论。1906年9月，清政府宣布"预备仿行立宪"后，汤寿潜同张謇、郑孝胥、梁启超等人一样，为清政府的"开明"而欢呼。当然他们也知道，推行立宪绝非清政府官僚集团所能胜任，他们要承担中间阶层的责任：督促政府，开启民智，尽

① 汤寿潜：《致军机王大臣电》，汪林茂编：《中国近代思想家文库・汤寿潜卷》，北京：中国人民大学出版社，2015年，第295页。

② 转引自支南钰一郎：《浙路风潮汤寿潜》，《汤寿潜史料专辑》，第142页。

快引导中国确立君主立宪政体。1906 年 12 月，江、浙、闽等地 200 名绅商在上海成立预备立宪公会，郑孝胥任会长，张謇、汤寿潜任副会长。预备立宪公会成立后，一方面刊刻宪政书籍，在报刊发表宪政主张，提高民众的宪政智识；另一方面，向开明官僚游说进言，推动清廷加快预备立宪的步伐。1908 年 6 月，汤寿潜同张謇等人以预备立宪公会名义电邀各省立宪团体，采取统一步骤，赴京请愿，敦促政府召开国会。汤寿潜代拟了国会请愿书，明确提出："图存济变，系命于立宪，而根据于国会。"[①]接着，汤寿潜、张謇、郑孝胥、孟昭常等人再次联名致电内阁，要求政府以两年为限，正式召开国会，但顽固的清政府并不理睬。

此时，绅商领导的宪政运动如火如荼地在全国展开，资产阶级革命派对清政府的预备立宪也展开猛烈批评，加之地方部分督抚不满清政府名为立宪、实为集权的做法，对新政阳奉阴违，或者直接向中央政府施压，1908 年 8 月，清政府被迫颁发了《钦定宪法大纲》，宣布预备立宪以九年为期，但这并不能满足绅商急切的宪政要求。1909 年 11 月，汤寿潜向摄政王上奏《为国势危迫，敬陈存亡大计》，再次提出速开国会，以收拾人心。但是清政府并不看重汤寿潜的宪政意见。就在此时，汤寿潜因维护浙路利权同清政府的矛盾逐渐激化，清政府认为汤寿潜种种所为不过"自博美名，故作危词以耸听。其用心危谲，尤不可问"[②]，而汤寿潜对清政府欺骗舆论，无真心立宪的行动也越来越失望。1911 年 5 月，清政府出台"皇族内阁"，清政府人心全失，大势已去。汤寿潜、张謇等绅商并不愿意他们的君主立宪梦想就此破灭，再次联名电奏摄政王，做最后的挽救，希望摄政王勿以国家为孤注，请求改组"皇族内阁"，给全国人民一个交代。但张、汤的建议被搁置，汤寿潜对清政府的顽固不化完全绝望，不愿再为它的命运操心。

辛亥革命爆发后，汤寿潜与时俱进，由君主立宪转向共和立宪，这是辛亥革命时期绅商对革命的态度值得深思的现象。武昌起义的第二天，汤寿潜便赶到武昌，观察革命形势。在鄂两天，他已经清楚认识到清政府即将倾覆，建立共和国是人心所向，大势所趋。11 月 5 日，杭州光复，由于汤寿潜在浙江保路运动和立宪运动中的巨大声望，革命党人公推汤寿潜为浙江都督。汤寿潜任都督后，除积极维持全浙的秩序、安抚民众外，还与江苏都督程德全，邀约上海都督陈其美在 11 月 11 日联合通电起义和独立各省，提议召开各省代表会议，筹建中央政府。通电指出："自武汉事起，各省响应，共和政治，已为全国舆论所公认……

---

① 汤寿潜：《代拟浙人国会请愿书》，《汤寿潜史料专辑》，第 489 页。

② 《谕旨·七月十九日》，《东方杂志》，1910 年第 8 期。

美利坚合众之制度，当为吾国他日之模范。”[①]在清末，作为绅士代表的汤寿潜，不论是《危言》中的议会之论，《宪法古义》中的旧制新解，还是宪政运动中的宪政主张，都是相对保守的，但当武昌起义后民主共和已经成为不可阻挡的时代潮流时，他能及时认可并拥护这股潮流。汤寿潜的这种转变的现象背后有复杂的原因，并非投机取巧，笔者将在第四章作具体的剖析。

1912年元旦，中华民国临时中央政府成立，汤寿潜被孙中山任命为交通总长，但由于汤寿潜一贯不乐仕宦的个性，1月15日他交卸浙江都督之职后，也未履任交通总长之职。2月，孙中山改派他赴南洋劝募公债，以缓解临时政府拮据的财政，5月回国。此时，中华民国临时政府的权力已经转移到袁世凯手中。袁世凯得知汤寿潜回国后，极力邀其北上，打算笼络汤寿潜。但汤寿潜对于袁世凯的野心有清醒的认识，谢绝了袁世凯的邀请。此后，汤寿潜来往于家乡、杭州、上海之间，“唯以优游晦迹，不欲复问世事”[②]，并一度信佛，自称是雪窦寺老僧转世，过着隐士般的生活。

1917年6月6日，汤寿潜病逝于家中。此前的1916年，他曾立遗嘱告诫他的两个儿子如何安排他的后事：“吾终之后，敛用野服，勿称故官，毋赴于位，毋受赙赠，在位者苟以追饰之礼相加，勿受也。”[③]他还说：“吾生无过人之行，欲劳身以利物而未能也。独不肯苟徇众人之好恶，虽遭时屡迁，守之不改，人以为固则有之矣，然与其流也宁固。”[④]可以看出，汤寿潜在时势的变迁中是一位独特的人，他怀有济时救世的抱负，积极入世，但他又固守着自己的道德，不肯趋时，有着隐士的性格。这种独特的性格给汤寿潜的思想和行为打上了深深的烙印，这使当时的人不能完全了解他，而后人研究他更属不易。

---

① 上海社会科学院历史研究所编：《辛亥革命在上海史料选辑》，上海：上海人民出版社，1981年，第751页。

② 张謇：《汤蛰先先生家传》，《汤寿潜史料专辑》，第127页。

③ 张謇：《汤蛰先先生家传》，《汤寿潜史料专辑》，第127页。

④ 张謇：《汤蛰先先生家传》，《汤寿潜史料专辑》，第127页。

第二章

汤寿潜早期的宪政思想探微

在中国宪政史上，早期维新思想占有重要地位。早期维新派思想家崛起于洋务运动之中，是伴随着民族资本主义初步发展而出现的，其代表人物有冯桂芬、郑观应、王韬、郭嵩焘、薛福成、汤寿潜、马建忠、陈炽、何启、胡礼垣等人。他们起初和洋务派有着密切的关系，后逐渐分化出来。早期维新思想家首次明确提出了民主宪政的政治要求，尽管有其局限性，但仍代表了当时先进知识分子对自由、民权、宪政制度的向往，对戊戌变法及宪政思潮的发展产生了深刻的影响。虽然学术界对早期维新思想有一些研究，但精微的探析还做得不够，这弱化了对汤寿潜思想价值的认识，因此，对汤寿潜的早期思想做进一步深入研究至为必要。

第一节　以《危言》为中心的剖析

《危言》是汤寿潜的成名之作。晚清时代的中国，内忧外患，危机重重。汤寿潜目睹时艰，感受到了前所未有的焦虑，一种强烈的危机意识弥漫在他的胸中，于是他撰写《危言》，提出了系统的变法要求，希冀能直言警世、直言以存国。

一、《危言》概况

第二次鸦片战争后，西方资本主义列强对中国的侵略变本加厉，中国的半殖民地化程度加深。中法战争中的“中国不败而败，法国不胜而胜”的奇怪结局，更使得朝野中一部分有识之士感受到民族危机加剧的痛楚。与此同时，西学东渐的速度和深度也不断增加，欧美传教士在通商口岸办报译书，洋务部门翻译的西方书籍的出版流传，走出国门出使西方的使节、文人带回的各种信息，都使得西学知识在中国的传播与日俱增，这都为先进知识分子寻求中国独立富强之术提供了丰富的思想素材。还有，俄国、日本由落后国家奋起学习西方而致富强的例子也激励着先进知识分子。此外，灾荒遍地、人民流离失所的惨况也使知识分子们忧心忡忡。洋务运动的开展虽然让部分人看到了“中兴”的希望，但真正清醒的知识分子认为洋务运动并不能从根本上给中国带来富强，他们希望有更大的社会变革。于是，一部分先进知识分子，诸如薛福成、马建忠、郑观应、何启、胡礼垣、陈炽、陈虬、邵作舟等人纵论时务，献计天下，并成一时之思潮。这股被称作早期维新的思潮是19世纪80年代中国思想界的显著特色。汤寿潜作为早期维新思想家之一，他的《危言》就是当时纵论时政的著作之一，曾经产生过很大的社会影响。

1886年，汤寿潜开始构思《危言》。此年，他受聘进入山东巡抚张曜幕府，得到了历练，开始思索社会有哪些积弊，总结破除的方法，不断写成文章，到1890年终于写成《危言》一书。

《危言》最初刊于1890年，刊行时以《汤蛰仙先生危言》为名。全书共分4卷，每卷10篇，共40篇。卷首除了有汤寿潜自己做的序外，也有著名藏书家陆学源的序言。40篇版本行世后，“蛰先自悔横议，重自缄密。忧愤之气，不可一世，西书新报，糅错左右图书之间，赓续时有增艾”[①]，对初刊本进行增删，1892年完成50篇本，仍分4卷，此稿由吴宗怀览阅后作跋，1895年在上海石印刊行，但1895年刊行时汤寿潜的自序被删除。《危言》刊行后，被先进知识分子推崇为拯救社会弊病的良方，不断地刊行。除上述两个版本外，就笔者所见，它还有以下几个版本：光绪二十三年(1897年)《质学会丛书初集》刻本，这是汤寿潜亲自编辑的书，原本为1890年40篇刻本；光绪二十四年(1898年)上海书局印行石印本，题名改为《时事昌言》，为1895年50篇的翻印本；光绪二十四年(1898年)三鱼书屋石印本，题名为《汤氏危言》，也是50篇本。

《危言》的影响还表现在它的许多内容被辑选入一些文编中。1898年，维新思想家陈炽编辑出版的《自强斋时务丛书》，就有冯桂芬的《校邠庐抗议》、汤寿潜的《危言》、陈炽的《庸书》《富国策》、黄宗羲的《明夷待访录》、张之洞的《劝学篇》等。1902年阙铸编辑《皇朝新政文编》(又名《皇朝经世文五编》)26卷，里面就辑选了汤寿潜《危言》中的很多篇目。编者在例言里明言：“是编取近来中西名人新著言西事之书，为《富国策》《富强策》《庸书》《危言》等书二十余种，并各国日报论说，采摭奏议策论，以及算学舆地。……是书所辑，皆近译新政切要之书，或海内名人新著罕见之本。”[②]细阅之，编者尤以选取陈炽的《庸书》和汤寿潜的《危言》两书中的篇章编入各目为最多。这些都说明，从1890年《危言》刊行到终清一世，《危言》的内容都有很强的生命力，成为具有维新变革思想的知识分子破除积弊、汲取变革思想的著作之一。鉴于《危言》在近代历史上的影响，民国二十二年(1933年)上海图书集成印书局又发行了石印本，以飨读者。

为什么汤寿潜给他的著作冠以“危言”之名呢？仔细解读其著作，可以得出部分答案。当时，汤寿潜已走出书房，入山东巡抚张曜幕府，他目睹“他族逼处，

① 吴忠怀：《危言·跋》卷4，第38页，上海：光绪二十一年石印本。
② 阙铸：《皇朝新政文编·例言》，1902年，石印本。

鹰瞵而鹗睨，伺我之瑕以蕲餍所欲，我群醉众寝，百不訾省，慨不胜矣”[①]。严重的民族危机和悲惨社会现实让他慨然太息，食寝难安。早年汤寿潜曾潜心于汉学，著有《说文集》《尔雅小辨》，这时，他认识到汉学的章句、训诂都是无用的虚文，根本无益补世，皆“忽斥不复道”[②]。对于自己所做的诗文也尽抛弃，并自我批评道：“豺虎满地，待食弱肉，吾辈尚雅步以为度，雕虫以为技乎?”[③]此时的汤寿潜满腹忧愤之气，行为特立卓行。在张曜幕府中，他“敝衣濯冠，柴立其间，岸然不屑也”[④]，既然一时无志同道合者。汤寿潜便把他的焦灼化为思考，大声疾呼：“时乎！时乎！危乎！危乎!”“自海禁既驰，虽尧、舜为之君，管、葛为之臣，势不能闭关谢客，如再讳疾忌医，事变不穷人才已穷，不特游刃有余者无其人，恐求一敷衍能了者亦不可行，大局何堪设想?”[⑤]忧愤之气无法解脱，化为思考，便成了变革的警世之言。

晚清时代的中国，在外患和内忧的双重压力之下，根植于传统道德和秩序的儒家知识分子感受到了前所未有的焦虑，一种强烈的危机意识弥漫在他们胸中，“危言以存国”是有责任感的知识分子的觉醒表现。于是，一批以“危言”为名的变革之书应时运而成，如：汤寿潜的《危言》，郑观应的《盛世危言》，邵作舟的《邵氏危言》。此类书本意如王尔敏先生指出，各书所表达的辞意，仍在予人以警觉，危言意在警人听闻，均为知识分子促人觉醒用意。需要指出的是，上述三本书被冠以“三危言”，在晚清思想界都名传一时。

《危言》大体反映了汤寿潜在19世纪80年代中期到90年代初期的思想状况，即他30岁左右的思想。在书中，汤寿潜以敏锐的洞察力全面指陈了清政府的时弊，系统地提出了革除时弊的变法主张，内容涉及政治、经济、教育、金融、国防、宗教乃至社会风俗等，也就是说他所要求的是从政治体制到民风习俗的全面变革，“弊者剔之，衰者捄之，痼者破之，幪者发之”[⑥]。

同郭嵩焘、王韬、郑观应、薛福成等其他早期思想家一样，《危言》中的变革思想根源于汤寿潜对时局的清醒认识。他说：“间尝推古今之元会，观天下之大

---

① 陆学源：《危言·序》卷1，第1页，上海：光绪二十一年石印本。

② 吴忠怀：《危言·跋》卷4，第38页，上海：光绪二十一年石印本(下同)。

③ 吴忠怀：《危言·跋》卷4，第38页。

④ 陆学源：《危言·序》卷1，第1页，上海：光绪二十一年石印本。

⑤ 《危言》卷1，第12页，上海：光绪二十一年石印本。

⑥ 《危言·自序》，上海：光绪二十一年石印本。

势，而叹互市之局殆将长此终古矣！”[①]“华夷辽隔之天下，浸淫而为中外互市之天下。”[②]也就是说，鸦片战争后，中国面临着前所未有的大变局，中国再想回到与世隔绝、闭关自守的状态已经毫无可能。“为今之人，度今之势，虽尧、舜之圣智，秦政、汉武之雄略，万不克闭关而谢客矣！”[③]面对这种局面，汤寿潜没有悲观，也没有惊慌不知所措。他认为中国只要把握住机会，奋发改革，向西方学习先进的东西，就能转祸为福，他甚至乐观地认为，这是天意，是上天给了大清一个开辟前所未有奇局的机会，“窃窥天意，将由合而大合，特破其扃鐍，故铲其畛畦，为我圣清开中外大一统之规模”[④]，这个想法虽然并没有完全摆脱传统大一统观念的束缚，但对整个时局观的认识也体现了汤寿潜迎接挑战、把握时机的历史主动精神。

面对鸦片战争后出现的“三千年未有之变局”，关起门来再想做天朝大国的自我陶醉之梦，已经不可能，只有勇敢地承认中国不如人及不如人所在，师夷长技，力行改革和变法，才能奋起直追。然而，强大的保守势力泥于祖宗之法而反对变革，一厢情愿以伦理道德来回击坚船利炮，保卫中华名教。汤寿潜愤然指出：

“自有天地洎今兹，历代有历代之法，一代有一代之法，外夷即袭中国之法以为法。历代之法递变，一代之法亦递变，外夷则各随中国递变而较善变。大都古之法疏，后来之法密；外夷之法疏，中国之法密；开国之法疏，季世之法密。往往防一弊增一法，增一法滋一弊，驯致繁于牛毛，聚若凝脂，积伪生欺，吏反得玩法以嬉，而君且作法自缚，民则无所厝手足，内忧成，外侮至矣。夫弊者病也，法者方也、药也，天下病状万变，而牢牢欲执不变之方药以治之，虽樵僮笱妇，能不笑其病之日绵惙哉？”[⑤]

同时，汤寿潜也批评了洋务派及其洋务运动，虽然他在思想上同洋务思想有相通之处，也同情洋务派的处境，但他认为洋务派学习西方坚船利炮、生光化电只是皮毛之技，而且步履缓慢，不能从根本上使中国同西方并驾齐驱。而且他认为中国如果不能强大到同西方抗衡，所谓的“和约”“公法”，根本不足据。他说：“恃和约邪？可成即可败也；恃公法邪？可据亦可背也。”[⑥]汤寿潜强调，必须真

① 《危言》卷1，第9页，上海：光绪二十一年石印本(下同)。

② 《危言》卷4，第36页。

③ 《危言》卷3，第29页。

④ 《危言》卷3，第21页。

⑤ 《危言》卷4，第35页。

⑥ 《危言》卷4，第35页。

正认识中国的积弊，对症下药，才能奋起直追，“病变矣而变其方，而变其药，亟起直追”[①]。正是汤寿潜的这种开明之见，使他能高于洋务派，在政治上提出了议会主张，具体内容笔者将放在后面论述。

《危言》可谓汤寿潜泣血之作，“其所论列，微词长言，泪与声俱，字字从忠爱之心流出”[②]。《危言》一经刊出，便立即引起朝野人士的注意，汤寿潜也因之成为饮誉朝野的早期维新思想家。1895 年，汤寿潜翰林院庶吉士三年生涯散馆后，外放安徽青阳知县。临行时，军机大臣翁同龢召见汤寿潜，相谈甚洽。对于此次召见，翁同龢在其 3 月 8 日的日记中写道：“汤生寿潜所著《危言》二卷，论时事极有识，今日招之来长谈，明日行矣，此人必为好官。”[③]一个多月后的 4 月 17 日，即《马关条约》签字那天，翁同龢又把《危言》连同陈炽的《庸书》进呈光绪帝，希望光绪帝看后能励精图治，奋发振兴，以洗甲午惨败之耻。曾充任光绪帝师傅的吏部尚书、协办大学士孙家鼐也极看重《危言》，光绪二十四年五月二十九日（1898 年 7 月 17 日），即在“百日维新”的高潮期间，孙家鼐上奏《请饬刷印〈校邠庐抗议〉颁行疏》指出：“臣昔侍从书斋，曾以原任詹事府中允冯桂芬《校邠庐抗议》一书进呈，又以安徽青阳县知县汤寿潜《危言》进呈，又以候选道郑观应《盛世危言》进呈，其书皆主变法。臣亦欲皇上留心阅看，采择施行。”[④]虽然孙家鼐特别推荐了冯桂芬《校邠庐抗议》，但翁、孙两重臣都向光绪帝推荐《危言》，可见其影响之大。光绪帝应当读过《危言》，赞赏书中的变革思想，所以电诏浙江巡抚廖寿丰，要求汤寿潜进京陛见，参与变法。但汤寿潜见形势危急，婉拒了召见。

在具有维新思想的知识分子中间，《危言》也受到好评。晚清浙江名士孙宝瑄仔细研读此书后，在其日记中写道：“《危言》一书，专论时务，洋洋洒洒，数千万言，……皆洞悉中外利弊，当兴当革，牛毛茧丝，剖晰无遗。而文笔则如长江大河，浩渺无际。令读者爽心豁目，开拓心胸，足以辟中朝士大夫数百年之蒙蔽。惜不令当局者见耳。”[⑤]章梫（一山）1899 年 11 月赠诗宋恕，称道《危言》和宋恕的《六斋卑议》说：“汤子《危言》宋《卑议》，越波瓯滟两清潾！”[⑥]1895 年《危言》

① 《危言》卷 4，第 35 页，上海：光绪二十一年石印本。

② 吴忠怀：《危言·跋》卷 4，第 38 页。

③ 陈义杰整理：《翁同龢日记》第 5 册，北京：中华书局，1997 年，第 2784 页。翁同龢在日记中提到汤寿潜所著《危言》“两卷”，似“两册”之误。《危言》都是 4 卷本，大都分上下两册。

④ 孙家鼐：《请饬刷印〈校邠庐抗议〉颁行疏》，中国史学会编：《戊戌变法》第 2 册，上海：神州国光社，1953 年，第 430 页。

⑤ 孙宝瑄：《忘山庐日记》上册，上海：上海古籍出版社，1983 年，第 56 页。

⑥ 章梫：《洞庭舟中赠宋恕》，胡珠生编：《宋恕集》，北京：中华书局，1993 年，第 817 页。

也出现在蔡元培的读书目录中。当1907年王闿运读到《危言》时，也不禁赞叹道："看汤寿潜《危言》，皆施行矣，亦策士千载之遇。"[①]1922胡适在《五十年来中国之文学》中指出，汤寿潜、邵作舟等人的"危言"之类作品是"时务的文章"，文章与内容都可以代表那个时代的趋势，就是鼓吹变革。[②] 当然，也有人对《危言》不认可，如以保守出名的胡思敬就说："汤寿潜作《危言》，欲解驰盐禁，计口征税，事极可笑。后罢官家居，中旨径用为两淮运使，辞以母老，愿终养，岂亦自知其难耶。"对汤寿潜的改革主张特别是盐政主张进行嘲讽。[③]

总之，《危言》是在时代发生巨变的背景下，列强侵略所造成的威胁，封建衰世所特有的压力，让汤寿潜身心焦虑而思变的产物。它表现的已不是传统的变革，而是有了一种思想的"创新"，西方的船炮器具、工商制度、政治制度都成为汤寿潜汲取新思想的来源和变革的参照物，虽然在他内心深处，还眷恋中国本土的制度、思想，但《危言》同其他早期维新思想家的著作一起，给晚清思想界带来了巨大的思想解放，推动了近代中国变法思想的发展。

二、经济近代化的建议及内涵

一定的思想总是与一定的经济关系和阶级关系相联系的。在甲午战争前，虽然中国的民族资本主义发展极为缓慢和微弱，只不过是小生产汪洋大海中的点点滴滴，但对于中国传统而言，资本主义是新的经济生产方式，资产阶级也是新兴阶级，它们代表着生产力发展的方向，是中国传统社会向近代社会转型的基石。如果我们要分析汤寿潜《危言》中的早期宪政思想，就先要探讨汤寿潜在经济方面表现出来的近代化追求。

汤寿潜在经济现代化方面的诸多诉求也是直接受到西方列强侵略的刺激而产生的，其逻辑的起点是追求中国富强。他目睹鸦片战争以来清政府的丧权辱国和腐朽，时常扼腕切齿，引为大辱奇戚。他希望统治者能破除骄虚自大的积习，振奋志气，"毋情见势绌而尚以西法为忌讳，毋玩物丧志而尚以贴括为专门，破除常格，可富可强"[④]。时运所会"三千年未有之变局"，人们赖以生存的社会环境发生了前所未有的变动，中西之间的交流互市已经不可阻挡，"变革""求强""求

① 金梁辑录：《清代传记丛刊·名人类21·近世人物志》，台湾：明文书局，1985年，第391页。

② 胡适：《五十年来中国之文学》，《胡适说文学变迁》，上海：上海古籍出版社，1999年，第99页。

③ 胡思敬：《国闻备乘》，庄建平编：《稗海集萃：晚清民初政坛百态》，成都：四川人民出版社，1999年，第30页。

④ 《危言》卷1，第3页，上海：光绪二十一年石印本。

富”已成时代的呼声，师法西方是中国先进知识分子的正确选择。汤寿潜在《危言》中提出的一系列经济方面的变革主张，有的虽然还带有浓厚的传统体制内“自改革”的烙印，但他把目光投向了西方，提出了种种师法西方的主张和思想，反映了正在形成中的早期资产阶级的利益和愿望。

汤寿潜的经济思想主要表现在以下几个方面。

(一)反对官督商办，提出任官不如任商的观点

在洋务运动中，洋务派为“自强”“求富”，创办了一批军用、民用企业。这些企业固然促进了中国自然经济的解体，迈出了近代中国经济近代化的第一步。但因为洋务派坚持官办、官商合办、官督商办的制度，使得这些企业带有严重的封建性、垄断性、官僚化，企业内部到处充斥着腐败，最终难免导致惨淡经营、凄凉收场。汤寿潜对洋务企业的种种弊端给予了无情的揭露和批评。如上海轮船招商局算是洋务企业的“模范”，在收回利权方面也曾开风气之先，但运行一段时间后，其先天不足的弊端便暴露无遗。他批评道：“今招商局特任之官而商者，宜其有弊而无利矣。”“官本、商本皆如盐著水中，可见而不可掬，殆不终日之势哉?”[①]洋务派还兴办了一批铁矿、煤矿、铜矿、金矿等企业，这些企业当然和轮船招商局一样，腐败丛生，欲求富但并不能致富。汤寿潜说：“开之而卒不富，非矿误开者，第开者误矿耳。”[②]洋务派的官督商办制度在洋务运动初期曾起过一定的进步作用，但随着中国民族资本主义的进一步发展，官督商办企业内在的矛盾日益加深，“官权”不断加重，造成“官夺商权”的局面，企业沦为官衙的附庸，企业由进步变成反动，成为民族资本主义企业继续发展的障碍。

如何能为民族资本主义企业寻找一条出路呢？汤寿潜明确表明其态度：任官不如任商。他注意到了西方之所以强且富就在于它们无不以商业致富，认识到了西方国家立国之本——“西人以商为国本”[③]，并指出：“泰西各国，官厂不如商厂之多，官厂亦每不如商厂之精，如德之克虏伯厂，法之科鲁苏厂，英之阿姆士脱郎厂，皆以制造致富，权倾其国。”[④]他希望清政府能认识西方之所以强，缘于大力发展工商业，藏富于商，藏富于民，最后才能富国。如他论述财政问题时说：“财者朝廷之大命，行于商则通，藏于民则富，而雍于官则乱。故愿国家，

① 《危言》卷2，第24页，上海：光绪二十一年石印本(下同)。

② 《危言》卷2，第16页。

③ 《危言》卷2，第25页。

④ 《危言》卷3，第25页。

于商则设法疏浚之，于民则加意扶植之，于官之贪蠹无耻者，则禽狝草薙之而不为暴。”[①]汤寿潜对“重商”“重民”的呼吁是对中国传统观念的一种挑战，从某种意义上讲，也是其民主思想的一种体现，是他在看到了西方民主政体下“商”“民”的权利和作用而追求自身权利的一种反应。当然，这只是一种开端。

汤寿潜“重商”“重民”的思想表现在以下几个方面。

第一，开矿。汤寿潜重视开采矿产对于一个国家经济近代化的作用，他说：“地不爱宝也，利不讳言也，不富未有能强者也。……求其有利无害，而为天地自然之富，无如开矿。取不禁，用不竭，化无用为有用，人人知之。”[②]他指出，中国煤铁等矿产丰富，“皆富媪之菁华，生民所利赖，如法开采，取土中之固有，济民间所本无，富国富民悉基于此，何为不开？”[③]他认为洋务派开办的官办或官督商办的矿业存在太多的弊端，并不能致富，出路在于商办：“今请以官发其专、举其事，而既任之商，不以官与。”[④]他指出官府可以先行勘定矿产，刊发矿贴，由商民认地具领，“或集资伙办，或独力开采，听其便”。[⑤] 汤寿潜乐观地预测：商办矿产发展起来后，“开一分则保一分之富，开十分则保十分之富”[⑥]，日积月累，不仅国家能够富强，而且可以向西方列强出口，将以前西方在中国赚取的钱财再赚回来。

第二，铁路。铁路是近代工业革命的产物，对于国计民生起着巨大的作用。西方各国无不把铁路作为富强的基础，但在中国，洋务运动初期，铁路作为“奇技淫巧”受到顽固派的强烈反对。虽然到了19世纪90年代，清政府宣布铁路为“自强要策”，反对的声音逐渐减少，但由于各种原因，修建铁路的成效很小。汤寿潜对修建铁路情有独钟，完全赞成铁路兴国论，认为中国铁路几条干线修成以后，则“陆路商务必日新月异，以分海疆之势，以植中国自强之基，中国大转圜之机，其在是夫！其在是夫！”[⑦]在近代中国，修建铁路除了遭受保守派的阻力外，造路款项也是一个大问题，洋务派修建铁路未有成效的一个重要原因就是筹款无措。汤寿潜认为由政府造路，路成以后招商运营，“诚为彻始彻终之论”，但

---

① 《危言》卷2，第29页，上海：光绪二十一年石印本(下同)。

② 《危言》卷2，第18页。

③ 《危言》卷2，第10页。

④ 《危言》卷2，第10页。

⑤ 《危言》卷2，第11页。

⑥ 《危言》卷2，第21页。

⑦ 《危言》卷4，第8页。

“招之于已成，何妨招之于未成”。[①] 他提出政府可以逐段勘估铁路每里的造价，一面政府筹款垫造，一面招商认造，商人享有所造铁路的各种权利，然后把每年的收益按比例上交政府，为了能减少造价，他还提出，把铁路所占土地的补偿作为股份给地主，等到铁路造成以后，按股份面值分息。这样，国家和商人、地主都能受益，何乐而不为。

第三，轮船。汤寿潜认为轮船招商局官督商办“宜有弊而无利”，为了能“防其弊而保其利”，他指出应当对招商局的资产进行评估，然后承包招资本雄厚的商人，也可以允许洋商附股，每年交纳承包费，“事事听商人自好为之”。这样，官督商办下的冗员、冗费等“一切支销不裁自省”，而且有洋商参与其中可以“互相洞察，积弊毕竟稍清”。即使有战争，因为有洋商承包，也可以照常运营。[②]

汤寿潜还指出，轮船招商局不要光看到江海之利，还要看到内河航运也存有丰厚的利益。他希望在外国轮船公司还很少染指内河航运的时候，轮船招商局能出面大力扶持内河的小轮船航运，轮船招商局可以让政府“酌定口岸”，就近招商包办，“包定成数，或先缴半价、或估产抵押，众擎易举，操纵在我，（政府）可坐享其成”[③]。利之所在，商人会趋之若鹜。这样，内河航运的兴盛便会带来贸易的繁荣、国家税收的增加和人民生活的便捷。

第四，捐厘。厘金自1853年从扬州设立后，各地纷纷仿行。到洋务运动时，因急需各种款项，“厘捐之网，益加密焉”[④]，成为捆绑民族资本主义进一步发展的绳索，遭到有识之士的痛恨。汤寿潜当然也不例外，他批评说：“厘捐利薮也，亦弊薮也。黩货之根牢不可拔，牟利之术出而愈奇，恫吓、留难、索诈，商民敢怒不敢言，郁气满腔，大则隐酿为水旱，小则显激为仇抗。……尚堪此竭泽之鱼哉。”[⑤]考虑到清政府捉襟见肘的财政，汤寿潜心里充满矛盾，认为马上取缔厘捐又似乎不可取，“居今日而犹谓厘捐可不停，是不顾国之根本，妄人也；居今日而漫谓厘捐可立停，是不审国之缓急，愚儒也”[⑥]。为了能消除厘金带来的弊端并且保持国家的财政收入，汤寿潜认为一条较好的办法就是让商人包厘。他建议：在全国贸易繁盛的地方，“设局置委员”，由委员把一定数目的厘捐包给当地

① 汪林茂：《中国近代思想家文库·汤寿潜卷》，北京：中国人民大学出版社，第39页。
② 汤寿潜：《商局》，《汤寿潜史料专辑》，第255页。
③ 《危言》卷2，第9页，上海：光绪二十一年石印本(下同)。
④ 《危言》卷2，第4页。
⑤ 汪林茂：《中国近代思想家文库·汤寿潜卷》，北京：中国人民大学出版社，2015年，第24页。
⑥ 《危言》卷2，第3页。

“坐商”，由坐商再向“行商”征收捐厘。汤寿潜认为这样由“坐商”充当官府与“行商”的中间人，可以减少官府对商民的“恫吓、留难、索诈之累”，为商民稍留元气，而且裁汰一批厘局、厘卡的冗员，节省浮费。正所谓“利国利民，无愈于此”。[①] 需要指出的是，汤寿潜认为由“坐商”包缴捐厘可以减少官府对商民的勒索，但问题是，如果“坐商”也像官府的厘局、厘卡一样，勒索剥削“行商”，又如何防止盘剥的局面不会重演呢？可见，汤寿潜这一设想的动机是好的，但实行的效果有限。

第五，仓储。中国封建王朝历来重视仓储制度，被视为“天下之大命”，它不仅给统治者提供财政支持，也关系社会的安危。但由于利薮所在，亏耗、浪费、克扣严重，重入轻出、以次充好、盗窃等弊端时常发生。汤寿潜愤恨道：“国家维正之供，出入必于库；有库必有官，有官必有吏。一款之出入，解有费，收有费，发有费，平有费，批回有费。……扣减抬抑，高下留难，无所不至。管解、领解者，其于库中人，殆不敢以正眼视。其入库之项，款目繁多，前后套搭，即令臾■(此处原文字迹无法辨认，用‘■’表示)布算，王戒持筹，亟切无从稽核。司库者知此覆之未易抉也，他物赝换，暗地剥削，堂司各官明知之，而不欲明言之，盖个中人皆有例入，虽王旦亦以美珠钳口矣！内而大臣，外而委员，非不届期盘查，而盘查之宽严，仍视例入之厚薄。岂无一二实事求是、不名一钱者？势不能以一手一足罄库中所存而逐件检校，仍由左右者为耳目，而财神初无不灵之时。嗟乎！以至重要之地，而弊漏不可究诘若此，此尚可以终日哉！”[②]为了扫除官库的积弊，汤寿潜主张从中央到地方州县的所有官库，“悉改为官号”，由商人独资或集股经营。这样，由商人周转于官府与民众之间，“收解平色，均有定章，有大市，无所用其伎俩；出入若干款，一钉一孔，皆商乎取之，并盘查之故事，官库之积弊，庶几摧焰廓清乎！”[③]有官员提出反对意见：认为改官库为官号，以商代官，“殊失政体”。汤寿潜不以为然，他反驳说：“非富则不能强也。”[④]西方列强之所强，就是商业的繁荣和商人地位的提高，“若以官号为失政体，岂各库种种舞弊，蠹国病民，转为之得政体乎？”[⑤]

汤寿潜改官库为官号的主张并非没有问题，如果没有好的法律规范、制度制

---

① 《危言》卷2，第6页，上海：光绪二十一年石印本(下同)。

② 《危言》卷2，第4页。

③ 汪林茂：《中国近代思想家文库・汤寿潜卷》，北京：中国人民大学出版社，2015年，第43页。

④ 汪林茂：《中国近代思想家文库・汤寿潜卷》，北京：中国人民大学出版社，2015年，第43页。

⑤ 《危言》卷2，第23页。

约，仍难逃弊端丛生。但在当时的情况下，汤寿潜为了达到富强之策，认定了商人经营要比政府垄断利多弊少。这说明了汤寿潜对政府的不信任，希望商人在近代中国能负起更大的救亡责任。他有段话特别值得回味，“吾民之信朝廷，每不如信商号，……非民之无良，敢于不信朝廷，特不信官与吏耳！夫在上方授刍牧于官吏，而吾民以为虐我则仇，疾首蹙额，恨不得一反于有司，其肯以锱铢所积者寄食虎狼之口哉？诚改官库为官号，试借国债，所有出入，可以不经官吏，民知号商之较可恃也。必有踊跃输将，以资两利者，是亦筹备缓亟、收回中国利权之一大宗也”[①]。这是汤寿潜的观察，也是他的感受，他是站在民间的立场为商人争取更大的发展空间和政治空间，虽然此时的汤寿潜并非自觉地站在早期资产阶级的立场上倡言，但他所议所论已经属于这个阶层。

（二）积极主张对外开放，平等对外贸易

汤寿潜不仅提出了对内“任商重民”的思想，而且还积极主张扩大对外开放，融入世界的发展潮流，从而实现中国的富强。基于鸦片战争后“华夷隔绝之天下”变为“中外联属之天下”，汤寿潜提出中国应随势变化，对外开放。他认为：中外互市以来，西方列强变本加厉地对中国进行侵略和掠夺，这是事情的一方面，并不是中国重新闭关自守的理由，中国只要因势利导，就能去害就利，“海禁之开，大利在中国”[②]。汤寿潜反对西方列强的侵略不比人后，但作为一位务实的思想家，他又表现出相当的清醒与理智。寻求中国的救亡之道并不仅在于言论上的道义谴责，更重要的是认识到中国落后的根源，采取切实可行的措施，致强致富，汤寿潜在这一方面显示了超前的思想。

汤寿潜对外开放、平等贸易的思想在以下几个方面表现得比较明显。

第一，不必耿耿于怀开放口岸的增多，中国应当自行开放，掌握口岸的主动权。世人大都认为如果中国开放口岸增多，就会耗尽中国之精华而仅留躯壳。汤寿潜虽然也认为开放口岸的增多会给中国带来消极的影响，但也有利处，应当权衡利弊得失，“口岸之多，中国犹为失半而得半”[③]。他认为，口岸作为中外互市的集中之地，西方输入的是大量的工业品和先进的文化，随着口岸的增多，中国自开风气以敌洋货，列强的优势就会相对减弱，“盖设口以互市，其富也，其智

① 《危言》卷2，第21页，上海：光绪二十一年石印本。

② 汪林茂：《中国近代思想家文库·汤寿潜卷》，北京：中国人民大学出版社，2015年，第70页。

③ 汪林茂：《中国近代思想家文库·汤寿潜卷》，北京：中国人民大学出版社，2015年，第45页。

也。遍地以设口，其富而将贫也，其愚也”[①]。他总结口岸增多的利处：(一)可以打破少数洋商对商品的垄断，转求贬值销售；(二)通商口岸外国商人的庐舍、财产可以留在中国传给子孙，不会随意带走；(三)一旦有战争，通商口岸因外人的生命财产皆在此，外人会投鼠忌器，减少战争带来的损失。所以，汤寿潜提出“善谋人国”者应当清醒地认清时势和把握中外商情的要领，对于通商口岸既然不能“筑堑自守，转不如重门洞开，广为招徕”[②]。他说，以后如果列强要求增加口岸，可以如其所请，但作为条件，一些权益应当尽可能地有利于中国，如：增加通商口岸洋货的进口关税；减少中国对外赔款等。汤寿潜认为此举中国可能会损失一些利益，但也有收获，“庶乎失之东隅，犹为收之桑榆也”[③]。可见，这是汤寿潜全盘考虑的理性思索，是符合当时中国国情的正确之路。

第二，派遣华工出国务工。汤寿潜指出，中外互市以来，“人知西人旅华地者多，而不知华人旅西地者亦不少也；人知西人牟华利者多，而不知华人牟西利者亦不少也”[④]。汤寿潜虽然回避了中外关系中不平等的事实，列强对中国的政治、经济侵略和华工去西方谋生不能相提并论，但汤氏指出，中国人多地少，许多人因饥寒铤而走险成为盗贼，危害社会，西方人稀土旷，乐意招揽华工，出洋务工可以缓解中国人满为患的压力。汤寿潜提出以后外国再招工，可以把人数报给总署，总署与各国公使签约，总署让地方官招工，甚至可以偷偷地把一些盗贼塞进去，让他们出洋。汤寿潜认为这样的好处有：(一)可以向盗工展示政府仁义的一面；(二)可以消除西方列强贩卖我中国工人带来的危害；(三)西方各国如美国、秘鲁、古巴都出现驱逐华工的事件，现在由总署与之签约写明嗣后不得无端驱逐华工，可以保护华工；(四)嗣后如果列强轻侮中国，在外华工有道者愤而抵制，可以用为臂指。汤寿潜的分析设想未免有点书生纸上谈兵的感觉，也太天真，但其开放和利用华工牟西利的思想还是值得肯定的。

第三，汤寿潜主张利用国际公法，同洋人在税收上争取权利。鸦片战争以后，清政府对于外国大部分商品实行“值百抽五”的税率，给中国造成很大危害，不仅财政收入大为减少，而且极大冲击了民族产业。汤寿潜对外国进口税率之低非常痛心，他说：“西人之税于民也，重于进口以遏客货，轻于出口以畅土货。大抵以值百取二十为通行之则，余有取三四十者，有取五六十者，多或取如其所

---

① 《危言》卷2，第25页，上海：光绪二十一年石印本。

② 汪林茂：《中国近代思想家文库·汤寿潜卷》，北京：中国人民大学出版社，2015年，第46页。

③ 汪林茂：《中国近代思想家文库·汤寿潜卷》，北京：中国人民大学出版社，2015年，第46页。

④ 《危言》卷3，第38页，上海：光绪二十一年石印本。

值。若与国有衅，故重税以困其国之商，则倍取之。道光二十二年，我与英约于江宁，以百中取五为税则。咸丰八年，桂相等与英、法、俄、美约于上海，税则仍前议，皆缘不谙泰西进口税则之重，又狃于国初广东所收洋税仅及值百取二之额，遂漫焉许之，铸成大错。”[①]对于西方国家享受“利益均沾”的特权，汤寿潜更为不平：“中国之所以被各国要挟者，病在约中‘利益均沾’一语，遂至连鸡瘈狗，牵率偕来。谁生厉阶，至今为梗？”[②]他指出，外国在中国贸易税率低，且有“利益均沾”的特权，相反，中国出口外国商品却没有同等的优惠，“值百抽五，来而不往，礼乎？非礼乎？”[③]他提出，总署大臣要依据和约，同各国使臣谈判，以后中国商品出口外国，也应执行“值百抽五”的税率，“以照平允”。他认为即使谈判过程艰难，也要“正以折之，坚以持之”[④]，如不允，可以向他们示意提高外国商品的进口关税来抵偿，以此达到提高中国关税的目的。汤寿潜的设想仍然有一厢情愿之感，但这种明知不可为而为之的精神却让人感动。清政府许多利权的丧失最初大都源于交涉官员的愚昧无知，随着中国知识分子的逐渐觉醒，他们纷纷要求收回失去的利权。此时的汤寿潜乃一介布衣，他的言行代表了正在觉醒的民间知识分子已经开始为实现自己的政治、经济诉求呐喊，到了甲午后，蔚然成了近代中国一个重要的政治文化现象。

（三）学习西方，大力发展工业化

工业化和政治民主化有一种天然的联系。纵观世界近代史，工业化与政治民主化能相互促进。汤寿潜虽然不能清楚地认识工业化和民主政治之间的辩证关系，但他认识到了工业化能带来国家的富强，认识到了工业化是时代的潮流，“西人以机械治其国，事事标新领异，而舟车枪炮尤为利用之大宗”[⑤]。他指出，泰西各国，工厂林立，德国的克虏伯、英国的阿姆士脱郎、法国的科鲁苏等都是以制造致富，权倾其国的大厂。他还指出，日本自维新后，力崇西法，大力发展制造业，国势蒸蒸日上。他认为，中国人的聪明才智不比洋人差，但因中国“人人鄙艺事为不屑”“中国以工匠为贱，泰西以工匠为贵”，而且主政者“但知乞水，不知凿井”，[⑥] 对如何发展中国的制造业并不上心。

---

① 《危言》卷2，第25页，上海：光绪二十一年石印本(下同)。

② 《危言》卷2，第16页。

③ 汪林茂：《中国近代思想家文库·汤寿潜卷》，北京：中国人民大学出版社，2015年，第33页。

④ 汪林茂：《中国近代思想家文库·汤寿潜卷》，北京：中国人民大学出版社，2015年，第33页。

⑤ 《危言》卷3，第33页。

⑥ 汪林茂：《中国近代思想家文库·汤寿潜卷》，北京：中国人民大学出版社，2015年，第72页。

汤寿潜建议，中国应当像日本一样，师法西方，大力发展制造业。为此，他提出了自己的一些见解，比如，汤寿潜赞赏西方保护技术革新与发明的专利制度，认为此制度的实行，能激励工匠“莫不推陈出新，不惜炉造化而炭阴阳，以凿破其混沌之窍”[①]。他指出，中国也应当“宜亟师其意，以资董劝”，如果有华人设计出机器，“或足以资杀敌致国之用，或足济民生日用之需，一经验官有效，即量予以不资之富贵，如古者以业世官之例。若士大夫能以艺事名家，于循例仕进外，优加奖擢，不以常格限之，斯人人奋进矣”。[②] 他说，上有好者，下必甚焉，人人不以技巧为菲薄，而以格致为功名，一定能带来发明创造的发展。汤寿潜还指出，中国应当准许外国人在中国通商口岸开设工厂，中国工厂也可以任命洋工程师。这样可以方便中国的聪慧弟子就近入厂工作，耳濡目染，定能青出于蓝，将来可以师敌之长技以制敌。

在农田水利方面，汤寿潜也主张工业化。他指出，中国耕作以人力或畜力为主，劳苦不堪且效率低下，而西人新创耕田机器，十倍人力。不仅如此，西方播种、耘耨、刈获、汲水，亦无不刈机器行之，省力而高效。汤寿潜指出，中国如果“悉力购造，猝恐未逮”，可逐渐仿行，天津的制造局，可以先行仿照，“万金可成百具，散之民间，通力合作，可无不耕之田，为吾民兴大利”。[③] 在以农为本的国度中提出这样的主张更显示出汤寿潜思想的开放性、务实性和前瞻性。

近代中国的工业化开始于19世纪60年代的洋务运动，但由于西方列强资本主义强大优势的冲击、传统力量惰性的阻碍，中国民族工业缺乏发展的资金、人才和环境，因而发展缓慢。但在汤寿潜看来，工业化是“系天时，关世运”的大事，是列强富强之基，中国的发展也刻不容缓。他感慨说：“嗟乎，天地精华，发泄易尽，天心仁爱，造物忌巧，必有扫除更张之一日，而时犹未至，彼方出其心裁，以富以强，我胡勿因所利而利之，为裕国便民之计？”[④]他呼吁清政府应长驾远驭，发愤自雄，凡制造业、电报、开采、轮船、铁路等行业都应“权舆泰西”，大力发展，等到风气渐开，家喻户晓后，“人人视机器如梓匠轮舆，官厂商厂，林立国中。洋商不能居奇，庶免巨帑漏入外洋”[⑤]。

综上所述，我们发现，汤寿潜的经济思想不单纯是为了发展经济，他的各种

---

① 《危言》卷3，第33页，上海：光绪二十一年石印本(下同)。

② 《危言》卷3，第33页。

③ 《危言》卷4，第18页。

④ 《危言》卷3，第35页。

⑤ 《危言》卷3，第35页。

经济主张渗透着强烈的反对列强侵略思想，具有强烈的政治功利和民族主义色彩。我们还发现，汤寿潜虽然强烈地反对西方列强的侵略，但他也毫不客气地抨击清政府的闭关锁国和贱商抑末的传统积习。他把目光投向海外，瞄准世界经济发展的大势，对世界先进的工艺和管理经验，提出了仿而用之，进而并驾齐驱之的主张，这反映了他经济思想中的开放性。众所周知，汤寿潜撰写《危言》的时代，整个中国国民经济的主体地位仍是小农经济，汤寿潜能提出近代经济主张凸显了他整体思想的超前性，他和王韬、郑观应、马建忠等人一样，是走在时代前列的先进的知识分子。

如何看待汤寿潜经济思想与宪政思想之间的关系呢？我们知道，西方的民主国家，其制度良否，往往与经济发展成正比。所谓经济发展，包括工业化、城市化、财富及教育等，各方面都发展完备的，民主制度必然相对完善。马克思主义的观点认为社会存在决定社会意识，经济是政治的基础，解读政治现象的产生要寻找它背后的经济原因。从根本上说，近代西方民主政治的产生正是源自经济发展的推动，是伴随着资本主义市场经济的成长而逐步建立和发展起来的。汤寿潜的宪政思想受到西方民主政治的影响，经济思想同样也是在西方的刺激和影响下产生的。他提出的政治思想、经济思想都是为了拯时救世，为了国家的富强。我们知道，一个国家、民族的近代化不只是某一方面的近代化，而是整体的、系统的近代化。如果仅仅论述汤寿潜的政治思想而不论述他的经济思想就不能完整地解读汤寿潜的变革思想，也不能全面理解他政治思想的特点。

我们还可以看出，汤寿潜经济思想的目的不仅在于富国、强国，还要裕民。我们应当重视经济自由对人的解放的重要意义。没有经济自由，只能事事仰承官府旨意，公民权利就失去基础。因此，汤寿潜提倡仿行西方，大力发展资本主义性质的商业和工业，是挖掘封建专制主义的根基。此外，他对阻碍经济发展的各种封建制度和封建官吏的批评，也反映了他经济领域思想的民主性，这与他在政治上的民主思想并不分离。

三、祛专制主义

经济基础决定上层建筑，并反作用于经济基础。一般而言，民主化和工业化是近代社会的标志，经济上要逐步实现工业化，政治上必然出现民主化的要求。汤寿潜在主张学习西方经济的同时，也呼吁政治的改良，这显示了他思想的全面性和深刻性。

乾嘉之际，吏治败坏，经济凋零，社会危机四伏，思想领域万马齐喑，毫无生气，封建专制已经明显暴露出穷途末路的迹象。鸦片战争后，虽然林则徐、魏源、姚莹等先进知识分子开始睁眼看世界，但绝大部分封建官僚并未觉察到一个新时代的到来，“都门仍复恬嬉，大有雨过忘雷之意”[①]。太平天国之役和第二次鸦片战争更加暴露了专制制度的腐朽，清政府虽因洋务派的崛起有幸逃过“劫难”，但矛盾积重难返，并未解决封建制度的没落。作为一名拯时救世的激愤爱国者，汤寿潜继承了经世思潮的传统，利用自己了解的中西知识，对封建专制的时弊进行反思、批评。

在《危言》50 篇文章中，有很多篇章都是针砭时弊，并提出相应建议的。比如《亲藩》《尊相》《部臣》《议院》《中学》《考试》《书院》《停捐》《鬻爵》《保举》《冗员》《限仕》《世俸》《返朴》等。仔细研读这些篇章，可以总结出汤寿潜对封建专制的批评主要有以下内容。

（一）对皇族宗室提出了委婉批评

以皇帝为核心的中央集权君主专制政体，在中国延续两千余年，“忠君”的思想已经浸染到绝大多数儒家知识分子头脑中。虽然鸦片战争以后封建体制的腐朽暴露无遗，但此时的汤寿潜还没有把矛头完全指向君主，而是侧面叩击，把矛头指向皇室宗族。他首先认为教授王公、贝子、贝勒们的师傅们都是迂腐之儒，“大率帖括进身之翰林，循例授读，足不出国门之外，业不过经史之常，于中外之情伪，稼穑之艰难，官吏之贪廉，将卒之强窳，国计民生之登耗，格物致知之要领，未之及焉”[②]。在中外互市已成天下大势的情况下，如果皇室宗族是在这样一群师傅的教授下，日后他们一旦主政，根本不熟悉国家大政，就不会果敢、有效地处理复杂的国家大政，“即使天亶之聪，兼人之质，其所衡裁，终隔一层帘膜，欲太阿之无倒持难矣”[③]。汤寿潜还指出，最高统治者的权力绝非仅仅出自“天授”，也是“人事”，历史上的商汤、周文王都是躬身耕稼之事才赢得臣民的拥护，汉朝、宋朝、明朝的开国帝王“莫不躬历微贱”，如果皇族后裔不习劳苦，沉迷犬马声色之中，一旦遭遇变故，便会无法收拾残局。

如何才能改变这种情况呢？汤寿潜没有局限于传统的方法，他以开放的眼光，探寻到了世界其他落后国家的富强之道，“俄主彼得，走欧罗巴习水师、充

---

① 林则徐：《软陈私议》，《中国近代史资料丛刊：鸦片战争》(五)，上海：上海人民出版社，1957 年，第 529 页。

② 《危言》卷 1，第 5 页，上海：光绪二十一年石印本(下同)。

③ 《危言》卷 1，第 5 页。

学徒，倭相伊藤博文往莫吉利为家人，无非窃人所长，补己所短。其他各国皇储贵介，往往侧身行伍，游历地球，然后循资平进，正位藩屏，事前既深于阅历，事至庶有所主持，其富强也宜也，非幸也"①。他指出大清的皇族不要再寻章摘句地学习无用之经文，要以学习时务为主，先进入同文馆、广方言馆学习，"破除深宫阿保之习"②，既冠后，派往各国游历，将来主政后，日理万机，定能游刃有余，汤寿潜明确强调这才是"变法之椎轮，救时之要著也"③。

需要指出的是，虽然在洋务运动中清政府迈出了向西方学习的一大步，并且派遣幼童去美国留学，但派皇室贵胄去西方游历学习还是骇人听闻，只是到了戊戌维新期间，光绪帝应康有为所请，才同意派皇室宗族弟子留学，但这离汤寿潜的提议过去已近10年，可见此时汤寿潜敏锐的历史眼光和大胆的开放精神。虽然汤寿潜并没有直接否定君主，但在中国，君主是最高权力的象征，以一统垂裳之势治天下，如果派皇室贵胄出外学习，就被认为有辱皇室尊严，是一种大逆不道的行为。因此，汤寿潜主张派皇族宗室出洋游历，在某种意义上而言是对君主专制的一种怀疑和否定。

还有一点，为了维护专制皇权的绝对权威，满足皇室的奢侈生活，清政府专门设有内务府，敛天下之财为其用。内务府机构庞大，掌握了大量财富，很容易滋生腐败，清朝历史上最大的贪官和珅就担任过总管内务府大臣。汤寿潜认为"时事多艰"，应当"贬奢崇俭"，减少财政的开支，内务府应当首先带头节流，以为天下先。他很赞赏西方君主立宪政体下皇室的有限制的财政，"泰西君主，岁供均有定额"，提出应当仿行这种办法，"内务府宜酌中额定用数，庶该府堂司浮开冒销之弊，虽未能一扫而空，毕竟有所限制"。④ 其论虽委婉，但同样是对专制君主权力的一种限制。

(二)汤寿潜对清政府中央政权运作模式提出了批评

清袭明制，君主乾纲独断，无论前期的内阁大学士，还是雍正以后的军机大臣，都是秉承君主的意志行事，君尊臣卑，国家大臣成了皇帝的家臣私奴。汤寿潜对此十分不满，认为这样一来，官员们平时会互相猜忌倾轧，遇事则推诿、敷衍。他们大都"答拜坐论，斯礼既邈；见则必跪，匍匐惕息，不敢出气，非伺意

① 《危言》卷1，第5页，上海：光绪二十一年石印本(下同)。

② 《危言》卷1，第5—6页。

③ 《危言》卷1，第5—6页。

④ 《危言》卷2，第27页。

旨为可否，即拘成例为依违。无论大利弊也，既寻常一事之兴替，而唯之与阿，惮于先发，无一人肯任其劳，敢执其咎”①，一副奴才相，唯唯诺诺，毫无骨气。

汤寿潜认为，之所以出现这种状况，主要是君权太专，没有设置宰相为君王分担责任。汤寿潜熟悉中国的典章制度，对宰相在国家治乱中的作用认识很清楚。他认为中国在三代之时，君臣之间是互敬互助的合作关系，君臣各负其责，关系情真意切。三代以后，君尊臣卑，但宰相的作用仍然历代可考，“视宰相之重轻为时之治乱，以宰相之贤否觇政之得失”②。但是，自明朝朱元璋废除宰相后，君主专制达到极端，康乾盛世之时，由于君主的雄才大略，且社会矛盾少，君主尚可驾驭全局，但鸦片战争后，清政府面临的是前所未有的内忧外患，凭君主一人之力根本无法处理好日益复杂的政务。

如何改变这种积弊呢？汤寿潜明确指出，“今将一切铲除旧制”③，锐意变革。汤寿潜深受黄宗羲“抑君权，明臣道”思想的影响，提出了重新设置宰相制度：特设宰相一人、协办一人，仍领军机处。汤寿潜主张的宰相、协办与原来的首席军机大臣有所不同，他们要负一定的政务责任，对国章政事有初步的裁定权，“每奏事，宰相、协办拜舞毕，以次坐，凡事皆经裁定而后请旨行”④。也就是说，国家大政要通过宰相会议的商议，再请君主裁定。那如何推选宰相呢？汤氏说：“卜相之法，宜参国初‘会推’及泰西议院之略，择吉请皇上御正殿，令阁、部、院、监、寺、科、道，不分满汉、见任额外，齐集阙下，人书京外三品以上大员，兼资文武、洞悉中外，能任宰相、协办者各一人，投之匦，唯不得书本署堂官，以防阿党，汇而校之，恭候宸断。”⑤

可见，汤寿潜所主张的宰相不是来自皇帝的直接任命，而是取法于西方的议会制，通过一定程序由选举产生。在一定程度上，汤寿潜设计的中国宰相制同西方议会制度下的内阁首相制很相似。还需指出一点，在君主专制的圣威下，军机大臣们只能“跪受笔录”皇帝的旨意，汤寿潜让宰相、协办“坐”了起来，其中蕴含的民主性也是显而易见的。

清朝统治者为了防止出现权臣和利益集团，威胁皇权，各部的大臣经常轮

---

① 《危言》卷1，第7页，上海：光绪二十一年石印本。

② 汪林茂：《中国近代思想家文库·汤寿潜卷》，北京：中国人民大学出版社，2015年，第9—10页。

③ 《危言》卷1，第7页，上海：光绪二十一年石印本(下同)。

④ 《危言》卷1，第7页。

⑤ 《危言》卷1，第7页。

换，结果大臣到部还没有熟悉业务，就另调他处，致使管部大臣遇事无所措手，政治混乱，效率低下。汤寿潜认为，大臣们“聪非三漏也，明非重瞳也”[1]，才能有限，精力有限，不可能熟悉一切朝章国故，如果“朝绾铨符而夕兼比部，既管农政而复领容台，或甫得其部之大要而即去，或并未得其部之大要而亦去，然则官特其寄焉者耳。有宿逆旅者，昏而休，明而去，询以居停主人之姓氏且不能对，遑问其他”[2]。本来各部尚书、侍郎的权力就很小，而且朝来夕去，其结果“司员尝试以取巧，吏胥舞弄而玩法，诚以司员必久于部而后能主政，若吏胥尤长子孙而窟穴于其中者也。虽部臣挟兼人之材力，亦未易咄嗟而穷其利弊，欲不为傀儡者鲜矣”[3]，政治混乱、官僚作风严重，效率低下。为了能改良各部的政治效率，汤寿潜提出：“应请凡官至侍郎，即与初授之部相终始，无朝除暮调，以简文牍，以久事权，以省奔走，庶心思以专而不纷，精神以分而常给，例章以久而熟诸，即有黠狐之司员、贪狠之吏胥，均不敢以身试法，夫而后部务理，夫而后外政肃。”[4]汤寿潜也许并没有西方文官制度的观念，但他已经看出：中国开关以来的政务越来越需要专业化的人才和官员处理，君主专制下驾驭官员的权术显然不符合时代与时务要求。

汤寿潜对官员任职时的年龄和退休年龄也提出了自己的主张。在专制时代，学而优则仕，儒生跻身仕途既是他们人生的期望，也是富贵的重要途径，所以各色人等对官场夤缘奔竞，趋之若鹜。汤寿潜大为感慨，“仕途洎今日，殆真成积薪之势哉。”“稚谍未离，便争早达；钟漏垂尽，犹作夜行。官止此数，来者孔多，夫何怪层污而叠垢哉！”[5]他指出：有识之士虽然不停地呼吁“疏通”拥挤的仕途，但利益所在，只是干打雷不下雨。汤寿潜受顾炎武对官员年龄限制的影响，提出了儒生到了20岁才允许参加科举考试，30岁才可以服官；官员到了60岁要退休，重要官员的年龄不得超过70岁。汤氏认为：这样既可以防止年轻人躁竞，也可以为后来者让贤。

---

① 汤寿潜：《部臣》，《汤寿潜史料专辑》，第222页。
② 《危言》卷1，第8页，上海：光绪二十一年石印本(下同)。
③ 《危言》卷1，第8页。
④ 《危言》卷1，第8页。
⑤ 《危言》卷1，第19页。

（三）汤寿潜对科举制度也提出了尖锐批评，主张废八股，改科举，设新式学校，培养通晓时务的有用人才

自明朝八股取士以降，科举制度日益成为维护中央集权、官僚专制的腐朽的文化机制，有识之士的抨击和要求改革之声也随之不断。鸦片战争之后，科举取士的弊端更被无限放大，只会诵读四书五经、沉迷于八股时文的腐儒和以弓马考选的武将面对强大而野蛮的西方侵略者束手无策，接连败退。同时，随着西学东渐的深入传播，科举考试内容的荒谬性更为突出，改革和废除科举制度的呼声连绵不断。例如，魏源就曾尖锐地批评过科举取士："其造之试之也，专以无益之画饼，无用之雕虫，不识兵农礼乐工虞士师为何事；及一旦用之也，则又一人而遍责以六官之职，或一岁而遍历四方民夷之风俗；举孔门四科所不兼，唐、虞九官所不摄者，而望之科举兔册之人。"[①]其后，洋务派和早期维新派都毫不客气地批评科举制，认为八股取士是败坏天下人才，所取非所用，所用非所学。李鸿章就认为"小楷试帖，太蹈虚饰，甚非作养人才之道"[②]，传统的科举人才仍以章句弓马为进身之阶，对于洋务，隔膜太甚，当务之急就是培养新型的洋务人才，否则，天下危局，终不可持。[③] 冯桂芬也尖锐地批评八股取士"意在败坏天下之人才，非欲造就天下之人才"[④]。

汤寿潜对科举的批评丝毫不亚于同时代的其他早期维新思想家，他认为：中外互市以来，"天将合地球而一之"[⑤]，中外交涉需大量的时务人才，但中国缺乏人才，不能应对西方的侵略。思考其中原因，汤寿潜指出："贫于财之非贫，而贫于才之谓贫。"[⑥]近代社会的变局迫切需要大批新型人才，正所谓"时局多艰，需才尤急"，人才是国家治国安邦的关键。诚如王韬所说："国家之有人才，犹人身之有精神。"[⑦]传统的科举是选拔不出新型人才的。汤寿潜检讨清政府选官任吏制度，认为仕子们受科举流毒太深且长。在科举巨大利益的诱惑下，科场弊端丛生，士子们丧失理智，不惜冒险作弊，希望侥幸窃取；考官则受贿纳礼，不惜贪赃枉法。在汤寿潜眼里，科举制度成了一个"赌场""交易场"，是整个封建专制制

---

① 魏源：《魏源集》，北京：中华书局，1976年，第37页。

② 顾廷龙、戴逸：《李鸿章全集》(6)，合肥：安徽教育出版社，2008年，第164页。

③ 吴汝伦：《李文忠公全集·奏稿》卷16，台北：文海出版社影印本，第16页。

④ 冯桂芬：《校邠庐抗议》，郑州：中州古籍出版社，1998年，第177页。

⑤ 汤寿潜：《书院》，《汤寿潜史料专辑》，第229页。

⑥ 《危言》卷1，第16页，上海：光绪二十一年石印本。

⑦ 王韬：《弢园尺牍》，北京：中华书局，1959年，第82页。

度走向亡途的一个缩影。

那么如何才能造就符合时代需要的专门人才呢？汤寿潜明确指出，“法乃相因而善”[①]，采用西学，改科举，新书院，建立新式学校。汤寿潜认为，改科举只是其末，因为八股取士已有四五百年的历史，士子视其为安身立命之所，骤然“移易其耳目，拔去其根株”[②]，必然引起守旧人物的极力反对。为了能为国家培育新式人才，而又不至于激起守旧派的反对，汤寿潜认为最好的办法就是改书院为新式学堂，“亟乞明诏中外，所有省府州县各书院，一切铲除旧令，改延谙习西学者为之教习，取同文馆章程颁示之”[③]。汤寿潜之所以明确提出要改书院为学堂，在于他认识到了西方列强之所以强并非仅仅依靠坚船利炮，而在于西方人才之盛，人才之盛则源于系统的学校教育：“(今泰西)大抵有乡学院，有郡学院，有实学院，有仕学院，有大学院。学凡四科，曰经学，曰法学，曰智学，曰医学。一艺之成，得专其利，得世其业，无论士农工贾，陆军水师，靡不出身学堂，讲明其理，娴习其事。故所以强食弱肉，要自有本原在，而坚船利炮特其末焉者也。”[④]

汤寿潜对西方教育制度模式和功能的认识大抵是正确的。在当时，虽然很多知识分子认识到了书院成为科举附庸的弊端，但在甲午战争之前，像汤寿潜这样旗帜鲜明地主张改书院为新式学堂的先行者还是少数，只有郑观应等人提出过类似观点。[⑤] 汤寿潜乐观地表示：如果能以此为目标，中国也能向西方那样，人才“日异而月不同”，“(中国)二十三行省，书院何翅以千计，一书院储才者数十人，千书院可储才者数万人，而群索其骏，而类拔其尤，将取之不胜取，用之不胜用，虽驱驾风霆，捶挞夷长，不难矣。”[⑥]汤寿潜特别强调，科举制度的变革是中国救亡图存的关键，要进行根本性的变革，才能收储才养士之效，“尽是法而变之，而学校不变，考试不变，即人心不变，齐末不揣本，变亦无异于不变，且反

① 汤寿潜：《书院》，《汤寿潜史料专辑》，第 229 页。

② 汤寿潜：《书院》，《汤寿潜史料专辑》，第 229 页。

③ 《危言》卷 1，第 16 页，上海：光绪二十一年石印本(下同)。

④ 《危言》卷 1，第 17 页。

⑤ 甲午前，郑观应在《盛世危言》中也说：“中国自州、县、省会、京师各有学宫书院，莫若仍其制而扩充之，仿照泰西程式，稍为变通：文、武各分大、中、小三等，设于各州、县者为小学；设于各府、省会者为中学；设于京师者为大学。”(夏东元：《郑观应集》上册，上海人民出版社，1982 年，第 299 页。) 1898 年百日维新期间光绪帝下诏，才开始大规模改书院为学堂。戊戌维新失败后，书院改革的呼吁和行动曾一度低落，但改革的内在动力终究无法压抑，1901 年新政后，虽然步伐并不一，但书院还是迅速地改为新式学堂。

⑥ 《危言》卷 1，第 16 页。

诒不变者以口实也”[①]。

更难能可贵的是，汤寿潜极为推崇西方女学的兴盛，对中国女子不能和男子平等参政感到不可思议。他说泰西各国男女都接受同等的教育，如果有法定受教育的女孩而没有接受教育，其父母是会受到惩罚的，反观中国教育，“顾中国扶阳抑阴，阃内外界若秦越然，万不能猝授女官，骇人耳目”[②]。在中国封建社会中，受“女子无才便是德”“三从四德”等封建锁链的束缚，广大女性缺少受教育的机会，退处于社会的暗陬，这是造成中国人愚昧的重要原因。妇女解放是人类进步的重要标志。汤寿潜主张女子接受和男子同样的教育，其中蕴含的民主性不容忽视。[③]

（四）揭露捐纳、冗员、保举等种种社会弊政，倡言改革，寻找匡时济世的出路

中国封建君主专制制度到鸦片战争前夕，已经是处于“日之将夕、悲风聚至”的“末世”，在这个昏昏的世界中，“左无才相，右无才史，阃无才将，痒序无才士，陇无才民，廛无才工，衢无才商；抑巷无才偷，市无才驵，薮泽无才盗”。[④]整个政治是“百为废弛，贿赂公行，吏治污而民气郁”[⑤]的局面。鸦片战争后，旧疾未去，又添新病，且病病要命。深刻的社会危机唤醒了汤寿潜的忧患意识，他继承地主阶级改革派和洋务派的经世思想，怀抱经世救国之志，对各种积弊大胆抨击，倡言改革，寻找匡时济世的出路。

捐纳制度是清政府一大弊政，存在有二百余年，延至清末，完全成为清政府难以根治的恶疾。有识之士，无不引之为忧。冯桂芬在《变捐例议》中指出：“近十数年来，捐途多而吏治益坏；吏治坏而世变益亟，而度支益蹙；度支益蹙而捐途益多，是以乱召乱之道也。”[⑥]汤寿潜指出，冯桂芬提议停捐，可谓用心良苦，但清政府以河工、海军等事例款项无法筹措为由，仍大开捐纳，致使“有力者子弟为卿，争居龙断；无力者乞贷易集，转瞬取盈”[⑦]。汤寿潜抨击道：“宦途之

---

① 《危言》卷4，第31页，上海：光绪二十一年石印本(下同)。

② 《危言》卷1，第21页。

③ 早期维新思想家的妇女解放思想可参阅金庆惠《晚清早期维新派的妇女解放思想》(《北京师范大学学报》社会科学版，2003年03期)一文，作者在文章中论述了王韬、郑观应、薛福成、陈炽、宋恕等人对种种残害妇女陋俗的批评以及戒缠足、兴女学的主张。文中并没有提到汤寿潜的主张。

④ 龚自珍：《乙丙之际箸议第九》，《龚自珍全集》，上海：上海人民出版社，1975年，第6页。

⑤ 包世臣：《再与杨季子书》，舒芜：《中国近代文论选》，北京：人民文学出版社，1981年，第121页。

⑥ 冯桂芬：《变捐例议》，《校邠庐抗议》，郑州：中州古籍出版社，1998年，第102页。

⑦ 《危言》卷1，第18页。

中，魁首骈拇，无奇不备，无巧不行，虽正途保举，藏污纳垢亦复不少，究以进自捐例者为多。朝廷收涓滴之利，致吾民吮膏吸髓以偿。"[①]汤寿潜不解，反问朝廷，明明知道捐纳之弊，"明朘民膏，暗亏国计，享微利而蒙大害，流品之杂，名器之滥，犹弊之浅而易见者也"[②]，为何还剜肉补疮？悲愤痛恨之情不言而喻。他明确地指出，时事多艰，捐纳的存在只能加剧政治的败坏，人心的浇漓。他建议朝廷："敢请明诏中外，毅然决然，永远停止，有续请者，以违制论。"他还警告朝廷说，如果捐纳不停，人们以官为市将出现"十羊九牧，官多民少"的局面，到那时，"其尚堪设想哉"。[③]

保举之滥也是晚清政治的一个毒瘤，特别随着洋务运动的举行，急需人才操握权柄的要政，在"破格"用人的幌子下，不讳钻营，大开保举之风，遂使无格不破，其中充满了腐朽与肮脏的交易。汤寿潜批评道："在内则襄办大典大工有保，纂校档册有保，水局获盗有保，不特裁纂堂司有保，胥吏亦附之矣；在外则军功前敌有保，而文案粮台附之矣；河工抢险掌坝有保，而购运支发附之矣；出洋有保，而内地文报附之矣。海运、河运、边防，薪水既优，保举尤易；其他凡地方分内应办之事，疆吏亦动以保请，请十而准亦十九焉，然犹曰躬亲其事也；甚有挂名而附保者，有空名而顶保者。"[④]于是，"纨绔每猎居显要，舆皂亦彝列缙绅"[⑤]，汤寿潜感慨：鱼多水浊，官多世乱，我终于明白了汉武帝时贾谊为什么痛哭流涕，为什么仰天太息。

正是捐纳的盛行，保举的泛滥，致使成百上千的候补官员互相倾轧。在汤寿潜看来，晚清冗员、冗吏已成积薪之势，成为清政府吏治的"腹心之疾"，无论是京师各部门，还是外省之署衙，"其额外之员，凡例得以资进者，层污叠垢，肩背相望，阗咽于司署，充斥于衢巷，将补缺耶终身无望，将差委耶匀派不敷"[⑥]。为了得到差缺，他们不惜花费重金，到处夤缘送礼，行贿请托，一旦得差，如蓄虎狼于其中，"吾民有几许脂膏，常供若辈之吸吮耶"。对此状况，汤寿潜感慨道："冗吏之疾，有不敢尽言，不忍尽言者。"[⑦]他请朝廷明降谕旨，昭示中外，

---

① 《危言》卷1，第18页，上海：光绪二十一年石印本。
② 汤寿潜：《停捐》，《汤寿潜史料专辑》，第231页。
③ 汤寿潜：《停捐》，《汤寿潜史料专辑》，第232页。
④ 《危言》卷1，第21页，上海：光绪二十一年石印本。
⑤ 汪林茂：《中国近代思想家文库·汤寿潜卷》，北京：中国人民大学出版社，2015年，第19页。
⑥ 汪林茂：《中国近代思想家文库·汤寿潜卷》，北京：中国人民大学出版社，2015年，第21页。
⑦ 汪林茂：《中国近代思想家文库·汤寿潜卷》，北京：中国人民大学出版社，2015年，第21页。

“酌留各缺各差一二倍人员以供驱策，尚有正途考取等项，自足收指臂而襄治理，其余名次较后之员，给资回籍，以免一官为累，沉滞他乡”[①]。他希望公忠体国的王公大臣，不存私见，把此事落到实处，真正使官方澄叙。

乾嘉以降，中国封建制度已无可挽救地走向衰亡，鸦片战争后西方列强的咄咄紧逼更加暴露制度的腐朽与无能。汤寿潜同其他早期维新思想家一样，认识到了中国面临的千古变局的挑战，但他也认为这是中国复兴的一大机遇。他疾呼：“穷变通久，此其时哉？此其时哉！”[②]他怀着强烈的忧患意识，关心国事民瘼，抨击时弊，提出挽救之法。他认为“华夷辽隔之天下，浸淫为中外互市的天下”后，中国要图存就必须变，革除封建专制的弊病，而且要全变、要速变，要乘时而变，“病变矣而变其方，而变其药，亟起直追，廪廪如不逮，顾尚儒缓其论议，踌跚其步履，狃因循则疑更弦之扰，猎捷效则厌蓄艾之迂”。[③] 在当时，他的反专制的思想具有开放性、探索性和创新性，是与时俱进、顺乎时代潮流的，抹有浓重的时代亮色。

四、议院之议

中法战争是中国近代民主思想的发端。在这次战争中，中国不败而败、法国不胜而胜的结局极大地刺激了中国知识分子，开眼看世界及向西方学习的社会风气进一步发展。鉴于中法战争的耻辱，汤寿潜深感病入膏肓的传统政治不能挽救民族的危机，单靠坚船利炮、声光化电也不能救国，必须从政治体制这个根本问题着手改革，才是更为有效的救国之道。于是，他痛陈西方列强对中国的侵略，呼吁政府效法西方民主政治，设立议院，振衰起弊。

汤寿潜的民主思想是在日益加剧的民族危机下催生的，是为了回应救亡御侮的历史重任。他愤恨俄、日、英、美、德、法等国对中国变本加厉的侵略。但悲痛不能洗雪国耻，愤懑也不能化为抵御外敌的力量。汤寿潜痛定思痛，深刻反省中国落后的痼疾，寻求解困之道。他说：“夫审夷之势既无可援，而审我之势又无可恃，盗已穴壁直入，而主人尚蒙被熟睡、齁齁作鼾声，可乎？大抵中国之痼病，总坐自视太高、视夷太卑。非不知中国者剖判以来，伦物之宗祖，文轨之权舆，千圣百王所嬗述者也；顾天下如赤县神州者九，中国居其一，五大洲之局，邹衍于数千年前已揭以示人，盖神农以上，本合中外为大九洲(见《周礼·礼职

① 《危言》卷1，第24页，上海：光绪二十一年石印本(下同)。

② 《危言》卷2，第8页。

③ 《危言》卷4，第35页。

方》疏），尧时巨浸稽天，治不逮远，舜始就中国画为十二州，而华夷之界斩然矣。”①

在中国传统观念里，向来注重华夏夷狄之间的内外分界、文明与野蛮的优劣差别，这种文化的优越感助长了中国士大夫妄自尊大的心理，盲目排斥外来制度、价值观念乃至科技，以至于中国形成闭关自守之局，养成孤立自大性格，成为近代中国积贫积弱的文化根源。鸦片战争后，随着中西文化激烈的碰撞、交流，士大夫坚守的“夷夏之防”精神堡垒逐渐坍塌，但一种文化心理的消失与变革也是一个长期嬗变的过程。汤寿潜认为，在近代以前，中国在亚洲的地位的确是无有与之匹敌者，但现在已是“华夷辽隔之天下，浸淫而为中外互市之天下”②，中国已经落后于西方列强，世界的趋势是向强者学习，“势无强弱，以人为强弱，自弱虽华不能加强，自强虽夷不能加弱”③，中国应当以开放的态度向欧美文明学习，“《春秋》杞用夷礼则夷之，夷而知礼则进之。今华夷之界已铲除不可复制，而尚画分于士大夫之心，夫岂《春秋》之旨哉？夷人之显于明以前者辽哉远已，国朝定鼎后，其杰出者踵相错也”④。他观察、思考西方列强强大的原因，认为西方列强之所以强，在于他们不墨守成规，能革新变法。

怎样才能追上西方呢？汤寿潜提出了自己的主张。他按照对西方民主制度的理解，结合中国传统制度，提出了自己的议会主张。由于他对西方民主制度有了一定了解，以此为参照，他对中国传统政治下君尊官卑、上下隔阂弊端的认识更深，反感也更强烈。汤寿潜说：“今日之言路亦不可谓不广矣，然内自各堂官及科道，外自将军、都统、各督抚而下，鲜有以事陈者。藩、臬、提、镇例得言事，恐督、抚以为侵官也，抵任卸任谢恩，一疏而已，余凡论列时事，必先由代递者查无不合而后行，是使众臣不敢尽情，而上无由闻过失也。夫能事者不必有言责，而有言责者不尽能事，然则言路之似广而实隘者，莫今日若矣。”⑤官僚主义在传统政治体制内根本无法根除，汤寿潜认为最好的根除办法就是实行议院制度。在他看来，“泰西设议院，集国人之议以为议，即王制‘众共众弃’之意”⑥。国家大政公议于臣民，议政之人与君主共同负责，办事效率极高。当然，汤寿潜

① 《危言》卷3，第22页，上海：光绪二十一年石印本(下同)。
② 《危言》卷4，第35页。
③ 《危言》卷3，第23页。
④ 《危言》卷3，第22页。
⑤ 《危言》卷1，第9页。
⑥ 《危言》卷1，第9页。

同其他早期维新思想家一样，把西方议院制度看成中国上古之遗意。这种认识根源在于：作为长期受传统儒家文化熏陶的知识分子，历史的抱负很难抛弃，崇祖法古是他们的文化心理之一。为了能移植西方议院制度，他们很自然地会将议院制度同中国古代政治信念结合起来，这有着一定的历史必然性。这正应验了马克思的一句话："新的历史创举通常遭到的命运就是被误认为是对旧的、甚至已经过时的社会生活形式的抄袭，只要它们稍微与这些形式有点相似。"①

汤寿潜设计的议院有中国特色，作为经世致用思想的身体力行者，又以经济见长的汤寿潜虽然知道西方议院是根除封建君尊臣卑、上下隔阂封建弊病的良法美制，但他也深知中国官冗财绌的现状，如果另选议员，"亟切未易行也"②。所以，为了设置能行议院功能又能符合中国国情的议院，汤寿潜主张"莫如采西法而变通之"③。他组织议院的具体办法是："自王公至各衙门堂官、翰林院四品以上者，均隶上议院，而以军机处主之(军机处非行走者不得至，可以内阁为之)。堂官以下各员，无问正途、任子、訾郎，及翰林院四品以下者，均隶下议院，而以都察院主之。"④

这样，上、下议院就很容易设立了，那么上、下议院的体制如何运行呢？议员如何行使议政的权力呢？汤寿潜论述议院的体制："每有大利之当兴，大害之当替，大制度之当沿革，先期请明谕；得与议者，殚思竭虑，斟酌今古，疏其利害之所以然，届期分集内阁及都察院，互陈所见，由宰相核其同异之多寡，上之天子，请如所议行。在外省，府州县事有应议者，自巨绅至举贡生监，与著有能名之农工商，皆令与议，而折其衷。虽此时与议人员，其闻见仍未离乎守旧，众人咻之，或虑乱政。然宽于采纳，精于别择，仍在君、相损益。"⑤

这里我们可以看到，首先，汤寿潜设计的议院可分为两个层次：一个层次是中央的上、下议院，一个层次是地方议会。其次，从运行机制而言，其民主性是不言而喻的。再次，从权力的指向而言，都是指向政府的。上下议院类似西方的内阁制，宰相的权力很大，但君主权力也很大，这说明他向往的是一种君民共主的状态。地方议会中绅士应类似上议院议员的职责，农工商则类似下议院议员的地位，负责仲裁折中的应当是地方政府官员。汤寿潜虽然主张以捷径设置上下议

① 《马列著作选读(科学社会主义)》，北京：人民出版社，1988年，第117页。

② 《危言》卷1，第9页，上海：光绪二十一年石印本(下同)。

③ 《危言》卷1，第9页。

④ 《危言》卷1，第9页。

⑤ 《危言》卷1，第9页。

院和地方议会，但他也知道“与议人员，其闻见仍未离乎守旧”①，这样的议院和以官员资格充当议员是不得已而为之的办法。为此，他提出了中国议院能像西方议院那样发挥作用的根本在于新式人才的培养：

“学校亟兴新学，以植人材，是尤议院之原本耳。”②

汤寿潜相信，如果上、下议院和地方议会能很好运行的话，中国的传统政治将得到很好的改良，君主专制下的效率低下和贪赃枉法等弊端将被根除。他指出议院所带来的效能是：

“上下分则不党，询谋同则不私，于是忌讳之窠臼不攻而自破，吏胥之舞弄不杜而自祛，始可言振作，始可望挽回，我国家转弱为强之机，其权舆于是欤。”③

为了能更好地认识和评价汤寿潜的议院观，有必要把他的主张同其他早期维新思想家的议院主张作一对照。

表1　早期维新思想家议院观一览表

姓名	在中国设立议院的具体方案	来源
何启 胡礼垣	“县设六十议员，是谓县议员；府设六十议员，是谓府议员；省设六十议员，是谓省议员。县议员于秀才中选择其人，公举者平民主之；……府议员于举人中选择其人，公举者秀才主之；……省议员于进士中选择其人，公举者举人主之；……公举之议员，以几年为期，随时酌定，遇有缺出，则以公举法择人补之。公举法凡男子二十岁以上，除喑、哑、盲、聋以及残疾者外，其人能读书明理者，则予以公举之权，向县署所标秀才诸名，取其平日最心悦诚服者，书其名以献于有司，有司将多人书名者取之，以为县议员也。秀才之举举人以为府议员，举人之举进士以为省议员，法皆如之。”	郑大华点校：《新政真诠——何启 胡礼垣集》，辽宁人民出版社1994年版，第115页。
陈炽	“各府、州、县，则仿外洋议院之制，由百姓公举乡官，每乡二人，一正一副，其年必足三十岁，其产必及一千金，然后出示晓谕，置匦通衢，期以三月，择保人多者用之，优给俸薪，宽置公所，置贤者一人为之首。开会、散会，具有定期，每任二年，期满再举。”	《陈炽集》，中华书局1997年版，第17页。

① 汤寿潜：《议院》，《汤寿潜史料专辑》，第224页。

② 《危言》卷1，第9页，上海：光绪二十一年石印本(下同)。

③ 《危言》卷1，第9页。

续表

姓名	在中国设立议院的具体方案	来源
陈　虬	“另各省札饬州县，一例创设议院，可即就所有书院或寺观归并改设，大榜其座。国家地方遇有兴革事宜，任官依事出题，限五日议缴，但陈利害，不取文理……择优议行。”	《经世博议》卷一，第4页；《救时要议》，《治平通议》卷5，第11页。
宋　恕	“每县置议院一区，略筹公费存院应用。令本县举户公举议绅、议生先摘出游惰、无正业之户，其安分有正业之户名为举户，得举议绅生。……有职衔者称议绅，无职衔者、举贡生员皆称议生。……县中一切事件，或先由知县诏谕集议，或先由议绅召禀知县。议绅生有所争于知县，不听，许通照，通廪大宪。”	《宋恕集》上册，第21页。
宋育仁	“计惟有令翰、詹自相推举，选于其众，始令入院议事。……其诸寺京堂各部司员，有明经术、达治理、周知中外情形者，由朝士若干人推举以上，得入院同议。”	宋育仁：《时务论》。

在具体移植西方议会制度上，从表1可以看出早期维新派虽然对西方议院制度理解大致相同，但是，在中国具体设计的变通模式上则有差别。何启与胡礼垣是把西方的议院制同中国的科举制度相结合；陈炽主张把中国传统的“乡举里选”相变通，以符合议院制度之精神；陈虬主张把西方议院制同中国的幕僚制相混杂；宋恕把议院制同旧官僚制、科举制相混杂；宋育仁则把议院制和旧官制的清议制度相联系。但他们的目的大致相同，就是希望能引进这种使西方富且强的良法美制，变革中国的专制制度，挽救世变，希冀能在较短的时间内奋发图强，与西方列强并驾齐驱。

那么，如何看待汤寿潜所设计的议院的历史价值呢？学术界有一种观点认为其完全是封建机构的附庸，丝毫不会有损于封建专制统治。有的论者甚至认为汤寿潜对西方民主政治完全误读了，“他所理解的君主立宪制成为一个巩固旧有秩序的东西，用新瓶来装旧酒，产生了阻碍民主思想传入的负面作用”①。这种观点是值得商榷的。诚然，汤寿潜设计的议院中的议员来自官员，他们的参政权利也极其有限，但其历史意义并不能因此而被低估。陈旭麓先生认为：“议院在中

① 冯天瑜、谢贵安：《解构专制——明末清初“新民本”思想研究》，武汉：湖北人民出版社，2003年，第318页。

国作为一种政治主张提出，是认识西学、学习西方的突破点……它的实行必然是对君权的限制和削弱，并会改造以'君臣之义'为纲纪的'中体'。"[①]可以说，到中法战争以后，在经历了日益深重的民族危机和对西方了解得越来越多后，汤寿潜等早期维新思想家在经过了一段观察和思索后，不仅赞赏西方政教而且转向具体的制度设计，这是晚清变法论从专制主义转向民主主义的一个重要趋向。作为怀有拯时救世远大理想的思想家和脚踏实地、革故鼎新的实干家，汤寿潜认定了学习西方是中国奋起自强的药方，他对西方民主政治的解读、移植受到中国近代特定的历史条件和传统文化的影响，他又必然用自己的知识去理解西方，去建构适合中国特色的新政治，即使这种建构带有很重的复古味，也还是有着重要的历史意义。

在某种意义上，汤寿潜设计的这种"不中不西""即中即西"的政治模式是西方民主政治在近代中国的一种走向。"一种外来文化若不能找到与本土文化融合的契合点，那么这种外来文化是没有生命力的。"[②]也就是说，他设计的议院是西方民主政治在中国移植过程中的一个范例，是西方政治文化与中国政治文化相调适的产物。其所议所论作为在中国传统政治文化中移植异质文化的一种吁求，在建构中国近代宪政文化的过程中自有其价值。如果把戊戌维新看作是中国宪政文化的开启，那么汤寿潜、王韬、郑观应等早期维新思想家的思想则为中国近代宪政文化的开启积蓄了力量，是中国宪政文化破启锢闭的最初开端。

为了更好地明了汤寿潜设计的议院"内中外西"的特点，以及他为什么提出此"中国式议院"的原因，有必要知道他此时的思想走向。作为受传统文化熏陶的士大夫，汤寿潜有着极强的文化优越感，但面对西学的强势东来，汤寿潜深陷入一种"混乱的逻辑迷宫"[③]，他认识到东西方的"互市之局"已成天下大势，知道"清议不足拒坚船，公愤不足抗利炮"[④]，学习西方完全是必要的。但从民族主义的情感出发，他对少数人表现出的民族虚无主义，唯西方是崇的态度又十分不满，"昔以西学为集矢之的，今则以西学为炫奇之媒；昔以西学为徒隶之事，今则以西学为仕宦之挚矣"[⑤]。他指出中国的传统文化和西学都如医治疾病的药方，不

① 陈旭麓：《近代中国社会的新陈代谢》，上海：上海人民出版社，1992年，第118页。

② 王人博：《中国近代的宪政思潮》，北京：法律出版社，2003年，第46页。

③ 丁伟志、陈崧：《中西体用之间》，北京：中国社会科学出版社，1995年，第151页。

④ 汪林茂：《中国近代思想家文库·汤寿潜卷》，北京：中国人民大学出版社，2015年，第11页。

⑤ 《危言》卷1，第10页，上海：光绪二十一年石印本(下同)。

管是中医药方还是西医药方，能治好病就是好药方，“唯其意不唯其方”[①]。因此，他既反对西学不可学的妄自尊大、深闭固拒的态度，也反对事事推崇西方妄自菲薄的悲观态度，“输攻墨守，两俱失之”[②]。汤寿潜希望从客观态度出发，寻求一种融合、会通中西文化的方式，解决中国的时弊。这种态度当然正确，但汤寿潜并没有找到一个平衡点，反而从尊崇本民族传统文化情愫出发，偏执地认可“西学中源”说：

“西学无不以算学为隐栝，西学之三角与中算之勾股，理有偏全，无同异也。《周髀经》曰：‘园出于方。’又曰：‘方数为典。’以方出园，言园之不可御而驭之以方，西人三角八线之法，实胚胎于此。若借根即中法之立天元，西人目之为东来法。可见所有西法，罔不衍我绪余，因我规万，而于借根方隐隐自输供状矣。……余若天学、物学、化学、气学、光学、电学、重学、矿学、兵学、法学、水学、声学、医学、文字、制造等学，皆见我中国载籍，近人张自牧《瀛海论》中篇历引各书以证，尔见缕无遗。大氐西人政教，泰半本之《周官》；西人艺术，泰半本之诸子。试取《管》《墨》《关》《列》《淮南》等书，以类求之，根原具在。”[③]

据此汤寿潜得出一个结论：“然则谓我中国今不如古则有之，而妄谓中不如西，可乎？”[④]当然，汤寿潜认可“西学中源”说，并不像顽固派一样拒绝向西方学习，而是出于一种强烈的民族感情，借此鼓舞民族自信心，与之争胜，“今苟有一于此，西人必望尘而拜，必舍业而从，复何敢傲我以奇创，形我之玩钝哉！”[⑤]其认识虽有偏颇，但情有可原。所以，在这种心态下，基于这样一种认识，汤寿潜认为中国专守于“道”，西方致力于“器”，但“道”如果失去“器”也会造成积弊，西方“器”中也有“道”之理，学习西方之“器”，正可以卫中国之“道”，他这样论述道：

“盖中国所守者，形上之道；西人所专者，形下之器。中国自以为道，而渐失其所谓器；西人毕力于器，而有时暗合于道。彼既赓而续之，变而通之，神而明之，彼能因我之所创，我胡勿创彼之所因？非无创巨痛深之日，非无情见势绌之时，曾不意土地之大，人民之众，而相蒙相安，病遂至此。不自议振新，而唯

① 汪林茂：《中国近代思想家文库·汤寿潜卷》，北京：中国人民大学出版社，215年，第11页。

② 《危言》卷1，第10页。

③ 《危言》卷1，第10—11页。

④ 《危言》卷1，第10—11页。

⑤ 《危言》卷1，第11页。

以用夷为议；不自愤积弱，而唯以变夏为愤。朝章国计民生之重且大者，既惮于更张，而一艺一能，亦驰焉而不学，学焉而不底于精。如以西学为不必学，岂中学亦不必学乎？比而论之，如以西学为不屑学，岂中学亦不屑学乎？愿人善用其议，善发其愤，求形下之器，以卫形上之道。”①

汤寿潜并没有明确指出中道西器的区别，但仔细研读这段话，可以看出汤寿潜是认为中、西学各有道器的。在这里，他似乎已经把西学等同中学，学习西学就是学习中学。他认为正因为中国道器分离太久，才导致了中国创巨痛深的耻辱，如果不奋发自新学习西方，光依靠中学根本无法解决中国积贫积弱的弊病。

从汤寿潜对“西学中源”的认可和“中体西用”的论述中，我们可以大致了解此时汤寿潜思想的特点：在中学与西学的冲突中面对艰难的抉择，时势的逼迫使他具有全面学习西方的开放思想，民族的自尊和文化的优越感又让他的态度相对保守。同时，深受经世思潮影响，他又追求实效，不托空言。所以，作为西方舶来的民主政治的思想和体制，虽然以不可阻挡的态势进入中国，但作为一种不同于中国传统文化的异质文化，一旦与中国传统文化接触，就会经历被中国传统文化改造或改造中国传统文化的互动过程。因为任何一种文化的成长和发展都会形成自己的生态场，都具有顽强地排斥他种文化和改造他种文化的特性。汤寿潜深受传统文化的熏陶，是为传统文化传承的主体，心中有着本能的文化自觉意识，自然地会立足于本土的思想文化对西方民主思想加以改造，其所设计的议院主张具有“内中外西”的特点也就不足为奇了。汤寿潜等人对中国传统政治改造的方法是西方的，但观念却是中国传统的。这种奇特的矛盾混合体恰恰说明这是一个饱受凌辱的民族对西方又抵抗又学习的产物。

第二节　戊戌维新时期的汤寿潜

1894 年的甲午战争，清政府惨败，颜面尽失。在当时的国人看来，中国被英法等西方列强打败虽然也很难堪，但现在打败中国的却是一向被中国蔑视的“蕞尔小国”日本。战争的失败不仅使中国被迫割国土、赔巨款、丧利权，而且极大地刺激了列强侵略中国的野心，进一步加速了中国半殖民地化的进程。中国的民族危机愈益深重。当然，历史的发展是辩证的，豆剖瓜分的危险也给中国人民敲响了警钟，促进了民族觉醒。中国新兴的民族资产阶级作为一支独立的政治力

① 《危言》卷 1，第 11 页，上海：光绪二十一年石印本。

量开始登上历史舞台。康有为、梁启超为代表的维新派以炽热的爱国激情，办报纸，开学会，呼吁变法图强，主张建立君主立宪政体。1898年，康、梁等维新派依靠傀儡皇帝光绪帝掀起了戊戌变法运动，虽然变法昙花一现，但这次运动产生的思想解放作用有力地冲击了封建专制主义，动摇了封建统治的基础。

在维新变法运动期间，汤寿潜没有像康有为、梁启超那样叱咤风云，引领时代潮流，也不如汪康年、宋恕、陈炽等浙江名流积极踊跃。他不是历史的主角，但也没有游离于时代之外。他赞成变法维新，以谨慎的态度参与其中。笔者通过爬梳整理仅有的材料，解读汤寿潜维新运动期间的行为和思想，从中窥探他庚子以后宪政思想发展和宪政活动的历史必然。

一、在维新运动期间的实践活动

甲午战争的惨败也激发了汤寿潜的忧时匡世之念。这个时期，汤寿潜和其他维新人士一样，认为惨败于日本是奇耻大辱，救亡的唯一出路在于变法维新。他的维新活动主要有以下几个方面。

（一）积极投身于办学活动，讲新学启民智

早在1890年的《危言》中，汤寿潜就认识到培养人才的重要性，提出了“贫于财之非贫，而贫于才之谓贫，……人知中国之财所由贫，而不知中国之财之贫，枢纽于中国之才之贫也”的真知灼见。[①] 在1892年的会试中，他再次向统治者进言：“学校无真品，斯廊庙鲜真才，则世运之忧也。”[②]甲午战争的战败让他再次看到培植新式人才的重要性，呼吁“亟立新学以植人才”[③]，并断言国家的强弱与人才的多寡互为依存。

1894年春，汤寿潜辞去安徽青阳知县的职位，归乡办学，任金华丽正书院的山长(即院长)。丽正书院，位于金华城北，清康熙六十一年(1722年)由金华知府张坦让在滋兰书院旧址上修建，为金华府内最高学府。汤寿潜任山长伊始，就一改过去的陈腐学风，讲求实学，认为书院只有磨砺实学，才可以大智其民。为了寄托“兴学期望”，他总结数年执教课艺的经验，辑成《婺学治事文编》一书，让士子们研读。他还在书院大讲西律、公法、约章、地舆、制造、格物等西方学问。一时，丽正书院宣讲时务、新学蔚然成风，为金华培养了一批新式人才。如

① 《理财百策·书院》,《汤寿潜史料专辑》,第229页。
② 汤寿潜:《会试朱卷》,《汤寿潜史料专辑》,第428页。
③ 汤寿潜:《议院》,《汤寿潜史料专辑》,第224页。

金华地区的辛亥志士蒋乐山、张恭等人都受汤寿潜影响较深。[①]

（二）参加维新团体，参与新式报纸的创办

维新运动期间，资产阶级维新派认识到欲救亡图存，必须重视“合群”，即团体的力量，纷纷组织学会、新式学堂、报馆，倡论时事，宣传变法。据不完全统计，维新运动期间维新派在国内成立的学会有 103 个、学堂 183 所、报馆 62 个。[②] 其中影响较大的有强学会、保国会、南学会、时务学堂等。汤寿潜认识到学会的建立不仅能开风气，而且还能广人才。1895 年 11 月，康有为在上海成立强学会，张謇、汪康年、黄体芳、屠仁守、陈三立、黄遵宪等人“皆入是会”。此时，汤寿潜正在金华丽正书院任山长，经常往来于上海、杭州、金华之间，和张謇、屠仁守等人相从甚密。在他们的影响下，汤寿潜也加入上海强学会。章太炎曾以文学的笔调赞赏了汤寿潜等人慷慨与会、激扬时政的盛况：“康有为乘七次上书之烈，内资同龢之力，外藉之洞之援，设强学，保国诸会以号召天下。当是时，有郑孝胥、陈三立之徒，以诗歌目录闻于世；而汤寿潜善持论，为吏有声，世比之陈仲弓[③]。数子者，名为通达时事，并相和会。”[④]可以说，在当时有相当一部分具有新思想的鸿儒名流都被甲午战争的惨败所刺激，爱国赤心、民族情愫、社会责任、变法诉求在他们之间互相影响，互相唱和，让他们走到一起，共同挽救民族的危亡。

汤寿潜还一度参加了兴浙会和《经世报》的筹办活动。维新运动期间，成立各种地方学会已成风气。1897 年初，宋恕、章太炎、孙宝暄等浙江名流打算以表彰王守仁、黄宗羲、朱舜水等人，弘扬浙学为号召，成立学会，宣扬民族主义，反对封建主义。同时，新昌人童学琦和山阴人胡道南欲聘宋恕为《经世报》主笔。宋恕打算“此馆既开，拟一《浙学会章程》……将《章程》登报，立总会于此馆，渐立支会于各府县城，期于大昌梨洲之学德清之道，方能为浙人吐气”[⑤]，便答应

---

① 蒋乐山（1848—1925），金华人，秀才出身。生性喜交朋友，汤寿潜在金华时，与之结识，赞成变法维新。后又结交章炳麟、蔡元培、秋瑾等人，参加光复会。秋瑾曾赠诗蒋氏曰：“不惧仇人气焰高，频倾赤血救同胞。”张恭（1877—1912），金华人，为丽正书院学生，受汤寿潜维新思潮的影响，主张变革。后结交陶成章、秋瑾等资产阶级革命党人，成为金华华龙会的会堂领袖，参加了辛亥革命。

② 王铨忠、李立雄：《戊戌变法时期成立的学会、学堂、报馆分布图》，《历史教学》1982 年第 9 期，第 8 页。

③ 陈仲弓，本名陈实（104—187），字仲弓，东汉颍川许县，实少为县吏，勤奋好学，诵读不辍。后任官多处，为官清正廉明，后受党锢牵连。党禁解除后，朝廷多次征召，陈实辞而不就。

④ 章太炎：《箴新党论》，1906 年《民报》第 10 号。

⑤ 宋恕：《复章枚叔书》一，金柏东：《温州文物论集》，杭州：浙江人民出版社 2009 年，第 309—310 页。

做“权主笔”(临时主笔)。宋恕认为:“今赤县之民渐知耻矣!夫不耻者昏,徒耻者懦,耻莫若学,学莫若会,立学会莫若基报馆。”[①]也就是说宋恕打算以《经世报》馆为学会的总机关,以《经世报》为浙学会的机关报。宋恕为此制定了《经世报》栏目纲要,计有:皇言第一、政事第二、文史第三、新学第四、异闻第五、论说第六。童学琦、胡道南把宋恕的栏目纲要交给汤寿潜,征求汤寿潜的建议。汤寿潜认为宋恕的办报宗旨太重于学术,不能反映当前民生急需和经世之用,也影响报纸的销路,便把六纲改为十二纲,计有:皇言、庶政、学政、农政、工政、商政、兵政、交涉、中外近事、格致、通人著述、本馆论说。汤寿潜表示:“报愿与各新报翕效嘤鸣,自固气类,隐存《春秋》经世之责,无忘同舟共济之怀。”[②]我们从中可以发现,汤寿潜制定的《经世报》立旨带有强烈的经世致用精神,这与他平时“治世不托空言,一归实际”的主张是一致的。汤寿潜的修改,还引起宋恕的不满,他向章太炎诉说:“蛰、志皆浙东豪杰,然学派与弟稍殊,故立例之旨与弟未能尽合。”[③]虽然他承认汤寿潜的十二纲和他的六纲并没有完全背离,汤的润色也“诚益藻密”,但他不希望童学琦、胡道南用自己的名字发表汤寿潜润色的例言。最后,报馆直接采用了汤寿潜的例言。虽然由于种种原因,兴浙会并没有成立,但《经世报》存在了 4 个月的时间,共出版 16 册,对浙江维新思想的传播起了一定作用。

(三)刊刻书籍,传播维新思想

在维新运动期间,维新人士为了传播维新思想,刊刻了大量和西学有关的书籍,汤寿潜受湖北质学会之邀也参与了刊刻书籍的活动。质学会是湖北维新党人甘鹏云、王褒心、赵伯威 1897 年初在武昌成立的“意在劝学,务崇质实”[④]。其《章程》说:“世变日亟,乏人才则无以济变,非学无以成才,非讲无以成学。故主张分科学习,以开风气之先。拟分经学、史学、法律、方言、算学、图学、天文学、地学、农学、矿学、工学、商学、兵学、格致学等十四科,前六科为兼习之学,后八科为专门之学,习专门必兼六科,乃为有体有用。”[⑤]质学会拟广搜中外图书,储藏刊刻,传播新知识,以俾实用。汤寿潜因早年《危言》名震朝野,且

---

① 宋恕:《〈经世报〉叙》,《宋恕集》,北京:中华书局,1993 年,第 275 页。

② 《经世报例言》,《经世报》第 1 册。

③ 宋恕:《复章枚叔书》,《宋恕集》,北京:中华书局,1993 年,第 573 页。

④ 《武昌质学会章程》,何志平、尹恭成、张小梅:《中国科学技术团体》,上海:上海科学普及出版社,1990 年,第 46 页。

⑤ 《中国历史记事·杂谭逸事》,http://www.gg-art.com/history/hcontent_b.php?year=1897。

对工学、商学、矿学等西学多有留意，深得质学会同仁的钦慕，质学会聘请他编辑《质学丛书》，汤寿潜欣然同意。汤寿潜本着经世致用，探讨万国强弱之原的宗旨，经过几个月的努力，终于编辑成《质学丛书初集》，计有30种80卷，书目见表2。

表2　汤寿潜编辑的《质学丛书初集》一览表

书名	作者	作者国籍	备注
危言(4卷)	汤寿潜	中国	
新政策(1卷)	李提摩太(Richard. Timothy)	英国	
整顿中国条议(1卷)	福士达(Foster. Johm Watson)	美国	
佐治刍言(3卷)	傅兰雅(Fryer. J.)	英国	应祖锡笔译
肄业要览(1卷)	史本守	英国	颜永京译
德国学校论略(2卷)	花之安(Faber. Erhst)	德国	
西学书目表(4卷)	梁启超	中国	
天文歌略(1卷)	叶澜	中国	
地学歌略(1卷)	叶瀚，叶澜	中国	
西学略述(10卷)	艾约瑟(Edkins. Joseph)	英国	
格致古微(5卷)	王仁俊	中国	
采风记(5卷)	宋育仁	中国	
中俄界约斠注(1卷)	钱恂	中国	
中俄交界记(1卷)	王锡祺	中国	
德国合盟本末(1卷)	徐建寅译述	中国	
德国议院章程(1卷)	徐建寅译述	中国	
比利时国考察罪犯会纪略(1卷)	傅兰雅(Fryer. J)译撰		
农学新法(1卷)	贝德礼	英国	李提摩太译
蚕务说略(1卷)	康发达(Kleinwachter. F)	德国	
英国铸钱说略(1卷)	傅兰雅(Fryer. J)	英国	
生利分利之别论(2卷)	李提摩太(Richard. Timothy)	英国	
战法学(2卷)	石井忠利	日本	
长江炮台刍议(1卷)	姚锡光	中国	
借箸筹防论略(1卷)	来春石泰	德国	沈敦和译述

续表

书名	作者	作者国籍	备注
拟请中国严整武备说(1卷)	瑞乃尔(Schnell，Theodore H.)	德国	
列国陆军制(9卷)	欧泼登	美国	林乐之口译 瞿昂来笔述
德国水师事宜(1卷)	卞长胜		
海战指要(1卷)	?	?	金楷理口译 赵元益笔述
管炮法程(4卷)	瑞乃尔(Schnell，Theodore H.)		
法国海军职要(1卷)	马建忠述		

从表2可以看出，汤寿潜编辑刊印的图书以介绍各国政治、历史、地理、律例、兵制、科学和宣传维新变法理论的居多，适应了资产阶级维新派要求学习西方资本主义制度，实行政治改革的需要。在维新期间，这套丛书与梁启超编辑出版的《西政丛书》(1897年)以及张荫桓所编辑的《西学富强丛书》(1897年)并称，对传播西学、扩展新知、反对封建主义产生了重大的社会影响。如梁启超的《西学书目表》，梁启超搜罗、总结了洋务运动以来中国翻译的西学著作约300余种，编成此书，希望读者能"择其精要而读之，于世界蕃变之迹，国土迁异之原，可以粗有所闻矣"①。直到20世纪初，此书仍然是中国知识分子了解西方的重要媒介。此外，宋育仁的《采风记》、徐建寅的《德国议院章程》都是在考察了欧洲政治之后而作的，都主张中国实行议会制度。这也反映了汤寿潜的维新的政治倾向，就是在中国实行资本主义议会制度，"以挽世变，达富强之实效"。

二、《理财百策》中的维新思想

在维新运动期间，集中反映汤寿潜变法思想的书是《理财百策》，这是汤寿潜继《危言》后的又一力作，全书分上下两卷，约8万字，始作于1895年《马关条约》签订后，次年农历五月完成。此书主要从财政方面入手，谈开源节流问题，但内容涉及政治、经济、教育、军事乃至社会生活等问题。在书中，他以犀利激烈之词，对清朝官吏的腐败现象和清廷的各种弊政一一抨击，并提出改进之策。汤寿潜在《理财百策》中表述的思想，同资产阶级维新派变法的维新思想是一致

① 梁启超：《西学书目表序例》，《饮冰室合集·文集之一》，北京：中华书局，1989年，第123页。

的，就是指陈时弊，变革修省，奋起图强。

（一）抨击封建专制

晚清以降，清王朝吏治腐败日甚一日。在汤寿潜眼里，清王朝的腐败无处不在。首先汤寿潜指向官场官员的冗滥，他指出：清朝政府机构闲散重叠，无部不冗，无衙不冗，一翰林院，“国初，编检止数十人，今逾三百员矣，大半虚假回籍。其在院者，营差躁进，鸮集凤池，徒益濩落之叹，长浇兢之风”[①]，汤寿潜强调：多一冗员，不仅多一浪费俸禄之人，而且可能多一剥削民膏之人，所以必须裁汰冗员。当然，他也知道，裁汰冗员并不容易，“盖望冗员以议裁冗员，诚不免与狐谋皮”[②]。但是，“诚有志于富强，窃以为变法之至易至要者，必发轫于此”。[③] 所以，他主张从中央机构开始，厉行裁汰，军机处、六部、詹事府、国子监、内务府等衙门，都有待裁之人。外而督抚衙门、府州道县、河督、漕督、学政也应裁汰精简，“总之，裁一员即裁一蠹，裁一员之廉俸、公费，利国；裁一员之陋规、私费，利民”[④]。汤寿潜还指出，各衙门闲散坐视的幕僚、杂佐、书吏更是冗滥，他们大都以奔竞而来，以官场为之渊薮，“暗窃明攘，靡有餍时，均不知廉耻为何物也”[⑤]，蠹国祸民，危害甚巨，汤寿潜主张也一并裁汰，以省费用，靖人心。

汤寿潜对官场中以各种借口贪赃枉法的现象更是痛恨不已。如他对挂名冒领俸禄现象的批评：“天下款之至为无名者，其莫如挂名之干脩乎！干脩之耗于公者，如志局、书局、制造、洋务、招商、电报、督销、清嵯等局及书院之监院、海关之委员，皆朝贵、疆吏属托，其私人私销项下，有一局而岁耗数千金者。其干脩之耗于私者，如有关之道府，有漕之州县，皆疆吏、司道安顿其琐姻，平余所润，有一处而岁耗数千金者。身不任事，挂一空名。其无耻之大僚，甚或以子弟戚串列名。而实则自肥其私囊。”[⑥]汤寿潜的批评矛头更多的是对准了洋务运动所产生的一些新式机构。洋务运动本是洋务派为挽救王朝败亡的自救之举，但由于旧人办新政，封建官僚纷纷把它们作为敛财的渊薮，暗窃明攘，中饱私囊，使

① 汤寿潜：《理财百策·冗员》，《汤寿潜史料专辑》，第327—328页。

② 汤寿潜：《理财百策·冗员》，《汤寿潜史料专辑》，第326页。

③ 汤寿潜：《理财百策·冗员》，《汤寿潜史料专辑》，第328页。

④ 汤寿潜：《理财百策·冗员》，《汤寿潜史料专辑》，第327—328页。

⑤ 汤寿潜：《理财百策·佐杂》，《汤寿潜史料专辑》，第353页。

⑥ 汤寿潜：《理财百策·干脩》，《汤寿潜史料专辑》，第355—356页。

得新式机构也很快弊政丛生。汤寿潜对此痛心疾首："士大夫之无耻，竟至此极。"[①]他向朝廷呼吁，必须用重典，磨利斧而挥之，以儆此贪风。

（二）更科举、废寺观、开民智

维新运动时期，维新派思想家认识到，欲建设近代民族国家，必须有与此相适应的合格国民。但由于中国几千年的封建传统，中国民众的政治能力极不发达，民众既没有基本的政治权利，也没有独立的人格，难以承担挽救民族危亡和参与宪政建设的重任。所以，维新派开始认识到开启民智是实行民主政治的先决条件。诚如梁启超所说："言自强于今日，以开民智为第一义。"[②]而开民智最好的途径当然就是改革科举、兴学校。汤寿潜对此也有睿智的认识："东事粗已，凡有血气，咸思一刷此耻。而欲开民智，必建学堂；欲图本富，必兴工艺。"[③]"救时之弊在于育才，育才之端在合科举于学堂。"[④]但由于清政府"出款如毛""度支日绌"，以务实著称的汤寿潜，并没有夸夸其谈，而是从财政上寻求开源节流之道，使有限的财政能发挥最大作用。

新的时代呼唤新式人才，科举制度已经失去选拔人才的作用，他抨击道："科举果何益于人哉，国家不以实业诱导天下，长令士类营营于科举而槁饿黄馘……其功令似亦可以速变矣！"[⑤]他指出，每届科举将至，人百其谋，群员膻附，各种名目的费用如考费、府费、会试费、公车费、冠服、匾牌费、元卷、船票、学田、廪粮都成为官吏中饱的对象，还有无处不在的陋规，虽然每一项都不多，但积少成多，大量的国家钱财被浪费、贪污。汤寿潜痛心地说："（各种款项）乃吾民膏血之所聚，初非雨之自天、涌之于地也。"[⑥]商民把辛辛苦苦赚到的钱输入给国家，但不肖之官员和书吏"用之如泥沙""漠然无所慨"，不仅对时局毫无裨益，而且让商民心寒，失去对政府的支持。汤寿潜希望国家能以大局为重，"变革修省"，裁除不必要的开支，以节省钱财，收拾人心。

汤寿潜更改科举的主张虽然琐碎，但这正是汤寿潜的个人特点，他富有情感，对科举制度乃至封建专制不满，但他又充满务实的精神，希望循序渐进变革实现制度的更新和国家的富强。

---

① 汤寿潜：《理财百策・干脩》，《汤寿潜史料专辑》，第 356 页。

② 梁启超：《学校总论》，《饮冰室合集》（文集之一），北京：中华书局，1989 年，第 14 页。

③ 汤寿潜：《理财百策・寺观》，《汤寿潜史料专辑》，第 397 页。

④ 汤寿潜：《理财百策・供给》，《汤寿潜史料专辑》，第 347 页。

⑤ 汤寿潜：《县学生业师仰山先生传》，《汤寿潜史料专辑》，第 470 页

⑥ 汤寿潜：《理财百策・元卷船票》，《汤寿潜史料专辑》，第 350 页。

为了能弥补新式学堂经费的不足，同时破除封建迷信，汤寿潜还较早提出庙产兴学的主张。1896年，汤寿潜就指出：中国佛、道寺观遍地，纳污藏垢，无益民生。他说："自都门以至省、府、州县、乡屯、市集，但有人烟之所，浮屠、老子之宫，即麻列焉。其有列入祀典之祠宇，亦莫不以僧道为庙祝。复有女僧出入闺闼，往来无检，与僧、道同恶相济。不特游民坐食，为农工商之蠹贼，败俗伤风，莫此甚矣。"[①]汤寿潜指出，他对佛、道之盛危害社会已经观察了很久，"闲尝一留心于吾浙僧、道之盛，而不能不有恶于若辈，不能不虑及于天下矣"[②]。汤寿潜认为出家的僧、道不仅不耕不织，而且丧失人伦，庙产兴学可以让他们重新做人。更重要的是，兴学以后会让人才兴盛，可致中国富强。

汤寿潜知道，改庙产兴学校会遭遇不少阻力，有人危言耸听地告诉他，如果骤然庙产兴学，会引起僧众道徒铤而走险，引发社会骚乱。汤寿潜指出，危险当然存在，但只要治之有术，就会变害为良。汤寿潜强调，国事如此，如果忌讳太多，缩手缩脚，风气不能开，变法自强也就无从谈起。他强调："如再忌而不为之，所是直视国势之贫弱、民生之疾苦，反不如僧道为可悯矣！……目前不渐画去去之之策，未几别有仇视异教者，欲锄僧道而去之，并不为之筹其善后而曲为处置，则僧道之被祸不堪言。"[③]可以看出，汤寿潜的庙产兴学思想并不是出自对佛、道徒的憎恶，也不存在对宗教的偏见，而是从救亡民族、开启民智出发，他给出的办法既务实又充满了人道主义的精神，也是他民主思想的一种体现。

汤寿潜还以西方国家抑制宗教致富强的实例来说明中国庙产兴学的益处，"印度，佛所出也，英踞而灭之，则盛甲五洲矣！日本，僧所雄也，明治维新约而束之，则霸于东方矣！意大利教王所都也，迨撒地尼亚国王入缵意统，教中田产悉拨为义塾经费，而牧师之权替也！"[④]虽然汤寿潜对这些历史的认识有一定的误读，但西方列强的富强以及中国的贫弱激起了他的爱国心，他希望通过庙产兴学，民智大开，国家因此而富强，"今诚能行尽二十二行省所有之寺观庵院摧陷而廓请之，此固中原四万万人之幸也，此固富强之所起点也"[⑤]。汤寿潜的庙产兴学的主张和整个维新期间开民智的主张是一致的，充满了强烈的爱国情感和反封建的民主精神。

---

① 汤寿潜：《理财百策·寺观》，《汤寿潜史料专辑》，第397页。
② 汤寿潜：《理财百策·寺税》，《汤寿潜史料专辑》，第399页。
③ 汤寿潜：《理财百策·寺观》，《汤寿潜史料专辑》，第399页。
④ 汤寿潜：《理财百策·寺观》，《汤寿潜史料专辑》，第398页。
⑤ 汤寿潜：《理财百策·香税》，《汤寿潜史料专辑》，第402页。

（三）对“国家主权”的认识

在《理财百策》中汤寿潜还表现出了鲜明的近代国家意识和民族观念，这些意识和观念不仅是近代民主意识的组成部分，而且是民主权利的依托。

在中国封建专制时代，受“大一统”思想和“华夏中心”论的影响，中国盛行家天下的观念，根本没有现代国家的观念，专制帝王口中的“朕即天下”就是最好的注解。但近代西力东渐所带来的冲击使知识分子的华夷观念被打破，内忧外患的危机使得知识分子的民族意识觉醒和国家观念形成。“现代社会的历史意识无可争辩地为民族国家所支配”[①]。也就是说，国家主权的兴起是自由、民主和平等思想在民众中被接受和普及的先决条件。更进一步说，民族意识和国家主权意识的觉醒本身就是一种宪政思想，因此，有必要谈谈这个时期汤寿潜的国家主权思想。

1890 年汤寿潜发表的《危言》就表达了较为现代的民族意识和国家主权思想。如他在论及列强“利益均沾”的特权时指出：“中国之所以被各国要挟者，病在约中‘利益均沾’一语，遂至连鸡瘈狗，牵率偕来。谁生厉阶，至今为梗？中国之利益各国共占之，久占之，而独不令中国共占之乎？而反不令中国自占之乎？”[②]完全是从中国自身利益出发的现代国家观念。再有，他批评中国传统士大夫以各种借口阻挠中国开采矿务致强求富说：“如再因循，必将废日用，停制造，及铁路、轮船、纺织诸大政概予罢去而后可，否则势不得不购自外洋。弃自有之利权，而与外人以垄断，为是说者特夷人之媒媒，而中国之蟊贼耳！……中国拥其利而不善自谋，外人已虎视眈眈，其欲■■（此处原文字迹无法辨认，用‘■’表示），况距各国换约年期不远，恐将借端要求；要求不遂，恫喝随之，隐患不堪设想！投骨于地，群犬龂龂，慢藏诲盗，势有固然。讯即明定章程，自发其覆，以杜窥伺，以免龃龉，以收利权，何为不开？其事简便而宜行，其利挹注而无尽，故不惮上下纵横，直抉其症结之所在，冀裨国是于万一。诚采刍荛而行之，开一分则保一分之富，开十分则保十分之富，日增月盛，国用既饶，转资邻敌，将逐年所溢出于外洋者，未始不可逐年收回，富云乎哉！”[③]在文章中，汤寿潜使用了“中国”“各国”“国是”“国用”“利权”等名词，表达了国家主权不可侵犯的观念。主权意识的觉醒必然伴随国民意识的觉醒，有了近代国家观念，近代的公民便有了

---

① 杜赞奇：《从民族国家拯救历史》，北京：社会科学文献出版社，2003 年，第 1 页。

② 《危言》卷 2，第 14 页，上海：光绪二十一年石印本。

③ 《危言》卷 2，第 11 页，上海：光绪二十一年石印本。

凭证。

甲午战争丧权辱国的切肤之痛强化了汤寿潜的国家观念和民族意识。他指出，在普法战争中，法国也战败，割地赔款，但法国人民上下一心，“举国瞋目攘臂”①，人人毁家纾难，不及三年便偿清赔款，渡过难关，重回大国的行列。相比之下，面对国家的危亡，中国臣民依然自私其宗，自殖其家，于国家无丝毫之裨补，坐视国家危亡而不顾。他指出，如果国家灭亡之后，“恐茵席丰厚之子若孙，且不卜为谁氏之奴、之隶、之囚、之虏、之鱼、之肉……”②。没有了国家，其他就无从谈起。所以，汤寿潜向社会呼吁：“呜呼，有国而后有家，国之不存，家将焉附，明知满汉大小臣工深闭固拒，不拔一毛，恃我皇上宽仁，必不致以待和珅者待之；特虑闯李脑箍之祸，殷鉴不远，届时而各输金缯，觳觫求赊一死而不可必，岂不晚哉，岂不哀哉！”③他在论述进口税时也说：“天下凡自主之国，其税则随时轻重，才有自主权利，非外人所得问也。我自江宁定约，率以税则载入和约。于是，洋货税则，西人得持枋而摇我矣。”④他在对国家财政预算的认识中也说：“今东西国岁底预算来岁之用款，表示其民，可为知要矣。彼朝廷有私产无私藏也，因公则明取之民，以给用，惟其公也。故下信上。我则朝有恩意而未由下逮，民由疾痛而无阶上闻，中间为狼虎蝗蠹所枝格。此辈食弊自肥，各私其私，私生欺，欺生蔽矣。官制因乎政体，或未易旦夕改，并会计录、度支表之具文，亦复阙如。群吮众吸，始病民，继病国，终且狼虎蝗蠹，亦不知为谁氏之鱼肉而同归于病，岂能不为之大哀乎！殷忧启圣，变法自强，取所不讳也，用所不惜也。当自取所用，令民共耳共目。始此百策者，行一策可以支，行数策可以富。一俟民智大开，不必加赋，即加赋亦令行如流水矣。”⑤

我们可以看出，汤寿潜虽然并不是直接从理论出发来论述对国家的理解，但他在具体问题的论述中，已经对国家要素的构成如主权、人民等因素有了较为清晰的理解，这些言论包含了对封建专制的批判、捍卫国家主权不受侵犯，以及国家主权在民的思想。正是从主权意识发端，汤寿潜产生了强烈的爱国情感和变革社会制度的社会责任感，变革的目标当然是建立资产阶级的国家政体。因此，20

---

① 汤寿潜：《理财百策·报效》，《汤寿潜史料专辑》，第323页。
② 汤寿潜：《理财百策·报效》，《汤寿潜史料专辑》，第324页。
③ 汤寿潜：《理财百策·报效》，《汤寿潜史料专辑》，第324页。
④ 汤寿潜：《理财百策·进口》，《汤寿潜史料专辑》，第389页。
⑤ 汤寿潜：《理财百策·自序》，《汤寿潜史料专辑》，第321页。

世纪初，当变革成为朝野共识的时候，汤寿潜义无反顾地以建立资产阶级宪政政体为自己追求的政治目标。

总之，在维新变法运动期间，汤寿潜以谨慎的态度参与了其中，他思想的系统性，以及所产生的影响力同康有为、梁启超、严复、谭嗣同等人的维新主流思想相比，虽有一定的差距，但他并没有和同时代隔离，而是以务实的精神、任劳任怨的、稳健的姿态参与其中。从他对新知识的关注和汲取也能看出他的维新思想倾向。除了上述汤寿潜主编的质学会丛书初集外，汤寿潜还经常委托汪康年购买报纸和书籍。从他和汪康年的通信中，我们可以发现有这样的报刊书籍：报纸有《时务报》《经世报》《湘学报》《时务日报》等；书籍有《中国工商业考》《日本工业考》《日本学校章程》《中西权度合数考》、湖南节本《西史揽要》《蠡测卮言》《劝学篇》以及各种中外地图等。《湘学报》刊登中西学门径书七种，汤寿潜一下订购五十册。从中可以看出，这段时间汤寿潜对变法维新思想十分关注。

汤寿潜表现出来的维新变革倾向，稳健的变法态度，深得光绪皇帝和张之洞等人的欣赏。1898 年 1 月 27 日，清政府为选拔变法人才，下诏举行经济特科，诏令三品以上的京官和各省督抚、学政，举荐通晓时务的贤才，当时总共有 17 人举荐了 200 余名人才，其中汤寿潜被三人举荐。首先是湖广总督张之洞，张共举 18 人，除汤寿潜外，还有梁启超、杨锐、郑孝胥、邹代钧、华蘅芳、徐建寅、钱恂、易顺鼎等人。5 月，内阁学士张百熙举荐 17 人，有康有为、梁启超、汤寿潜、陈三立、唐才常、杨锐、宋育仁等人。仓场侍郎李端棻举荐 16 人，有汤寿潜、严修、熊希龄、唐才常、夏曾佑、徐勤、韩文举等人。[①] 三位荐主所推荐之人多数是当时维新变法的活跃人物，汤寿潜先后被三位朝中大臣举荐，说明了汤寿潜在当时颇有声望，引起了朝野的注意。光绪帝也打算重用汤寿潜，分别在 1898 年 5 月、7 月两次电诏汤寿潜进京，由于汤母生病而未成行。

诚然，在维新期间，汤寿潜并没有直接地、明确地表明他对设议院、倡民权等维新思想的态度，但从《理财百策》中他表现出的近代的国家观念、民族意识，对封建专制的猛烈抨击，以及改革科举等表现来看，他对议院以及民权的貌似沉默的态度并不表示他放弃了这种政治诉求，更多的是一种政治策略的选择。这也说明汤寿潜在政治风险面前还是表现出了其软弱性。于是，他退而求其次，与张謇、郑孝胥、刘锦藻等人致力于实业和教育，以此慢慢改良中国，但他心中的宪

---

① 胡思敬：《戊戌履霜录》，《戊戌变法》(一)，上海：神光出版社，1953 年，第 391—393 页。

政情怀并没有泯灭，而是在等待时机，20 世纪初期，当清政府再也无法维持其统治，不得不改弦更张实行新政时，汤寿潜的宪政情怀再也不可遏制，积极投身到了立宪运动当中。

第三章

在宪政之途中的活动与思想

从1901年到1911年是清王朝统治的最后十年，也是近代中国发生巨大变迁的十年。在经历了义和团运动和八国联军侵华事件后，清政府面临着空前的社会危机和政治危机，为了能继续维持自己的统治，清政府不得不改弦更张，实行“新政”。以慈禧太后为代表的保守势力1898年曾扼杀了维新运动，但到了1901年，他们又不自觉地充当了历史的工具，继承并超越了康、梁的改良措施。此时，汤寿潜对清政府的新政抱有很大的期望，其政治态度比以前有了积极的变化。在晚清十年，他积极地联合张謇、郑孝胥等绅商名流，旗帜鲜明地揭橥变革主张，对新政施加影响，成了晚清著名的立宪派领袖之一，在近代中国宪政之途中留下了烙印。

第一节　宪政的独特思考：以《宪法古义》为中心

《宪法古义》是汤寿潜在1901年写的一本小册子，集中反映了汤寿潜在世纪之交的宪政思想。1993年萧山政协文史工作委员会编辑出版了《汤寿潜史料专辑》，收录了《宪法古义》序言和目录，但没有正文。编者认为《宪法古义》的正文已经佚失。学术界曾根据《宪法古义》序言和目录对汤寿潜的宪政思想进行过初步研究。但其中的不足不言而喻，因为单单根据序言和目录并不能全面、正确地反映汤寿潜的宪政思想。笔者几经周折，在国家图书馆古籍部发现了此书，全文虽然篇幅不长，但对正确地认识和评价世纪之交汤寿潜的宪政思想，以及梳理其一生宪政思想演进，归纳其宪政思想的特点颇有参考价值。

国家图书馆古籍部共藏有三个版本的《宪法古义》。一为通州翰墨林编译印书局版，一为上海点石斋版，第三个版本无出处，可能是书贾盗版以牟利，不便刊刻书局，但三个版本都是光绪三十一年(1905年)的石印本。全文共分为三卷，著者题为衔石生，写作时间是光绪二十七年(1901年)八月。著者显然是化名，但笔者经过考证，确定无疑是汤寿潜。

佐证此书作者是汤寿潜的史料有：1905年(光绪三十一年)7月，汤寿潜致信恩师、军机大臣瞿鸿禨，请求他在朝中运动亲贵，实行立宪。在信中，汤寿潜提道：“辛丑八月，两宫回銮。成有《宪法古义》三卷，无关宏旨，亦不能一无附会。姑备亲贵中或以宪法为异族之制，横生阻力，可执是间执其口。恐好议论人者，谓以是干进，故但以贡之丈席，而不欲署名姓于其末也。"[①]汤寿潜明确指出，在慈禧太后、光绪皇帝1901年从西安回北京之际，他就写成了《宪法古义》。当时清政府在政治上并没有立宪的愿望，但汤寿潜有先见之明，以他敏锐的政治观察力和爱国情感预测到清政府不得不实行宪政，写作此书主要是为王公大臣提供理论上的参考，以减少实行立宪的阻力。他承认写作中运用了附会的写法，而发现的文本中确实是充满附会写法的。汤寿潜还指出此书不具名的原因是不愿给人以口舌，生出非议，这很符合汤寿潜的个人性格。

1906年，汤寿潜再次给瞿鸿禨去信提道："以五千年相沿袭之政体，不待人民之请求，一跃而有立宪之希望，虽曰预备，亦极环球各国未有之美矣。一二不晓事者，爱中国不如爱私利，止或柅之，亦事势所必不能免。潜《宪法古义》，正为此曹设，惜流行尚未遍也。"[②]再有，1910年4月，汤寿潜到广东联络广东的绅、商、学各界，宣传其东南铁路计划之时，受广东谘议局的邀请，做请开国会演讲。在演讲中，汤寿潜指出："寿潜时文出身，足不及东西洋，所见时事皮毛，不过得之转译。触于激刺，二十年前，有议院之言；十余年前，有宪法古义之言，亦不幸而中。"[③]二十年前的议院之言就是汤寿潜在《危言》中提出的设议院之说，十年之前的宪法古义之言就是其写作了《宪法古义》，此时，离他写作此书正好十年的时间。

显而易见，《宪法古义》就是汤寿潜所著，衎石生就是汤寿潜的化名。那么，汤寿潜为什么要用此名呢？1909年(宣统元年)8月，汤寿潜在给浙江巡抚增韫的一封信中说过这样一句话："伏念潜言宪法于举国不言之日，今幸明诏预备，郡人公推得与其盛，奚敢诿避。"[④]虽然清政府同意新政变革，但旧人办新政，统治者不会轻易放弃自己的既得利益，变革会遇到重重阻力。而且，言立宪改革依然是噤若寒蝉，稍不谨慎，就可能因言获罪。但是汤寿潜已经清醒地认识到只有立宪才能救中国于危难，中国才能富强。其用化名一方面是不愿授人以柄，以为是他邀功升官的捷径。另一方面也有避祸的考虑。其实，汤寿潜写作此书是煞费苦心的，因为他知道保守的官员会借口宪法为"异族之制"，阻碍立宪政体在中国的

---

① 《汤寿潜致瞿尚书函》，《瞿鸿禨朋僚书牍》(钞本)，转引自中国人民大学清史研究所编：《清史研究》第7辑，北京：光明日报出版社，1990年，第341页。

② 《汤寿潜致瞿鸿禨》，《近代史资料》总109号，北京：中国社会科学文献出版社，2004年，第56页。

③ 《汤蛰仙学使游历粤省演说词》，《时报》，1910年4月25日。

④ 《复浙抚院增》，中国第一历史档案馆藏：《汤寿潜资料全宗》，胶片5—5—6。

实行。为了能使王公大臣不谈宪法色变，他苦心收罗，“胪举东、西国宪法所许之权利，一一证以中国古书，凡为卷三，使中国人民知宪法为沉渊之珠，远游之子，循而求之，固所自有，未始非考求宪法之一助”[①]，指出中国古代许多制度也暗合西方宪法之义，实行立宪并非违背中国文化，依此减少立宪的阻力。

中国古神话中有精卫衔石填海的故事，汤寿潜以“衔石生”为化名，可以看出他对宪政政治的一种深切情怀：在中国实行宪政是一项艰难的事业，甚至可能失败，但只要有衔石以填沧海的精神，就没有不可能的事情，显示了汤寿潜立志在中国实行宪政的决心和牺牲精神。

笔者通过仔细研读此书，对书中汤寿潜表达的宪政思想进行了归纳、总结，其主要内容如下。

一、对“宪法”的考释

宪法是宪政的核心内容，一般而言，有了宪法才有宪政。据考，中国最早使用近代意义上“宪法”一词的是清末的思想家王韬。1871 年王韬撰写《法国志略》，其中有言：“1791 年 9 月 14 日民会(即议会)逼王颁布其所议定之新法，主张民权，百折千挫，不少屈挠，逐立一定宪法布行国中。”[②]其后，郑观应在《盛世危言》一书中，也使用了近代意义的“宪法”。他说：“宪法乃国家之基础”“宪法不行专制严”“宪法不行政难变”。[③] 戊戌维新期间，虽然不少维新思想家也认识到宪法的重要性，但由于顽固势力的强大，维新派并没有明确地提出立宪的政治诉求，只有康有为提出了开制度局等微弱的政治要求。维新政变后，维新党人亡命海外，梁启超等人先后创办《清议报》《新民丛报》，把批判的矛头对准清政府和专制封建文化。于是，颁布宪法，召集国会，渐成社会的热烈呼声。求变革的中国人渴望对宪法有正确的理解，维新党人对此贡献颇大。1899 年，梁启超发表《各国宪法异同论》指出：宪法为“国家一切法律根本之大典”“近日政治家之通称，惟有议院之国所定之国典乃称为宪法”。[④] 梁氏不愧为近代思想大家，他对宪法的

---

① 汤寿潜：《〈宪法古义〉叙》，《汤寿潜史料专辑》，第 466 页。

② 王韬：《法国志略》，转引自罗豪才等：《资本主义国家的宪法和政治制度》，北京：北京大学出版社，1983 年，第 2 页。

③ 吴爱萍：《从康梁到孙中山——晚清民初宪政理念与实践研究》，天津：天津人民出版社，第 52 页。

④ 梁启超：《各国宪法异同论》，范忠信选编：《梁启超法学文集》，北京：中国政法大学出版社，2004 年，第 1 页。

精辟而独到的理解促进了中国宪政思想的传播和宪政实践的发展。

受海内外立宪思潮的影响，清政府内部一部分开明官员也认识到立宪可以挽救清政府的危亡，劝说清政府顺从时势，颁行宪法，实行立宪。1901 年 6 月，出使日本国大臣李盛铎向清政府条陈变法折，主张中国应借鉴日本富强的经验，同时参考各国宪法，进行立宪，以致富强。汤寿潜的同乡，后在宪政运动与浙江保路运动中与汤寿潜共同合作的翰林院侍读学士朱福诜在 1902 年夏也向朝廷建言："处今日而欲挽回世运，收拾人心，固非立宪不可。"[①]认为只有颁行宪法，"以移天下之耳目"，才能消弭革命党的反叛之心。[②] 政府官府对立宪和宪法的认识虽然不无道理，但受阶级地位和身份的限制，他们希望的是皇权主导的宪法和立宪，从根本上说是为了消弭革命，维护清政府的统治。

就汤寿潜而言，他对清政府的新政抱有很大的期望，希望中国能厉行改革，实行宪政。这一时间，汤寿潜在思想上同维新党人有很多共鸣，但维新党人亡命海外，被视为乱臣贼子，受到清政府的缉拿，汤寿潜对他们还抱有一定的警觉之心，同他们有一定的隔膜。在行动上，汤寿潜更多接触的是开明的洋务官员，希望借助他们的力量来推进新政的改革，汤寿潜参与前期新政的纲领性文件《江楚变法三折》的草拟工作就是明显的例证。[③] 在清政府举行新政的鼓舞下，在海内外维新党人、革命党人以及开明官僚鼓吹立宪的影响下，1901 年 9 月，汤寿潜著成《宪法古义》，发表他对宪法的理解和对立宪的认识。

（一）对宪法的解读

汤寿潜早年曾编辑出版过《三通考辑要》，对中国典章制度很熟悉。同时，他对西方的政治制度也留心观察，通过多年的观察、思考，20 世纪初汤寿潜对近

---

① 《摘录海盐朱学使福诜壬寅夏进呈札记》，《时报》，1906 年 2 月 26 日。

② 《摘录海盐朱学使福诜壬寅夏进呈札记》，《时报》，1906 年 2 月 26 日。

③ 清政府举行新政的谕令颁布后，两江总督刘坤一与湖广总督张之洞达成协议，各请贤达草拟一稿，再互相参照商议。刘坤一请的是汤寿潜、张謇、沈曾植；张之洞请的是郑孝胥、梁鼎芬、黄绍箕等人。刘坤一这边，汤寿潜、张謇、沈曾植曾各拟一稿，由刘坤一交与张之洞。张謇所拟后修改为《变法平议》，汤寿潜的草稿笔者没发现，但张之洞等人必定参考。刘坤一在给张之洞的电文中曾对各个稿件做过评价："鄙见张、汤稿宏深博大，意在一劳永逸。惟积习太深，一时恐难办到。沈稿斟酌损益，补偏救弊，较为切要，其中只科举学堂分途考试、不废八股尚须酌改耳。似可用沈稿为底本，再得我公斧正润色，必卓然可观。公前拟九条，皆救时良策，有沈稿所未及者，仍拟添人。江、鄂联衔人奏，最为得体。"（《刘制台来电》，《张之洞全集》第 10 册，第 8562 页。）刘坤一一向以稳健著称，结合张謇的《变法平议》中提出的设立议院主张看，汤寿潜也必定提出过类似主张，所以刘坤一认为张、汤二人的拟文稍嫌"激进"，但可以反映出汤寿潜此时的思想倾向。（有关内容可参考李细珠《张之洞与〈江楚会奏变法三折〉》，《历史研究》2002 年第 2 期。）

代意义上的宪法已经相当熟悉，并以此为参照，以中国历史的视角来解读宪法的内涵，虽有附会之嫌，但从另一方面也可以看出汤寿潜对宪法的理解和认识。

汤寿潜认识到宪法应当限制君主的权力，是民意的反映。他引经据典："《尚书·说命》，言'时宪'，言'成宪'，传：宪，法也。此为中国古籍言'宪'之始乎？然于立宪无与。《周官》经为中国公布法律之始，虽宪政条理书缺有间，综其全体观之，主于限君财而达民隐，朝士杜注：宪，谓幡书以明之。则固宪政之句萌也。"[①]透过附会的背后，我们可以看出，汤寿潜认为宪法是成文法，立宪就是用法律来治理国家，宪法是起到限制君权的作用，要能反映人民的疾苦。汤寿潜清楚地认识到立宪就是法治。法律是国家共同制定，人人都必须遵守法律。他批评抗拒立宪的满汉大臣根本不知宪法为何物，"非真知宪法者也"[②]。在文中，汤寿潜也指出虽然君主是立宪国家主权的象征，但绝非是封建专制制度下"朕即国家"的观念，人君可以掌握国家的权力，但君主不能凌驾国家之上，"而非以人君为国家之主体"[③]，"普天之下，莫非王土，率土之滨，莫非王臣"的君主专制的现象不符合立宪的精神。

在这里，汤寿潜提到一个人物——伯伦知理。从前后行文看，汤寿潜颇赞同伯伦知理的学说。伯伦知理（Bluntschili，J. K.），今译布伦奇里，瑞士著名学者，生于1808年，曾在德国取得法学博士学位和政治学博士学位，1833年任苏黎世大学教授，1837年进入政界，出任瑞士大理院委员。1847年退出政界后去德国讲学，曾出任德国大学法学最高讲座教授，1881年去世。伯伦知理一生著述颇丰，1874年，他出版了通俗读物《为有文化的公众而写的德国政治学》，该书其中一部分内容叙述了国家概念，国家的产生、发展与消亡过程，国家的基础，国家的目的，国家的基本形式等。该书还分析了国家主权（国民主权）和君主主权（政府主权）的关系。此书被译成日文，在日本影响颇大。梁启超流亡日本后，见到此书，深感伯伦知理的国家理论和国家有机体学说对国民的启蒙作用，便从1899年6月在《清议报》上连续刊登了理论。梁启超是中国介绍伯伦知理国家学说的第一人，《清议报》虽然在海外发行，国内被禁止，但还是以各种渠道传到国内。在1901年时，汤寿潜了解伯伦知理的国家学说应该是受到《清议报》的

---

① 汤寿潜：《〈宪法古义〉叙》，《汤寿潜史料专辑》，第465页。
② 汤寿潜：《〈宪法古义〉叙》，《汤寿潜史料专辑》，第465页。
③ 汤寿潜：《〈宪法古义〉叙》，《汤寿潜史料专辑》，第465页。

影响。后来他也承认："所见时事皮毛，不过得之转译。"[①]虽然我们不能获得更多的汤寿潜受伯伦知理学说影响的资料和信息，但我们从有限的信息可以看出汤寿潜把握住了伯伦知理国家学说的核心内容：国家是一个统一的有机体，君主和国民共同拥有，显而易见地折射出汤寿潜反专制、倡民权的宪政思想。

（二）中国封建之世，专制压倒了"立宪"

汤寿潜以中国视角来附会西方的民主宪政，认为中国先秦时期还是较为民主的，那时，中国的"民主"并不比西方差。但他承认，战国以后，中国专制渐成，压倒了立宪，中国人民便长期生活在君主专制之下。他说："其时(指战国后期)封建之法将敝，专制之势已成。诸老太息于君与民之间，若城堑然，思有以沟而通之，理想所寄，而不能发皇其说，以专树立宪之帜。其幪卒待西儒而开，斯亦吾民之不幸，而不得谓中国古代曾无一人知宪法，亦无一言及宪法者也。"[②]近代中国深重的国难和民族耻辱使得知识分子怀有强烈的忧患意识和自尊情节，他们承认西方的科学技术、政治制度乃至思想文化都是中国学习、模仿的对象，但悠久文化熏陶出的优越感和面临耻辱激发的民族自尊心又使他们不愿意承认自己文化的落后，包括汤寿潜在内的众多知识分子们都会从自己的传统文化资源中找与西方文化思想的契合点，从而附会西学。对此，后人应当以历史唯物主义的眼光来看待这种附会，给予同情的理解。

汤寿潜还指出了中国行专制，西方行法治带来的中外政治区别。他说：

"中国自三代以来，即有君尊臣卑之说，由是尊卑之分严，上下之等立。盖中国以礼为立国之本，故制礼以繁而尊；西人以利为立国之本，故立法以公而平。人君利法之不平也，悉挟其名分以临民，而天下之强者，遂变其权力为权利，天下之弱者，复变其顺从为义务，习而安之，变而加厉焉。君权之盛，遂一放不可复制，此民气所由不伸，宪法所由不立，不待外人之入犯，乱民摇足一动，而中国遂无数百年不斩之统，无数十年不乱之省。"[③]

中国是一个文明古国、礼仪之邦，讲究以礼立国，人的一切外在言行必须时时处处以礼为标准，"非礼勿视，非礼勿听，非礼勿言，非礼勿动"。这种道德伦理治国的理念固然有其合理的一面，但亦存在严重的弊端，它无法遏制人们特别是统治者的欲望。烦琐的礼仪只能束缚人民，而不能抑制统治者的为所欲为，往

① 《汤蛰仙学使游历粤省演说词》，《时报》，1910年4月25日。

② 汤寿潜：《〈宪法古义〉叙》，《汤寿潜史料专辑》，第465页。

③ 汤寿潜：《〈宪法古义〉叙》，《汤寿潜史料专辑》，第465页。

往成为统治者愚弄人民的空泛说教。汤寿潜对此的分析入木三分，指出了在这种治国理念下，掌握权力的统治者攫取了各种特权，“悉挟其名分以临民”[①]，人民只有被剥削服从统治的义务而少有权利。汤寿潜强调：正是在君主专制下，宪法不立，社会缺乏西方法治国家下的公平，民气不伸，致使君主越发变本加厉，民不聊生，导致中国历史上乱象不断。

汤寿潜还强调：由于中国长期处在封建专制制度之下，根本不知道专制政体之外还有其他政体，只是当“华夷辽隔之天下，浸淫而为中外互市之天下”[②]以后，中国士大夫才知道国外还有君主立宪政体和共和立宪政体。但由于立宪政体同中国专制政体决然不同，所以中国士大夫“视立宪若毒螯，谈则色变”[③]，阻碍了立宪在中国的实行。经历了戊戌变法思潮的启蒙之后，国民渐知立宪政体与专制政体的不同。经历了八国联军侵华的劫难后，朝野上下急迫寻求新的救亡之道，立宪成为一时之时髦。对于国内立宪思潮的涌动，一方面，汤寿潜由衷的高兴，实现立宪政体毕竟是他多年的政治追求。另一方面，又极为担忧。在他看来：“庚子乱后，救亡无术，立宪之说，腾于朝野，然只知宪法为东西所已行，不知宪法为中国所固有。……否则顽钝无顾忌，且假立宪之名，文饰其专制，以济其靡所底止之贪私，而吾民之害益深，中国之祸亦益亟矣。”[④]他清楚地知道，“夫西人绞无量数生灵之血，始得此数十条之宪法。日本行之而效矣！”[⑤]但在中国这样专制制度长久的国度里，推行立宪更非易事。反对的人不必说，以立宪之名而搞专制之实的投机政客更让人担忧，他深虑会出现橘生淮北而为枳的结果。但汤寿潜并没有因噎废食，他强调“中国急起直追，但求有真精神灌注期间，酌中外古今之宜而通之，遂为头等国不难”[⑥]。他希望那些“犹病立宪为异质而扰之者”[⑦]，能开化明理，寻找中西政治的相同之处，实行立宪，以期富强。

二、对三权分立的认识

三权分立学说是近代西方宪政制度的理论基石之一，它主要主张如果要使公

---

① 汤寿潜：《〈宪法古义〉叙》，《汤寿潜史料专辑》，第 466 页。
② 汤寿潜：《变法第五十》，《汤寿潜史料专辑》，第 313 页。
③ 汤寿潜：《〈宪法古义〉叙》，《汤寿潜史料专辑》，第 465 页。
④ 汤寿潜：《〈宪法古义〉叙》，《汤寿潜史料专辑》，第 465 页。
⑤ 汤寿潜：《〈宪法古义〉叙》，《汤寿潜史料专辑》，第 465 页。
⑥ 汤寿潜：《〈宪法古义〉叙》，《汤寿潜史料专辑》，第 465 页。
⑦ 汤寿潜：《〈宪法古义〉叙》，《汤寿潜史料专辑》，第 465 页。

民享有切实的政治自由，必须建立立法、行政、司法三种权力分立的政治体制。该学说对西方政体变革产生过深远的影响，其主要代表人物是法国启蒙思想家孟德斯鸠。

中国近代以来，随着西学东渐的深入，中国思想家对三权分立学说的认识也日益加深。马建忠、康有为、梁启超都做过相关的论述。到了20世纪初，三权分立学说已经被普遍地介绍到国内，先进的思想家和开明官僚已经开始认识到建立在三权分立基础上的宪政体制可以破除封建专制带来的种种积弊，有助于中国走上富强之路。也正是在这个时候，汤寿潜接触了三权分立学说，并对此表现出极大兴趣。他依据三权分立原则，根据对其的理解，附会中国历史典章制度和历史故事，希望中国人知道宪法为"沉渊之珠，汲而取之，固所自有，未始非考求宪法之一助"[①]，为在中国实行三权分立政治寻求理论的渊源和历史的依据，以减少行宪的阻力。

(一)行政权力

1. 君主权力

汤寿潜推崇的立宪政体是日本式的二元制立宪君主政体，认为国家主要的行政权力应掌握在君主手中。在他眼中，二元制立宪君主应有如下的权力和地位：

"一、君位承继，民主选举势不可行，男统女统争端生，不立储贰中律平。

二、神圣不可犯，犯者如犯其国。

三、无责任，无责之责是谓法律。

四、召集议会，且命开会、停会、闭会及解散之权，全国精神汇于议会，议会聚散命于君主，能守宪法，无权有权。

五、提议法案、裁可法案、公布法令之权，三法鼎峙，有利无弊，议纷此制，仍待君命。

六、宣战、讲和、结条约之权，外交变幻，贵乎独断，财政、商约，必关议院。

七、统帅海、陆军之权，大事惟戎，将兵将将，难不临阵，厥权无恙。

八、任官、免官之权，法官以外唯君主命。

九、爵赏之权，凡立宪国，名誉、元气，爵之赏之，光荣未艾。

① 汤寿潜：《〈宪法古义〉叙》，《汤寿潜史料专辑》，第465页。

十、恩赦之权，特赦、大赦，莫非君恩，权不碍法，赦而不滥。”①

汤寿潜接触的是典型的二元制君主立宪政体，当时的这种政体，国家虽然也制定了宪法，设立了议会，但君主仍享有极高的权威，是国家权力的中心，君主不仅掌控内阁，还控制着军队和外交，和封建时代的专制帝王的权力相比，权力并没有明显地削弱。日本通过明治维新，实现了国家的富强，而且以此侵略中国。日本的强国之路以及对中国侵略的行径刺激了中国人，日本的改革成了中国改革的榜样，日本确立的典型的二元制立宪政体也成为中国立宪的蓝本。而日本则是仿行了欧美宪法，进而富强，即西方的宪法成为日本富强的工具，“时势所趋，日本迎其机而利用之，蕞尔三岛，已见明效。中国为之，事半功倍，何独不为?”②1889 年日本颁布了《日本帝国宪法》，此宪法对中国近代宪政影响颇大。通过对《宪法古义》文本和《日本帝国宪法》文本的对比，汤寿潜依据的宪法文本和《日本帝国宪法》的精神是相同的，有些内容直接就是转译的《日本帝国宪法》的内容。虽然无法清晰地追溯汤寿潜依据的文本是何人所作，如何传入中国的，但从日本传入毋庸置疑。中国在甲午战争战败特别是维新失败后，东渡日本寻求救国之道的知识分子日益增多，大量的西方学说通过他们的译介传入国内。江浙地区是东渡日本的集中地区，活跃在上海绅商界的汤寿潜近水楼台先得月，他比较早地接触完整的宪政思想是情理之中的事情。在 1910 年 2 月汤寿潜上奏的《为推行立宪呈上奏稿》中，他自曝：“臣自愧谫劣，于各国文字无所习，无论欧美，即日本邻近，亦未一游。而自弱冠即好读，近人所译著，凡有关于东西各国之书，因而微窥其立国改政、用人理财之制度，又于中国三代以来之政治得失亦复粗涉，其藩篱今未敢遽核其实也。”③汤寿潜明确承认他的西学思想主要来自近人所译著的书籍。这一时期，中国西学书籍主要来自日本的转译。④ 揆诸史实，汤寿潜所依宪法文本应是《日本帝国宪法》。通过对宪法的解读和附会，汤寿潜对行政权的看法表现在如下几个方面。

第一，君位的继承与责任。

---

① 汪林茂：《中国近代思想家文库 汤寿潜卷》，北京：中国人民大学出版社，2015 年，第 99－102 页。

② 《代拟浙人国会请愿书》，《汤寿潜史料专辑》，第 489 页。

③ 《汤寿潜为推行立宪上呈奏稿》，中国第一历史档案馆藏：《汤寿潜资料全宗》，胶片 5—29—8。

④ 熊月之先生在研究了 20 世纪初西学东渐后指出，当时中国接受的西学更多的是从日本转译而来，可以说是“西学从东方涌来”。当时中国人翻译来自日本的西书虽然五花八门，但“法学、政治学方面，译作最多，成效最大”。(参阅熊月之：《西学东渐与晚清社会》，上海：上海人民出版社，1994 年，第 658 页。)

对于君主立宪制下的皇位继承，汤寿潜态度明确：西方的民主选举势不可行。言下之意，他希望中国的宪政改革在现有的政权下进行，反对共和立宪。他认为中国的君主继承之法与西方有很大不同，“西国承继，或以男统，或以女统。中国立君，皆系男统，偶有女主践位，亦皇后而非公主，与西人以王女继统者不同”，西国的继承之法并不比中国的高明，“西国泥于冢嫡则拘，代以女子则杂，移于疏远则争”。[①] 他认为中国君主的继承之法也并非一味的专制，还带有传贤的意味。他以康熙帝的做法为例，“圣祖仁皇帝鉴于理密亲王之不禄，隐寓传贤于传子，择皇子中之贤者，预书其名，以为承继之券，不传嫡长而传贤。圣人公天下之盛心，千古如见，岂不有以酌东、西国宪法之通哉！”[②]汤寿潜对君主继承制度的看法并不能说明他是维护封建专制制度的顽固派，也并非说明他赞赏支持这种继承之法。他还是站在立宪制度的立场下，在维持现有的政权下，引导清政府走上专制，而不是向革命派一样，想要打倒皇权。他指出：“今立宪国民，其于元首也，尊之，亲之，保护之。尧民之颂尧者曰：‘仁如天，智如神。’宪法定之曰神圣，其所以重视君身者亦以哉。”[③]他还认为，君主是国家的象征，“犯者如犯其国”，君主犯了错误，可以批评，但不能“侵犯其身体”。[④]

汤寿潜认为在君主立宪政体下，君主的责任可以被分担。他说：“职愈高者责愈重，责愈重者位愈危，此皆君主负责任之说。而西国独言君主无责任。《商君·修权篇》：‘尧舜君天下，非私天下之利也，为天下位天下耳。’以位为主，以君为客，即西人所谓法人国家。君主为国家代表，故法律皆所自出，不在法律之中，亦不在法律之外。然出一政，布一令，必使有关系之大臣副署于下，代君主任其责。……若立宪民主，则为人民所委任，皆在法律之下，其责任先由法律负之矣。”[⑤]汤寿潜认为，在专制君主下，君主位高权重，负天下之责任，看似高高在上，其实，因为责任重，君主的地位也处在危险之中。他认为君主立宪制下的君主是国家之代表，君主按法律办事，颁行法令必须有内阁大臣副署，如果出了问题，由内阁成员来承担责任，不损害君主的权力和威望。

---

① 《元首之权利》，《宪法古义》卷 1，汪林茂：《中国近代思想家文库·汤寿潜卷》，北京：中国人民大学出版社，2015 年，第 100 页。

② 《宪法古义》卷 1，通州：翰墨林印书局，清光绪三十一年，第 1—2 页。（后面标注《宪法古义》的引文皆指此书，不再另外标注出版项，特此说明。）

③ 《宪法古义》卷 1，第 1—2 页。

④ 《宪法古义》卷 1，第 1—2 页。

⑤ 《宪法古义》卷 1，第 2—3 页。

汤寿潜的做法极为高明，他用西方的宪政来附会中国专制君主制度，并不表明他对专制君主制度的支持，应当挖掘他附会背后心灵深处的思想和意图。其实这是他用西方的宪政来消解中国的君主专制制度，是用附会的方式表达他对西方宪政的赞赏和向往。这也反映他希望中国尽快走向立宪之路的政治诉求，同时，也折射出此时他思想保守的一面。

第二，立宪君主的权力。

在二元制君主立宪制度下，君主拥有很大的权力，汤寿潜认可这些权力，他对应每种权力附会中国历史，旨在给予清廷统治者一种信息：二元制君主立宪和君主专制下的君主权力并无太多差别。他希望清朝统治者能从中国历史中汲取暗合西方的典章制度，中西结合，走上宪政之路。

汤寿潜在《危言》中就提出过设立议院以通上下之情，消除君、臣、民之间的隔阂，当时他的主张是把西方的议院制与中国的官僚机构相混合，其局限显而易见，这种议院与正式意义上的议院是貌似而神非的。到了 20 世纪初，汤寿潜的议院主张已经是二元制下的议院，为“全国精神所汇”。当然，君主的权力很大，主要有以下几方面。

君主掌控议会。君主有“召集议会且命开会、停会、闭会及解散之权”“议会聚散命于君主，能守宪法无权有权”。[①] 议院可以制定法律，但君主仍然有提议法案、裁可法案、公布法令的权力。

立宪君主是国家的代表，掌握外交权。汤寿潜指出：“宣战、讲和、结条约，皆君主对外之权也。君主为一国之代表，故有对外之实权。”[②]

君主也是军队的最高统帅，但打仗的时候并不亲自上前线，所以即使军队吃了败仗，君主也不用负责任。所谓“将兵将将，难不临阵，厥权无恙。”[③]为了说明君主的统帅权并没有削弱，同历史上专制的君主一样，汤寿潜纵横历史，用了众多的历史故事来附会君主的权力。比如：“汉代以后，天子多将兵出征，如魏文、后魏太武、隋炀帝、唐太宗、宋真宗、明太宗、成祖，皆亲临前敌，明武宗自号总督军务威武大将军，令兵部宣敕，虽御名不讳，与灵帝同一儿戏，兵危事而易言之，皆不足为训。然亦见其意在尚武，于普国以国王为兵马元帅，亦见将

---

① 《宪法古义》卷 1，第 3 页。

② 《宪法古义》卷 1，第 4 页。

③ 《宪法古义》卷 1，第 4 页。

权之有专属矣。”[①]

汤寿潜还认识到立宪君主还有任官免官之权，但由于是君主立宪，君主任免官员也不是随意的，要符合法律“任官惟其贤”的原则，要顺应民意。此外，由于实行三权分立，法官的地位比较特殊，君主并不能任免法官。

立宪君主也有赏爵的权力。汤寿潜认识到“凡立宪国，名誉元气，爵之赏之，光荣未艾”，能获取国家荣誉，是一个人的莫大荣誉。在立宪君主制下，君主也有授予公民荣誉的权力，但汤寿潜指出：“然爵赏虽归天子，特权去取，亦当采万民公论。”也就是说，荣誉也不是滥赏，要服从民意公论。[②]

汤寿潜还认识到君主有特赦的权力。他说：“大恩不赦，恐以长奸而滋乱也。”[③]利用一些机会给予一些有罪行之人特赦、大赦，既可以增加立宪君主的威望，也可以让得到赦免之人能够感恩，有利于社会的稳定。但汤寿潜也指出：“然法国宪法，大赦非依律，元首不得擅行，比国宪法凡关于大臣之事，为法律所定者，不在恩赦之列。”“权不碍法，赦而不滥。”[④]君主的特赦之权要在法律规定的权限之内使用，不得滥用。

在封建社会，中国的专制君主至高无上，处于权力的顶峰，不受任何制度、法律约束。一定历史时期，具有雄才大略、开明的君主也确实能驾驭政局，推进社会的进步，但大多数情况下，君主专制造成了皇权的不断膨胀，阻碍了民主制度的形成，扼杀了人们的创造力，阻碍了中国社会的进步与发展。虽然历史上不断有思想家对君主专制制度进行抨击和提出改进之策，但在鸦片战争之前，各种对君主专制的变革仍然是传统政治制度内部的调节，其最终的目的也是实现和维护地主阶级的整体利益。

但在鸦片战争以后，经过半个多世纪中西之间较量的惨痛教训和维新思想的推动，到了20世纪初，立宪思潮日渐高涨，成为资产阶级立宪派普遍的政治要求。应当说，汤寿潜也走到了时代的前列，但作为相对保守的立宪党人，他倾向的立宪君主还是权力很大的二元制立宪君主。他采取的策略也是保守的，采用附会的方法，从中国典章制度和历史故事的古义中寻求暗合西方宪政的制度，以此来劝说统治者实行君主立宪不仅不会削弱君主的权力，还可以为君主分担责任，并且指出立宪不仅符合中国的历史，也是时势的要求。他认可的立宪君主虽然是

---

① 《宪法古义》卷1，第4页。

② 《宪法古义》卷1，第4页。

③ 《宪法古义》卷1，第4页。

④ 《宪法古义》卷1，第4页。

封建主义和资产阶级相妥协的结果，但毕竟是资产阶级性质的，是一种进步的政治观念和态度。

2. 行政大臣的权力

汤寿潜指出："行政与立法权对立者也，首长唯君主，君主力有所不给，于是分置大臣以辅其成。立法之权不可分，行政之职不可不分。"[①]在立宪政体中，有的君主是统而不治，君主处于虚君位置，行政权力掌握在内阁手中，内阁向议会负责，如英国。有的君主则是君主掌握行政权力，内阁权力很小，向君主负责，如明治维新后的日本。汤寿潜推崇的是日本二元制君主立宪。他认为设置内阁，辅助君主掌握国家权力，既可以弥补君主所不能，也可以分担君主的责任，特别是出现有损君主权威的事情时，他指出："君与民之不可相胜也，君权无限，恐胜其民，而有侧目重足之苦。故以大臣为君主之代表。君主有过，责之大臣，有所责，斯有所限，盖设君以为民也。"[②]内阁大臣"分之君劳，亦任之君责"[③]，可以为君主分担责任，减少君主的政治压力。

当然，汤寿潜还是义无反顾地用西方的内阁制来附会中国古代的典章制度。他说："斯制（内阁）也，中国古代亦有之。《周礼》设官分职，一为民极，是古代设官，重在分职，先郑注，置冢宰、司徒、宗伯、司马、司寇、司空各有所职。冢宰即总理大臣；司徒即民部；宗伯即文部；司马即海陆军省；司寇即司法省；司空即工部。西国所谓八大臣也。……明代虽罢相职，然中叶以降，内阁权力称最，首辅操一切之权，次揆以下，不敢与闻，与西国政权操于宰相者若合一辙。英国之制，以户部大臣兼宰相，极合古代以冢宰制国用之意。法国之制，以司法卿兼宰相，亦与孔子以司寇摄相事者同。西国政制，为古代所已行者，不一而足也。"[④]把中国的官制，不论是《周礼》中的官制，还是封建时代的宰相制、三省六部制比附西方的内阁制，都是不准确的。中国古代的官制和君主立宪制下的内阁制有着本质的区别，内阁制是国家公共机关，内阁成员是国家的"公人"，掌握的是国家公权，是为公共事业服务的。在中国君主专制制度下，政治权力集中在君主等少数人手中，君主所属的行政机构是君主的办事机构，是为君主私人服务的。明清虽然也有"内阁"之名，但无西方意义上的内阁之实。当然汤寿潜附会的

① 《宪法古义》卷2，第6页。
② 《宪法古义》卷2，第5页。
③ 《宪法古义》卷2，第4页。
④ 《宪法古义》卷2，第6页。

本意并不在于求证中国的古代官制就是西方的内阁，他旨在说明西方意义上的内阁并非中国的异制，实行内阁符合中国历史的传统。

（二）议院的权力

国会制度滥觞于英国，是立宪政体的中枢，有国会便有宪法，无国会无宪法。有无国会是区别专制政体与立宪政体的重要标志。汤寿潜很早就看出国会在民主政体中的重要作用，早在1890年的《危言》中就提出设立议院来改良君主专制造成的弊端。但那时，汤寿潜对议院功能的认识比较肤浅，他设计议院的目的主要是想消除君主专制造成的君民上下之间的隔膜。10年之后，汤寿潜对议院的认识有了很大进步。

1. 汤寿潜认识到国会是全国的政治枢纽，关系国民权利与国家治乱。他说："（国会）代表全国，表全国人，非专表选举人，国不治，问之代议士。"[①]这里，汤寿潜接受了德国思想家伯伦知理国家法人的观点，认为国家是有人格意志的实体，承担国家治理的是人。但是，如果个人治理必定形成独裁，防止出现这种情况比较好的一种方法就是代议制。通过人民选举出代表，组成国会，代表全国人民的意志治理国家，如果国家不治，国会议员要负责任。我们仔细读一下汤寿潜对这种观点的附会：

"《书》'民为邦本'，《孟子》'民为贵'，诚以民为国家之主体。《易》'百姓与能'，《书》'谋及庶人'。观于古籍之言，则庶人皆有论议国事之权，不能尽庶人而一一论议之也，则各举议员以为代表。《墨子·法仪篇》谓立法之初，当以多数之人所定者为法，不当以少数之人所定者为法。（盖以少数之人所定利于一己，必不利于多数人民也。）《尚同·下篇》亦言为人君者，当依人民多数之意，以兴利除弊。近泰西各国与议员立法之权，故制定一法，必合于举国人民所欲出，以国者国民之国也，全国之生命财产，皆系于议员，皆汇于议院，全国代表顾不重哉。"[②]

透过附会，可以明确地看出汤寿潜的本意：人民是国家的主体，人民有参政的权力，但在政治实践中，不可能让每个有参政权的公民都能发表意见，于是推举议员参政议政。汤寿潜还认识到国会是立法机构，议员有立法之权，制定法律的原则必须符合大多数人民的意志，必须保证人民的生命财产安全。汤寿潜对国会的认识无疑是准确的，他虽然倾向于二元制君主立宪，但他更认识到国会是国

---

① 《宪法古义》卷2，第3页。

② 《宪法古义》卷2，第3页。

家的政治中枢，对于保证全国人民的权利和国家的治乱有不可替代的作用，早日召开国会是汤寿潜一种很强烈的政治情怀。

汤寿潜进一步附会议院的立法权说：

“唐初立法，区省为三，中书主出令，门下主封驳，尚书主奉行。厥后设政事堂，合中书、门下为一省。中书门下者，立法权所在也。尚书省者，行政权所在也。虽立法之权，不操于民，然立法、行政区划分明，未尝以一人之命令为法律。自汉设给事中，为给事殿中之职。至唐设四员隶门下，权与朝廷埒。卢杞量移，袁高封还诏书，延龄入相，阳城廷裂白麻，是朝廷尚不能专立法之权(明代给事中分设六部，其权始轻)。立法、行政乃笼而归之中央，以庶人议政为大禁矣。昔子产不毁郑之乡校，宋太学诸生皆得议政，甚至宰相视为进退。今泰西各国，凡议院与政府冲突，则行政大臣相率去位，士论既畅，民气自伸，古制今情若合符节耳。”①

不言而喻，汤寿潜认识到了立法权与行政权要分立，并且立法机构要独立，朝廷不能垄断立法权，更不能“以一人之命令为法律”。立法是人民意志的反映，行政机构只能按照法律依法行政，如果议院与政府之间发生冲突，行政机构要引咎辞职，只有这样才能保证各个阶层的利益，“士论既畅，民气自伸”，国家自然大治。

2. 汤寿潜认识到了西方各国的议会制形式大都以二元制的形式组成，其中上院各国各有不同。他认识到英国的上院是贵族院，其议员“非王命，则世袭，代表平民其何益”②。法国的上院是元老院，“名则上院，实则民选，议出两院庶无憾”③。美国的上院是联邦院，“合邦而成，国各表其邦，乌能无畛域”④。汤寿潜当时的这种认识是准确的，表明他对各国政治的熟悉程度。英国上院(贵族院)议员不是选举产生的，是由王室后裔、世袭贵族、法律贵族、僧侣贵族、苏格兰贵族等组成的。在很长时期内，英国议会都是以贵族院为主体，拥有很大的权力，但到了19世纪后期，贵族院的权力削弱，一些平民出身的下院议员也可以补充到贵族中，但仍沿用旧名，所以汤寿潜说“英人之以贵族为平民代表，不过习惯所成耳”⑤。美国的上院是联邦院(参议院)，是由各州直接选出两名代表所

① 《宪法古义》卷2，第1—2页。
② 《宪法古义》卷2，第3页。
③ 《宪法古义》卷2，第4页。
④ 《宪法古义》卷2，第3页。
⑤ 《宪法古义》卷2，第3页。

构成的，不论人口多寡，因此小州占到很大便宜。汤寿潜认为议员各自代表所在邦的利益，会起争执，“乌能无畛域”[①]。法国上院元老院的议员从四十岁以上的全国性社会名流中选举，实行的是普通选举中的间接选举。议员年限以九年为期，每三年改选其三分之一。所以汤寿潜这样认识法国的元老院，“元老院虽亦是上院，而任由民选，满有限年，与他国之敕任贵族世袭迥乎不同，所以防下院新进之嚣杂而持其平”[②]。

我们从汤寿潜对英、美、法各国的上院的简单评语中可以看出，汤寿潜认为英国的上院议员来自君主的任命和世袭，并不能代表广大民众的利益。而美国的联邦院的议员由各州选送，不论州的大小和人口多少，各州都是相同的两个名额，囿于地域成见，议事必定互相攻讦。相对而言，汤寿潜欣赏法国元老院的形式，认为这些议员来自社会名流，并间接选举而成，这样，立法论事，就会少一些讦持之弊，“议出两院庶无憾”[③]。需要指出，汤寿潜倾向法国元老院的形式，向往的是元老院议员的来源，如中国设置元老院，诸如他这样的社会名流最容易进入议院。因此，他表示对元老院的好感并不表示他愿意采取法国的共和政体，他倾向的仍是日本的二元制君主立宪政体。

3. 汤寿潜清楚地知道议会的运作和权力。汤寿潜指出，议会如果能真正反映民意，议员必须经过选举而成，他举例说：“希腊、罗马、印度亦有国会，而非选举，无救于亡。”[④]议员有世袭，有君主任命，但真正能起到救亡的作用，必须经过选举。当然，汤寿潜也指出了议员的选举资格，“选议员者，先有资格，而后议员之资格益尊”[⑤]。可以看出，他所希望在中国设计的议会是选举而成的，虽然他并不反对君主任命一部分议员。这种倾向反映出了汤寿潜作为绅商的代表的政治倾向。汤寿潜身处在社会中间阶层，在经济利益上，代表了民族资产阶级的利益，希望为资产阶级的发展获取更大的空间和法律保护。在政治诉求上，他虽然和统治阶级有一定的联系，但反对他们的专制统治，他有强烈的参政意识，希望在中国建立温和的资产阶级立宪政体，实现救亡图存。他自认其所在的阶层有一定的威望和社会基础，相信通过民主选举一定能在国会中占有多数。他也自信只有他所在的阶层不论从财产还是参政的经验而言，最有获取参选议员的资

---

① 《宪法古义》卷2，第5页。
② 《宪法古义》卷2，第4页。
③ 《宪法古义》卷2，第5页。
④ 《宪法古义》卷2，第1页。
⑤ 《宪法古义》卷2，第2页。

格。可以这样说，汤寿潜通过对国会由选举而成和对议员资格的附会，旨在论证中间阶层的绅商在立宪政治中起主导作用。

除了立法权外，议院一个重要的职责是监督政府的财政。汤寿潜说："预算非议院许可，不得征一兵，不得用一钱，上院无权，各国皆然。"①马克思曾经说过："在我们面前有两种权力：一种是财产权力，也就是所有者的权力，另一种是政治权力，即国家的权力。"②政治权力为国家所独有，其主体就是国家，权力不能滥用，所有者的权力如果主体是私人，有支配自己财产的权力，就无法有效约束权力。在专制制度下，虽然也有一定的预算、决算，但"普天之下，莫非王土，率土之滨，莫非王臣"，皇帝的权威高高在上，以国产为家产，对国家的财产肆意挥霍。而在立宪君主制下，国家的公产和皇室的私产是严格分开的，"古代之君有一定之私产，无侵蚀国用之权"③。皇室私产和国家之财都要严格预算，接受议会的监督。汤寿潜认可议会监督国家财政的权力，认为由世袭和君主任命的上院议员可能不会站在民众立场上说话，所以，财政的监督权主要在下院。这反映汤寿潜希望监督财政的大权落在社会的中间阶层身上。

汤寿潜也指出上院虽然没有财政监督权，但设有高等法院，独自拥有高等司法权，可以很好地抑制行政官员的违法。他说："西制或行政官为下议院所劾，非通常法院所能判，不得不别设法院，自以上院为最当，是以威严与位置，皆高出于行政官众议院之上。"④他认为上院可以抑制下院议员和行政官员滥用权力，而更利于维护民众的权利，"为民防弊制益善"⑤，这是权力制衡的妙处。

（三）法院之权力

司法独立原则是三权分立理论中最重要的原则，一个国家的司法权是否享有独立至上的地位，是该国处于专制主义统治还是民主统治的重要标志。可以说独立的司法权是宪政的保护神，具有特殊的意义，因为即使有法律，如果司法的独立不能保障，也不能保障民主、自由等权益的正常实行。清末著名法律改革家沈

---

① 《宪法古义》卷 2，第 2 页。

② 马克思：《道德化的批判和批判化的道德》，《马克思恩格斯选集》第 1 卷，北京：人民出版社，1972 年，第 170 页。

③ 《宪法古义》卷 2，第 3 页。

④ 《宪法古义》卷 2，第 4 页。

⑤ 《宪法古义》卷 2，第 4 页。

家本就说："东西各国宪政之萌芽，俱本于司法之独立。"[①]梁启超也明确提出"司法独立视为近代法制的第一要件"，指出："今之稍知大体者，咸以养成法治国家为要图。然法治国曷由能成？非守法之观念普及于社会焉不可也。守法观念如何而始能普及？必人人知法律之可恃，油然生信仰之心，则自懔然而莫之犯也。故立宪国必以司法独立为第一要义。"[②]可见司法独立在立宪政体中的重要作用和价值。

对司法独立在三权分立中的重要性和司法独立的内涵，汤寿潜的认识也不落人后。他说："法院者，三权之鼎立之一大部分也。""法院之独立，刑事、民事均待审判，独立不羁，权归法院。"[③]在专制制度下，司法与行政是不分的，司法权受到其他权力的领导、控制或干涉，"刑不上大夫""衙门口朝南开，有理无钱莫进来"，司法腐败无处不在，民众的合法权益根本得不到保障。汤寿潜认识到了无论是刑事案件，还是民事纠纷，都需要去法院审判，审判权"独立不羁"，不受其他权力的干涉。

当然，汤寿潜的司法独立思想也要透过他的附会去理解，可以先看他的附会：

"孟子言'皋陶执瞽瞍'，由于法有所受，所以明法为一国所遵守，虽天子亦不能以私违之，即法院独立之意也。汉张释之有言'廷尉天下之平也'，魏高柔有言'岂得以自尊喜怒毁法'，是证司法之权，不操于君主，而操于法院。宋太祖建隆定制，凡诸州罪案讦皆由刑部主持，此令虽不能尽行，亦即西国司法卿综理一国刑狱之意。明初定制，各行省中有布政使以理财，牧民有按察司以理刑狱，即西国地方裁判所与州县长分治之意，皆司法别于行政之确证。"[④]

可以看出，汤寿潜了解在立宪君主制下，无论中央还是地方，司法权是和行政权相分立的，法院处于独立的地位，掌握司法权，对于法官按照法律执法，就是贵为君主也无法干涉。这反映汤寿潜希望中国的司法能够摆脱行政权力的干涉，成为独立的司法，以保障资产阶级以及广大民众的权益，同时也立"宪政之始基"。

---

① 沈家本：《奏酌拟法院编制法缮单呈鉴摺》，《清末筹备立宪档案史料》(下)，北京：中华书局，1979年，第843页。

② 梁启超：《政府大政方针宣言》，中国第二历史档案馆编：《中华民国史档案资料汇编——政治》，南京：江苏古籍出版社，1999年，第316页。

③ 《宪法古义》卷2，第7页。

④ 《宪法古义》卷2，第8页。

为了维护司法的独立，法官的任命与任期也不同于一般行政官员。汤寿潜对此也有一定的认识。他说："法官之选任，国王选任，而非国王之属官，任之也重，则副之也难"[①]，"今西国法官，必以国王之名任之，重法官正以重民。"[②]在立宪君主制下，国家最高法院的大法官由国王任命，以显示选任法官的慎重和法官的尊贵，但法官不是国王的属官，不向国王负责，而是独立行使司法权。汤寿潜也认识到法官的任期对司法独立的作用。在立宪政体下，法官的任期一般都是终身制。汤寿潜指出："贵族官终身，司法官亦终身，一循例，一创例。"[③]他认为上院中的贵族官终身任职，是历史遗留的问题，循例而已。而司法官终身任职，则是三权分立原则下的新创之举，法官"任之愈久，则经验益富，法律益熟"[④]，对于治狱平恕的效率和公平都有益处。汤寿潜也认识到法官的免职及停职也需很慎重。在一般国家，法官如有重大过失，必须经过繁重的手续才能免职，在英国，必须经过议会的干预。汤寿潜说："是以英国于法官，非经两院弹劾，国王不能免其职也。"[⑤]

汤寿潜还十分推崇陪审制度，他说：

"西言，救理以辅法官之不逮。译曰誓士，亦曰陪审官。……近考西国刑官鞫狱，亦有是法，其情罪较重，或有疑不易决者，则由官为延著名公正者十二人，作为陪审官，或商或民，皆可充选，示期集讯、陪训官与司刑官同鞫其狱，辞既退，则相与推勘，勘酌情理，以定其狱。陪讯官究其情，司法官科其罪，被刑者不敢再事请谳。此例始于英，而通行于东西洋各国。……又西国有大陪审、寻常陪审、特别陪审，大陪审不常用，凡听商人之讼，多以银行大贾任之。"[⑥]

近代陪审制度成型于英国，并且自英国遍传世界各地。西方司法体系极为推崇陪审制度，甚至视其为宪政民主的象征。它可以让社会公众监督法官，以便正确行使司法权，防止司法腐败。法国思想家托克维尔曾在其名著《论美国的民主》中指出："陪审制度首先是一种政治制度，应当把它看成是人民主权的一种形式。"[⑦]汤寿潜很准确地把握住了陪审制度的实质和运作方式，他知道法官在审判

---

① 《宪法古义》卷 2，第 8 页。
② 《宪法古义》卷 2，第 8 页。
③ 《宪法古义》卷 2，第 9 页。
④ 《宪法古义》卷 2，第 9 页。
⑤ 《宪法古义》卷 2，第 9 页。
⑥ 《宪法古义》卷 2，第 9 页。
⑦ 托克维尔：《论美国的民主》上卷，董国良译，北京：商务印书馆，1988 年，第 315 页。

时也有不足，可能有失司法公正，而陪审制度可以弥补这方面的不足。他认识到在审判犯罪嫌疑人时，“法问属法官，事问属陪审，罪必求其证”[①]，判一个人有罪时必须用证据说话，并且通过反复辩诘，才能既合人情，又不失法理。汤寿潜更感兴趣的是陪审员的来源，社会名流，或商或民，是最有希望和能力做陪审员的。社会名流在当时的中国主要是汤寿潜等绅商们以及有名望的知识分子，此制度的实行很容易保障他身处的绅商阶层能参与陪审，监督司法。

三、民权的阐释

在维新运动期间，民权学说是近代中国先进分子进行政治斗争的思想武器。维新思想家曾经对天赋人权等学说大力讴歌和鼓吹，这有力地冲击了封建专制主义，极大促进了民众的思想解放。但不可否认，那时维新思想家只是从政体变革的角度，泛泛地谈论民权，而对人民到底享有哪些具体的权利谈论并不多。梁启超对此贡献颇大，1899 年梁启超在《各国宪法异同论》中提道：“厘定臣民之权利及职分，皆各国宪法中之要端也。”[②]1902 年他在《立宪法议》中再次提道：“民权者，所以拥护宪法而不使败坏者。”“苟无民权，则虽有至良极美之宪法，亦不过一纸空文，毫无补济。”[③]他还介绍了卢梭、孟德斯鸠等人的天赋人权学说，论述国民所享有的各种权利，指出这些权利“君不能夺之民，父不能夺之子，兄不能夺之弟，夫不能夺之妇”[④]。可以说，到了 20 世纪初年，立宪国中宪法规定的国民所享有的各种权利逐渐为有志于立宪的先进分子所了解和接受，他们纷纷宣扬这些权利，欲使人人知有权，以养成知权、维权的思想，从而为立宪奠定基础。

此时，汤寿潜在对维新变法失败的思考的基础之上，通过阅读从日本传来的政治法律书籍，了解到西方民主制度赋予的国民权力，虽然他的认识和理解中不乏错误之处，但他对这些权利大都认可，并试图对它们进行民族文化的解读，以期让一些保守知识分子和官员也认同。

（一）国民的权利

在《宪法古义》中汤寿潜认识到的宪法所赋予国民的权利有：

---

① 《宪法古义》卷 2，第 9 页。

② 梁启超：《各国宪法异同论》，范忠信选编：《梁启超法学文选》，北京：中国政法大学出版社，2004 年，第 9 页。

③ 梁启超：《立宪法议》，《清议报全编》卷 2，第 38—39 页。

④ 《草茅危言》，《清议报》第 27 期，1899 年 9 月 15 日。

言论自由——“监谤益谤，理无足怪，言者无罪，闻者足戒。”

出版自由——“言所言，笔则笔，颁行之告全国。”

集会自由——“独学无友，孤立无群，依律集会，难得与闻。”

迁徙自由——“人情在谋生，政策在殖民，徒禁迁徙何纷纷。”

尊信自由——“教无新旧，苟无妨乎国安，唯民心所自守。”

产业自由——“英国三大自由，田地居其一，不据法律不能夺。”

家宅自主——“英人有言，各人之家，各人之城郭，无违律强入而搜索。”①

国民的人身自由和权利是西方民主制度的重要内容，有专门的法律规定。但在封建专制的中国，即使有所谓的一点权利，也是皇权所赐，可以随时剥夺，根本没有制度保障。但随着中国人国民意识的觉醒，先进知识分子逐渐认识到国家乃是国民的国家，无国民即无国家。那何谓国民？“事言之，凡为国之一民，其身即国之一分子，不放弃一分子之责任者，即可谓之国民。理言之，非有独立之精神，有合群之性质，有自主之品格，有进取之能力，有协图公利之思想，有不受外界抑制之气魄。”②作为思想敏锐的爱国者，汤寿潜大致认可这些权利和自由，并且对它们做出解读、传播，启迪民智。

作为社会关系中的人，交流、合作是人的一种本性，集会自由便是基于人本性的一种权利。西方国家承认此项自由，与承认言论、著述、出版自由一样，认为这是人民的一项基本权利，依法集会，谁都可以参加，不能随意限制。对此项自由，汤寿潜作了如下附会：

“《周礼》‘士师’之职，掌士之八成，七曰为邦朋。邦朋者，即近日东西各国之政党、民党也。孔子曰‘必有邻’，又曰‘文以会友’。荀子曰‘人之所以异于禽兽者，以其能群也’。人非群不立，国非群不成，是古代未有集会之禁也。郡县以来，以立党为大戒。汉有党锢之祸，唐有牛李之争，北宋立党人之碑，南宋申伪学之禁，明季东林，激成大閧，而集会不能自由矣。然东周之时，孔子弟子三千，聚稷下谈者千人。两汉时，聚徒讲学者动以百数。宋鹿洞之会，鹅湖之讲，皆聚众数百人。明代之时，四立会矣，明季绍兴有蕺山讲舍，余姚有证人书院，甬上有五经会，而李二曲、孙夏峰诸儒，授徒讲学，游处如市。未闻触政府之努，夫横议之诛也。康熙初年，李刚主、万季野诸先生犹在京师设讲会，是当时文网之未严也。《周礼》太宰以九两系民，八曰‘友以贤得民’，九曰‘薮以富得

① 《宪法古义》卷3，第1－4页。

② 万声杨：《中国当重国民教育》，《湖北学生界》第2期。

民'。以贤得民，即西人社会之意。以富得民，即西人公司之意。战国任侠，诸侯倚为轻重，至汉悠然，即《史记》所谓剧孟之来，隐若一敌国，足证古代民党得与政府相持，此皆结会自由之效。汉武禁游侠，人民重足而立。岂可以时君之私制，而废流传之古义哉!"[①]

对汤寿潜附会的不足和评介笔者将在本章末做具体分析，此处暂且不述。透过引经据典的附会，我们可以知道汤寿潜对西方社会、政党等现象的理解："人非群不立，国非群不成"[②]，人与人结成小群体，小群合成大群，大群而成国家。合群结社，政府要给予允许，以贤得民，以富得民，社会群体就能和国家相安无事。汤寿潜也认识到了西方社会政党政治的存在，知道了民党(在汤寿潜的行文中，此意应当为民间政党，即"在野党"之意)的存在对政府的监督作用，"古代民党得与政府相持，此皆结会自由之效"[③]。汤寿潜认为只要文网不严密，允许结社自由，便会学术繁荣，文化昌盛。他强调，既然自由结社是先秦古人之古义，不能因君主的专制而废此制度，"岂可以时君之私制，而废流传之古义哉"。也就是说他希望在立宪君主下能实行此制度，给人民结社自由。

人身自由，是人各种自由中的基本自由。如果没有个人的自由，也就不可能有其他自由。在东西宪政各国，在不妨害他人自由的前提下，"人人有自主之权"。汤寿潜对人身自由的理解是："人同此身，无贵无贱，若不违法，谁其敢犯。"[④]也就是说，人生来就是平等的，没有什么贵贱差别，如果没有违背国家法律，不能随意侵犯人身自由。汤寿潜明确指出，西方人身自由之说源于卢梭的《民约论》天赋人权，虽说汤寿潜把"明明德""天命之谓性"等儒家的学说范畴比附为天赋人权为大误，但他旨在论证卢梭"天赋人权"和"主权在民"的学说，强调"惟其重人权，故重人身之自主"[⑤]，认识到了只要在政治法律的允许范围内，就应享有人身自由之权，"非依法律不得逮捕、监禁、审问、处罚"[⑥]。

再有，国民的参政权，汤寿潜解释道："不宪政，无代议；不代议，无宪政。人得保其政权，国斯保其主权。无谓中国独不然?"[⑦]这里汤寿潜已经认识到了宪

① 《宪法古义》卷3，2—3页。
② 《宪法古义》卷3，第2页。
③ 《宪法古义》卷3，第3页。
④ 《宪法古义》卷3，第5页。
⑤ 《宪法古义》卷3，第5页。
⑥ 《宪法古义》卷3，第5页。
⑦ 《宪法古义》卷3，第9—10页。

政与国民参政权的关系。但是，作为相对保守的立宪派，他缺少直接去呼吁清政府实行宪政的勇气，只好用劝说甚至祈求的方式，希望清政府能实行宪政。为了能打动统治者，他不惜混淆中西政治之间的实质性差异，用附会的方式来解释中国传统，如解释国民参政权：

“当时所谓参政者，仅有行政之权，无立法之权耳，一曰乡官，《周礼》太宰职之言曰，‘吏以治得民’。而《管子·修权篇》亦曰‘乡与朝分治’，又曰‘有乡不治，奚待于国’，（‘朝’指政府而言，乃中央集权之制；‘乡’指町、村而言，乃地方分权之制也），是古代地方之分权，几与中央之权相埒。而《周礼》地官之职，自州长以下，有党正、族师、闾胥、比长诸职。自县正以下，有鄙师、邻长、里宰诸官。又《汉书·百官表》所言，亦谓县令长皆秦官，掌治其县，万户以上为令，减万户为长，皆有丞尉，是为长吏。百石以下有斗食、佐史之杂，是为少吏。大率十里一亭，亭有亭长。十亭一乡，乡有三老，有秩、啬夫、游徼，是乡官之制。秦汉犹存。（县令长、丞尉皆政府所命之官，日本译西制所谓市、町、村各长也。少吏诸官大抵皆由众民推举，即西人地方各参事会之意。）北魏孝文帝时，设邻长、里长、乡长之职，至隋文帝即位，尽罢乡官试，即乡官之义务，考之《汉书·百官志》云：‘三老掌教化’，即西国建设乡学之意；‘乡师、轨长掌军旅’，即西国募集军队之意。‘闾师、里宰征赋税’，即西国征集租税之意；‘遂人稽民教’，即西国调查户口之意；‘啬夫听狱讼’，即西国司裁判之意；‘游徼、亭长禁盗贼’，即西国警察保公安之意，此皆古代之乡官也。……又按西人有参政权者，一曰本土之人；二曰有一定之年龄；三曰为不犯罪恶之人；四曰有一定之财产。若中国古代参政之民，其权限亦与此类，如汉高祖为沛亭长，爰延为外黄乡啬夫，乃本土之人也。汉高三年，令民年五十以上，有修行能率众为善，置以为三老。择乡三老一人为县三老，与县令、丞尉以事相杀，即有一定年龄及不犯罪恶之人，此皆古法之合于古制者。惟汉代少吏岁给俸禄，与西民有一定财产者不同。”①

透过附会，我们可以看出汤寿潜对国民参政权的类别、职能、资格认识还是清楚的。他认识到参政权包括选举权和被选举权，参加选举权的公民是有一定资格限制的，诸如国籍、年龄、财产等等。

其中，汤寿潜也认识到了地方自治，虽然他把中国古代的乡官制度比附为西方宪政制度下的地方自治权是错误的，但他认识到了地方自治可以与中央分权，

① 《宪法古义》卷3，第9—10页。

地方自治政府在教育、财政、治安、司法、社会公益事业上都有较大的权力。此处虽然汤寿潜没有明确表示对地方自治的态度，但征诸史实，作为绅商代表，本身就是传统绅士向近代资产阶级转变的过渡人物，他们对地方自治怀有本能的好感。此外，地方自治也被立宪派和革命派作为救亡图存的重要思潮和实践，汤寿潜在义和团运动期间积极参加"东南互保"其实就是一种变相的地方自治，辛亥革命时汤寿潜主张共和制以美国联邦制为模范也说明汤寿潜对地方自治的认可。

(二)国民之义务

在民主宪政制度下，宪法规定了国民享有的权利，同样，国民也应尽一定的义务。义务和权利二者对等，相互依存，不可分割。

汤寿潜主要谈了国民的两项义务。其一是国民的纳税义务。汤寿潜说："所谓赋税者，即人民纳财于政府之谓也。"[①]他依然用比附的方法，论证纳税义务乃是中外国家人人都应尽的义务，他说："上古之时，人尽为兵，后世不能人尽为兵，乃纳财以免役，古皆以田赋出兵，故以兵为赋，此'赋'字所由从武，有田则税，无田则免。"[②]说明纳税乃是为了保卫国家。他认为中国的口赋、田税、丁税都是"人人有纳税之义务"的表现。汤寿潜的这种比附当然错误，因为在专制社会中，民众只受到了剥削，而没有法律所保障的权利。其实，比附只是汤寿潜的一种手法，他对封建制度对人民的盘剥看得很清楚，也非常憎恨。比如在《危言》中他就曾严厉地批评了官府借纳粮对民众的苛刻盘剥，指责贪官墨吏"叫嚣隳突，唯所欲噬……民以万不得已而欠粮，必无力之尤者，乃一岁之隔而多取之以为虐，始则剜肉补疮，继则卖儿贴妇，宣圣所由寄慨于猛虎，柳子所由托讽于补蛇也。……百姓止此脂膏，而磨牙者有加无几，其黠者纷纷去民而为吏，愚者则盗耳贼耳，浸淫至于而不可收拾。吏皆裸身来而饱裹橐契妻子以去，朝廷则被无穷之祸矣"[③]。封建专制下，民众只能被苛刻剥削，而不可能享有权利。汤寿潜认识到"近世以丁银摊入地量，于是，田有税而人无税，议者咸以为赋税过轻，然民间田产出入，皆税契一次。又牙行有税，当铺有税。此外，小税多归商贾摊派，而徭役每重于士农，是中国取民之制，亦多与西法相符。其所以异者：则人民有纳税之义务，未获相当之权利，且收税之权归于官吏，而不规于议院耳。今浙江嵊县一县，每年钱归四乡绅民议价，以上下忙分缴，官虽贪而无从浮收，吏

① 《宪法古义》卷 3，第 10 页。

② 《宪法古义》卷 3，第 10 页。

③ 《危言・钱粮》，《汤寿潜史料专辑》，第 251 页。

虽蠹而不敢滥征，推而行之，庶几分治之意欤[①]。”

中国商民人人纳税，西方人民也有纳税的义务，看似相似，但中国商民“人民有纳税之义务，未获相当之权利”[②]，而且中国税收的税种、标准、执行、税收的使用等都集中在官府手中，商民根本没有任何发言权。但是西方不同，“其下议院为富民总汇”[③]，税收之权在于议院，需通过立法才能收税。汤寿潜提出，地方绅民自主掌握税收的征取和使用可以祛除官府对民众的剥削，他说：“取一国财，办一国事，欲去其弊，莫如分治。”[④]他认为浙江嵊县的做法正和此意，应当以此为模范，大力推广。

立宪政体下，国民也有服兵役的义务。汤寿潜对此的解释是：“民兵扰，募兵耗，人人尽义务，国保家亦保。”[⑤]他赞赏西方的义务兵制度的完善，“今西国兵制，凡民自二十以上，悉隶兵籍，朝暮操习者为常备兵，五年期满，退为预备兵。又四年退为后备兵，又五年退为民兵，及民兵期满始出兵籍”[⑥]。战时全民皆兵，举国一心，何敌不克？反观中国兵制，他极为不满，“国朝初‘养兵’，八旗绿营，耗费无用。改‘募兵’，又以募兵无用，参练兵卒，以募兵、练兵相持而均归于敝，将欲复民兵之制乎？人已忘服兵之为义务，新安折臂之翁，石壕捉人之吏，诵者流涕”[⑦]。不管是八旗、绿营，还是后来的湘、淮练勇，国家徒费粮饷养兵百万，但不能保国，他引用白居易的《新丰折臂翁》和杜甫的《石壕吏》诗歌故事做比喻，来说明如果不改革兵制，民众没有服兵役的义务，一遇战事，就会无兵可用。为了避免这种情况的出现，汤寿潜提出参考西方的义务兵制，“合募兵、民兵之制而变通之，中国成丁之人，何啻一二百兆，势不能尽签为兵，募土著之民之愿为兵者，而以常备、预备之制编之，限学龄，广小学，令人人出于学堂。朝廷一以尚武为政策，而令应募者恍然于义务之宜尽，以当兵为乐，不徒以当兵为荣，庶无敌于中外乎？”[⑧]可以看出，汤寿潜不仅主张建立常备、预备役制度，而且主张士兵有文化、有素质，号召国家提倡尚武精神，形成人人有服兵役的思想，形成当兵为荣、为乐的社会风气，如此，国家一定强大。

---

① 《宪法古义》卷3，第11页。
② 《宪法古义》卷3，第11页。
③ 汤寿潜：《危言·国债》，《汤寿潜史料专辑》，第252页。
④ 《宪法古义》卷3，第12页。
⑤ 《宪法古义》卷3，第11页。
⑥ 《宪法古义》卷3，第12页。
⑦ 《宪法古义》卷3，第12页。
⑧ 《宪法古义》卷3，第12页。

民权思想，是资产阶级立宪派的理论武器，视其为立宪政体的基石，认为国民享有权利和尽义务是立宪政体应有之义。在 20 世纪初年，随着清末新政的举行，朝野上下都在考虑变革的方向，确立君主立宪成为汤寿潜等绅商们的首要政治选择，汤寿潜虽然足不出洋，但心忧国事甚重，为了寻求中国的革新道路，他广猎东西译著，获取了大量日本和西方国家的宪政知识。应当说汤寿潜对宪政体制下人民所享有的权利以及应尽的义务的认识是到位的，对此我们应当给予肯定。但不可否认，他对宪政民权的认识和解释中，存在两个致命的缺陷。其一，生拉硬套地附会。汤寿潜国民权利和义务的附会反映了汤寿潜等绅商在君主专制政体下参与政治事务的一种隐晦的政治要求，这说明新的观念在中国的流布深受中国特定的社会历史情景的影响，虽然是以婉转的方式表达新学西意，但对封建制度的冲击力以及对推动新制度建设的作用却大为降低。其二，汤寿潜的陈义是对上层的劝谏，而非对民众的宣传。汤寿潜对三权分立阐释的目的主要是向王公大臣劝说，旨在说明三权分立乃合中国古义，并非外来异制，所以他对民权等内容点到为止，笔调也比较呆板沉闷。同一时期，梁启超则把感情倾诉于笔端，对西方宪政思想做了系统的介绍，对象对准的是千千万万的国民，其目的在于“启民智，新民德”，所以其社会影响较大。相比之下，汤寿潜的《宪法古义》则社会影响小。这不能不说是汤寿潜作为绅商同民众还有一定隔阂的弱点所致。

四、《宪法古义》与《中国民约精义》的比较

大多数西方史学家认为，西学东渐以前，中国社会的发展基本上是遵循了一种“在传统中求变”的模式。近代以后，由于受西潮的冲击，在传统中求变生存的模式难以为继，“向西方学习”逐渐成为清季以来中国士人的共识。在西方对中国的冲击模式中，西方史学家大都用“挑战和应战”的模式来解释中国对西方的反应，认为中国的传统并没有在这场嬗变中扮演重要角色。但是，对一个有着自己传统的文化体而言，对任何外来的概念、范畴、制度的接触总有一种警觉性，人们对它的理解和接受必然受到自己的民族文化的影响，也必然受当时现实情境的陶化。近代中国思想家们的思想历程充分表明，“儒家的一些思想成分在某些方面可以与近代西方的时代潮流相融合。儒学是一个复杂的思想

体系，它与近代西方文化的冲撞而形成的错综复杂的相互影响还有待探讨”①。有着深厚文化传统的思想家们固然承认学习西方、移植西方制度乃是救亡的出路，但民族主义的情愫又让他们自觉地从传统的本土资源中寻求与西方暗合之处，进行融会变通，以期能把西学纳入中国自己的历史轨道。这既是对西学的选择性的接纳，也是对中国传统文化的“创造性改造”。这种中西学的会通融合的特点，在宪政思想在中国的产生、发展过程中表现明显。上述在汤寿潜《宪法古义》中的宪政思想中已经有所论述，为了更进一步说明汤寿潜宪政思想附会的特点和评介，有必要把《宪法古义》同刘师培和林獬的《中国民约精义》作一简单比较。

(一)两书的概况

《宪法古义》的概况前已有论及，但为了能更好地比较，再做一说明。《宪法古义》成书于1901年9月(光绪二十八年八月)，前有汤寿潜的自序。此书的编撰明显受到日本二元制君主立宪政体的影响，基本吸收了1889年日本政府颁布的《日本帝国宪法》的内容。全书约3万字，共分三卷，第一卷主要论述元首之权利，包括君主的继承、君主神圣不可侵犯、君主无责任、君主关于议会的开会、闭会以及解散之权，君主的法律提案权、外交权、军事权、任免权、荣赏权、赦免权等。第二卷主要讲三权分立。其一，解释了议院的权力，包括议院的立法权、监督财政权，以及议员的资格和权限，书中还谈到了英国、美国、法国不同的上院制度。其二，解释行政大臣参列议席的权力和大臣在行政上的责任。其三，解释法院的权利，包括法院独立、法官的任用以及陪审制度。第三卷主要解释国民的基本权利，包括言论自由、出版自由、集会自由、迁徙自由、信仰(尊信)自由、产业自由、人身自由、居住自由、通讯自由、赴诉权和鸣愿权以及参政权，此外还提及纳税义务和服兵役义务。

《中国民约精义》的作者是刘师培和林獬。刘师培(1884—1919)，字申叔，江苏仪征人，清末民初著名的学者和政治人物。仪征刘氏是晚清有名的经学世家，刘师培少承先业，博览群书，“内典道藏旁及东西洋哲学，无不涉猎及之”②。刘少年聪颖得志，热衷于功名的追求，19岁便中举人，1903年，参加开封恩科会试，不中，自此绝意科场，归途中在扬州结识福建革命志士林獬，

① 张灏：《梁启超与中国思想的过渡(1890—1907)》，南京：江苏人民出版社，1995年，第209页。

② 冯自由：《刘光汉事略补述》，《革命逸史》第3集，北京：中华书局，1981年，第186页。

5 月在上海结识章太炎，“遂赞成革命……改名光汉，著《攘书》，昌言排满复汉矣”[①]。其后，刘师培与蔡元培、章太炎等人一同创办《俄事警闻》《警钟日报》，发表大量慷慨激昂的反清和宣传民主思想的文章。《攘书》《中国民约精义》就是此时期的著作。1907 年春，刘师培来到日本协助章太炎主持《民报》的编辑工作。不久，刘师培受日本无政府主义思潮的影响，创办《天义报》和《衡报》，宣传无政府主义。1908 年投靠端方，背叛革命。辛亥革命后，辗转四川、山西等地讲学、著述，1917 年被蔡元培聘为北京大学教授，1919 年因病逝于北京，年仅 36 岁。

林獬(1874—1926)，又名林白水，福建闽侯(今福州)人，清末民初报人，以笔锋犀利著称。林獬年轻时曾任杭州养正书塾讲席，1901 年任《杭州白话报》主笔，宣扬新政，提倡社会变革。1902 年，与蔡元培、章炳麟等成立中国教育会，组织爱国学社，宣传民主革命思想。1903 年初，受蔡元培的邀请来到上海，共同发起创办了《俄事警闻》。同时，自办《中国白话报》，鼓吹用暴力推翻清政府的专制统治。后加入光复会，辛亥革命胜利后，曾在福建任职。1913 年当选国会众议院议员，曾一度附和袁世凯称帝。袁世凯复辟失败后，林獬在北京创办了《公言报》，在上海创办《平和日刊》等报纸，重操新闻旧业，影响日剧。1921 年，他又和胡政之合作，在北京创办了《新社会报》。他自任社长，并以白水为笔名，发表大量的政论文章，揭露社会的黑幕丑闻，得罪了当政的军阀政客，为此多次入狱。1926 年 8 月因批评军阀张宗昌被捕，旋被害。

《中国民约精义》撰写于 1903 年夏。刘师培在开封归途中在扬州结识林獬，接着二人在上海合办《俄事警闻》和《警钟日报》，彼此钦佩，共同受感于卢梭的《民约论》中的民主思想，合著此书。该书也是采用附会的办法，辑录了从《周易》到清代论著暗合卢梭民主思想的思想，并做“案语”给予阐释。此书共五万余字，分上古、中古、近世三卷。上古篇辑录了《易》《书》《诗》《春秋左氏传》《公羊传》《周礼》《论语》《孟子》《老子》《管子》《商君书》等书中先秦时期的有关民本思想。中古篇辑录了从汉到南宋时期的一些思想家的思想，包括董仲舒、司马迁、刘向、班固、杜预、柳宗元、张载、苏洵、苏轼、苏辙、程颢、程颐、陆九渊、王应麟等人。近世篇则辑录明清学者如吕坤、王守仁、王廷相、李经纶、黄道周、顾炎武、黄宗羲、王夫之、唐甄、李恭、吕留良、全祖望、戴震、魏源、龚自珍、章

① 蔡元培：《刘君申叔事略》，李妙根编：《刘师培论学论政》，上海：复旦大学出版社，1990 年，第 546 页。

学诚等人的思想，总共辑录了 180 条。

（二）两书的异与同

在论述二者异同之前，我们先分别了解两书作者的写作目的。汤寿潜在《宪法古义》序言中谈到此书写作之目的："甲申、乙酉以前，吾国士大夫不谂专制以外有何政体，视立宪若毒螯，谈辄色变，殷忧启圣，瞻言百里。戊戌变法，亦三四月，曾无一字言立宪，无识者偏以是归之。久饥之食，因噎而废，亦何为者。"[①]1900 年以后，清政府举行新政，朝野之间不时有人鼓吹立宪，但也遭到顽固派的反对，汤寿潜指出，反对宪政的人实际上是因噎废食，不知道中国古代典籍中有无数暗合西方宪政的学说，现在汤寿潜要把它们发掘出来，为中国立宪鼓与呼。他感叹道："哀哉，西人蛟无量数生灵之血，始得此数十条之宪法。日本行之而效矣。中国急起直追，但求有其真精神以灌注其间，酌中外古今之宜而通之，遂为头等国不难。如忧病立宪为专制而扰之者，愿以是间执其口也。"[②]汤寿潜的目的非常明确，就是力图证明立宪为中国所固有，汲而取之，理所当然，企图以此说服那些阻挠立宪的王公大臣，"愿以是间执其口"，奋起直追，在中国实行立宪。

对于写《中国民约精义》的目的，刘师培在该书序言中指出：

"吾国学子知有'民约'二字者，三年耳。大率据杨氏廷栋所译和本卢梭《民约论》以为言。顾卢氏《民约论》，于前世纪欧洲政界为有力之著作，吾国得此，乃仅仅于学界增一新名词，他者无有。而竺旧顽老，且以邪说目之，若以为吾国圣贤从未有倡斯义者。暑天多暇，因搜国籍得前圣曩哲言民约者若干篇，篇加后案，证以卢说，考其得失。阅月书成，都三卷，起上古、讫近世，凡五万余言。"[③]

由此可见，刘、林二人以为国内很多人并不了解卢梭社会契约思想的真正内涵，且思想守旧之人以"邪说"视之，反对民约论，阻碍了民权思想在中国的传播。所以，刘、林二人从中国历史文化中寻找与卢梭思想"同源合拍"的因素，加以附会，指陈中国古代政治思想的短长，其目的在于论证在中国实行民权是理所

① 《〈宪法古义〉叙》，汪林茂：《中国近代思想家文库·汤寿潜卷》，北京：中国人民大学出版社，2015 年，第 97 页。

② 《〈宪法古义〉叙》，《汤寿潜史料专辑》，第 466 页。

③ 刘师培：《中国民约精义》序，李妙根编选：《国粹与西化——刘师培文选》，上海：上海远东出版社，1996 年，第 9 页。

当然的事情。

从著述目的而言，汤寿潜和刘、林二人的目的大致相似，都是受西方民主政治思想的影响，认识到只有学习西方才能救亡图存，但国内存在顽固守旧势力的阻挠，他们希望能用著述扫清学习西方思想、移植西方政体的障碍。

两书皆是时代的产物，都是为了宣传资产阶级民主思想，只不过汤寿潜侧重的是资产阶级君主立宪思想，反映的是资产阶级立宪派的政治诉求。《中国民约精义》则侧重的是卢梭的社会契约理论，反映了资产阶级革命派推翻清政府的政治要求。二者虽有政治派别的分野，但都显示了进步的政治态度，符合历史发展的潮流。《宪法古义》作于 1901 年秋，《中国民约精义》作于 1903 年夏。当是时，学习西方已成人们的共识，“自义和团动乱以来，包括政府官员、知识界、绅士以及商人在内的人士，几乎普遍地确认，向西方学习是十分必要的，反对西式教育的人几乎不见了”[①]。经过八国联军侵华的巨痛之后，如何救亡成为有识之士最为关注的问题。于是，宣传立宪、革命主张的各种进步报刊如雨后春笋般涌现出来，西方各种新书、新思想也如火如荼地译介到内地，“人人争从事于新智识、新学术，迄今而自由民权之论飘沸宇内，莫能禁遏”[②]。就是在这种立宪思潮、革命思想涌动的推动下，才有了两书的出现。所以，从两书的时代背景看，都是 20 世纪初年先进中国知识分子寻求救亡之道的产物。

从写作手法上看，二者都采用了附会的写法，都是从中国典籍中和历史故事中寻求与西方思想相似暗合之处，考论证明，以为自己的主张自圆其说，都是用近代的西方政治思想对中国政治文化进行解读。只不过在内容的编排上，有所不同。汤寿潜依据宪法文本的条目，先做简单的概括，给出自己的观点，然后在案语中纵横历史典籍和历史故事进行附会。刘师培、林獬二人则按时间顺序，先把中国典籍和思想家的有关主张辑录出来，然后根据《民约论》的内容再考论得失。

我们上述简单指出了《宪法古义》与《中国民约精义》写作目的、写作手法上的一些异同。下面我们主要从内容上比较一下二者的异同，二者都是用西方政治思想附会中国古义的，为了有明确的认识，笔者主要列举他们对相同或相近的中国古义的附会，见表 3。

---

① 徐雪筠等译编：《上海近代社会经济发展概况(1882—1931)——〈海关十年报告〉译编》，上海：上海社会科学出版社，1985 年，第 164 页。

② 杜士珍：《论德育与中国前途之关系》，《新世界学报》，第 14 号，1903 年 3 月 15 日。

表 3 《宪法古义》与《中国民约精义》附会中国典籍一览表

典章制度中的话语	《宪法古义》中的附会	《中国民约精义》中的附会
上下交而志其同也。(《周易·泰卦》) 上下不交而天下无邦也。(《周易·否卦》) 君子以虚受人。(《周易·咸卦》)	盖许人民以各鸣所愿者，所以革上下不通之弊。《周易》以上下交通，其象为泰；上下不通，其象为否。咸卦曰：君子以虚受人。《韩诗外传》：人主之疾十有二发，而隔居其一(隔者即下情不上通之谓)。《管子·明法篇》亦曰："国有四亡，一曰塞，二曰侵。塞者，下情不上通；侵者，下情上而道止。"苟人人有鸣愿之权，则民情悉能上达，隔于何有？古人集民使言，导民使言，有以哉！	吾观《周易》之书"咸卦"言："君子以虚受人。""泰卦"言："上下交而其志同。"孰非取决于众人之意见乎？通上下之情者此也。所谓处变时之政策者，即操革命之权是也。
民为邦本，本固邦宁。(《尚书·五子之歌》)； 天聪明自我民聪明，天明畏自我民明畏。(《尚书·虞书·皋陶谟》) 谋及庶人。(《尚书·洪范》) 天视自我民视，天听自我民听。(《尚书·泰誓》)	以天为民之代表。盖奉天以即位，称天以制君，皆所以制人君滥用其权也。 《书》"民为邦本"，《孟子》"民为贵"，诚以民为国家主体。《易》"百姓与能"，《书》"谋及庶人"。观于古籍之言，则庶人皆有论议国事之权，不能尽庶人而一一论议之也。则各举议员以为代表。	三代之时为君民共主之时代，故《尚书》所载以民为国家之主体、以君为国家之客体，盖国家之建立，由国民凝结而成。赵太后谓："不有民，何有君？"是君为民立，在战国之时且知之，而谓古圣独不知乎？ 上古之时，政悉操于民，故民惟邦本之言载于禹训。夏、殷以来，一国之权为君民所分有，故君民之间有直接之关系，所谓"后非民罔使，民非罔事也"。降及周初，民极益弱，欲伸民权不得不取以天统君之说，所谓"天视自我民视，天听自我民听"者也。

续表

典章制度中的话语	《宪法古义》中的附会	《中国民约精义》中的附会
小司寇之职，掌外朝之政冶，以致万民而询焉。一曰询国危，二曰询国迁，三曰询立君。(《周礼·秋官·小司寇》)	《周礼·小司寇职》云："掌外朝之政，以致万民而询焉，一曰询国危；二曰询国迁；三曰询立君。"其位：王南向；自三公及州长、百姓北面；群臣西面；群吏南面。《朝士职》云："面三槐，三公位焉，州长、众庶屏其后。"群臣群吏者即上议院也；众庶者，即下议院也。 《周礼》小司寇，掌外朝之政以致万民而询焉，其位王南向，三公及州长百姓北面，群臣西面。又以三刺断庶民狱颂之中，一询群臣，二询群吏，三询万民。听民所刺宥以施刑。……盖国有大事，博访群情，庶民咸与，固商周之通法，为民操立法权之证。	《周礼》一书以伸民情为本。……。《民约论》云："人世不测之事随时而至，不得不随时集言以助之。盖集言之制，不特以之制国宪而已，凡置政府于永久不朽之地及迁任执政，均非集言不足以蒇其功。"(卷三第十三章)案，"人世不测之事"即《周礼》"国危"之意也，"置政府于不朽之地"即《周礼》"国迁"之意也，"迁任执政"即《周礼》"立君"之意也。盖西国之政体，欲巩固君权、又欲持民权于不失，故行集民使言之法。
怀公朝，国人而问焉。(《春秋左氏传》哀公元年)	春秋列国之君，亦有集民使言者。陈怀公谋从楚从吴，则召国人而问。卫灵公谋叛晋，则召国人而询。皆召集议会之意。惟古代之开会无定时，而有定所。	怀公朝国人而问，非国民之自有参政权呼？
郑人游于乡校，以论执政。(《春秋左氏传》襄公三十一年)	昔子产不毁郑之乡校，宋太学诸生皆得议政，甚至宰相视为进退。今泰西各国凡议院与政府冲突，则行政大臣相率去位，士论既畅，民气自伸，古制今情若合符节耳。	至于春秋，诸侯立，君威少杀，束缚既轻，人民之思想遂日渐发达，故其政体之组织往往见三代之遗焉。"郑人游乡校而论执政"，非下议院乎？

续表

典章制度中的话语	《宪法古义》中的附会	《中国民约精义》中的附会
“正月之朔，百官在朝，君乃出令布宪于国。宪既布，有不行宪者，罪死不赦。考宪而有不合于太府之籍者，侈曰专制，不足曰亏令。”（《管子·立政篇》） “君臣上下贵贱皆从之，此之谓大治。”（《管子·任法篇》	独管子知以宪法治齐，《立政篇》首宪章之言曰：正月之朔，百官在朝，君乃出令布宪于国。宪既布，有不行宪者，罪死不赦。考宪而有不合于太府之籍者，侈曰专制，不足曰亏。以立宪与专制对言，则齐国之定宪法明甚。惜乎齐为侯国，周而行此，八百年未有艾也。	管子所行之政治，以立宪为主。《立政篇》“首宪”节云：正月之朔，百官在朝，君乃出令布宪于国。宪既布，有不行宪者，罪死不赦。”考宪而有不合于太府之籍者，侈曰专制，不足曰亏令。则齐国早定宪法明矣。重立宪而斥专制，为《管子》书中之精义。且管子治齐，最得西人法制国之意。以法律为一国所共定，故君臣上下同受治于法律，而君主仅践立法者所定之范围。《民约论》引孟德斯鸠之言曰：“上古之世，立法者即为国家之元首。后世文明日进，则元首即在法律之中。”旨哉此言，殊合管子以法治国之旨矣。
“法者，君臣之所共操也；……权者，君之所独制也。”（《商君书·修权篇》） 尧、舜之位天下也，非私天下之利也，为天下位天下也。（同上）	其（商君）《修权篇》之言曰：法者，君臣之所共操也；权者，君之所独操也，以人君操国家之主权，而非以人君为国家之主体，何先后与伯伦知理国家法人语若合符节也。	商君之说虽流为专制，然即《修权篇》之言观之，以君位为主、以君为客，非以人君为国家之主体，仅以人君操国家之主权耳。与伯伦知理国家法人说若合符节。
防民之口甚于防川。川壅而溃，伤人必多，民亦如之。（《国语·周语上》）	周厉王欲弭谤，召公谓防民之口，甚于防川，是论议自由不当受法律之限制。	舆论者，固因国民之趋向以限君主之大权者也。人人有发言之权，即人人有议政之责。此固原于民约之初者也。

续表

典章制度中的话语	《宪法古义》中的附会	《中国民约精义》中的附会
天下从事者不可以无法仪，无法仪而其事能成者无有也。虽至士之为将相者，皆有法，虽至百工从事者，亦皆有法。（《墨子·法仪篇》） 今天下无大小国，皆天之邑也。人无幼长贵贱，皆天之臣也。（《墨子·法仪篇》）	《墨子·法仪篇》谓立法之初，当以多数之人所定者为法，不当以少数之人所定者为法。盖以少数之人所定利于一己，必不利于多数人民也。《尚同·下篇》亦言为人君者，当依人民多数之意，以兴利除弊。近泰西各国与议员立法之权，故制定一法，必合于举国人民所欲出，以国者国民之国也，全国之生命财产，皆系于议员，皆汇于议院，全国代表顾不重哉。	推墨子之旨，以为天者，爱民者也。其爱民也，无所不用其爱者也。人君承天命以治国，则亦当爱民。其爱民也，亦当无所不用其爱。无所不用其爱即平等也，故大小平等、强弱平等、智愚平等、贵贱平等，无复压制与受压制之等差，然后可以为法。
桃应问（孟子）曰："舜为天子，皋陶为士，瞽瞍杀人，则如之何?"孟子曰："执之而已矣。""然则舜不禁与?"曰："夫舜恶得而禁之？夫有所受之也。"（《孟子·尽心上》）	孟子言皋陶执瞽瞍，由于法有所受，所以明法为一国所遵守，虽天子亦不能以私违之，即法院独立之意也。	孟子言舜不得禁皋陶执瞽叟，由于皋陶之法有所受。所以明法为一国共守之法，虽天子亦不能违，即司法权独立意也。
闻以一人治天下，不闻以天下奉一人。（张实：《大宝箴》）	又西法君主之财，与国家之财分异……可见古代之君，有一定之私产，无侵蚀国用之权。西汉之制，大农掌国用，少府掌君主私财，亦分君主私财与国家公财为之。张氏《大宝箴》曰："闻以一人治天下，不闻以天下奉一人。"旨深哉！	立国之公理，当以少数服从于多数，不可使多数服从于少数。《民约论》之言曰："天下生灵亿兆，其号称帝王者仅仅数十百人。将以亿兆属之数十百乎，抑以数十百属之亿兆乎?"读遍中国历史之书，君非以多数服从少数乎？张氏知多数人民非君主一人之奴隶，所谓不以天下奉一人者，即不以天下为一人之天下也。且张氏生君主专制之世，而《大宝箴》一篇又为儆戒人君之作，而所言如此，益信张氏之为直臣矣。

续表

典章制度中的话语	《宪法古义》中的附会	《中国民约精义》中的附会
“典宪”二字甚大，惟知道者能明之。后世乃指其所撰苛法，名之曰“宪典”，此正所谓无忌惮！（陆九渊：《语录》）	此宋儒之精言，非下走一人之私言。驳立宪者亦肆业及之耶。特中国自三代以来，即有君尊臣卑之说，由是尊卑之分严，上下之等立。	中国自三代以后，悉以君主操立法之权，不以国家之利害为利害，而以一己之利害为利害；不以众人之损益为损益，而以一己之损益为损益。所谓“会要”、所谓“律例”，非法律也，直敕令耳；非国法也，直家法耳。欲法之不苛，岂可得哉？此陆子所以斥为无忌惮也。

从表3可以看出，汤寿潜和刘师培、林獬对中国古典的附会有许多相通之处，有的甚至惊人的相似，如对商鞅的《商君书·修权篇》中“法者，君臣之所共操也；……权者，君之所独制也”一句的附会，汤寿潜的附会为：“其(商君)《修权篇》之言曰：法者，君臣之所共操也；权者，君之所独操也，以人君操国家之主权，而非以人君为国家之主体，何先后与伯伦知理国家法人语若合符节也。”刘师培、林獬的附会是：“商君之说虽流为专制，然即《修权篇》之言观之，以君位为主、以君为客，非以人君为国家之主体，仅以人君操国家之主权耳。与伯伦知理国家法人说若合符节。”还有，如对《孟子·尽心上》孟子所言“皋陶执瞽瞍”的故事的附会，汤寿潜附会为：“孟子言皋陶执瞽瞍，由于法有所受，所以明法为一国所遵守，虽天子亦不能以私违之，即法院独立之意也。”刘师培、林獬附会为：“孟子言舜不得禁皋陶执瞽叟，由于皋陶之法有所受，所以明法为一国共守之法，虽天子亦不能违，即司法权独立意也。”从词语造句到内容，二者的附会几乎完全一样。汤寿潜的《宪法古义》作于1901年秋天，刘师培、林獬的《中国民约精义》作于1903年夏天，虽然没有发现能明确地证明刘师培、林獬在写《中国民约精义》时参考了汤寿潜的《宪法古义》的材料，但从上述附会中似可以推断出刘、林二人是参考了汤寿潜的《宪法古义》的。

从表3也可以明确地看出：《宪法古义》和《中国民约精义》都是以西方的政治理论学说来翻新中国古典的，反映了他们对民主政治的理解和认同。即使这些学说并非作者们的独创，但在20世纪初年，在专制统治者仍然掌握国家政权并对资产阶级压制、打击的环境中，认同西方民主政体的毕竟是少数先进人的时候，

"言宪法于举国不言之日"①，以附会的方式来表达自己的民主政治观念，不仅需要敏锐的洞察力，还需要承担巨大政治风险的勇气和胆量，没有炽热的爱国情感是难以做出这样的事情的，其历史进步作用显而易见，其对中国宪政的贡献也不容小觑。

当然，汤寿潜和刘师培、林獬政治思想的分野也是明显的。汤寿潜是相对保守的绅商，属于资产阶级立宪派阶层，倾向的是二元制的君主立宪政治。刘师培从 1903 年科举失败，结识林獬、章太炎后，马上成为激进的资产阶级革命派。《中国民约精义》是以卢梭《民约论》为蓝本来解读中国传统政治的书，宣传的是主权在民、天赋人权、社会契约论以及议会民主制度，带有更加强烈的反封建专制色彩，目的是建立共和政体，反映的是资产阶级革命派的民主主张。所以，尽管都是附会中国古典，但二者的区别也是十分明显的。

比如：在《宪法古义》中，因汤寿潜赞成的是二元制君主立宪，虽然承认君主要受法律的制约，但他还是认同君主有很大的权力，"神圣不可侵犯"。他说："中国古代，多称天以制君，《太誓》'天视自我民视，天听自我民听'，以天为民之代表。盖奉天以即位，称天以制君，皆所以制人君滥用其权也。"②但是，汤寿潜也指出"西人之称君也，曰神圣不可犯，亦沿耶教之旧称，所谓神授君权之说，与中国称君为天子、天王者，大约相符。其言君主不可犯者，亦与中国指斥乘舆为大不敬相合。《论语》子路问事君，子曰'勿欺也而犯之'，犯指直言极谏，非侵犯其身体也。《左传》曰：'天生民而立之君，使司牧之。'《书》云：'作之君，作之师。'君掌政权，师掌教权，政教合一，故曰神圣不可犯，虽以郑庄公之跋扈，而曰不敢陵天子黷权，吾惧君以兵罪莫大焉。是君不可犯也，春秋时人多知此义。今立宪国民，其于元首也，尊之，亲之，保护之。尧民之颂尧者曰：'仁如天，智如神。'宪法定之曰神圣，其所以重视君身者，亦以哉。"③可以明显看出，汤寿潜对君主还怀有很大的情愫，"尊之""亲之""保护之"，不希望在中国废除君主，实行共和制。

相比之下，刘师培、林獬则对君主专制提出了严厉的批评和否定。虽然二人也认为《太誓》的"天视自我民视，天听自我民听"一句中以天为民之代表，称天以制君，是对君主滥用权力的限制，但刘、林二人并不仅限于此，他们进而指出：

① 《复浙江巡抚抚增韫的信》，中国第一历史档案馆藏：《汤寿潜档案全宗》，胶片 5—5—6。

② 《宪法古义》第 1 卷，第 2 页。

③ 《宪法古义》第 1 卷，第 2 页。

“各国宪法皆云君主之身神圣不可犯。夫所谓神圣不可犯者，以君主为一国之元首，即全体之代表人。国家神圣不可犯，则其代表自不可犯矣。苟代表者攘窃人民所寄讬之公权，而擅作威福于上，以亏损国家之名器、防害人民之利益，则君主之对于国家有侵犯神圣之罪，人民起而讨之可也。夫君主有罪，人民起而讨之，此为谈民约者所公认。”①刘师培还以汤、武“革命”的故事来比附：“君主之权利非君主一人之固有，乃受之一国人民者也。与之由人民，收之亦由人民，故放桀、纣不必由汤、武而后可也，凡一国人民悉有伐桀讨纣之柄，不过一人权力微弱而假手于汤、武之师耳。盖人君既夺人民之权利，复挟其权力以临民，则为人民者亦当挟权力以与君主抗，以复其固有之权。”②国家乃全体人民的国家，君主乃受国民委托治理国家，如果君主不能代表国民的意志，就可以废除君主，表达的是对君主的否定，突出的是人民反抗专制的正义性，其思想的革命性要比汤寿潜的思想激烈和彻底得多。

在对国家公产和皇室私产的认识上也能看出汤寿潜思想的保守性以及与刘师培、林獬革命性的分野。

汤寿潜说：“西法君主之财，与国家之财分异，亦符古制。周礼庖人职云，惟王之裘与其皮事不会。酒正之职云，惟王及后之饮酒不会。庖人之职云，惟王及后之缮禽不会，外府职云，惟王及后制服不会。则王及后世子之无限制者，惟饮食与衣服二端，余则皆有限制。然太府职云，关市之赋，以供王之缮服，而太宰职四曰，馐服之式，则缮服虽不会，要不出关市之赋而已，可见古代之君，有一定之私产，无侵蚀国用之权。西汉之制，大农掌国用，少府掌君主私财，亦分君主私财与国家公财为之。张氏《大宝箴》曰：闻以一人治天下，不闻以天下奉一人，旨深哉!”③

刘师培、林獬说：“观《周礼》一书于天子之用财皆有一定之制；(由天官之职观之，于王及后、世子无限制者，仅饮食、衣服二端，余则皆有限制。龟山《与胡康侯书》云：‘唯王及后、世子不会特膳服之类也，有不如式，虽有司不会，冢宰得而式论之矣。世儒以为至尊不当以法制之，非正论也。’其说甚佳。)而泰西立法之邦于天子之财皆有一定之岁俸，且以君主之私财别于一国公财之外，其杜渐

① 刘师培、林獬：《中国民约精义》，《刘师培全集》第1册，北京：中共中央党校出版社，1997年，第592—593页。

② 刘师培、林獬：《中国民约精义》，《刘师培全集》第1册，北京：中共中央党校出版社，1997年，第568页。

③ 《宪法古义》第2卷，第2页。

防微不亦深哉！中国之君主则不然，不以天下为天下之天下，而以天下为一己之天下；不以天下之利归天下，而以天下之利奉一人。自汉高祖‘吾之产业孰与仲多’一言，俨然以天下为一己之私产。至于王莽遂有‘以天下之田为王田’之说矣。敲扑天下之骨髓、离散天下之子女，而犹饰经文一二语以自饰，曰‘普天之下，莫非王土’、曰‘奄有四海为天下君’，以遂其一己之私欲。此三代以后，天下所以无真公私也。”[①]

同是对国家公产和皇室私产的分析，汤寿潜只是牵强附会地指出中国古制中皇室也有一定之私产，并不能随便滥用国家公产。汤寿潜的意思是说既然西方宪法符合中国古义，现在由议会来监督国家财政，君主不能随意征取赋税并非违背中国古制。刘师培、林獬则是对君主痛加责诘，指出中国古代虽有限制君主财用的说法，但三代以后，专制完全压倒了民权，大多专制君主以国为家，以天下财产为一己之私产，“敲扑天下之骨髓、离散天下之子女”[②]来满足自己穷奢极欲的荒淫生活。刘、林二人的意思则为三代以后的君主根本无公无私的观念，与民约完全背离，为了恢复人民的主权，就应当废除君主专制，“欲行民约，必先合群力以保国家，欲保国家必先合群力以去君主。盖团体不固之民，未有能脱专制之祸者也。又，《民约论》之论去人君之阻力也，谓必人人竭其能、尽之力，集合一气，分之不散，誓尽去之而后已。则共和政府之成立，由于民之群聚明矣。夫天下岂有涣散之民，而能使之立国哉？”[③]这里，刘、林二人明确地提出了“去君主”“脱专制”、成立“共和政府”的革命政治诉求。这不仅表明了汤寿潜的君主立宪思想同刘师培的“革命共和”思想划清了界限，也说明了正因为政治思想上的分野，他们对中国传统典章的附会也有不同的解读和阐释。

通过对两书的简单比较，不难发现在这两部纂述于百年之前的书中，都含有大量颇富学术性、思想性的内容，《中国民约精义》已在中国近代思想史上留有重要的价值，遗憾的是因《宪法古义》的保守性和行文的晦涩性，加之汤寿潜本人也不愿以此书招致非议，所以《宪法古义》只在少数人中间传阅，使其社会影响远远不及《中国民约精义》，今对其研究，不仅可以深化对汤寿潜思想的认识，而且对

① 刘师培、林獬：《中国民约精义》，《刘师培全集》第1册，北京：中共中央党校出版社，1997年，第565页。

② 刘师培、林獬：《中国民约精义》，《刘师培全集》第1册，北京：中共中央党校出版社，1997年，第565页。

③ 刘师培、林獬：《中国民约精义》。《刘师培全集》第1册，北京：中共中央党校出版社，1997年，第580—581页。

思考近代中国思想史也不无重要的启迪价值。

五、对汤寿潜《宪法古义》的省思

人们在推翻旧世界、改造新世界时，往往会从旧世界内部借助可以利用的武器反对它，从而达到建立新世界的目的。在近代中国，先进的中国人为了救亡图存，从西方寻求到了议会、宪政、科学、民主、三权分立、天赋人权等崭新的思想武器，向封建专制挑战。但由于受传统观念、历史惯性、客观时势乃至个人个性的影响，在相当长的一段时间内，"西学中源""中体西用"等学说广泛流传，中国近代的政治家和思想家借此"援西入中""托古改制"，从中国典章制度中寻求符合西方之意的资源，发挥附会作用，以古论今，从而达到改造旧世界的目的。从上述对《宪法古义》的解读中就可以发现汤寿潜是这种现象的典型代表。

那么，汤寿潜、刘师培等人用中国古义来附会西政的原因有哪些呢？概括起来，有以下几点。

第一，西方文化，特别是西方的政治文化是完全不同于中国文化的一种异质文化，它们在中国的传播、移植必然会受到本土文化的深刻影响。以"中学"的话语系统来诠释"西学"的基本思想与基本理论，虽非科学，却是中西学术交流过程中必然的现象。中国文化源远流长，有着顽强、绵长的生命力和很强的包容性，历史上有很多外来文化都被会通吸收到中国文化里面。比如佛教文化，自东汉传入中国后，经过数百年的融合贯通，到唐朝时已经成为中国文化的重要组成部分。所以，在中国的这种文化环境中，中国的文化知识分子形成了一个貌似矛盾的思想特点：一方面，中国的知识分子自视颇高，名教观念浓厚，信守中国文化只能用夏变夷，不会以夷变夏的观念。另一方面，文化的实用主义又让他们能以经世致用的态度来审视外来文化，对吸收外来文化为我所用抱有强大的自信心。汤寿潜虽然是与时俱进的思想家，但他也深受中国儒家传统影响，对本土文化有着强烈的认同感，一度认同"西学中源"说。他曾指出西方学问技艺大都来自中国，"天学、物学、化学、气学、光学、电学，重学、矿学、兵学、法学、水学、声学、医学、文字、制造等学，皆见我中国载籍，近人张自牧《瀛海论》中篇，历引各书以证尔见缕无遗。大氐西人政教，泰半本之《周官》；西人艺术，泰半本之诸子。试取管、墨、关、列、淮南等书，以类求之，根原具在"。[①] 在他看来，中国向西方学习符合"礼失求诸于野"的圣人之意，本不为怪。

---

① 《危言》，《汤寿潜史料专辑》，第225页。

在晚清，持上述观点的有一大批知识分子，如从早期维新思想家王韬、郑观应、薛福成、陈炽、宋育仁等，到维新领袖康有为、梁启超，再到革命派的刘师培、林獬，即使纯粹的知识分子孙诒让也有类似的思想。这是一个群体的特点，是过渡时期中国文化形成中必然的一个现象。这说明在任何一个民族里，知识分子在创造一种新的思想文化过程时，根本就离不开传统的文化，离不开对本土文化资源的翻新，传统文化在历史的惯性作用下会不断地复制和再生。

对中国文化发展演变研究极深的费孝通先生曾指出：

"文化的改革并不能一切从头做起，也不能在空地上造好了新型式，然后搬进来应用，文化改革是推陈出新。新的得在旧的上边改出来。"①

翻新古义，是西方宪政文化深刻影响中国文化的结果，也是中国文化接纳宪政文化的契入点，汤寿潜作为文化人，生活在新旧社会的过渡时期，致力于中国社会的革新，自然难以摆脱传统文化对他深刻的影响。

第二，汤寿潜心中具有强烈的民族主义情感，在把异域的文化引入中国文化系统时，他必然把它们嫁接到传统文化中。这对他来说，既是一种自觉的文化使命，也是不可避免的选择。

从鸦片战争开始，中国经历了东西方列强侵略的屈辱历史。人为刀俎，我为鱼肉。丧权辱国的惨败激发了先进中国知识分子民族意识的觉醒，他们悲愤地寻求着救亡之道。汤寿潜目睹"他族逼处，鹰瞵而鹗睨，伺我之瑕以薪餍所欲，我群醉众寝，百不訾省，慨不胜矣"②，心情极为悲愤，他常常特立独行，慷慨叹息于天下局势的危险。由于痛恨列强侵略，由此激发的民族悲愤感时常萦绕在汤寿潜心中。他看到中国士大夫积习不改，大为痛心。他认识到"袭三古之肤末"并不足以"济四裔之俶扰"，③ 只有奋发学习西方才能挽救危局。不仅如此，他甚至提出中国学到西方的长技后，要以牙还牙，鞭挞侵略者。比如，中国以西方的教育方法培养人才后，中国的有用之才"将取之不胜取，用之不胜用，虽驱驾风霆，捶挞夷长，不难矣"④。用西方的军事方法编练海军后，"(朝廷)采用西学，整饬海军，断匈奴之臂，悬郅支之头，系颉利之颈，囊括五大洲而有之，还神农以上之大九州，我国家大一统之模，不诚足震今而铄古也欤!"⑤还有，他在分析中国

① 费孝通：《乡土重建》，《民国丛书》第3编(14辑)，上海：上海书店出版社，1989年，第151页。

② 《危言序》，《汤寿潜史料专辑》，第215页。

③ 《危言・前言》，《汤寿潜史料专辑》，第215页。

④ 《危言・书院》，《汤寿潜史料专辑》，第229页。

⑤ 《危言・节流》，《汤寿潜史料专辑》，第263页。

和西方进行较量的时势时说："嗟呼，势无定者也，始既视夷太卑，终必视夷太高；至于视夷太高，而夷之视我且不值一噱，将不留余地以处我矣。……夫堂堂一尊之国而求亲于夷，可耻也；求亲夷而夷不我亲，其可耻复何如也？"①我们可以看出，一方面，汤寿潜对清政府的腐败颟顸强烈不满，对列强的侵略痛恨不已，表现出强烈的民族主义情愫，认识到要挽救危亡只有向西方学习。另一方面，由于学习的对象也是侵略中国的对象，在情感上汤寿潜又处于一种矛盾的状态，以敌为师折磨着他的情感。所以，在学习西方时，汤寿潜希望能把西方的技术、政治等都纳入中国的传统，所以在情感上自然而然地会采用附会的方式。列文森(Joseph R. Levenson)认为："中国近代知识分子大体是理智方面选择了西方的价值，而在情感方面却丢不开中国的旧传统。"②不仅汤寿潜的学识使他跟传统难以割舍，外力的逼迫所激发的民族主义更让他从传统中寻求与西政暗合之义。这是那个时代知识分子不可避免的选择。

第三，托古改制，翻新传统不仅是近代知识分子一种民族文化主义的自觉，也是一种策略，是为在中国传播西学、移植西政寻求一种具有合法性的理由。

近代中国一而再、再而三的失败耻辱和深重的社会危机使近代知识分子认识到学习西方才是中国的出路。但是，在一个有着两千年专制制度和深厚文化传统的国度中学习政治上与专制对立、文化上异于文化传统的西方思想，会遭遇到巨大的阻力。顽固派们抱着"夷夏之辨"的陈腐观念，视西方国家为"夷族蛮邦"，反对中国效法西方。1866 年同文馆增设算学馆之争时，顽固派大学士倭仁曾说："何必夷人？何必师事夷人？"③他们担心学习西方会"变夏于夷"。戊戌维新时，当维新派提出在中国实行议会民主、给人民民权的主张时，反对之声更是汹汹四起，"方今康梁所用以惑世者，民权耳，平等耳。试问权既下移，国谁与治；民可自立，君亦何为。是率天下而乱也。平等之说，蔑弃人论，不能自行，而顾以立教，真悖谬之忧者"。④ 面对巨大的反对之声，康有为等人不得不拉大旗作虎皮，把孔子装扮成托古改制先驱，以减少改革的阻力，同时避祸。汤寿潜亲历过这段历史，对于历史的教训和经验有着清醒的认识，当然也想学而用之。

汤寿潜借中义以释西义更多地着眼于现实的政治斗争。因为朝廷内外守旧大

---

① 《危言·夷势》，《汤寿潜史料专辑》，第 277 页。

② 余英时：《中国思想传统的现代诠释》，南京：江苏人民出版社，1998 年，第 358 页。

③ 《同治六年三月二十一日倭仁折》，中国史学会编：《洋务运动》(第 2 册)，上海：上海人民出版社，1959 年版，第 38 页。

④ 《宾凤阳等上王益吾院长书》，王先谦：《虚受堂书札》，第 1 卷，第 52—53 页。

臣还以宪政为异域政体不适合中国为借口，反对在中国实行立宪政体，出于策略考虑，汤寿潜不得不有所附会。这固然说明汤寿潜在变革中难以摆脱传统的影响，但更是他希望给宪政改革披上符合中国道统的合法外衣，以冀在渐进的改革中减少各种横生的阻力。

那么，如何看待和评价汤寿潜翻新古义，以中释西的历史作用呢？

对于中国传统政治文化来说，西方宪政完全是一种异质文化，和中国政治文化有着本质的区别。文化上的巨大差异，以及西方列强对中国变本加厉的掠夺，导致中国在学习西方的道路上遭遇重重阻力。虽然汤寿潜以及相似的开明思想家认识到中国学习西方的政教乃是正确的救亡之道，但这是一个循序渐进的过程，需要慢慢地接受敌对方的文化。西方历史学家汤因比在谈到文化冲突法则时指出：在文化冲突中采取守势的民族往往把“入侵的外国文化射线衍射成各种组合部分，然后，勉强接纳这些外国生活方式的裂片中那些毒害最小的，从而引起最少扰乱的部分，希望能够免去在此以外的更进一步的让步”[①]。

汤寿潜用四两拨千斤的妙手，把中西之争转化为古今之争，希冀化解守旧士人“以夷变夏”的恐惧。这一策略不仅为中国移植西方宪政提供合法性，而且理论上探讨如何把西方的宪政材料整合到中国文化结构中，提出了符合中国国情的宪政文化建构模式。他这一政治思想的特征，既是中西文化相互碰撞、相互融合的产物，也是时代思潮氤氲化生的必然结果，值得后人去深思。

随着时代的发展，人们对西方的认识日渐深刻，汤寿潜似的附会的局限性也日渐明显，受到的批评也多了起来。深谙西方民主制度的严复就曾经翻阅过汤寿潜的《宪法古义》，并对这一现象做出深刻的反思。早在 1895 年的《救亡决论》中严复就抨击这种做法，他说：“晚近更有一种自居名流，于西洋格致诸学，仅得诸耳剽之余，于其实际，从未讨论，意欲扬己抑人，夸张博雅，则于古书猎取近似陈言，谓西学皆中土所已有，盖无新奇。”[②]1897 年，梁启超做《古议院考》后不久，严复去信给梁启超，对梁启超的比附提出批评。1906 年他著《政治讲义》，又对汤寿潜的《宪法古义》提出批评，他说：

“吾近于街头，曾见《宪法古义》一书，意谓凡西人之宪法，皆吾古先所已有者。大抵吾人本其爱国之意，每见外人好处，总不肯说此为吾国所无，而十三

---

① 汤因比：《文明经受着考验》，沈辉等译，顾建光校，杭州：浙江人民出版社，1988 年，第 281 页。

② 严复：《救亡决论》，北京：中华书局，1986 年，王栻：《严复集》，第 52 页。

经、二十七史皆其傅会材料，名为尊我，实则大惑。又使诸公取前问题而叩之西人，彼亦将言人人异。彼将曰：立宪要点，其所以异于专制者，以下议院独有财政赋税之权，非国民所允诺，毫厘之利，不得横取，此谓囊橐法权 Right of Purse 云云。虽然，其说误也。盖使下议院之势诚重，所操法权，且不止此，若其诚轻，将并此无之。夫既有国家，则办事不能无费。西国上古王公，自有产业，山泽苑囿，遍于国中，无俟取于民而后足，此所谓水衡之钱是已。当此之时，虽有囊橐法权，不足窘政府也。且政府所为多矣，今置他端不问，而独禁其取财，亦未见其财之果可保也。不知此乃当时君民争执之顷，彼民见此，为其上之所急，得挟此以要之，取以达其最大之目的。后之论者，乃指术为鹄，失之远矣。”①

严复还批评道：“吾辈考镜欧、美政治，见其现象，往往为吾国历史所未尝有者。即如民主之治，贵族之治，其形式实皆为中国之所无，勉强附会，徒见所言之谬而已。”②严复指出汤寿潜“以西释中”的附会并没有认清中西之间的实质性差异，虽然表面上尊崇中国传统文化，但现实可能适得其反。严复的批评很容易让人想起鲁迅先生笔下的阿 Q，让人认为这是一种“我们祖先曾经阔过”的自欺欺人的心态。

汤寿潜等一批有同等思想的人都深受传统思想的影响，是从传统走向近代的过渡型人物，他们的所处的时代、自身的学养决定了他们思想的复杂性、多变性，新旧杂糅、中西合璧是他们思想的特点。传统文化是他们赖以安身立命的精神支柱，但如果能辩证的对待，又成为他们解读、接纳、移植西学的基点和母本。对此，汤寿潜有过十分透彻地表达：“如以西学不能学，岂中学亦不必学乎？比而论之，如以西学为不屑学，岂中学亦不屑学乎？”③中学与西学彼此激荡，融合会通，共同构成中国近代文化思潮的复杂状貌，既能使传统文化中蕴藏的原始民主思想在近代大放异彩，并被赋予新的时代意义，又能使舶来的西方文化披上民族的色彩，从而增强对西方文化的认同，为移植西方制度减少阻力。改革是一项复杂的系统过程，移植西政更是惊世骇俗，翻新古义、以西释中实乃汤寿潜等先进思想家的苦心孤诣之作，今日，我们以后人的眼光可以批评它的不彻底性和

---

① 严复：《政治讲义》(第八会)，王栻主编：《严复集》第 5 册，北京：中华书局，1986 年，第 1312 页。

② 严复：《政治讲义》(第四会)，王栻主编：《严复集》第 5 册，北京：中华书局，1986 年，1269—1270 页。

③ 《危言·考试》，《汤寿潜史料专辑》，第 226 页。

不科学，却不能抹杀此举在当时的历史环境中所起的积极作用。历史研究应当充分回归到历史本来的场景。

第二节　在宪政路上

20 世纪初，在立宪思潮勃发而起的时候，汤寿潜翻新古义，提出了自己对宪政的理解，其实质是希望能在中国实行君主立宪政体。虽然汤寿潜的主张并没有引起较为重要的反响，但 1904—1905 年的日俄战争促进了国内立宪运动的发展，立宪派受战争的刺激开始走上政治活动的前台，在朝野内外立宪主张的压力下，清政府也在 1905 年底派五大臣出洋考察宪政。1906 年 9 月，清政府正式宣布仿行宪政，“以立国家万年有道之基”。自此，国家进入由政府主导的君主立宪轨道。走君主立宪之路是中国近代历史发展的必然，是社会的巨大进步，在当时符合人民的意愿，特别是立宪派的愿望。立宪上谕颁布后，立宪派奔走相庆，认为这是中国历史古今未有的盛举，是国家转弱为强的始基。这一时期，汤寿潜积极联络江南名流张謇、郑孝胥、张元济、张美翊、许鼎霖、赵凤昌、陈黻宸、朱福诜诸人，积极奔走游说朝中的实力派，同时，发表各种宪政主张，以促进和加快宪政的实行。汤寿潜成为名震朝野的立宪派首领之一，极负东南人望。此时，他也一改以前用附会之法含蓄表达宪政主张的做法，提出了一些更为明确和更具实效的宪政要求，在立宪运动中留下积极影响。

一、兴教育，开民智

1906 年 9 月，清政府在仿行宪政的上谕中指出清政府为什么要预备立宪而不是正式立宪的原因时说：“目前规制未备，民智未开，若操切从事，涂饰空文，何以对国民而昭大信。”[①]指出国民民智低下是不能骤然立宪的原因之一。在当时，民智问题确实是中国近代知识分子十分关注的重要问题。

民智是一个含义比较宽泛的概念，除知识水平、文化程度以外，往往还包含政治觉悟、政治水平、参政能力等方面的内容。中国近代思想家都把提高人民的智识作为实行宪政的重要前提，认为它关系到国家的强弱与兴衰，诚如梁启超

① 《宣示预备立宪先行厘定官制谕》，《清末筹备立宪档案史料》上册，北京：中华书局，1979 年，第 44 页。

说："民弱者国弱，民强者国强，殆如影之随行，响之应声，有丝毫不容假借者。"①

汤寿潜等人认为，发展新式教育、培养各种人才是提升民智的最重要手段，是实行宪政的基础。汤寿潜一生躬亲践行教育事业的活动很多。比如：1894 年，汤寿潜曾任宁波丽正书院山长，讲求中西实学。1899 年，他来到湖州，出任南浔浔溪书院山长，并淘汰旧学，力行新学，开设声、光、化、电等自然学科和法律、历史、交涉等社会学科，由是学风丕变，人人谈新学。新式人才是新式事业的基础，但人才的匮乏使新事业举步维艰。为了改变困境，1902 年，汤寿潜协助张謇创办通州师范，1905 年通州女子师范学校也开始招生。1903 年汤寿潜在张元济推荐下任上海龙门书院的山长，"专讲躬行"。后又接受张謇的建议，仿效日本师范教育制度，在 1904 年改龙门书院为龙门师范学校，为苏、沪、杭等地培养了大批人才。1905 年，汤寿潜等人积极奔走在富商之间，筹资创办了杭州初级师范学堂，这是浙江最早的一所私立初级师范学堂。1906 年，在汤寿潜主持下，浙江铁路公司出资兴办了杭州铁路学堂，培养专门人才，以俾实用。从上述汤寿潜的教育实践中，可以明显看出汤寿潜是一位"教育救国论"思想的虔诚信徒，信守"治事不托空言，一归实际"的主张，务求在教育中提高人民的智识。正是由于汤寿潜在教育上的主张和实践，使其声名大震。1907 年 5 月，清政府新设立的学部广延人才，汤寿潜被学部聘为一等咨议官，同时受聘者有张謇、郑孝胥、严复、汪康年、陈三立、罗振玉、熊希龄、夏曾佑等社会名流。当时清廷正在紧锣密鼓地仿行立宪，学部的咨议官也是朝廷振兴教育的顾问官。汤寿潜作为咨议官，深知教育对立宪乃至国家强盛的重要性，在此期间他提出了自己的教育主张和看法。概括地讲，汤寿潜认为教育在提升民智等方面的主张有如下几方面。

（一）教育救时论

教育是强国之本。汤寿潜通过与西方比较认为军事和实业虽然是西方强盛的表现，但背后却是人才的不同。西方教育培养的是思想独立的人，学到的是真才实学，而他看到的中国士子们，则一头扎进故纸堆，思考的是如何参加科举考试，沉迷于八股声律之中，至于时代的变迁所带来的巨大变化则毫无兴趣。汤寿潜看到传统科举制度培养出来的人才都是庸且妄者的蠢材朽士，非常痛心。为此，他呼吁改革科举，兴办新学。更难能可贵的是，汤寿潜明确地指出了新学与

① 梁启超：《新民说》，《饮冰室合集》四，北京：中华书局，1989 年，第 7 页。

宪政制度的关系："学校亟兴新学，以植人才，是尤议院之原本。"[①]他坚信自己的看法："欲开民智，必建学堂；欲图本富，必兴工艺。"[②]1905 年 7 月，他与严复等人在为复旦公学募捐的活动中又强调："以中国处今日时势，有所谓生死问题者，其惟兴学乎？……曰惟兴学。"[③]可以看出，汤寿潜等人把教育问题看成事关国家和民族生死存亡的关键，教育发达了，国民素质提高了，就会民生富足、社会进步，中国也会逐渐由传统社会变迁为近代社会。1907 年，汤寿潜以极大的兴趣出任学部一等咨议官，参与讨论学部的教育问题。同年 4 月，他在阅读了罗振玉的兴学计划后再次强调"教育为吾国今日生死问题"[④]，呼吁大力普及学堂教育，扩充受教育人群，提出只有教育才可以挽救中国大难不死，提出了一系列振兴教育的可操作计划。

（二）注重德育，减课经学

科举的停办、新式学校的广立对中国民智提升具有重大的作用，对此汤寿潜完全支持，但由于传统惯性和现实情况的羁绊，新式教育伴随着很多问题，"兴初等教育，曰'无教员'；兴高等教育，曰'无学生'；蔽之一言，曰'无教育经费'"[⑤]。更让汤寿潜担心的是由于新式教育都是以西式教育为仿行对象，盲目模仿，尽快速成，致使中国新式教育出现"逾淮为枳"的弊端，嚣杂低效。汤寿潜忧心忡忡地指出："我国学堂糅杂甚矣，德育不讲，智育适以济奸，体育转以佐暴。谓为科学，有科无学，谓为人才，似才非人，剿袭之技易于时文，名利之径捷于科举。昔患学生之少，今转患学生之多。不图教育义务未普及，而败象已普及也。"[⑥]

汤寿潜认为，教育学是糅合伦理学和心理学而成，而德育乃是实现伦理学的。学生的智育、体育发达，心理也一定强固，也更能胜任国家公民的职责。他指出，各国的政体虽然有差异，但注重学生的德育教育并不会有差异。有人认为外国没有伦理学，学生根本不注重德育，这完全是井底之蛙的短见，并没有认识到外国德育教育的发达。他向学部提出："宜请大部注重修身科，……其校风不

---

① 《危言·中学》，《汤寿潜史料专辑》，第 224 页。

② 《理财百策》，《汤寿潜史料专辑》，第 397 页。

③ 《复旦公学募捐公启》，孙应祥、皮后锋编：《〈严复集〉补编》，福州：福建人民出版社，2004 年，第 19 页。

④ 《议复罗署正（罗振玉）教育计划草案》，《汤寿潜史料专辑》，第 476 页。

⑤ 《议复罗署正（罗振玉）教育计划草案》，《汤寿潜史料专辑》，第 476 页。

⑥ 《本部一等咨议官汤寿潜呈学务管见十二则》，《学部官报》第 12 期，1907 年。

良者，勒令停闭，不必以歇学为嫌。教授修身科不得以外国教员任之，五千年国粹奚待借才骎骎乎？有橘枳茎茅之惧。校长之下教授、庶务各有专责，气厚事简未为过劳，且模范后进，本身作则，感化自倍，方针既定，乃言学务。”[①]汤寿潜希望新式学堂能减少嚣杂浮躁的风气，能用中国传统士人的风骨来修身，新式学堂应当成为拯时救国的利器，而不是日后谋取利禄的终南捷径。

汤寿潜虽然指出要加强学生的道德的培养，但他不同意学生阅读过多的传统经学。他指出，处在垂髫之年的学生应当本着天性，享受快乐的时光，而且新式学堂学科也繁重，再让学生阅读枯燥无味的经书，完全是扼杀人的天性，主张减少读经时间，增加尚公、尚武、尚实教育，培养健康、人格独立的人。

（三）普及教育，广立师范

汤寿潜在认识到教育对救亡、对开民智的重要作用基础上，1907 年，在答复学部《议复罗署正（罗振玉）教育计划草案》中，提出了普及教育的主张。汤寿潜指出：“植师范、兴小学，此普及教育问题也。”[②]他指出日本明治维新前，日本的普及教育也很落后，同中国不相上下，但从 1872 年起，日本开始大规模地普及教育，人民智识有了长足的进步，整个国家的国力也因此强盛。因此，他向政府和社会各界呼吁，学习日本，普及教育。

但是由于中国教育正处在起始阶段，学区没有划分，户口也未清厘，生齿盛衰，莫由悬测。他指出以全国四亿人口计算，中国的学龄儿童可能达到四千多万，如果平均到每个行省，“每省学童须一百八十一万人”，但是中国基础教育极不发达，学部规定的各省学额，“最盛七八万，少则二三万，是全省学额不过计划中一二县之数耳”[③]，并且教育所需的场屋、图书、器具费用极多，还需要津贴学费，费既不赀，教员也难以满足，中国的教育何时才能普及，汤寿潜对此感到很痛心，“进步之迂，至可嗟痛？”[④]

汤寿潜也认识到由于中国积贫积弱，无法实行免费的普及教育。同时，孩子的父母对普及教育的认识也不同，很多父母对孩子上学并不积极，为了能使普及教育真正发挥提升民智的作用，汤寿潜提出对普及教育实行强制性，对于不积极送孩子上学的父母，要责成其父母负责，可以通过罚金来进行惩戒。对于不安心

---

① 《本部一等咨议官汤寿潜呈学务管见十二则》，《学部官报》第 12 期，1907 年。

② 《议复罗署正（罗振玉）教育计划草案》，《汤寿潜史料专辑》，第 482 页。

③ 《议复罗署正（罗振玉）教育计划草案》，《汤寿潜史料专辑》，第 482 页。

④ 《议复罗署正（罗振玉）教育计划草案》，《汤寿潜史料专辑》，第 482 页。

学习的学生，汤寿潜也主张应当采取惩戒措施，“若有未来请假而不到学者，即报知巡捕，巡捕查核，若其事不甚可原谅者，则亲自警戒其父母”“若子女玩嚣不改，父母之教术亦穷，则将该童送入修正学校(此学校为拘束顽固犯罪之幼童而设)”[①]。需要指出的是，学堂中顽劣的学生也许并非真正的顽劣，有不少学生是有志反清的革命学生。汤寿潜主张对他们惩罚，说明此时的汤寿潜对革命还很有成见。

(四)力倡实业教育

汤寿潜终生都是实业教育的积极倡导者，他在早年就认识到科举制度根本不能造就国家需要的人才，“科举果何益于人哉！国家不以实业导诱天下，长令士类营营于科举而槁饿黄馘”[②]，在他 30 岁左右时目睹时艰，更清醒地认识到了科举是造成中国人骄虚的病灶所在，而矫治之良方就是大力发展实业教育。唯如此，才能培养出实业人才，才能推动实业发展，由是国家才能富强。科举制废除后，汤寿潜愈加推崇实业教育，他指出真正的士并不是读死书、死读书，现在废除了科举作为获取功名的人生独木桥，士完全可以从事工商业。他赞赏德国和日本的实业教育，认为它们为德国、日本的崛起立了大功。“昔者德以三十年新邦，猝蔚成经济帝国，其前世矣。日本学制时代即经画之，若开城学校工部，大学校驹场，农学校开拓使设札幌农学校。县府立中等农业、商业、工业已十余校。明治二十六年，井上文部提议实业教育费国库补助法案，年额十五万元；三十年增为二十五万元；三十四年，预定二十七万元，故工商业日兴。”[③]他认为在日俄战争中，日本之所以能战胜俄国，一个主要的原因就是日本通过发展实业为战争提供了源源不断的补充。

反观中国的实业教育，汤寿潜深感：“中国学章颁布阅四稘，学科驾名高等，学风鼓吹政法，及今勿图，财力益困，经画全虚。”[④]实业教育有名无实。实业教育的薄弱带来的是实业的凋敝，汤寿潜以他自己家乡的事实来警示学部，他指出，曾经最兴盛的祭祀用品、锡纸两业“堕落十九，盖数万家，不改业坐毙，改亦无术”“丝茶业亦江河下，出口尽生货，猝遇水旱，饿莩且不止数万家，思之寒心。其实业学校仅农业学校中一蚕学科耳。且自《马关条约》后外人设厂内地，制

---

① 《本部一等咨议官汤寿潜呈学务管见十二则》，《学部官报》第 13 期，1907 年。

② 《县学生业师仰山先生传》，《汤寿潜史料专辑》，第 469 页。

③ 《本部一等咨议官汤寿潜呈学务管见十二则》，《学部官报》第 12 期，1907 年。

④ 《本部一等咨议官汤寿潜呈学务管见十二则》，《学部官报》第 12 期，1907 年。

造土货日益发达，不亟图挽救，恐工商两皆失败。铁路虽成，将何输运。谋生不暇，遑问兴学”[①]。实业和教育是相辅相成的关系，“无学堂知识何出？无实业学费何出?”实业的凋敝极大地影响了教育的健康发展，而教育的落后也不可能为实业的发展提供动力。

(五)慎重留学，核实留学之名

庚子之后，清政府举行新政，急需新式人才，极大地刺激了中国留学事业的发展。日本由于离中国路途短近，语言有相似之处，因此，去日本留学成为中国留学生的一时之选。虽然大多数留学人员怀抱着寻求救国之道去外国留学，但鱼龙混杂，投机取巧的也大有人在。相当一部分学生在接触到民主思想后，愈发厌恶腐朽的专制清政府，走上了反清道路。作为学部一等咨议官，汤寿潜对留学事宜提出了建议和批评，希望留学生既能完成学业，又可以规范他们的思想、行为，防止他们走上革命道路。

1906年底，他向学部建议应当慎重选派留学生和聘请外教，指出派遣留学生应当综合考虑，特别是官派留学生，本来经费就极其紧张，如果花费重金去日本留学学习历史、地理等普通科目或者聘请普通学科外教，是一大漏卮，“不免全球贻笑耳”[②]。学部应当统筹规划留学，以期真正学到裨益于国家和社会的知识。

对于自费留学生，汤寿潜则主张可放宽限制，不能有人倾向革命而伤及留学事业，他希望政府对自费留学生采取宽容和笼络政策，增强他们对清政府的好感从而拥护政府。但是，随着越来越多的留学生接受了自由平等学说，对清政府产生叛逆心理以及众多留学生把游学当成获取利禄的终南捷径时，汤寿潜对留学生的态度也发生了明显改变。1907年，他在议复罗振玉的教育计划草案时，对留学事业表现出更多的失望之情。他说：“顾瞻海外，留学前途又大失所望。孰东学派，孰西学派，功利主义浸润人心，当局汲汲擢用之，可言破格，不可言量材也。不量材而破格，其垢弊尚有底耶。大抵东学派之病为狂厥，西学派之病为心死。游学以前既无道德范其趋向，复无学问练其性情，入主出奴，种兰成艾，染黄成黑，宜东西国谋握吾教育权者奋袂而争也。学界前途窃有所不言，不敢言者。”[③]对于留学生表现出来的叛逆以及崇洋趋势和行为，汤寿潜极其反感，甚至

---

① 《本部一等咨议官汤寿潜呈学务管见十二则》，《学部官报》第12期，1907年。

② 《本部一等咨议官汤寿潜呈学务管见十二则》，《学部官报》第12期，1907年。

③ 《议复罗署正(罗振玉)教育计划草案》，《汤寿潜史料专辑》，第483页。

到了深恶痛绝的地步。

1910年初，汤寿潜看到清政府面临的危机越来越严重，为了能为摄政王载沣解困，他虔诚地向朝廷上书《为推行立宪呈上奏稿》，对留学问题又表达了自己的看法，提出应当核实留学之名，树立一种正确的留学宗旨。汤寿潜认为同光以来中国的留学事业有两大失误。他说：

"中国留学两大误，前误于幼童。同光之交，风气未开，略有门荫者一闻出洋，瞠目却步矣，任隶役诱其故乡之寒贱子弟拉杂充数。国文未识，何有于经史微言、忠孝大义。及到欧美，心醉魂夺，靡然从之。旅居多年，所习者通常之语言，即文字尚多讹脱，翻译尚不能胜任，无论科学，无论法政。归国后适以为细崽、通事，刚必度而已。夫但习通常语言而即以留学引重，然之我工匠劳动非不习中国之语言，被东、西国亦将引而重之耶？试问对镜焉而见此辈无处重轻矣。后误于速成时文，小道犹不可，以速成安有科学之精粹、法政之繁重？可速成于一二学期？"①

汤寿潜此说虽不无偏颇之处，但他确实也看出了中国留学存在的问题。他本意希望能通过留学来学习西方先进的文化和科学技术，以俾于中国走向富强和独立，但当他看到留学中存在的各种流弊时，提出嗣后对留学生要规范管理，加强控制。他指出，要提高留学生的资格，"凡学生必先有国文之根柢，其科学必经中学卒其业，其语言必能到外国后各科可以直接听读，始可派遣，不及格者延聘彼儒来华教授"②。汤寿潜还强调，花费巨额学费并不可怕，可怕的是这些学生到外国后很快崇洋媚外，轻本忘祖，"一到东洋，自命贤人；一到西洋，自命圣人。贤人之弊极于无君，顾犹有中国之观念也。圣人之弊极于无父，且自恨发之不黄，睛之不绿，而卖国非所惜，又何论乎路矿？臣初不料中国剜肉补疮以饷留学生，其结果乃恐乱于贤人，亡于圣人。此留学生之名宜核也"③。这固然可以看出汤寿潜对革命的一种偏见，但他更希望中国"剜肉补疮"似的付出巨大代价来发展留学事业能俾补新政和立宪，而不是"种兰成艾"的失望。

（六）组织译介西书，加强教科书的审订

汤寿潜认为中国之贫在于人才的贫乏，因而主张开启民智，而开民智最有效

① 《为推行立宪呈上奏稿及宣统朱批》，第一历史档案馆藏：《汤寿潜档案全宗》，胶片5—29—8。

② 汤寿潜：《再请开缺附陈新政舛误奏》，汪林茂：《中国近代思想家文库·汤寿潜卷》，北京：中国人民出版社，2015年，第163页。

③ 《为推行立宪呈上奏稿及宣统朱批》，第一历史档案馆藏：《汤寿潜档案全宗》，胶片5—29—8。

的办法就是广布新学、西学，将西学作为启蒙的工具。因此，汤寿潜等人非常看重西学的介译。甲午战后，西书的翻译发展迅速，特别是20世纪初年，随着留学日本热潮涌起，大量西学知识通过日本译介到中国来，在这些书籍的启蒙下，中国民众的思想观念逐渐发生着现代性的转变。

为了能更好地启蒙民众，1903年，汤寿潜与沈玉林在上海创办会文学社，亦称会文堂书局，聘请陈鉴堂、徐宝鲁经理，出版教科书和新学书籍。出版社的一些同仁很关注日本出版界的动向，他们发现在甲午战后日本学者开始热衷编撰百科全书类的丛书，这些丛书虽然内容浅显，但系统性很强，很适合普通民众的阅读口味，对知识的普及效果良好。汤寿潜曾经给予高度的评价，指出日本因为广泛编辑出版百科全书，提高了民族智识，日本重科学的成效"亦浸浸与欧美并隆矣"①。汤寿潜决定仿行日本的做法，聘请江苏昭文(今常熟)的留日学生范迪吉等人组织编撰百科图书。因为编撰的图书规模浩大，范迪吉在日本专门成立东华译社，聘黄朝鉴、李思慎、张振声、顾福嘉、顾厚璁和郑绍谦等人入社。经过艰苦的努力，他们组织翻译了100册图书，总冠以《普通百科全书》之名，1903年由汇文书局出版。此套图书共分3个系列，分别是初级类、普通学类和专门学类，分别适合小学阅读、中学阅读和专门人才阅读。其中专门门类除了有数理、工学、森林学之外，还有很多政治、法律、历史书籍，如《议会及政党论》《帝国文明史》《国际公法》《国际私法》《日本帝国宪法论》等等。《普通百科全书》的翻译和传播，在中国产生了广泛而良好的影响，很多学生把它们作为重要辅导书，能从中了解系统的西学知识。作为编辑此书的主持者，汤寿潜阅读了其中的书籍，也加深了对西学的认识。

汤寿潜也非常重视新式学堂的教科书，强调教科书是"教员之母也"②，好的教科书对于学生的教育至关重要。但晚清10年，教科书的出版发行十分混乱，编写质量良莠不一，知识结构也参差不齐，特别是教科书的编写成为一部分贪官污吏和无良教师的发财渊薮。为了能编辑一批好的教科书，同时防止教材编写中的贪赃枉法，汤寿潜向学部主张严加管理教材的质量，比较好的办法是设立图书审定委员会，成员由教材主编，省、县的教育巡视人员，师范高等校长以及有名望的学者组成，加强对教材的审订。为什么这样呢，他说："天下事惟私则弊，付之公评，得议之惧其滥也。议长堪之，提学使定之，大部覆审之，官报广告，

① 汤寿潜：《新译日本普通百科全书·叙》，载《普通百科全书》，上海：上海会文学社，1903年。

② 《本部一等咨议官汤寿潜呈学务管见十二则》，《学部官报》第13期，1907年。

察有徇情行贿者，罚从严。”[①]铮铮忠言虽然逆耳，但反映了汤寿潜的担当。此次他的建议被学部采纳。随之，很多省份按照学部的要求，设立图书审订委员会，加强了对各类教材的审订和管理。

（七）廓除靡费，切实兴学

1905年科举废除后，清政府大力兴办新式学堂，以提高国民的素质，根植立宪的基础。兴办新学需要充足的经费支持，但是，清政府财政捉襟见肘，根本无力提供充足的办学经费。兴办新学面临着重重困难，而政府又束手无策。汤寿潜对此有着清醒的认识。他说：“无教育经费，……上下举自处于无责任。加赋虑病国，加捐虑病民，廓除中饱，又虑病官。天不雨金，费将何出？科技时代之款尽数拨为教育之用，亦夫人而知其不足，况泰半移作他用乎？经费问题不解决，则初等教育、高等教育决无实行之一日。”[②]汤寿潜希望政府能切实筹措学费，并用好每一笔钱。

首先，地方筹款须综核地方一切固有之款，专款专用，减少中饱私囊。

汤寿潜指出，国家贫弱，筹款不易，地方筹集上的各种款项都是国民的膏血，应当倍加珍惜地使用。但“今言教育者，佥曰省立学堂自省城筹款，府立自府所统辖之地筹款，厅、州、县立自厅、州、县筹款，总不外乎地方筹款。且不特命吏已也，其劣绅讼师，假兴费以醵钱者，所在林立”，新兴教育反而成了民众的负担，“多一兴学之名，即多一射利之策，徒以苦我民耳”[③]。他提出，准许地方官清理一切固有之款，凡是地方官支付的款项仍由地方供给，地方行政经费和官员俸金要和其他经费分开。将地方的收入和支出的明细，逐月相报榜示，公诸舆论，这样，就能减少官员中饱私囊和占用陋规的费用，如果每年能盈余百万元，“佐兴学用无虑不给”[④]。汤寿潜运用宪政知识来劝说学部，他说：在实行宪政的国家里，“皇室费用，尚设定额，示信臣民。一州县耳，乃听其恣意渔取无餍。岂州县耳，专为行政官一人之私产？如上古封建时代君主，凡蚩蚩皆其食邑户乎？”[⑤]他明确指出在宪政时代官员再想为所欲为、中饱私囊已非易事。

其次，完善税制，让富者承担更多的兴学责任。

汤寿潜指出，东西诸国不论小学教育还是实业教育，都有国库补助金，中国

---

① 《本部一等咨议官汤寿潜呈学务管见十二则》，《学部官报》第13期，1907年。
② 《议复罗署正(罗振玉)教育计划草案》，《汤寿潜史料专辑》，第476页。
③ 《议复罗署正(罗振玉)教育计划草案》，《汤寿潜史料专辑》，第477页。
④ 《议复罗署正(罗振玉)教育计划草案》，《汤寿潜史料专辑》，第477页。
⑤ 《议复罗署正(罗振玉)教育计划草案》，《汤寿潜史料专辑》，第477页。

却没有。中国的学费都是由地方筹集，“或取之直接税，或取之间接税。其于学费也，贫者、富者，同一负担，更或取之贫民者十，取之富民者一，厥患不均”①。他指出，学童到法定年龄就要入学，学生就要承担一定学费。他指出虽然学生都要入学，但学童因为家庭贫富不同，入学有难易、迟速不同。内地除了一些著名商镇的学校筹款较为容易外，很多地方商力微弱，筹款困难，学校举步维艰，为了维持，不得不向民众统一收费。因此，让贫富程度不同的人民和不同地方承担相同的费用，是不公平的。他指出，西方各国都是实行累进税来筹划学费，中国也应当实行累进税、消费税，每年收入五十万金应当不成问题，这对兴学是很大的帮助。

汤寿潜认为教育与宪政之间有密切的关系。早在1890年的《危言》中汤寿潜就已经眼光如炬，明确指出新式学堂是宪政的本原所在：“学校亟兴新学，以植人才，是尤议院之原本。”②到了20世纪初，汤寿潜更坚定了这种认识，在他看来：教育不发达，就培养不出人格独立的人才，人才缺乏，宪政建设就缺少根基。他特别重视儿童教育，认为儿童教育是中国普及教育的起点，是专门教育和实业教育的基础。1905年他主持上海龙门师范时，专门创办了附属小学，并改革教学内容和教学模式，开设国文、外语、体操、歌咏、绘画、手工等课程，完全是一座现代化的小学。这一切表明了汤寿潜对新式教育的痴情和期望，以及希望能通过普及教育来广开民智，植立宪之基，实现拯时救国的苦苦追求。

1905年7月，为了给复旦公学募捐，汤寿潜联同张謇等人发起募捐公启，宣传教育开启民智的重要性。公启指出：“(吾等)深知民智不开，人才消乏，虽曰取旧法改弦更张之，无补于强，于国益病，此凡属国民所宜深体朝廷用心，而知何者为最急之义务矣。”③汤寿潜等人清楚地认识到清政府以前的“中体西用”似的改革根本不会让中国摆脱贫弱，现在清政府已实行新政，科举制也已废除，预备立宪也提上日程，为了造就“日后国民资格，不至更为国种羞”，即使中央和地方财政拮据，新学师资力量少，也要大力发展教育，培植新民。

汤寿潜是一位“治事不托空言，一归实际”的实践家，他上述普及教育的主张和建议都切中时弊，务实可行，且“不容置缓图”，因此得到学部的采纳。1909

① 《议复罗署正(罗振玉)教育计划草案》，《汤寿潜史料专辑》，第478页。

② 《危言·中学》，《汤寿潜史料专辑》，第224页。

③ 《复旦公学募捐公启》，孙应祥、皮后锋编：《〈严复集〉补编》，福州：福建人民出版社，2004年，第19页。

年，学部为了适应预备立宪期间国民教育的需要又编辑出版了《简易识字课本》《国民必读课本》[①]。将普及教育与立宪相结合，意义重大。学部为了征求对《国民必读课本》的意见，向汤寿潜发出照会，表示此书“广为教授传播，务使人人能明国民之大义，以植预备立宪之基础”[②]。汤寿潜对课本进行了认真仔细的批驳，逐条指摘，可见汤寿潜对《国民必读课本》的态度和对宪政的殷切希望。

1911 年 6 月，为了缓和预备立宪期间统筹发展全国教育的内外交困局面，学部向清廷奏准设立中央教育会，打算集合朝野有识之士，共商教育发展大政方针。鉴于汤寿潜对于教育和宪政的真知灼见，6 月 24 日，学部向汤寿潜发出照会，指出设立中央教育会的缘由，“教育事务至为繁重，期间理发又极精深，非富于学识、极有经验之员，不足以推阐教育义蕴，藉收集思广义之用”，称赞汤寿潜“学识闳通，经验丰富，本部夙所钦佩”，按照中央教育会的会章第四条，很有资格列入会员，希望汤寿潜届期“莅会与议，以便发抒高论，必于学务前途有所裨助，为此照会”[③]。虽然汤寿潜并没有与会，但清政府的殷切邀请也反映出了汤寿潜在教育上的巨大声望。教育是社会发展的基础，也是社会变动的重要组成部分。特别是清末新政时期，教育的改革被视为宪政的前提，甚至承担着拯时救国的重任。汤寿潜作为教育救国论的鼓吹者和践行者，历史的进步作用显而易见。

二、移风易俗，以新民气

近代中国社会严重的民族危机和社会危机使得仁人志士急切地寻求各种救亡之道，“天下爱国之士，莫不焦心竭虑，忧国之将危亡，思有以挽回补救之策”[④]。他们纷纷提出教育救国、实业救国、科学救国等主张，同时他们也提出了改造旧风俗的救国主张，明确提出：“欲救中国，必自改革习俗入手。”[⑤]“国家之强弱系乎人才，人才之盛衰视乎风俗……今日所欲救吾国，必先育才，欲育才

① 《简易识字课本》《国民必读课本》是学部筹办立宪事宜的重要任务，学部曾在光绪三十四年十二月二十八日上奏说明编纂此书的方法与目的。其中，学部命学部名辞馆总纂严复负责编撰《国民必读课本》，学部侍郎严修对此也十分关心，曾多次对课本的编撰内容进行讨论。《严复日记》和《严修日记》均有记载。

② 《学部奏咨辑要》，陈元辉：《中国近代教育史资料汇编》，上海：上海教育出版社，2007 年，第 59 页。

③ 《学部为接纳汤寿潜为中央教育会会员事致江西提学使汤寿潜的照会》，中国第一历史档案馆藏：《汤寿潜档案全宗》。

④ 芙峰：《〈日本宪法与国会原动力在于日本国民〉绪论》，《译书汇编》，第 2 年，第 12 期。

⑤ 壮者：《扫迷帚》第 1 回，《绣像小说》，第 43 页。

必先去不才，尤必先改良风俗。”[①]他们还认识到日本能由弱变强，颁布宪法和设立国会，其原动力在于日本有素质极高的国民，反观中国国民，因为长期生活在专制制度之下，“柔顺也，安分也，韬晦也，服从也，做官也，发财也，中国人造奴隶之教科书也”[②]，根本没有参政、权利、公德、自治、独立、自由等国民意识和品格。所以，在弱肉强食的竞争时代，以如此之民，如此之国，根本无法和欧美强国及日本生存竞争。梁启超曾痛于民众数千年“性奴隶之性，行奴隶之行，虽欲爱国而有所不敢、有所不能焉”，喊出：“誓起民权移旧俗。”[③]所以，近代以来，有志于革新救国的志士们一直把改革旧俗作为开通民智、造就新民的重要内容。

汤寿潜也重视移风易俗对社会的净化和引导作用。1890年他在《危言》中就提出去泰返璞的主张。他说：“治天下而欲去泰去甚，其莫如返朴乎。朴也者，在天地为混敦，在日为朝气，在人为蒙为稚，在草木为根为萌芽。所谓障奢之提防，疗淫之药石。贫者朴焉富矣，弱者朴焉强矣。不返乎此而欲化民成俗，岂足以欺孺子哉？”[④]返璞归真，化民成俗，防止社会在奢侈、淫靡之风中堕落。他认为近代以来，社会各种不良之风盛行，主要有以下八种现象。

第一，贿赂之公行也。官以贿成，一旦得官，便逞其长技，有贿赂而声气愈广，趋避愈熟。上有爱好，下属便投其所好，“唯奢斯贪，唯贪斯污”，政风腐败，官德浇漓。

第二，吏皂之僭逾也。胥吏披文秀，奴仆带金玉，妾媵御罗縠，招摇以为奇丽。普通百姓也跟随潮流，不再安于朴素，这点反而不如泰西各国。

第三，洋货之浸灌也。中西交通、风气以开，洋货不能禁，也不必禁，用之方便，三尺儿童也会选择。但是要因势利导，防止崇洋媚外，要大力发展便于民用、朴实无华的物品，以保利权，以塞漏卮。

第四，娼优之淫靡也。娼优也是人子，她们或出于无业，或衣食不聊生，不得已以此为业，不同情她们反而争相浸淫其中，博欢消遣，能忍心吗？

第五，宴会之征逐也。官宦富贵之家，一顿饭所费，就相当于中等人家的十

---

① 《论人才与风俗之关系》，《东方杂志》，1908年，第5期，第84—86页。

② 邹容：《革命军·第五章·革命必先去奴隶之根性》，马跃东主编：《龙之魂：影响中国的一百本书》第40卷，北京：中国戏剧出版社，2000年，第360页。

③ 梁启超：《自励》，丁文江、赵丰田编：《梁启超年谱长编》，上海：上海人民出版社，1983年，第267页。

④ 《危言·返朴》，《汤寿潜史料专辑》，第311页。

家家产，但是京官外吏，根本不顾忌巨大的奢侈，彼酬此酢，酒肆征歌以为雅，教坊醵饮以为豪，士大夫的志向完全荒废于此。

第六，烟酒之嗜好也。鸦片的毒害，人人知道，但是不少人食之亦甘如饴，亟如命，同寻常烟酒一样嗜好，如之何能返璞也？

第七，僧道之蛊惑也。僧道蛊惑人民甚大，其所用田产服物，香楮牲醴，无不是欺骗自于人民。政府即使不能完全消除僧道，也要设法限制，不能让他们随意伤风害俗。

第八，婚丧之积习也。婚嫁以正人伦，但是奁赠花费巨大，负担不起的只有溺女婴了事。丧葬以尽大事，但殉殓之丰，舆从之赫，鼓乐酒食之喧哗，无力者乃停柩亦。

这些旧俗陋习有的是社会发展过程中长期沉积下来的丑陋一面，有的是中国近代社会以来受西方糟粕文化影响的一面，不可避免地带有浓厚的封建性和落后性。

近代中国学习西方、变法图强是历史的必然选择，但是这些"旧染污俗"阻碍了国人向西方的学习。汤寿潜指出："嗟呼！开国已久，中外互市，不师夷人之长技，而徒濡染其穷奢极巧之风，用之无度，遂取之无节，作无益害有益，不朴之为祸，害于民生，坏于风俗，而卒中于国计，不知江河日下之伊胡底也？"[①]他提出，统治者应当带头移风易俗，树立一种淳朴归实的风气，"返普天率土之人心而纳之轨物"[②]，要做到这一点，首先宫廷要裁减冗费，官吏要力黜浮浇，规范学校，并且制定规章制度，"严赏罚而厉之以耻"[③]，防奢华，开俭源，正人心。汤寿潜强调，攘除外来侵略，日趋急迫，移风易俗已经刻不容缓。需要指出的是，汤寿潜对陋俗的指摘和"返奢归朴"的主张发生在维新之前，一方面可以看出汤寿潜的真知灼见，但另一方面，汤寿潜的这些主张的系统性、反封建的强烈性以及社会影响比之戊戌维新时期的移风易俗风潮还有不少差距。

1909 年 11 月汤寿潜向清廷上《为国势危迫，敬陈存亡大计》奏折，提出提早开国会，锐意断发易服等主张。

剃发蓄辫本为满族习俗，清朝入主中原后，强行要求汉族从满俗，满汉经历一番血腥斗争后，发辫到底留存下来，成为清朝统治的象征。所以，发辫和服饰

① 《危言·返朴》，《汤寿潜史料专辑》，第 312 页。
② 《危言·反朴》，《汤寿潜史料专辑》，第 312 页。
③ 《危言·反朴》，《汤寿潜史料专辑》，第 312 页。

具有强烈的政治色彩，断发易服往往是重大社会政治变革的表征，遇到强烈的反对自然无可避免。

汤寿潜对这点认识得很清楚，他说："论者谓：'辫发国俗也，冠服定制也。忽下斯令，徒骇听闻。'臣独以为不然。地球之趋势与人心之习惯，日就便易，如丸走阪，虽圣哲未易逆之转矣，况乎强弱相形，中外相通，各国大致从同，断无一国可以岸然独异。如曰'辫发为国粹所关'，我朝立国，自有荦荦大者，断不藉一发以系千斤之重，至冠服本以因时制宜为尚，本朝之服饰已非前代之服饰。孔子，圣之时也，短右袂，斟酌所不便者，而改之以求其便，正以树尚武之风声，声一天下之耳目。夫使因仍不改，有害无所益也。"[①]

汤寿潜认为，风俗习惯因时而变，即使圣人也不能逆时不变，现在中外交流越来越密切，中国应当与时俱进，改革陋俗，同世界接轨。汤寿潜从多方面论证了中国应当断发易服的理由。

第一，从外交而言。汤寿潜指出："今有约各国，无不断发短服者，期间虽略有参差，多数总归一律。独中国使臣翘然特出，朝贺之期，跳舞之会，各国争指目之。"[②]被视为异类，备受嘲笑，时起猜忌，无法令使臣随时诇查各国离合情势、秘密政策，报告本国以筹对付。

第二，从吏治而言。汤寿潜认为：冠服品级随官制而定，现在厘定官制列在预备宪政表中，官员的制服也应当耳目一新。而旧服制略具四季，动辄万金，为了满足此项费用，只有挪移贪污，要求官员廉洁，可谓缘木求鱼。

第三，为工业计。汤寿潜指出，现在的世界已经是工业社会，工厂大量使用机器，机器旋转，力量极大，稍有不慎，辫发衣袖被卷进机器，便会伤及人身，所以为了适应机器工业的发展，也应当断发易服。

第四，为教育计。汤寿潜说：现在学校都有体操课，上课时要脱掉宽大的平时服装换上体操服，"徒益耗费"，军人、警察已经都更换了新式服装，学生为什么不能以体操服为平时服装呢？穿体操服，留短发，既省钱又省时，何乐而不为？

第五，为交通计。汤寿潜指出："交通愈灵便，文化愈进步。"[③]当时的服制每年每季各有不同，外出时，"行装繁重，运费浩繁"，极不方便，而东西各国，

① 《为国势危迫，敬陈存亡大计》，《汤寿潜史料专辑》，第525页。
② 《为国势危迫，敬陈存亡大计》，《汤寿潜史料专辑》，第526页。
③ 《为国势危迫，敬陈存亡大计》，《汤寿潜史料专辑》，第525页。

“略因寒暑随身衣服，游历既便，闻见以广”，所以“冠服繁缛，既为交通之碍，自有文化有妨”，[①] 为了交通方便也应改变服饰。

更为可贵的是，汤寿潜认为断发易服可以大为改善人们的精神面貌。他说：

“凡事有从精神振起形式者，亦有从形式振起精神者。辫发长服，形式而关系精神。墨绖易增悲感，戎服以表威容，自古然矣。日本维新，首议易服，诚以焕新形式，并可淬励精神。预备表中所经营者新事业，所颁布者新法令，独辫发长服，习焉不察，邻国笑之。”[②]

他还批评摄政王载沣：“监国摄政王既摄大元帅之名，犹是辫发长服，恐不足示威严而资表率。”[③]他向清廷建议，损益古今，参照中外各国的服装，制定出有自己民族特色又能跟上时代潮流的服制。他特别提议，摄政王载沣应当“以身率先”，其他各级官员，也必须限期断发易服。至于退休官员、农工商人，是否断发易服可以暂听其便，以免骚扰。

中国第一历史档案馆馆藏有汤寿潜资料全宗(微缩)，其中有一篇写于宣统元年的奏稿残稿，从写作相关内容来看，疑是上述《为国势危迫，敬陈存亡大计》的草稿，内容虽简单，但语句要比公开上奏的奏稿激烈。因为是草稿，内容所表达的思想更为真实。在草稿中汤寿潜表达了对移风易俗的强烈愿望：

“伏望皇上赫然兴起，焕然一新，摧百年之积习，耸一世之群望，举国家之全局而改良之。易寡而为众，易散而为聚，易昏昏而为昭昭，此其为术，岂有他哉？亦唯一先谋。所以洽民情，新民气，在是已！以臣计之，欲洽民情，先开国会；欲新民气，先变服饰，奚以明其然也。我朝列圣相承，饮利食德，历三百年，人民之仰赖朝廷久矣。今日事变既多，而四海之内，悉主悉臣，满地盗贼，终归夷灭。

“……

“自海通以来，知旧法之不足恃。讲求通变宜民之术，以启迪国民，可谓详矣。然而，学校之教育，犹未能普及。顽旧之士，时倡异论。多数人民安于旧时习惯，见外人传耶教，则不知信仰自由之理，而时或暴动；见朝廷行新法，则不知政治改良之政，而相与阻挠。民气不能振新，国势益以衰弊。今欲振刷其精神，必先革其形式。日易耳目，一改旧观，夫然后有所观感而兴起也。如禁吸鸦

① 《为国势危迫，敬陈存亡大计》，《汤寿潜史料专辑》，第 526 页。

② 《为国势危迫，敬陈存亡大计》，《汤寿潜史料专辑》，第 526 页。

③ 《为国势危迫，敬陈存亡大计》，《汤寿潜史料专辑》，第 526 页。

片，禁妇女裹足等事，皆当切实厉行。

"此外又有事，为朝廷所未计及，而今日行之，可以一新民气者，则莫如速变服制。我朝服饰，较之前代，已有繁重而趋简易，取■(此处原文字迹无法辨认，用"■"表示)箭射，意在尚武。今则欧风东渐，其服行动尤便。日本改而从之，竟以强国。我国既将一扫旧习，区区服饰，因仍不变，外无自同于列国，时或招其訾讥；内无作新其天下之民，而适以长其华缛。古人礼意，节外所以利中。今日风潮，图新必先舍旧。赵之武灵，俄之彼得，皆可师也。且今海军、陆军、警兵及学堂操服，既不能不取西式，何不可改尽旧章。请速颁谕旨，改革服饰，自朝廷以迄官绅，礼服俱仿西式，其品级分别可参考日本之制，惟服料须用本货，俾经济界毋受影响。至寻常人民，服西式与否，从其便。上流社会，改易衣冠，彼自将慕而效之。辫发诚亦旧制，今日殆成长物，制造实业，方在萌芽，工场之中，多有因一辫而丧其生命。中外交际，多被指目以为笑资。夫人民之爱国与否，在其国家观念之深浅，而不在一辫之有无。如谓此辫发为中国人之记号，则法兰西传教内地，日本人侦觇吾国者多载……，于事何补？然发辫之无益而自害明矣。宜诏国内臣民，不分满汉，一体剪去发辫。此旨一颁，朝廷发愤有为之趋向，有以振励万方，而新旧意见自此息争，满汉界限，亦可尽融，万心一致，并力维新，臣所谓变服饰以新民气在此也。速开国会以洽民情，急变服制以新民气。所谓稍纵即逝之时，而为图存于亡之际，望我皇上奋干纲而行之，则全国人民皆当手舞足蹈，踊跃于维新之化，而外人亦且试以觇新政之进行，而不至轻有所举动矣。"①

对比公开上奏的奏稿，可以发现，汤寿潜在草稿中表现出的情感更为激愤，其改革旧制，振奋民心的愿望更为急迫。在文中汤寿潜表示了这样一个意思：变革维新，是中国救亡的唯一出路，但各种革新并没有取得实效，一个重要原因就是没有民众的支持，没有"振新"民气，"民气不能振新，国势益以衰弊"。要"振新"国民精神，广开民智，必须进行移风易俗，其中速行断发易服也迫在眉睫。在文中，汤寿潜除了表达断发易服乃是同世界潮流接轨以及工业、外交等需要外，还明确地把它同实现宪政、缓和满汉矛盾等关系国家生死存亡的大问题联系起来。辫发一剪，服制一新，"满汉界限，亦可尽融，万心一致，并力维新"；只有速开国会才能满足民情，只有急变服制才可以振新民气。如此，则"四海之内，悉主悉臣，潢池盗贼，终归夷灭"。

---

① 《汤寿潜改革救亡奏稿(草稿)》，中国第一历史档案馆藏：《汤寿潜档案全宗》，胶片5—29—7。

辫发、服制不仅仅是一种民俗的表现，而且它们在清朝具有特殊的政治含义。因此，断发易服的主张因其政治色彩而使得这一风俗改良别具意义。王尔敏先生在论及清末新式人物断发、易服、改元主张的意义时指出：断发易服，象征一新时代、新世纪的开始，在野建言之士，真可称为是先知先觉；由于牵涉清朝统治的象征，主要在于有改朝换代的意味，此项改革的难度自不待言。[①]

断发易服的观念同民主观念也紧密相连，因为旧有辫发服制是一种等级制度的体现，官民界限分明，礼节烦琐，断发易服就是消除阶级隔阂，追求平等，这是一种制度的创新，诚如汤寿潜指出："臣所请改者冠服之制度，非冠服之质料。"[②]更为可贵的是，汤寿潜直接把断发易服同宪政联系起来，"速开国会以洽民情，急变服制以新民气"。换个角度思考，在国家民族危亡之际，汤寿潜认为，在政治上只有速开国会，变封建君主专制为资本主义立宪君主制，才能满足民众的变革要求，挽救危亡，而断发易服就是同旧风俗、旧制度告别的一种体现，是国家、政治、国民迈向进步的新象征。总而言之，断发易服的主张是汤寿潜追求民主、追求进步的重要体现，是其走向宪政的一步。

三、策划立宪，谋开国会

如果说在 19 世纪 80 年代汤寿潜在《危言》中提出的开设国会之议是其宪政思想的萌芽，那么到了 20 世纪初他在《宪法古义》中的种种议论则是他对宪政有了较为完整的认识。但不可否认，当时囿于汤寿潜思想的发展进程、中国思想界对西方宪政认识的总体水平以及中国的政治环境，汤寿潜对宪政的认识不仅存在众多误解，更主要的是一种私下与志同道合的绅商和知识分子的议论，还不太敢广为宣传，社会影响比较小。但是，随着清末新政的推行，政治体制改革逐渐被提上日程，特别是日俄战争的刺激加速了中国立宪思潮的勃兴。汤寿潜也积极参与其中。

为了侵占中国东北和朝鲜利益，两个帝国主义强盗日本和俄国在 1904—1905 年发生了战争。战争爆发后，腐败至极的清政府竟置国家利益于不顾，宣布"局外中立"，甚至声称"彼此均系友邦"！任凭两个帝国主义国家粗暴践踏中国领土和肆意蹂躏中国人民的生命和财产。

日俄战争虽然是帝国主义之间的争霸战争，但政治敏锐的立宪派感觉这场战

---

① 参阅王尔敏：《中国近代思想史论续集》，北京：社会科学文献出版社，2005 年，第 452 页。

② 《为国势危迫，敬陈存亡大计》，《汤寿潜史料专辑》，第 526 页。

争绝非寻常，他们认为这场战争是黄种与白种、亚洲与欧洲、小国与大国、立宪与专制之间的抗争，此战决定着“亚洲之荣落、黄白种之兴亡，专制立宪之强弱”①。他们明确表示：“国家强弱之分，不是由于种而是由于制。”②认为制度的优劣决定国家的强弱。他们还大胆预测，日本将会战胜俄国。战争的结局果然是“蕞尔小国”日本战胜了庞大专横的俄国。

日俄战争是中国思想界转向立宪的一大契机。立宪派通过对日胜俄败原因的探讨，认为日本胜利在于它是立宪之国，俄国失败则在于它是专制之国，并宣称“专制国与立宪国战，立宪国无不胜，专制国无不败”。③ 立宪派借此时机，渲染君主立宪制度的优越性并向统治者警示，中国欲救亡图存，必须师法日本，“改行立宪政体”，否则，以中国“外患孔棘、内忧未弭”的严重危机，一旦发生对外战争或者内乱，中国比俄国还要差。实行立宪就可以化险为夷，“居今日之中国，而欲免于此，则速行立宪其庶几稍救燃眉之祸乎？”④可以说日俄战争不仅加重了立宪派的危机意识，而且给予了立宪派许多有益的启示，也为他们制造立宪舆论提供了良机。

日俄战争伊始，汤寿潜就深为东三省主权及中国前途忧虑，痛感非立宪无以图存，乃锐意推行其君宪救国的方案。据汤寿潜好友张美翊在战后不久称：“蛰仙主讲龙门，菊生、幼舲、竹君，时时相见，然危苦语多，欢乐语少。”⑤又，“连日所语谈者，汤蛰仙、张季直、许久香、张菊生、吕幼舲、夏瑞卿，各有主义，而大致相同。”⑥按张美翊的说法，“各有主义”就是仿行宪政，以定国事，其谓：“当此列强注目东方，改定宪政，亦足以震动耳目，气象一新，必为环球所许，从此满汉界、新旧界可一扫刮绝。夫人心既定，凡事可为，我大清且亿万年。……若趁日俄战事未定，先定国是，以振国势而张主权为要著。”⑦

为了能顺利实现立宪，汤寿潜、张謇等人决定走上层路线，联络统治阶级中

---

① 《论中日分合之关系》，《东方杂志》创刊号，1904年3月。

② 雷颐：《走向革命——细说晚清七十年》，太原：山西人民出版社，2011年，第269页。

③ 《日俄战后中国所受之影响若何》，《大公报》，1905年4月13日。

④ 《论中国前途之可危》，《中外日报》，1905年7月22日。

⑤ 《张美翊致两广督署幕府书》，《瞿鸿禨朋僚书牍》，转引自中国人民大学清史研究所编《清史研究集》第7辑中之程为坤《日俄战争与清末立宪运动》，北京：光明日报出版社，1990年，第337页。

⑥ 《张美翊致两广督署幕府书》，《瞿鸿禨朋僚书牍》，转引自中国人民大学清史研究所编《清史研究集》第7辑中之程为坤《日俄战争与清末立宪运动》，北京：光明日报出版社，1990年，第337页。

⑦ 《张美翊致张劭熙、朱桂莘函》，《瞿鸿禨朋僚书牍》，转引自中国人民大学清史研究所编《清史研究集》第7辑中之程为坤《日俄战争与清末立宪运动》，北京：光明日报出版社，1990年，第336—337页。

的开明官员，企图通过他们来影响最高统治者。例如：1904年5、6月间，汤寿潜、张謇、赵凤昌等人在上海为湖广总督张之洞和两江总督魏光焘草拟了一份《拟请立宪奏稿》，请求仿日本立宪之制，宣布定为宪法帝国，并派大臣出国考察宪法。[①] 查《张謇日记》，该折多次商酌，历时月余，十易其稿。汤寿潜与张謇还听从张之洞的建议，争取袁世凯也能够支持立宪，乃由张謇执笔，亲自写信给袁，劝说袁世凯立宪。据张氏年谱载："五月，以请立宪故，南皮再三嘱先商北洋，汤寿潜亦以为说，余自金州归后，与袁世凯不通问者二十年，至是始一与书，袁答尚须缓以俟时。"[②]为了打通更多的关节，汤寿潜也给朝廷中枢军机大臣兼外务部尚书瞿鸿禨写信。瞿鸿禨在浙江学政任上曾录取汤寿潜为进士，与汤有师生之谊。汤寿潜乃利用此关系与他书信往还，讨论立宪问题，请他在朝中疏通。1904年9月，汤寿潜通过浙江宁海人章梫（一山）接连转呈瞿鸿禨两封信。在第一封信中，汤寿潜恳请瞿鸿禨勇敢地站出来倡导立宪。汤氏劝说道："宪法之义，走以渎吾师者三年余矣。以去就争之，岂非中国一伟人乎？成则人人将以铜像，不成则奉身而退，此心可讯三光。"[③]为了能推动立宪，在第二封信中，汤寿潜还向瞿鸿禨奉献计策，敦促朝廷派出使节出国考察宪政。他说：

"愚虑所及，专使机括，日异而月不同。……发议之初，适伦贝子往美监督，可因其便，而假以为名，游历各国，而捭阖于其间，以自展将来俄日议结之地位。今无可因之便，可假之名，劈空特派亲贵，又副以二大臣，为向来使节未有之盛，大声以色，人其窥之。万一各国有不接待者，转以启羞而召侮。今有一笔两用之策，莫妙于考求宪法为词。凡立宪各国，侈然以文明自负，我若有所输入，星轺所莅，无不全国欢迎；入手得势，暗中与商及俄日之局，彼更易于水乳。否则，如此专使游迹，不容独遗俄国，唯以宪法为名，彼中无可采访，不妨弃之如遗。"[④]

在此，汤寿潜把立宪与遣使圆满地、有机地统一了起来，并明确了遣使的主要目的是"考求宪法"，强调只有以"考求宪法为词"，才能得到各立宪国的欢迎，

---

① 参见国家图书馆藏《赵凤昌藏札·奏为时局艰难谨参考各国政史拟请采宪法实行新政以振积弱而图自强折稿》；黎仁凯：《张之洞与清末革命与改良》，载《张之洞与中国近代化》，北京：中华书局，1999年，第130页。

② 《啬翁自订年谱》，《张謇全集》第六卷，南京：江苏古籍出版社，1994年，第865页。

③ 《汤寿潜致章一山函》，转引自侯宜杰：《二十世纪初中国政治改革风潮——清末立宪运动史》，北京：人民出版社，1993年，第51页。

④ 《汤寿潜致章一山函》，转引自侯宜杰：《二十世纪初中国政治改革风潮——清末立宪运动史》，北京：人民出版社，1993年，第51页。

而俄国非立宪国，不去访问也就理所当然了，这样可以避免外人怀疑清政府遣使的目的在于参与日俄和议。从两封信中可以获知，在1901年时汤寿潜就曾经向瞿鸿禨提出过宪政乃中国救亡之道，应当是在汤寿潜写完《宪法古义》之时，汤寿潜的多次敦请终于打动了瞿鸿禨。瞿鸿禨的思想有所进步，在一定程度上接受了资产阶级宪政思想。不但如此，瞿还准备亲自出国担当考察宪政之重任。

在张謇、汤寿潜为代表的江浙立宪派积极推动下，再加上严峻的国内外局势，清政府内部一批明达有识的官吏显贵也开始明白专制难以久恃、立宪方可图存的道理。他们纷纷打出立宪旗号，同张謇、汤寿潜等立宪派相互呼应。时人论说："近者甲辰日俄之战，知微之士闻之，亦曰：'此非俄日之战也，乃立宪专制二治术之战也。'自海陆交绥以来，日无不胜，俄无不败。至于今，不独俄民群起而为立宪之争也，即吾国士夫亦知其事之不容已。是以立宪之议，主者愈多，远猷辰告，始于出使诸公，继者乃有疆吏，而今枢臣亲懿之中，亦稍稍持其说矣。"[①]在当时，外有驻法公使孙宝琦、驻俄公使胡惟德、驻英公使张德彝、驻比公使杨兆鋆，疆臣中云贵总督丁振铎、两江总督魏光焘、湖广总督张之洞、两广总督岑春煊、直隶总督袁世凯，以及朝臣中的瞿鸿禨、徐世昌等人或联名或单独上奏，告诫朝廷改革已成民心所向，若想避免"倡论自下"的"酿祸之阶"，就必须"仿英德日本之制，定为立宪政体"。于是"朝野上下，鉴于时局之阽危，谓救亡之道之方只在立宪，上则奏牍之敷陈，下则保长之列论"，立宪之声遍及天下。诚如时论所云："自日本以区区岛国，崛起东海，驱世界无敌之俄军，使之复返其故都，而后世之论者，咸以专制与立宪分两国之胜负。于是我政府有鉴于此，如梦初觉，知20世纪之中，无复专制政体容足之余地，乃简亲贵，出洋游历，考察政治，将取列邦富强之精髓，以药我国垂危之痼疾。盛哉斯举，其我国自立之权欤，吾人莫大之幸福欤！"[②]

面对朝野要求立宪的压力，1905年7月16日，慈禧太后以光绪的名义发布上谕，命载泽、戴鸿慈、端方等五大臣出国考察宪政。1906年7月21日，端方、戴鸿慈从日本、欧美考察宪政回到上海。汤寿潜与张謇、赵凤昌等已翘首期盼多

① 严复：《论国家于未立宪以前有可以行必宜行之要政》，孙应祥、皮后锋编：《〈严复集〉补编》，福州：福建人民出版社，2004年，第42页。

② 觉民：《论立宪与教育之关系》，《辛亥革命前十年间时论选集》2卷上册，北京：三联书店，1963年，第360页。

时，先后 4 次往见端方、戴鸿慈，“极力劝其速奏立宪，不可再推宕”[①]。1906 年 7、8 月间，载泽、端方、戴鸿慈等接连陈奏，强调实行立宪对清政府极为有利，恳请朝廷“明降谕旨，宣示天下，以定国是，约于十五年至二十年颁布宪法，召议员开国会，实行一切立宪制度”[②]。1906 年 9 月 1 日，清廷下诏宣布“预备仿行宪政”，以立国家万年有道之基，自此清政府正式拉开了“预备立宪”的序幕。

清政府明谕简派大员出洋考察宪政，并宣布“预备仿行宪政”，朝立宪政体迈出了实质性的一步。汤寿潜、张謇、郑孝胥等立宪派最感振奋和欢欣鼓舞。1906 年 9 月，汤寿潜给瞿鸿禨去信，表达了这种兴奋之情，“立宪诏下，喁喁望治，庚辛以还，竭来杭沪，幸达目的”[③]。他还把瞿鸿禨与日本明治维新的精英岩仓具视、大久保力相提并论，认为瞿鸿禨对中国宪政推动的功绩足以垂世青史，“吾师适总大计，岩仓大久，未足方美。倘编历史，种因未久，即可收果。师弟沆瀣，亦一佳话”[④]。汤寿潜等立宪派憧憬着朝廷能以“雷霆之举”使中国追随时代之潮流，生出新的希望来。为了能使“绅民明悉国政，以预立宪基础”，1906 年 12 月 6 日，立宪党派在上海成立了预备立宪公会。郑孝胥被举为会长，汤寿潜、张謇被举为副会长。预备立宪公会成为当时规模最大、最具影响力的立宪团体，在晚清的立宪运动中扮演着极为重要的角色。

晚清时期，清政府基本是高度中央集权化的官僚政府，预备立宪，由“专制”而“宪政”，政府提出了必须从改革官制入手，明定责成。改革是一项系统而复杂的工程，千头万绪，从官制入手本无可厚非。但是，无论是中央的官制改革还是地方的官制改革，从一开始就矛盾重重，充满争吵和倾轧，背离了宪政精神和方向。1906 年 11 月，清政府正式公布新的中央官制，或裁撤或新增一些机构。中央机构共设十一部，但是，内阁、军机处等重要机构“勿庸改编，著照旧行”，且公布的内阁十三名成员中，满人占七人，蒙古人占一人，汉族官僚仅五人，比原来旧官制下满汉对等原则还倒退了一步。这不仅让朝廷中的汉族官僚认为此举是满族亲贵借官制改革揽权，而且让梦寐以求实行三权分立制度的汤寿潜、张謇等立宪党人大失所望，认为官制改革是有名无实，“不餍吾侪之望”[⑤]。于是，他们

① 张孝若：《南通张季直先生传记》，转引自侯宜杰：《二十世纪初中国政治改革风潮——清末立宪运动史》，北京：人民出版社，1993 年，第 62 页。

② 端方：《请定国是以安大计折》，丁守和等主编：《中国历代奏议大典》，哈尔滨：哈尔滨出版社，1994 年，第 861 页。

③ 《汤寿潜致瞿鸿禨》，《近代史资料》，总 108 号，北京：中国社会科学文献出版社，2004 年，第 23 页。

④ 《汤寿潜致瞿鸿禨》，《近代史资料》，总 108 号，北京：中国社会科学文献出版社，2004 年，第 23 页。

⑤ 丁文江等编：《梁启超年谱长编》，上海：上海人民出版社，1983 年，第 368 页。

采取积极行动，决定奋起请愿，要求速开国会，推动清政府向宪政的路上走去。

1907年秋，湖南宪政公会首次上书，请开民选议院，激起全国热烈反响。继之，各地立宪党人组织起来，纷纷要求从速召开国会。汤寿潜、张謇在1907年12月和1908年1月两次与蒯光典讨论国会问题。同时，他们还商量联合其他立宪团体，成立一个国会期成会，团结起来向清政府请开国会。1908年2月，张、汤等人又发动了速开国会的签名请愿活动，声称："政治之所以不良，实由政府不负责任；政府所以不负责任，实由无国会"，因此，速开国会，实为今日"根本之要图"。[①] 6月30日，汤寿潜、郑孝胥、张謇等联名致电宪政编查馆，恳切呼吁："今日时局，外忧内患，乘机并发，必有旋乾转坤之举，使举国人心思耳目，皆受摄以归于一途，则忧患可以潜弥，富强可以徐图。目前宗旨未定，四海观望，祸端隐伏，移步换形，所有国家预定之计画，执行之力量，断无一气贯注能及于三年之外者。若期限太远，则中间之变态百出，万一为时势所阻，未能践行，是转因慎重而致杌陧……切愿王爷、中堂、宫保上念朝事之艰，下顺兆民之望，乘此上下同心之际，奋其毅力，一鼓作气，决开国会，以二年为限。"[②]

7月11日，汤、郑、张再次联名致电宪政编查馆，指出朝廷果然欲召开国会，"则宜决然为之"，采取最敏捷的选举法选举议员，并非难事，两年就足以召开国会。在预备立宪公会的带动下，7、8月间，各地立宪党人在当地政团组织下以或上折、或电请、或递交签名请愿书等方式，数度要求朝廷速开国会，拉开了全国性的请愿运动的序幕。据当时报刊报道，这次国会请愿运动涉及18个省份的人民，还有海外华侨与留学生，先后有8个立宪团体参与其中，全国签名人数可考者多达15万人。[③]

1908年8月，清政府颁布《钦定宪法大纲》和《九年筹备立宪清单》等文件。虽然《钦定宪法大纲》中宣布了臣民所享受的权利义务，但君主的权力也极大。皇帝不仅总揽国家立法、行政、司法大权，还有统率陆海军，对外缔结条约，有权召集和解散议会，而且皇统永远世袭，皇权不可侵犯等规定。清政府在《九年筹备立宪清单》中同意召开国会、颁布宪法，但须以九年为期，其间要逐步完成设立谘议局、资政院、开办地方自治、普及国民教育等事项，以培植立宪的根基。

---

① 《国会期成会意见书》，《政论》第4号，1908年6月18日。

② 《郑孝胥、张謇、汤寿潜呈北京宪政编查馆请速开国会电文二则》，《东方杂志》1908年第7期。

③ 参见侯宜杰《二十世纪初中国政治改革风潮——清末立宪运动史》，北京：人民出版社，1993年，第214页。

对于清政府以九年为期进行立宪的计划，立宪派颇感失望，他们本来希望在两三年之内即开国会的。他们认为政府九年之期计划就是延宕，毫无益处，“但足以亡国而有余，绝不足以唤起沉疴，挽回危局，共臻于立宪之一境”[①]，只有提早召开国会，速行立宪，才能挽救危局。于是，他们起而再请，才有了联合请愿国会之举。

1909年9月，江苏谘议局议长张謇首先发表公开意见书，指陈形势危急的情况，要求缩短立宪的准备期限，提前于宣统三年(1911年)召集国会，提前成立责任内阁，并派人到各地谘议局联络。11月初，张謇又亲赴杭州，会见了汤寿潜、王清穆等人，商量如何能使政府速开国会，成立内阁。从1909年冬到1910年冬，立宪派总共进行了三次国会请愿运动，虽然声势浩大，但清廷顽固如旧，请愿运动一挫再挫。即使1910年9月，清政府迫于巨大的压力，把召开国会、颁布宪法的年限由九年调整为五年，但立宪派并不满足，继续要求立即召开国会，被清政府拒绝。三次国会请愿运动彻底失败。张謇、汤寿潜对此深感沮丧。

在预备立宪时期，汤寿潜作为绅商的代表人物，在推动立宪运动方面，表现得十分活跃。他和张謇、郑孝胥等东南大佬密切合作，是立宪派中的中坚分子，参与谋划了立宪运动的许多重要事件。不仅如此，他还积极地上奏或草拟浙江的请愿书，表达他对宪政的看法。此间，他发表的文章有：1908年(光绪三十四年)写的《代拟浙人国会请愿书》，1909年(宣统元年)上奏的《为宪政维新沥陈管见事》，1909年11月上奏的《奏为莫受外务主任偏重语言文字之弊》[②]，1909年上奏的《为新政隆布，旧习未除，国势忧危，亟应补救代拟条陈奏疏》折以及1909年上奏的《前江西提学使汤寿潜奏陈存亡大计标本治法》。此外，在1909年8月4日，朝廷授汤寿潜为云南按察使，但汤寿潜认为清政府此举是调虎离山之计，企图把他调离保浙路运动和立宪运动的中心，表示不愿为官云南。9月至10月，他接连上奏《辞授滇臬乞养陈情折》《再恳乞养折》《三恳乞养折》，请辞云南按察使。11月，朝廷改授汤寿潜为江西提学使。12月，汤寿潜再上《汤提学之陈情折》，再辞江西提学使。汤氏这些请愿书和奏折反映了汤寿潜在立宪运动中有关

---

① 《论政府无立宪之能力》，《大公报》1909年12月13日。

② 据萧山文史资料委员会编辑出版的《汤寿潜史料专辑》所录，《为宪政维新沥陈管见事》注录此折上奏的时间为光绪三十二年，即1906年，丁贤勇据奏折内容考证该折的写作时间应为1909年初；《奏为莫受外务主任偏重语言文字之弊》，著录时间为1905年(光绪三十一年)，丁氏考证为1909年11月间。丁氏所言正确。具体内容可参阅《汤寿潜奏议简论》(《民国档案》2006年第2期)。

政治的主要理念，是研究他宪政思想特别是国会思想的重要文献。现就这些文献中所反映的汤寿潜主要宪政理念做一综论。

（一）国势忧危，立宪是补救的良策

汤寿潜指出：中国在经历了中日甲午战争战败、戊戌变法失败和庚子之年的八国联军侵华三次劫难以后，国势日益危急。甲午战争时期列强瓜分中国的野心就声闻四野。庚子之役，众列强更是气势汹汹，"势成连连"，瓜分几成定局，只是列强在如何瓜分中国上矛盾重重，才导致瓜分不成，现在瓜分之心有死灰复燃之势，可谓"敌国外患至今日而极"。

1909年，汤寿潜上书摄政王载沣指陈西方列强在利用赔款上已有瓜分中国的事实，他论证："国家借款，如甲午、庚子二役，偿金媾和，国耻未雪。甲午之役，光绪二十四年借款英、德，分三十六年摊还，每年九十二万六千九百五十二镑，翌年之借款，分四十五年摊还，每年八十三万五千二百三十四镑。除历年已偿外，尚需银三百九十五兆两有奇。庚子之役，偿款四百五十兆两，分三十九年摊还，加息银五百三十二兆两，共为九百八十二兆两。除历年已偿还及美国退还之款外，尚需银八百十六兆两有奇。（中国）共计外债一千二百十一兆有奇。其偿期皆在宣统三十五年以内。"汤寿潜痛心地指出中国在债务上国将不国的危险性："（外债）日积月累，叠台接天，债额日高，尚能组织健全之国家哉？夫国犹家然，治家者不以债务为念，惟以债务为能，破产宣告，可旦夕待！治国亦犹是耳。"[①]他向载沣发出警告：中国政府政令废弛，官吏腐败，文化萎衰，武备薄弱。所以西方列强认为中国可能无力偿还各项赔款，拟在1910年2月的海牙会议上商议派员监督中国财政。如果这个提议在海牙会议上被列强变为现实，"中国上下将处于何等地位"[②]。

汤寿潜也一针见血地指出西方列强在铁路上控制中国之实。他说："铁道借款，各国视线交集久矣。东清路约，光绪二十三年事耳，迄今阅时几何，而路线经行五千余里之地，乃有不论国籍之自治局议长及议会议员，并中国主权亦须经管理部及自治局承认矣。东三省名虽金瓯，实则南日北俄，已非我有。读《中俄协字》（《哈尔滨新约》），有不锥心泣血者，必忍人也。""粤汉、川汉铁路借款，借于英，德争之，借于英、德，法争之。卒有三国协谋之《柏林决议》。而美（国）人又啧有烦言。夫募集外债而至于各国争借，三国协谋，岂惠而好我哉？必有大利

① 《拟上摄政王书》，《汤寿潜史料专辑》，第535—536页。

② 《为国势危迫，敬陈存亡大计》，《汤寿潜史料专辑》，第521页。

在矣！大利何在？非区区息金与材料也，敌所欲者，吾土地耳。”①此外，在宁沪、九广、津镇、苏杭甬等铁路上中国也是主权频失，尽管人民奔走呼号，誓死力争收回主权，但盛宣怀、汪大燮、袁世凯等人崇洋媚外，欺国欺民，“贪一时回扣之利，以弥私人之亏负，至贻害国家丘山之害，不一置念，呜呼！”②汤寿潜痛心道，代借外债修建铁路，在主权国家是信用募集，而在中国，则是强迫借款，是以中国主权的丧失为代价的，“强弱异势，利害殊图”③。

面对敌国外患日益加重的危局，汤寿潜并没有丧失奋起自救的自信心。他引用孟子的话，“无敌国外患者，国恒亡”，这是上天来考验中华民族的，“天盖创一从古未有之险境而增朝廷之阅历，而玉之于成。果能投袂以成，勿谓遂无办法”④。他清醒地建议，不要抱残守缺地守祖宗之制，而是要以世界眼光，学习西方，这是因为“自来一代有一代之法，法渐敝则渐即于亡。代之者但求与民相安，于前代敝法，去其泰甚，不能不袭其大概。递嬗至于我朝，适当历代敝法必改之冲。海道一通，相错相竞，乃益相绌。叠经甲午、戊戌、庚子三劫。必有草昧经营之手段，始足以转危机；必有独立不惧之规模，始足以联与国，补苴与张皇，庸有幸乎。”⑤他向载沣呼吁：“臣愚以为尽年内三个月，除非有大改革、大举动令列强耳目为之一耸，或当暂缓其进行，否则将无容我呼吸之隙矣。”⑥汤寿潜认为如果以前政府还能对旧制度、旧法有所因袭的话，那么中西交通以后，已经到了不得不有所大变革、大举动的时候了。其唯一的途径就是中国采取立宪政体，不仅如此，而且还要尽早开国会，否则无以救亡。

（二）罢黜立宪运动中树党弄权之官僚，同时限制亲贵，以昭示立宪名副其实

1906年的清政府预备宪政改革是从厘定官制改革入手的。当然，官制改革对于专制政府来说，是一件极其棘手的事情。因为官制改革意味着权力的再分配，需要统治者拿自己的既得利益开刀。袁世凯为首的北洋集团是当时清政府内部举足轻重的利益集团，他们中间虽然不乏有主见、希冀变革的新派人物，但他们变革的目的有私心，并非完全为了国富民强，而是为了利益集团的一己之私

① 《拟上摄政王书》，《汤寿潜史料专辑》，第536页。
② 《拟上摄政王书》，《汤寿潜史料专辑》，第536页。
③ 《拟上摄政王书》，《汤寿潜史料专辑》，第535页。
④ 《为国势危迫，敬陈存亡大计》，《汤寿潜史料专辑》，第521页。
⑤ 《为国势危迫，敬陈存亡大计》，《汤寿潜史料专辑》，第521页。
⑥ 《为国势危迫，敬陈存亡大计》，《汤寿潜史料专辑》，第521页。

利。袁世凯有曹操、王莽之政治野心，非常善于搞政治投机。他看到立宪能实现政治利益的最大化，曾经在立宪派面前慷慨激昂、信誓旦旦，表示"官可以不做，法不可以不改"[①]，但真实目的是借立宪培植北洋势力。

在官制改革中，袁世凯"全案皆其一手起草"[②]，企图把持官制改革的方向，掌握人事任命大权。袁世凯在官制改革中曾提出按照三权分立制度设立责任内阁制，企图在慈禧太后死后利用责任内阁限制君权，以防止光绪帝报复。真可谓司马昭之心，路人皆知。袁世凯的改革方案遭到朝野普遍的反对，就连一直赞成立宪的瞿鸿禨也极力反对袁世凯的改革方案，主张保留原有的军机处和内阁。时人论说："鸿禨知其意，隐沮之，言路亦陈其不便，孝钦采鸿禨之议，仍用军机处制。"[③]袁世凯异常憎恨瞿鸿禨，终于在1907年丁未政潮中，把瞿鸿禨、岑春煊等人排斥出权力中心，袁世凯势力大获全胜。这种立宪进程中引发的权力纷争让立宪党人十分寒心。于是，1908年秋，汤寿潜上奏载沣，批评的矛头直指袁世凯。

汤寿潜讽刺袁世凯纨绔子弟出身，从小就是无赖，生平无恶不作，家乡袁家同宗都以与袁为同姓感到耻辱。汤寿潜痛斥袁世凯当了直隶总督、北洋大臣后，大权独揽，专门以排除异己为能事，朝中大臣瞿鸿禨廉洁清正，颇有时誉，因为反对袁世凯专权，被袁世凯拨弄舆论，暗耍阴谋排斥出朝；岑春煊忠君爱国，被倚为朝廷重臣，因为疾恶如仇，反对袁世凯，也被袁世凯散布谣言，荧惑圣听，革职了事。现在袁世凯权倾朝野，内有阉宦为其通风报信，外有徐世昌、唐绍仪、杨士骧、段芝贵等党羽为虎作伥。汤寿潜还揭露，袁世凯用重金收买了贪婪的庆亲王奕劻，二人狼狈为奸。汤寿潜忧心忡忡地指出，现在袁世凯集团掌控了朝中的政权、财权、外交权、陆军权，一般无良之佞臣都纷纷蝇集蚁附，"海内侧目，谓其将有非常举动"[④]。他希望摄政王载沣采取果敢之手段，罢黜袁世凯，既有助于当今立宪，又可免除无穷后患。

1909年1月，袁世凯因"足疾"回籍养病，被载沣解除了一切职务。但是，汤寿潜并没有为此感到舒心。他希望启用瞿鸿禨、岑春煊等人掌控立宪改革的建议并没有被载沣采纳。载沣罢黜袁世凯后，开始重用满族亲贵。他任命一个弟弟载洵掌海军，一个弟弟载涛专司训练禁卫军大臣，并掌军咨处。一时间，满朝都

---

① 陶湘：《齐东野语》，陈旭麓、顾廷龙、汪熙：《辛亥革命前后——盛宣怀档案资料选辑之一》，上海：上海人民出版社，1979年，第28页。

② 徐凌霄、徐一士：《凌霄一士随笔》，太原：山西古籍出版社，1997年，第1874页。

③ 汪诒年：《汪穰卿先生传略》，北京：中华书局，2007年版，第125页。

④ 《奏请罢黜树党弄权之枢臣》，《汤寿潜史料专辑》，第512页。

是纨绔子弟。载沣排斥汉族地主集团、重用亲贵的孟浪做法不仅让汤寿潜等人感觉到立宪改革的有名无实，也激化了汉族地主集团与满族亲贵之间的矛盾，政治愈加纷纷扰扰，倾轧不已。汤寿潜指出满族亲贵掌握大权，不仅不符合立宪的精神，也让人民感觉立宪有名无实，会增加民众的离心力，大伤国体，其结果是“内力先尽，则危亡从之”[①]。他苦口婆心地劝载沣，亲贵们都很年轻，平时养尊处优，缺少从政经验，现在国事危忧，一旦处理不好，将自陷危途。他希望载沣能像日本一样，安排亲贵们担任引导社会风气的名誉职务，引领风尚，这才符合宪政精神。

（三）抨击立宪运动中的弊端，忠告清政府要养成立宪的真正精神，卧薪尝胆，切实立宪

预备立宪是清朝政府自我挽救的重大政治尝试，是清政府自救的最后历史机遇。如果清政府能抓住这个历史机遇，痛下决心，认真改革，历史也许会给清政府一个重生机会，或至少能延缓其灭亡的来临，但腐朽的清朝统治者并没有抓住这个历史机遇。历史机遇对于任何一个国家和民族的发展都十分重要，但历史机遇是客观的、变化的，它不会自然而然地发生作用，它要靠人去把握、去利用、去驾驭。如果没有人为的主观因素作用，历史机遇是不会给人类社会带来利益的。因此，历史机遇一旦出现，人的主观状况，包括他捕捉历史机遇的远大眼光，驾驭历史机遇的能力，以及他本身的思想素质等主观因素，就成为能否成功的决定性条件。在晚清立宪运动中，领导改革的清朝官僚集团并不具备厉行改革的主观素质，不仅能力有限，而且改革的热诚和创新精神也十分缺乏。他们虽在口头上明谕改革，但内心深处仍眷恋着各种特权，对宪政持敷衍、推诿、迁延观望的态度，使人们特别是立宪派对统治者改革的诚意产生深深的怀疑。

1909 年 10 月，汤寿潜深感立宪因受旧习阻挠，成效未著，但国势忧危，便“频冒天威，缕陈微志”[②]，进京面见载沣，上奏批评朝廷不肯着力实行立宪，“是以两年以来，朝旨、部章先后迭下，有次第预备之名，而无次第能行之实。考之国本则国本未固也，考之外交则外交迭失也，考之吏治则吏治疏，考之财政则财政绌，考之官制则官制不能整齐，考之教育则教育未能普及。军政未能修明，刑法未能画一，禁烟之令或阳奉而阴违，官官之欺尚相忍而不断，以皇上之

① 《为宪政维新沥陈管见事》，《汤寿潜史料专辑》，第 516 页。

② 汤寿潜：《三恳乞养折》，汪林茂：《中国近代思想家文库・汤寿潜卷》，北京：中国人民大学出版社，2015 年，第 279 页。

孝、监国之贤，旰食宵衣，汲汲求治，而见状若此，此臣窃痛之。”[①]对于清廷的预备立宪，汤寿潜着实高兴过，对于预备立宪的种种规划他也能够同情地理解。但问题是，在宪政运作具体过程中，映入汤寿潜眼帘的是推行宪政的重重阻力和无处不在的弊端。旧的东西不能顺利革新，新的东西又难见成效。只有“宪政”新瓶装“君主专制”旧酒之实，而无旧貌换新颜的希望。汤寿潜不愿将此归咎于摄政王和皇帝，只好迁怒于腐败的官僚。时隔不久，汤寿潜又上奏，批评官僚对宪政的推诿拖延，“臣诚见上有励行宪政之德意，而奉行诸臣，名与实违，甚或有假新政以罔民而误国者，心以为危”[②]。

1910年4月下旬，汤寿潜赴广东联络绅、商、学、报各界名流，发起自办东南铁路计划。在广州期间，他应广东谘议局邀请，演说对国会请愿运动的看法。在演说中，汤寿潜指出，现在“地球大小各国，都有国会，单是中国，尚在筹备，尚在请求”[③]，政府不相信人民的力量，不许人民担负责任，和人民非常隔膜，在激烈竞争的时代，朝廷独负责任，“究竟孰利孰害，孰公孰私，妇孺亦知道的”[④]，单单主持立宪的官员不明白吗？其中的原因是什么呢？汤寿潜指出了身处利害的官员心理上有三怕：“一，畏难。预备时代，人民已骎骎乎干预。国会一开，怕太阿倒持，其乱方大。夫乱至强迫借款，势力范围止矣，正坐没有国会的原因。若人民闹荒、军变等事，大半借口于国会不开，倒容易了的。二，苟安。借筹备为词，敷衍了几年，可以成功者退。哪晓得筹备得一二年，各省已窘态毕现；再阅二三年，便无可筹备。其时敷衍不了，中缀不能，倒成了骑虎之势。三，自利。怕国会一开，阁臣、部臣均由人民公推，或者公推不及。”[⑤]“三怕”直指官员不愿速开国会的原因，汤氏的认识可谓入木三分。当然，作为绅商的代表，汤寿潜又为主政的载沣以及大臣们开脱，“摄政王很贤明，时时以先帝遗诏为念，必有庶政公诸舆论之一日。大臣共国休戚，谅不存以上三种心理”[⑥]。这是汤寿潜发自内心的一厢情愿的希望，但这种希望在自私的政府官员面前并不能实现。所以，经过一而再，再而三的请求无效以后，面对殷殷期盼的民众，汤

---

① 《为新政隆布，旧习未除，国势忧危，亟应补救代拟条陈奏疏》，中国第一历史档案馆藏：《汤寿潜资料全宗》。

② 《为宪政维新沥陈管见事》，《汤寿潜史料专辑》，第515—516页。

③ 《汤蛰先学使游历粤省演说词》，《时报》，1910年4月25日。

④ 《汤蛰先学使游历粤省演说词》，《时报》，1910年4月25日。

⑤ 《汤蛰先学使游历粤省演说词》，《时报》，1910年4月25日。

⑥ 《汤蛰仙学使游历粤省演说词》，《时报》，1910年4月25日。

寿潜也深感内疚，“微末之言，无所补救，深以为愧”①，从而反映出汤寿潜对清政府既有所期盼又不满的矛盾心态，同时也凸显了他期盼国会的热切之心以及尊崇民众的赤诚之心。

对于长期浸淫在专制制度下的中国而言，立宪是“千古未有”之大事，需要统治者有锐意革新的精神和非凡的执政能力。在执政能力短时间之内不容易提升的情况下，革新精神显得尤为重要。汤寿潜非常重视这一点，指出改革必须注重立宪的精神，使其名副其实。他曾向摄政王强调：“尝征于既往，名器重，斯事功昭。静验方今，精神先而物质后。是以欲收天下之功，端在洗涤人心之垢。德意志、日本之维新，得其道也；土耳其、波斯之立宪，失其道也。”②1910年初，汤寿潜再次给载沣鼓劲：“顾眷皇上、监国日以景皇帝之心为心，博采舆论，激扬士气，勤求民瘼，澄叙官方……无摇于似是而非之论，必察乎有名无实之为，庶内足以固立宪主之精神，外足以回列强之视觑，而其尤要者，则在皇上与监国慎选公忠之大臣，组织责任内阁。”③他希望朝廷王公重臣为宗庙计，为社稷计，为四万万人民计，内忧国政，外念国耻，赫然奋起，成千载之创举，挽救社会之危亡。

改革离不开客观的物质条件，但也需要一定精神力量的支撑。在严重的社会危机环境中，进行宪政改革，更需要一种锐意革新、卧薪尝胆的精神。但是，清政府主持宪政的王公大臣并不具备这种精神，汤寿潜对此深感失望，提出了严厉的批评。但是，作为绅商的代表，其思想的软弱性使他对清王朝又抱有幻想：皇上和摄政王是愿意改革的，只是部分臣下在阻挠改革。他把立宪的希望寄托在清朝统治者的最上层，不仅不可行，而且也不符合立宪的真精神。

（四）速开国会，以洽民气

在晚清整个预备立宪过程中，有无国会是检视是否实行宪政的标志。因此，速开国会成为立宪派最简单、最直接的选择。于是，请开国会的呼声声势盖天，成一时之潮流。汤寿潜是预备立宪公会的副会长，也是浙江立宪运动的灵魂。一方面，他和张謇、郑孝胥等人积极组织预备立宪公会的工作，引导全国的立宪运动；另一方面，他还积极参与浙江的地方立宪运动，引导浙江绅民，加入全国国

① 《汤蛰先学使游历粤省演说词》，《时报》，1910年4月25日。

② 《三恳乞养折》，《汤寿潜史料专辑》，第535页。

③ 《为新政隆布，旧习未除，国势忧危，亟应补救代拟条陈奏疏》，中国第一历史档案馆藏：《汤寿潜资料全宗》。

会请愿运动的洪流中。

1908年6、7月间，汤寿潜派人到浙江各属分发传单和请愿签名册，要求各地派代表赴杭州参加国会请愿动员会。7月28日，各地代表齐聚杭州，召开请愿大会，大会通过了汤寿潜撰写的《代拟浙人国会请愿书》。请愿书洋洋洒洒，近一千五百字。汤寿潜在请愿书中强调：国家救亡图存系于立宪，立宪的根本则是国会。他指出，立宪是利国富民的大事，朝廷虽1907年制定了预备立宪表，但效果不显。希望朝廷能顺应民意，早定国是，速开国会。如果延缓召开国会，会有种种弊端。他指出，自从近代中西交通以来，数十国家对中国鹰瞵虎视，进行侵略欺诈，其中一个重要的原因就是这些国家都是立宪国家，国富民强，而中国则是专制国家，怎能不受侵凌。他呼吁时局的紧迫不容清政府雅步，以九年之期预备立宪，而应速开国会，以定国是而顺舆情。

在请愿书中，汤寿潜对于清政府以"人民智识太低，不能遽然立宪""人民权力太大会损害朝廷大权"以及"户籍法尚未制定，统计局未能遍设"①等为借口迁延国会召开给予驳斥。在驳斥中，汤寿潜对国会的认识很正确，他认识到了国会是全国最高的立法机关，"必有国会以总全国立法之成，而后各省可依其法而自治""有国会则由人民参订工商法律"②，人民自然能遵守并全力维护国家的权利。在《危言》中汤寿潜曾经提出过采西方之制设立国会，但那时他心目中的国会更多承担了皇帝咨询机构的角色。在《宪法古义》中汤寿潜也对议院有了更进一步的认识，但那时他认可皇权可以干涉议院的工作。到了1908年时，汤寿潜已经相当正确地认识到了议院的功能和地位。这是汤寿潜思想与时俱进的一种提升。

通过请愿书，我们还清楚地认识到汤寿潜"国民""人民"意识的觉醒。在甲午前后，汤寿潜对国民、人民与国家的关系认识还不清楚，这不仅表现在他对人民革命的敌视上，称呼太平天国是"粤匪""发贼"，称捻军为"捻匪"，还批评百姓自私涣散，各私其家，对国家大政无关痛痒，漠不关心。到了20世纪初，汤寿潜逐渐认识到了国家乃是集国民所成，应当给国民参政的权利以及其他公民权利，但此时，他认同人民的权利应当由朝廷赐予，人民只是被动接受。到了立宪运动时期，汤寿潜对"国民""人民"的认识又有了新的提高，形成了人民作为国家"主人"的思想。他希望借开国会这种制度上的设计来调动和发挥大多数国民的作用，开国会以便人民实地练习，得以增长其智力，"立两院制度之国会，予人民以参

---

① 《代拟浙人国会请愿书》，《汤寿潜史料专辑》，第489页。

② 《代拟浙人国会请愿书》，《汤寿潜史料专辑》，第490页。

政之权，有参政权而后有责任”“未闻人民有权力之国而列强敢于凌侮者”，而“以权力假之人民，而令天下同责任之为愈矣！”[①]开国会以兴民权，兴民权以振国权，合民力以成国力，国民与国家关系休戚与共，国家自然可救亡图存。

1909 年 11 月，汤寿潜在给摄政王载沣的救亡奏稿中又反思了“国民”与“国家”关系隔膜给国家社会带来的巨大伤害。汤氏指出：“夫外人之所以侮我也，在我之有可侮者也。环球列强，其所恃以竞争者，不在其君相一二人狡焉，思逞之野心，而在其全国多数人民各有发挥国家荣誉，增殖国民产业之心思。其所谓政府者，不过循其多数人趋向之所在而执行之耳。而我之当其冲而与之较量者，则唯政府而已。人民于政府之所为若知之，若不知之，相视犹若秦越。如此，则民情无自而洽，民气无自而新。政府所为又不满人意，用人也有时而启天下疑，理财也有时而致天下之怨，上下隔阂，久而未融，以如是国家欲与他国敌，人以众，我以寡；人以聚，我以散；人以昭昭，我以昏昏。欲其立于不败之地，固不可冀已。数十年来，挫于兵，累于款，军港、铁路多入外人掌握，而国债山积，不知所偿，可谓危矣。”[②]

在专制制度下，政府和国民相视如秦越，人民呻吟在专制政体之下，毫无权利可言，自然缺乏现代意义上的“国家”“责任”等观念，在国家危机面前，自然也认为责任在政府。故“民情无自而洽，民气无自而新”[③]。从西方列强自强的历史看，立宪是“唯一良谋，岂有他哉？”[④]，因为只有立宪才可以“易寡而为众，易散而为聚，易昏昏而为昭昭”[⑤]，才可以合群合力，动员整体国民参与救亡。在汤寿潜的认识中，“民”在国家中所处的地位得到大幅提升，也受到特别关注。这种倾向凸显了汤寿潜民主思想的进步，也是他认为要实现宪政政体的必然路径。

汤寿潜提出了速开国会，那么他对召开国会、颁布宪法有没有具体的时间期限呢？答案是肯定的，但具体期限有所变化。1908 年 6 月 30 日，由郑孝胥主笔，汤寿潜、张謇商讨后联名致电清宪政编查馆，提出了以两年为限速开国会，这比清政府提出的九年之期大大提速了。7 月 11 日，郑孝胥、汤寿潜等人再次致电宪政编查馆，指出两年之期并非难事。为了能打动宪政编查馆的王公大臣们，汤

① 汤寿潜：《代拟浙人国会请愿书》，《汤寿潜史料专辑》，第 489 页。

② 《汤寿潜改革救亡奏稿》(草稿)，中国第一历史档案馆藏：《汤寿潜档案全宗》，胶片 5—29—7。

③ 上述以注释。

④ 上述以注释。

⑤ 《汤寿潜改革救亡奏稿》(草稿)，中国第一历史档案馆藏：《汤寿潜档案全宗》，胶片 5—29—7。

寿潜在修改电文时，特意增加了“时不待我，敌不待我”八个字，[①] 急切期盼召开国会。在《代拟浙人国会请愿书》中，汤寿潜并没有提出召开国会的具体期限，但迅速成立国会的期盼跃然纸上。1908 年 11 月，光绪、慈禧太后接连去世，宣统继位，载沣摄政。载沣表示要继续将宪政改革进行下去，汤寿潜看到了提早立宪的希望。1909 年初，他向载沣请求提早召开国会，建立内阁，“以固宪政之根基”。但是朝廷罔顾民众速开国会的愿望，拒绝立宪党人的请愿，仍然坚持九年预备立宪期限不变。汤寿潜对此十分失望，但为了能维持宪政的有序进行，他仍然苦口婆心地规劝。1909 年 11 月，他再次向载沣奏请速开国会以洽民心，他说：“时局孔艰，必不能从容豫暇，待之十年以后，政治进步，缓不如速，缓则或以招意外之波折，速则足以动天下之观瞻。且人类本为政治的动物，与以经验，能力自生，不必以其程度未到为忧。臣谓宜速颁谕旨，定于四年之内，即开国会，一切筹备着即速办，有阻挠者罪之。”[②]此奏稿作于 1909 年，四年之内也就是他希望在 1913 年以前实现立宪。当是时，参加请愿的立宪党人大都主张在宣统三年(1911 年)召开国会，成立内阁。这是汤寿潜认为清政府于宣统八年(1916 年)召开国会无法满足人民“喁喁望治”的期盼，同时也考虑到了立宪并非易事，应当给政府一定的预备期限，其四年之期限也算是汤寿潜用心良苦思索的一种结果。1910 年 11 月，清政府在国会请愿运动以及各地督抚上奏求开国会的巨大压力之下，宣布定于宣统五年(1913 年)召开国会，时间正好与汤寿潜一年前给载沣建议的期限一样。这既是一种历史的巧合，也是包括汤寿潜在内的广大立宪派斗争的必然结果。笔者没有找到汤寿潜对缩短立宪年限表态的直接资料。但在当时，江浙地区不少立宪派曾经致电资政院表示祝贺，这还引起其他要求速开国会议员的不满，“今速开国会之目的不能达，人民失望，而江浙独争先电贺，以懈怠民气，本员甚觉痛心”[③]。汤寿潜作为浙江立宪派的领袖，在 1909 年也提出在宣统五年之内实现立宪，他大致同意政府缩短的立宪年限。

---

① 《郑孝胥日记》第 2 册，北京：中华书局，1993 年，第 1149—1150 页。

② 《汤寿潜改革救亡奏稿》(草稿)，中国第一历史档案馆藏：《汤寿潜档案全宗》，胶片 5—29—7。

③ 《资政院第一次常年会第十四号议场速记录》，转引自张海鹏、李细珠：《中国近代通史》之第五卷《新政、立宪与辛亥革命》，南京：凤凰出版传媒集团、江苏人民出版社，2006 年，第 326 页，

第四章

从主张君主宪政到拥护共和政体——辛亥革命前后汤寿潜的宪政思想与实践

1911 年 10 月 10 日，辛亥革命在武昌首义成功，很快成燎原之势，引发了多米诺骨牌效应，湖南、陕西、江西、山西、云南等省相继响应革命，宣布独立。11 月 5 日，杭州的革命党人也闻风而动，光复杭州，成立浙江革命军政府，推举汤寿潜为军政府第一任都督。汤寿潜在短暂的都督任上，积极地善后浙江事务，大力倡议共和，积极参与南京临时政府的筹建，一度对全国政局产生极大的影响。汤寿潜原是著名的立宪派首领，是君主立宪运动的力行者，但辛亥革命鼎革之际，他顺应时势，从权而变，从赞成君主立宪转而支持共和，成了清政府的敌对者和掘墓人。章开沅先生曾撰文指出这是辛亥革命时期非常奇怪的一种社会现象，并称之为“汤寿潜现象”。[①] 解读这一时期汤寿潜的思想主张、政治实践，不仅是解释“汤寿潜现象”的需要，也是全面评价汤寿潜的思想和历史地位所需，也可以引发对辛亥革命及此时社会巨大变迁更多的思考。

第一节　舍弃与超越

1911 年国会请愿运动的失败和皇族内阁的出笼，暴露了清政府打着立宪的旗号，厉行专制统治的真面目。广大人民群众，包括汤寿潜在内的立宪派人士舍弃了对清政府立宪的幻想，同革命派合流，走向反清的革命道路。与此同时，汤寿潜领导的浙江保路运动备受清政府的压制，加重了汤寿潜对清政府昏庸和专制的感受。清政府破坏宪政的愚蠢举措，出卖国家利益的罪行以及漠视民众舆论的专制行为，各种因素叠加，引发了蝴蝶效应，激起了汤寿潜对清政府的绝望和憎恨。武昌起义后清政府土崩瓦解之势促使汤寿潜放弃了对清政府的最后一点幻想，超越了君主立宪的政治理念，毅然走向共和。

一、对清政府立宪的绝望

在立宪派孜孜以求的宪政运动中，速开国会与成立责任内阁是两项不可分割的重要内容。他们宣称：“责任内阁者宪政之本也，国会者又其本之本也。”“有责任内阁谓之宪政，无责任内阁谓之非宪政。有国会则有责任内阁，无国会则无责任内阁。”[②]梁启超为首的政闻社政纲第一条就明确宣称要敦促政府“实行国会制

---

① 章开沅：《论汤寿潜现象——对辛亥革命的反思之一》，《浙江社会科学》2001 年第 6 期。

② 《中国大事记》，《东方杂志》第 7 年(宣统二年)第 11 期。

度，建设责任政府”[①]。1910年10月，受立宪派国会请愿运动的影响，各地督抚也联名上奏指陈国会与责任内阁的关系。他们说：“内阁、国会，为宪政根本……舍此则主脑不立，宪政别无着手之方。缺一则辅车无依，阁、会均有逾辙之害。”[②]可以看出，立宪派和相当一部分地方督抚都开始认同内阁与国会是宪政的根本。只不过，立宪派是通过成立国会和责任内阁来削弱专制君主的权力，以实现资产阶级参与国家政权的愿望，地方督抚则希望借此遏制君主的权力而维护地方的权力。

1906年的中央官制改革中，清政府曾参照日本明治维新模式出台了改革草案，其核心内容就是建立责任内阁制。但是，由于袁世凯集团控制了该草案的编制，朝野有识之士害怕袁世凯集团独揽而普遍反对该草案。于是，清政府对草案做了较大修改，责任内阁等重要内容被清廷否定，责任内阁制被搁置起来。1909年6月，考察过日本宪政的李家驹受命主持官制改革，提出以日本为蓝本，全面改革从中央到地方的官制。此方案也遭到了守旧势力的反对，御史胡思敬专折上奏，奏请政府不可听信偏言，不要援引日本法规扰乱大局，要求严饬李家驹等人。其后，胡思敬对责任内阁还啧有烦言，痛斥道：“立宪之法，以位予君，以权予内阁，君不负责任，责在总理大臣，又设国会监督之，会党寻隙相攻，总理则隐身而退。此上下互相劫制之道，争竞之祸愈烈，荼毒之害愈深。……总理大臣而贤，牵掣多而一事无成，将有席不暇暖之势；总理大臣而不贤，勾通政党，且潜生睥睨神器之思。其谋甚拙，其势甚险！”[③]言下之意，如果召开国会，成立责任内阁，轻则造成政争，重则鼎祚潜移，夺君主之权。持这种观点的保守派不乏其人，使得清政府在召开国会、成立责任内阁问题上深为忧惧，唯恐大权旁落，不敢遽然改革，只是在维持军机处基础上变动。

汤寿潜满怀希望，期待召开国会和成立责任内阁。1908年6月，他代表浙江士绅向朝廷请愿说：“海通以来，十数强国鹰瞵虎视，其所以驯至富强者，所有政体无一不归墟于立宪，收效于国会；且有视立宪更进者，大率立两院制度之国会，予人民以参政之权，有参政权而后有责任。时势所趋，日本迎其机而利用之，蕞尔三岛，已见明效。中国为之，事半功倍，何独不为？”[④]陈请政府应时而

① 《政闻社宣言书》，李剑农：《中国近百年政治史》，应急管理出版社，2018年，第225页。

② 《中国大事记》，《东方杂志》第7年(宣统二年)第11期。

③ 《御史胡思敬奏立宪之弊折》，《清末筹备立宪档案史料》(上册)，北京：中华书局，1979年，第345—346页。

④ 《代拟浙人国会请愿书》，《汤寿潜史料专辑》，第489页。

变，速开国会和成立责任内阁，以餍人民之愿望。

清政府虽然朝旨部章迭下，但宪政仍只有预备之名，而真正实现看似遥遥无期，汤寿潜万分失望。他沮丧道："云乎新政，则欧美之制度杂采，而难以适宜。是以两年以来，朝旨部章先后迭下，有次第预备之名，而无次第能行之实。"[①]他不仅为清政府的昏庸无能感到气愤，也为因此而招致外人辱笑深感汗颜和不安，"新政兹事体大，为外人眼光所关注矣，我袭其皮毛，迄未得之要领，甚且并旧有之精意而吐弃之，无提防，无藩篱，益得大营其私弊。每译见外人非笑之词，曷禁气涌而汗下也"[②]。在汤寿潜看来，预备立宪只是清政府的一种敷衍之举，他们内心眷恋着各种特权，并无厉行宪政改革的决心和勇气。这样，不仅本国原有政治运行机制遭到破坏，而且移植的欧美新制也"橘逾淮为枳"了，政治益加混乱不堪，毫无宪政的耳目一新与生机活力。

汤寿潜对1906年中央官制改革"仍用军机处制"大失所望，认为预备立宪毫无成效的一个重要原因在于军机处不能切实负责任，导致用人不当，弊端丛生。1909年底，他在一份给朝廷奏折的草稿中批评其中的弊端，"所谓用人之未当在何也？责任既未成立，政治之所出，实在军机。今任军机者，大都老成谨虑之人，绝少发扬蹈励之气，若与他国政治家比权量力，瞠乎后矣。"[③]正因为以军机处为中枢的旧内阁无切实的责任，即使设立新式部门，也不能很好地履行责任，"形格势禁"的政体积惯依然存在，"官吏腐败，犹号弊丛"。比如："外部当外交之冲，保主权，弭外衅，皆仰赖焉。今则惟以媚外营私为计，遂使我国外交界■■■■(此处原文字迹无法辨认，用'■'表示)而益天下之事；学部但藉科举积习，诱全国之学生，而不知国民教育为何物；邮部但假中央集权，阻败民间之实业，而不知外国铁路政略为何事。"[④]外部、学部、邮传部等部门都是清政府"新政"的产物，本是清政府为廓清积弊而设，显示其锐意求新之旨，但因改革并未切中宪政的实质，致使用人行政无轨辙可循。于是，积弊非但没有廓清，新的纷争反而接踵而至，被寄于无限希望的新政完全异化，自然让汤寿潜心寒。

在旧有军机处基础上的官制改革虽然有枝节变化，但汤寿潜认为此种变革根

① 汤寿潜：《代拟条陈疏》，汪林茂编：《中国近代思想家文库·汤寿潜卷》，北京：中国人民大学出版社，2015年，第146页。

② 《汤寿潜为推行立宪呈上奏稿及宣统朱批》，中国第一历史档案馆藏：《汤寿潜档案全宗》，胶片5—29—8。

③ 《汤寿潜改革救亡奏稿》(草稿)，中国历史第一档案馆藏，《汤寿潜档案全宗》，胶片5—29—7.

④ 《汤寿潜改革救亡奏稿》(草稿)，中国第一历史档案馆藏：《汤寿潜档案全宗》，胶片5—29—7。

本不能适应时势的变化，和真正的宪政相差甚远，应当大刀阔斧，大行黜陟不合宪政的新旧衙门，组建真正的责任内阁。他说："今之军机大臣则沿古之侍中、中书、门下而来，职在预备顾问、宣上命矣，……不能引行政之责任。加之今宪法将定，陛下必居于不负责任之位。而又无宰相以复责任，则全国政治之责任将安寄乎？臣以为宜速组织责任内阁，正其名位，仍未古之丞相，其大学士、军机大臣等名号皆可不用，则责任始为当矣。"①

汤寿潜明确指出了设立名副其实的责任内阁来取代军机处，以负全国政治之责任。针对胡思敬等保守势力认为成立责任内阁必篡夺君权、引发政争等观点，汤寿潜给予严厉的驳斥。他在1909年底的《汤寿潜改革救亡奏稿》(草稿)中指出："立宪必立内阁。所以立内阁者，元首之尊一定而不可移，而行政保无阙失，不能犯神圣而施以责任，故取内阁代君主以负责任者。质言之，即处分之谓不负之责任者，正以尊君权，非无责任之谓也。内阁之贤，舆论戴之；其不贤也，舆论可请撤换之，而执行仍在君主。内阁既代君主以负责任，故易一内阁，所有各大臣亦先后易。其全班大臣本为内阁之政党，自然同一政策而无内外参差、彼此触背之害。君臣与人民同各受范于规定之法，立宪乃成。国会所以保障君主、监察大臣，虽利所隐忌而不易成立。国会未立，朝廷舆论无从直接。于是，大臣得以爱憎为用舍，而魁柄逐音，有进而无退，有赏而无罚，而用人不可问亦。"②

"立宪必立内阁"是时代之强音，是汤寿潜对宪政孜孜以求的体现。当然，草稿内容也反映了汤寿潜在责任内阁上的一种相对保守的态度，责任内阁的成立是代替君主接受"处分"责任的，君主并非"无责任之谓也"，恰恰是尊君权的表现。特别是责任内阁受舆论冲击招致反对时，君主有权解散内阁，并非会导致鼎祚潜移。汤寿潜也指出，内阁成员的组成大都来自同一党派，政见相同，进退一致，并无政见彼此触背的弊端，那种认为内阁成员之间寻隙政争的想法完全是庸人自扰。当然，既然是立宪政体，汤寿潜也明确指出君、臣以及人民必然都要受宪法的规范和约束，只有如此，才是真正的立宪。汤寿潜虽然认可君主权力的强大，但对国会作用重要性的认识也没有减弱，强调国会未立，就无法监督内阁，也会导致内阁的专断。可以看出，汤寿潜对待国会、内阁、君主三者之间关系的一种倾向，君主有解散内阁之权，但解散内阁的前提是内阁受到舆论的谴责，而舆论

① 《汤寿潜为实行新政面呈朝廷奏稿》(草稿，有破损)，中国第一历史档案馆藏：《汤寿潜档案全宗》，胶片5—29—12。

② 《汤寿潜改革救亡奏稿》(草稿)，中国第一历史档案馆藏：《汤寿潜档案全宗》，胶片5—29—7。

则主要出自国会，也就是说如果国会认可内阁，君主也不能随意解散内阁。这样一来，内阁的进退其实取决于国会。这可能是汤寿潜在二元制君主立宪和议会制君主立宪认识上的一种矛盾。考虑到此稿是汤寿潜为上奏朝廷所拟，他必然考虑到不能过分刺激摄政王等满族亲贵，所以在劝进中会采取技巧。因此，笔者认为汤寿潜此时已经倾向于议会制的君主立宪政体。

在《汤寿潜档案全宗》中还有一份汤寿潜所拟的奏折残稿，名为《汤寿潜为新政隆布，旧习未除，国势忧危，亟应补救代拟条陈奏疏》，遗憾的是该残稿仅剩开头和结尾两段，主要内容已经佚失。从残存的内容看此稿也是汤寿潜 1909 年底进京晋见摄政王载沣时所作，与《汤寿潜为推行立宪呈上奏稿及宣统朱批》《汤寿潜改革救亡奏稿》(草稿)、《汤寿潜为实行新政面呈朝廷奏稿》(草稿)的写作应属同一时间。该残稿的最后一段为：

"以上十条，臣夙为之见闻，师友之讨论，参以时势举其大纲。允所请，臣之知识足以画其事理也。不允所请，皇上、监国之明见，不及此也。顾以所陈十条之缺失，报馆论之，外人讥之，而朝廷未见一人俯临而辩动也，而争也。岂二三王大臣专制势力所能阻沮。顾眷皇上、监国日以景皇帝之心为心，博采舆论，激扬士气，勤求民瘼，澄叙官方，■■■■(此处原文字迹无法辨认，用'■'表示，下同)，摇于似是而非之论，必察乎有名无实之为，庶内足以固立宪主之精神，外足以回列强之视觑，而尤要点则在皇上与监国慎选公忠之大臣，组织责任内阁，设此所用之大臣一或不当，则臣所陈及未及条陈之事或绸缪不豫，或措置无方，必至羊质而虎皮，雌质而雄貌。日月易逝，匕■未定。我皇上与监国虽有殷忧，然圣之资曷收相助为理之效。"①

遗憾的是，汤寿潜所条陈的十条内容已经佚失，无从得知具体内容。但从这一时期相关的其他奏折和社会时论看，这些主张是社会关注的焦点，"报馆论之，外人讥之"②，也是汤寿潜和志同道合师友经常讨论的问题。对于这些问题汤寿潜特别强调："而尤要者，则在皇上与监国慎选公忠之大臣，组织责任内阁，设此所用之大臣一或不当，则臣所陈及未及条陈之事，或绸缪不豫，或措置无方，必至羊质而虎皮，雌质而雄貌。"③汤寿潜认识到了"兆庶喁喁企望新政"的关键在

① 《汤寿潜为新政隆布，旧习未除，国势忧危，亟应补救代拟条陈奏疏》，中国第一历史档案馆藏：《汤寿潜档案全宗》，残件。

② 《汤寿潜为新政隆布，旧习未除，国势忧危，亟应补救代拟条陈奏疏》，中国第一历史档案馆藏：《汤寿潜档案全宗》，残件。

③ 上述已经注释。

于成立责任内阁，宪政改革“一日万机，百道共进”①，仅凭摄政王的贤明和依赖少数王公大臣根本不能规划全局。汤寿潜对于政府的无动于衷深感痛恨，也警告少数保守势力不要阻沮宪政。可以说，汤寿潜和当时其他参加国会请愿运动的立宪派一样，都急切盼望清政府能遵从舆论所请，速开国会，组建责任内阁。

1911 年 5 月 8 日，汤寿潜等人孜孜以求的责任内阁终于奉旨成立，但内阁成员的组成却给包括他在内的立宪派当头棒喝。因为内阁成员的组成完全出乎他们的意料。这是一个什么样的内阁呢？其构成是：奕劻任总理大臣，大学士那桐、徐世昌为协理大臣，梁敦彦任外务大臣，善耆任民政大臣，载泽任度支大臣，荫昌任陆军大臣，载洵任海军大臣，溥伦任农工商大臣，盛宣怀任邮传大臣，寿耆任理藩大臣，绍昌任司法大臣，唐景崇任学务大臣。在这 13 名内阁成员中，有满族 9 人，其中皇族 7 人，汉人仅 4 人。皇族不仅人数上占优势，而且掌握着要害部门，除把持内阁总理、协理大臣外，还掌握着外交、民政、财政、军事、经济通商和司法宗教等广泛的权力，汉族官僚只不过掌握了教育、邮政及内阁协理大臣等几个点缀的职务。因此，这个内阁被斥为“皇族内阁”。

“皇族内阁”的出台，让全国为之哗然，虽然从制度变迁的角度来看，这个内阁的出现不无历史意义，但在当时，皇族内阁是在没有召开国会的情况下成立的内阁，这从根本上违反了议会选举内阁、内阁对国会负责的立宪原则。更为离谱的事情是，内阁成员的组成是以皇族为主的，这完全暴露了皇族借立宪揽权的嘴脸，给人一种预备立宪完全是骗局的感觉。立宪派感到愤怒，他们舌敝唇焦，奔走呼号，要求开国会，设责任内阁，结果国会被拒绝，却弄出一个御用工具的皇族内阁来。他们斥责“皇族内阁”与君主立宪政体的精神完全不符，完全是欺人之举，希望“政府绝不以舆论从违为意，而实行宪政之神髓先亡”②。李剑农先生在其名著《中国近百年政治史》中认为奕劻内阁是“皇族集权的大暴露”，担任国务大臣的皇族是“一些骄纵无度，不知世务的糊涂虫”③。皇族内阁遭到立宪党人的普遍反对，他们上书奏陈，希望政府能改组内阁。但以载沣为首的政府冥顽不化，以“黜陟百司，系皇上大权，议员不得妄行干预”④为借口，拒绝了立宪党人所

① 汤寿潜：《代拟条陈疏》，汪林茂编：《中国近代思想家文库·汤寿潜卷》，北京：中国人民大学出版社，2015 年，第 146 页。

② 《对于钦定阁制之疑问》，《申报》，1911 年 5 月 10 日。

③ 李剑农：《中国近百年政治史》，上海：复旦大学出版社，2002 年，第 254 页。

④ 黄鸿寿：《假饰立宪及组织责任内阁》，中国近代史资料丛刊《辛亥革命》第 4 册，第 53 页。

请。朝廷的态度让“全国谘议局之议员人人丧气而绝望”[①]，增加了他们对清政府的离心力，不久，他们就与革命党合流，成为清政府的敌对者。

汤寿潜对皇族内阁同样充满失望。其挚友、立宪派的首领张謇在听到皇族内阁成立的消息后，愤慨道：“均任亲贵，非祖制也；复不更事，举措乖张，全国为之解体。”[②]他连忙赶到上海，同汤寿潜、沈曾植、赵凤昌等人商量，联名给摄政王载沣去信。信件的内容现已无法查到，但张謇在其自订年谱中透露该信对载沣的忠告，希望载沣“切箴之，更引咸、同间故事，当重用汉大臣之有学问阅历者”[③]。他们还动员载沣的旧人赵庆宽去劝说载沣，“勿以国为孤注”。张謇还提到他们的感受：“时举国骚然，朝野上下，不啻加离心力百倍，可惧也！”[④]赵凤昌也对后人谈及，此次行动是“促行宪法，罢亲贵，一新纲纪”[⑤]，但结果是“终不获报，乃更断言清廷之无可期望，谋国必出他途以制胜矣”[⑥]。虽然这些话并非都是出自汤寿潜亲口，但也是张、汤、赵等人商量的结果，是他们共同的感受。

其实在这之前，汤寿潜就对奕劻和亲贵揽权表示不满。1907 年他在奏请朝廷罢黜袁世凯的奏折中就指出奕劻“粗鄙近利”，他虽然位居首辅，但被袁世凯愚弄，二人狼狈为奸，“无可讳饰”。[⑦] 对于朝廷任用载洵等人掌握兵权汤寿潜也不同意，在 1909 年底他上陈载沣就指出，不可加恩亲贵，对于名誉职务，亲贵可以宜先，但“事任之责成，则亲贵宜后”。[⑧] 对于盛宣怀，因在浙路上的冲突，汤寿潜对盛宣怀更是耿耿于怀，称之为卖国贼，对其出任内阁成员，汤寿潜的失望之情可想而知。总之，清政府倒行逆施出台了皇族内阁，让热心国会内阁的汤寿潜大失所望，辛亥革命后汤寿潜坚定共和制就是失望之情的必然趋势。

二、浙路风潮与立宪运动

汤寿潜曾对清政府的“预备立宪”抱有莫大的期待，并与张謇、郑孝胥等人积极参与其中，试图推进清政府早日建立资产阶级宪政体制。但是，清政府的颟顸

---

① 刘厚生：《张謇传记》，上海：上海书店，1985，第 184 页。

② 张謇：《张謇自述》，合肥：安徽文艺出版社，2014 年，第 58 页。

③ 张謇：《张謇自述》，合肥：安徽文艺出版社，2014 年，第 58—59 页。

④ 张謇：《啬翁自订年谱》，《张謇全集》，南京：江苏古籍出版社，1994 年，第 872—873 页。

⑤ 赵尊岳：《惜阴堂辛亥革命记》，《常州文史资料》第 1 辑，常州：内部印刷，1981 年，第 60 页。

⑥ 赵尊岳：《惜阴堂辛亥革命记》，《常州文史资料》第 1 辑，常州：内部印刷，1981 年，第 60 页。

⑦ 《奏请罢黜树党弄权之枢臣》，《汤寿潜史料专辑》，第 512 页。

⑧ 《为宪政维新沥陈管见事》，《汤寿潜史料专辑》，第 516 页。

专横、腐败无能以及以“预备立宪”欺骗国民的种种恶行让汤寿潜对清政府大失所望，渐生抛弃之心，倾向共和。清政府在浙江保路风潮中的倒行逆施、卖国媚外的举措也让汤寿潜明白，专制政府即使宣示立宪，也难以改变它专制的本性。有限的宪政无法保证国家与人民的利权，也不会遵从民意。清政府对汤寿潜领导的浙江保路运动的压制与破坏加深了汤寿潜对宪政骗局的认识，激起了他对清政府的绝望和憎恨之情，当武昌起义的炮声敲响清政府的丧钟时，汤寿潜毅然放弃了君主立宪思想，走向了共和宪政。

（一）浙路风潮缘起

浙路风潮是晚清人民收回利权运动的重要组成部分，是汤寿潜等浙江士绅领导的、以保护苏杭甬铁路浙江段利权为目的的一场爱国运动。浙江保路运动和张謇领导的江苏保路路运动密不可分，两省人民是为了维护同一条铁路，只不过苏路是指苏杭甬的江苏段。铁路本是一个国家走上现代化的重要标志之一，在近代中国，帝国主义掌控了中国的铁路修筑权，但他们修筑铁路绝不是要使中国走上现代化道路，而是作为侵华的重要手段控制中国，方便他们对华输入商品，掠夺中国的农矿产品，方便镇压中国人民的反抗活动。所以，列强修筑的铁路不仅是他们吸吮中国人民血汗的“吸血管”，也是他们控制中国政治、束缚中国的一条条锁链。所以当时有识之士就指出：“亡人之国之法，计无巧妙于铁路者。”[①]铁路权的丧失已引起爱国志士的严重焦虑，路权的丧失不仅是一个经济问题，更是直接关系到整个中华民族生死存亡的关键性问题，加之腐败的清政府又心甘情愿地出卖路权，促使了中国人民民族意识觉悟猛醒，激发了普遍的反帝反封建爱国情绪，收回路权运动风起云涌，浙江保路运动就是重要的组成部分。

苏、浙、沪地区是当时清政府经济最发达的地区，外国列强对这一地区早就垂涎已久，希望能修筑铁路加强对这一地区的控制。1898 年 10 月，督办铁路大臣盛宣怀与英国银公司委托怡和洋行签订的《苏杭甬铁路借款草约》规定：从苏州经杭州到宁波的铁路由英国公司修建。但这个草约仅由盛宣怀画押，并没有报请政府批准，也一直没有签订正约。草约签订后，英方也一直没有动作，一直延拖多年，草约过期。1905 年春，美国不法商人柏士乘机染指浙江铁路，被汤寿潜、夏曾佑、张元济等绅商严词拒绝，力主集资自办。[②] 同时，很多留日浙籍学生对美商觊觎浙

① 大悲：《呜呼腾越铁路之命运》，《云南杂志选辑》，北京：科学出版社，1958 年，第 461 页。

② 汤寿潜：《汤寿潜等致沈敦和函(为浙赣铁路事)》，《申报》，1905 年 5 月 25 日。

赣铁路的企图也强烈不满，“亦纷来电函争论”[①]。7 月 2 日，《时报》发表浙籍留日学生的文章，指出借款筑路的危害：“铁路之所以有益于国家者，以国家能自有其铁路也。若铁路而为外人所有，则所谓有益者，亦必在于外人，而于我无与也。且天下无两利，人既受其益者，我必反受其损。”[②]在汤寿潜的倡议和敦促下，在浙江人民“商办铁路”的呼声中，7 月 24 日，汤寿潜、张元济、夏曾佑、王存善、严信厚等爱国浙江绅商在上海成立了浙江铁路公司，倡议自筹股份，由自己修造苏杭甬铁路浙江段，以保路权而救危亡。会上，张元济称赞汤寿潜廉洁可信，办事有方，力推汤寿潜出任公司总理。在随后的总理选举投票会上，汤寿潜得票最多。汤寿潜深知筑路的责任与艰辛，曾推却总理之任，但众人极力劝说，以“先生不出如苍生何”[③]之语动之。汤寿潜大为感动，答应任浙江铁路公司总理。同时，公司选举南浔著名绅商刘锦藻为公司副总理。公司将选举结果上报商部，商部同意浙路由浙江铁路公司自行修筑。第二年，江苏铁路公司成立，王穆清、张謇分为总理、副理，两省铁路公司经过协商，同意合作，共同修筑苏杭甬铁路。

浙路公司成立后，为了同英国永断葛藤，废除盛宣怀与英国签订的《苏杭甬铁路借款草约》首先被提上议事日程。在 7 月 24 日浙路公司成立大会的报道中，就已经出现了“同时又议废杭甬铁路草约，改归自办，故亦电致盛宫保”[④]的内容。对于汤寿潜等人废约的提议，盛宣怀最初表示：当浙江铁路公司成立时，“浙人若实力自办，此约不废而自废”[⑤]。为防止政府出尔反尔，汤寿潜敦请浙籍京官朱锡恩等上奏朝廷，希望政府发布谕令，废除盛宣怀与英国草签的《苏杭甬铁路借款草约》。1905 年 8 月，清政府发布上谕，同意废约，要求盛宣怀赶紧与英国磋商。汤寿潜认为得到了清廷的支持，全力以赴，以高昂的热情投入铁路建设之中。一方面，他积极筹款，动员“农工各界，缩衣节食，勉尽公义”[⑥]，切实修筑自己的铁路。另一方面，他又联合其他绅商，同盛宣怀、汪大燮等出卖国家利权的官员做斗争。于是，一场持续数年的收回苏杭甬路权的斗争，将全国收回利权运动推向高潮。

---

① 《致沈敦和等》，张树年、张人凤编：《张元济书札增订本》(中)，商务印书馆，1997 年，第 674 页。

② 《东方杂志》光绪三十一年(1905 年)十月号，“交通”栏，第 83 页。

③ 支南珏一郎：《浙路风潮汤寿潜》，《汤寿潜史料专辑》，第 135 页。

④ 《东方杂志》，1905 年 12 期，交通栏。

⑤ 《浙江同乡官至盛宣怀函》，光绪三十一年(1905 年)九月，《政艺通报》，光绪丁未年，“皇朝外交政史”，第 4 卷，第 13 页。

⑥ 来新夏：《评说汤寿潜》，来新夏：《只眼看人 来新夏随笔选》，北京：东方出版社，2004 年，第 142 页。

（二）汤寿潜与废约运动

汤寿潜等人的爱国举动引起英国方面不满，英国不肯丧失在浙路上的利权，当其得知清政府同意废除苏杭甬铁路草约的消息后，立刻跳将出来，蛮横地与清政府外务部交涉，拒不废约。1905 年 8 月，英国驻华大使萨道义照会清政府外务部，污蔑浙江绅民的爱国之举是无理之举，妨碍了英国的利益，并威吓说："中国政府如仍袖手旁观，深恐两国纠葛，华英利益，均受巨亏。"[①]逼迫清政府勒令浙路停工，要求清政府派官员与英国签订正式合同，企图实现夺取路权的阴谋。面对浙江绅商的拳拳爱国要求和英国侵略者咄咄逼人的无理要求，清政府外务部左右为难，既不敢明目张胆地收回成命，不让浙江人民自筑，又不敢得罪英国人，理直气壮地拒绝他们的无理要求，只能以暧昧的态度，忽悠的手法，以拖延续定正约时间表为交涉宗旨。一次，萨道义同清政府首席军机大臣交涉："彼谓我允设公司，不将苏杭甬划出，是侮慢英人，为食言之证。邸（奕劻）忽答之曰，浙人无款，不过瞎闹而已，将来仍是你们办的。"[②]其间，奕劻甚至向英使坦言英国要理解清廷苦衷："该省如此同心，未便抵制，若政府或外务部有所抵阻，深恐有险碍。"[③]然而，英方并不同情清廷的苦衷。1906 年 4 月，萨道义离任前再次照会外务部，要求清廷"明嘱浙抚，接待公司代表人与之议商正合同"[④]。1906 年秋，英国新任驻华公使朱迩典抵京，重申英国在苏杭甬铁路问题上的立场：中英之间"商议各项铁路正合同事宜，每致耽延，日久不结，实俾英国政府不免猜嫌，中国现欲自行振兴本国工商各举，英政府虽甚以为是，然中国政府认定之成据，岂能不切实照办也"，强迫清政府尽快签约。[⑤] 清政府抵挡不住英国的压力，但又惧怕浙江绅商的反对，只好再次玩弄花招，于 1907 年 10 月由邮传部右侍郎汪大燮代表清政府同英方签订了苏杭甬铁路借款正式合同。这个卖国条约在卖国者和侵略者看来是一个"两全之策"，即把"借款"与"筑路"分开处理，首先清政府出面，向英国借款 150 万英磅，然后清政府再把借款转借给江、浙铁路公司，表面上看铁路仍归两省修建，实际上清政府已将路权抵押给了英国。清政府还要求

① 《外务部奏请苏杭甬铁路借款办法折》，《辛亥革命浙江史料选辑》，杭州：浙江人民出版社 1985 年，第 271 页。

② 汪康年：《汪康年师友书札》（一），上海：上海古籍出版社，1986 年，第 982 页。

③ 宓汝成：《中国近代铁路史资料》，北京：中华书局，1963 年，第 842 页。

④ 宓汝成：《中国近代铁路史资料》，北京：中华书局，1963 年，第 844 页。

⑤ 宓汝成：《中国近代铁路史资料》，北京：中华书局，1963 年，第 846 页。

江、浙绅商体谅朝廷难处，“勿得始终固执，强行争执，以昭大信而全邦交”[①]。清政府以为此举能欺骗江、浙人民，但人民不容欺骗，他们识破了政府的卖路阴谋，激起了他们的强烈愤慨，在汤寿潜的领导下，浙江绅民掀起了声势浩大的保路运动。同时，张謇也领导了江苏的保路运动，积极响应浙江的保路运动，互为呼应。

起初，汤寿潜也并非完全拒绝铁路借款，但他认为铁路借款必须建立在一定条件下。他说：“强国可借；弱国营业可借；不以所营之业抵可借；新造之国可借；不私扣一钱，不妄费一钱可借；借不借之主权在我可借。”[②]他对盛宣怀、汪大燮等人的卖国行径痛恨不已，认为他们主张借款完全是揣摩清政府举办新政财政拮据，“而以借款之说惑人”[③]，只是获取借款的回扣，而不是为了国家和江、浙人民。为了能挽回利权，汤寿潜或以个人名义，或以公司名义致电政府各部门或者朝中要员，进行劝说、批评，企图让政府取消同英政府的借款。比如：汤寿潜联合张謇代表浙路公司、苏路公司致电外务部，指出“论朝旨不宜借款，论民情则不愿借款”[④]，借款无异于饮鸩止渴，“名曰借款，实则夺路”[⑤]。他们指出政府如此做法是“失商民之大信，摧实业之萌芽，贻地球之侮笑”[⑥]，讽刺外务部采取此法是为了“仰体时艰”，但二人也坚决表示“苏浙绅民等之力拒亦为仰体时艰，即举办代表到京亦无非秦廷之哭。两省绅民日益激愤，浙路邬生甚至命绝呕血以殉。苏沪各处开会集股，有如此激昂可用之人心大部宜如何为朝廷维而护之，否则鱼众雀徒以利人或生他变”。[⑦]

汤、张二人还代表公司致电军机大臣王文韶：“津镇且商绅士，晋矿尚许众议。苏杭甬独紧瞒公司，率允代借，愤噪奚止股东？”[⑧]这样做必然导致严重的后

① 宓汝成：《中国近代铁路史资料》，北京：中华书局，1963年，第855—856页。

② 《苏沪甬借款存款之大错》，《汤寿潜史料专辑》，第137页。

③ 支南珏一郎：《浙路风潮汤寿潜》，《汤寿潜史料专辑》，第137页。

④ 《苏路公司致外务部电》，《申报》，光绪三十三年(1907年)八月二十八日。

⑤ 《浙路公司致外务部电》，《申报》，光绪三十三年(1907年)八月二十八日。

⑥ 墨悲：《江浙铁路风潮》，第65页。

⑦ 文中邬生名邬钢(1878—1907)，浙江宁海人，汤寿潜所办浙江铁路学堂的学生。借款合同签订后，邬钢闻而奋笔，呕血致死。留有《绝命书》，其书曰：“不佞远家属，排众议，投身路校，原冀为浙路少尽微力。故入校之后，不敢一刻自逸。奉职以来，不以劳役为憾。扶病尽职，以致于惫。不料大祸猝发，外部逼我贷款，吾知国贼志在冒利，必曰无可转圜，款成而路去。浙江片土，为国贼断送。恨激无所泄，病日加剧，顷加热血潮涌，精神恍惚，此身将与浙路同尽。呜呼！吾身即死，吾心不死，吾愿吾浙人勉为其后。倘此路得有挽回，则鄙人死而无憾。呜呼已矣，诸君努力！”(《江浙铁路风潮》第1册，光绪三十三年十一月，第65—66页。)

⑧ 墨悲：《江浙铁路风潮》，第61页。

果："谕旨、部案、商律无足恃，立宪谘议亦恐具文。中国人心未去，若必迫令解体，适召外侮。况可废不废，益启戎心。今争自办，实争大局。"[①]

汤、张二人还致电朝中另一重臣张之洞，指出："中堂以美人已造之粤路尚能挥戈返日。苏浙奉旨自办，纯全商股，当为大局惜之。论铁路大势，国有已有比例，异日收之于外人，何如收之于商办之易也。外部由项城宫保领袖，谅不致轻弃民信，蹈前人之覆辙，加以鼎言，必更得力。商业幸甚！路权幸甚！"[②]

汤寿潜还代表浙路公司致电邮传部和农工商部，希求他们向外务部施压。指出浙江地方官和绅商不承认借款，联合上奏政府，然而遭到拒绝，让浙江人民极为愤慨。他批评道："朝廷但顾外交，并谕旨、商办亦不自顾。直恐人心不去，路政不摧。亦思外交仍视人心之向背。可废不废，我谓践信，彼益狎之。他有援例，何以应付？惟有渎求奏请，饬下外部，担借担还于苏浙之路无涉。否则，几疑大部之奏准为饵，立宪、谘议人并疑之。"[③]

汤寿潜也致电浙路公司驻北京办事处，要求办事处的浙籍京官顶住压力，据理力争。汤寿潜表示："诸老不皆官外部，外部但顾回扣。谕旨、商律、国体、舆情一概不顾，甘心弃浙，浙人亦愿步埃、印、朝、越后乎？外部不欲挽回，饮鸩攘臂者甚多。生为男子，无颜为彼奴隶，誓不受商。"[④]

汤寿潜还联合刘锦藻直接致电汪大燮，批评其卖路政策，指出："不知外部将何所恃以命令浙人，更何怪彼族之鱼我肉我乎？自闻借款之耗浙中商市动摇，人心惶惑。如此现象就使实行立宪以恐无丝毫之益于救国。"[⑤]

此外，为了能取得其他省份铁路公司的支持，汤寿潜还致电粤、闽、川、陕、鄂、皖等省铁路公司，希望与他们"合众共济""互相提携"，确保拒款运动得以成功。汤寿潜还打算和江苏铁路公司的总经理王清穆、副总经理张謇一同奔赴北京，同外务部面对面交涉。

在汤寿潜等浙江名流的影响和领导下，1907 年 10 月 22 日，浙江铁路公司召开股东大会，一致表示"款本足，无待借，路已成，岂肯押"[⑥]，反对政府借英款筑路，还专门成立了"浙江国民拒款会"，发布公告，宣称保卫路权的决心。公

① 墨悲：《江浙铁路风潮》第 1 册，第 60—61 页。
② 《苏路张协理、浙路汤总理上张中堂电》，《汤寿潜史料专辑》，第 566 页。
③ 墨悲：《江浙铁路风潮》第 1 册，第 61 页。
④ 墨悲：《江浙铁路风潮》第 1 册，第 60 页。
⑤ 墨悲：《江浙铁路风潮》第 1 册，第 59 页。
⑥ 《浙路纪事》，《汇报》，1907 年 10 月 26 日。

告称：

“吾浙人当以草约系英商逾限自废，毅然拒绝。自款自办，而浙路公司之组织以成，今款足车行，万众欢跃，方冀为国家永保一隅之路权。况奏准自办，国家已认为法人，乃谕旨、商律，概行抹煞，辄允借款，木腐虫生，以借为夺。是可忍，孰不可忍！谨陈外款之害，以著汪侍郎之自外于浙，无纤毫之私嫌焉。英商、外部无论矣，汪侍郎非吾浙之铁塘人乎？总、副理托其事于办事处，办事处推汪侍郎领袖。外交一起，即有通告公司之义务，乃无一字达公司。先允借款，后电浙抚。若非京官开会电公司勿徇汪议，浙人尚睡在梦中也。”①

国民拒款公会还指出了借款筑路的八种危害：

铁路以谋交通便利，启发富源为目的，而实有国家性质。路权所在，即国权所在。他国铁路，但存国有、民有之问题，不起内国、外国之问题。盖铁路所有权应属于内国，为吾国民之特有权。参用外款，路权不完，国权损失。其害一。

参用外款，势必搀入外人，工程管理处处掣肘，必至主权剥夺而后已。其害二。

参用外款，所有铁路材料，垄断居奇，报销浮滥，使吾国民重增负累。其害三。

以上但就铁路接近之事实而言，各处风气未开，外人任用人员，或复倚势滋扰，遇有愚民阻挠事件，借口保路，要求驻兵，危亡之祸悬在眉睫。其害四。

路款一日未清，即路权一日不复，摊还之期，岁月久远，猝有他变，要挟攘夺。其害五。

款本一百五十万镑，苏、浙两公司看似为数无几，不及浙路公司原估正线股本之半，若限定此数，逐渐扩充，则路工迟缓。若全款开用，同时动工，不敷甚巨。势必添借，本息加重，期限加长。况正线之外复及支线，将绵延纠葛，势成占领。其害六。

苏抗甬草约路线，已以一隅而破全局矣。猱升狐搰，万一变其名为江浙路款，一则东南半壁即成抛弃。霉菌微毒，延及遍身，传染他省，亡国之祸已基于此。其害七。

若但为借款，则借数之多寡，利息之轻重，交镑方法，摊还方法，材料买卖以及监督权、管理权，种种尚可磋磨。若径仿津镇，则以上各问题一成不变，毫

① 《浙江国民拒款公会普告天下哀启者》，《辛亥革命浙江史料选辑》，杭州：浙江人民出版社，1981年，第277页。

无余地。其害八。[①]

国民拒款公会的同仁们表示，平时各地方的绅商民众很少联络，甚至因各种利益互相敌对。现在因路政问题，时间紧迫，无论绅界、学界，还是商界、军界，都应"同舟共济，利害相关，务须破除从前意见，团成一体，以除剥肤之痛"。他们还指出，政府正在推行宪政，令各州县分设自治局，而国民拒款公会"实为始基"，希望参加公会的各界人士各尽义务，恪守己任，以公平正义，共图国利民福。他们还拟开全省联合大会，"筹集普通路股，共保大局"，并拟联合全省国民，将主持借款的浙籍官员汪大燮、吴士鉴、章梫、许宝衡四人"削去浙籍，永不认为浙人"[②]。11 月 15 日，汤寿潜主持召开了浙江铁路公司股东全体特别大会。汤寿潜指出外务部出卖浙路致使人心激愤，浙路股东、非股东均慷慨激昂，纷纷集股拒款。邬钢呕血而死、汤绪绝食身亡更使得各界浙人悲愤填膺，"妇孺增戚，绍之饼师，杭之挑夫，沪之名伶，义愤所激，附股若竞，绅商学界类多闳达，夫岂相让"[③]，表达了拒洋款、集民股、自筑路的决心。

但是，清政府置汤寿潜等人的苦心相劝和浙江人民激烈的反抗于不顾，一意孤行，于 1908 年 3 月正式与英国签订了《沪杭甬铁路借款合同》，内容主要是：清政府借款 150 万英镑存于邮传部，本金和利息由邮传部负责在 30 年内还清；改苏杭甬路为沪杭甬路；在江浙铁路公司下设"沪杭甬铁路局"，聘用英国工程师主持局事，并为此制定了《沪杭甬铁路存款章程》，以为这样可以使沪杭甬铁路"仍系完全商办"[④]。

汤寿潜对于如此强迫借款，怒不可遏，谴责外务部、邮传部此举是"倒戈自戕""掩耳盗铃""不渴而饮鸩"。为了抗议清政府的卖国行径，他与张謇合议，坚持不用拨款，只是按章领取"部拨存款"，存入银行不用，准备随时缴还。同时，又不让英国过问路事。这样迫使英国不能按期到位而违约，并要求清政府废约、退款。

为了压制浙江的保路运动，清政府使用调虎离山之计，先后任命汤寿潜为云南按察使和江西提学使，企图将他调离浙江。但是，汤寿潜不受高官厚禄的诱惑，两次拒绝受职，坚持留在浙江同清政府斗争。1910 年 8 月，汤寿潜再次致

---

① 《浙江国民拒款公会普告天下哀启者》，《辛亥革命浙江史料选辑》，杭州：浙江人民出版社，1981 年，第 277—278 页。

② 赵润生：《保路运动》，北京：中国国际广播出版社，1996 年，第 11 页。

③ 《浙路记事》，《辛亥革命浙江史料选辑》，杭州：浙江人民出版社，1981 年，第 239 页。

④ 《商办全浙铁路公司致邮传部函稿》，《汤寿潜史料专辑》，第 757 页。

电军机处和载沣，揭露盛宣怀的罪行。他毫不避讳地批评：

“中国大势，危象毕露，无可复讳。钧处共国休戚，尤宜同民好恶，庶政公诸舆论。若好民之所恶，岂所以仰秉贵遗谟，弼成圣德？且钧处为政令所出，万流竞进。寿潜狂骏，辄有同异，害即不顾，利何有焉！寿潜亦人耳，安有避官以为荣，枵腹以为乐，所以断断焉锲不舍者。盖以商办实奉特旨，遵先帝之明诏，重全省之公推，不专为浙，不专为路，国之强弱是非而已。钧处若以罪魁祸首为非，似应奏请收回成命，或调离路事以谢天下！若以罪魁首为是，必以遵旨商办为非，亦求请旨严饬寿潜，勿令干预浙路。寿潜中国男子，得免俯首低眉受罪魁祸首之教令，为幸大矣！”①

汤寿潜明确表示，他敢于抗命朝廷不仅是为了浙路和浙江人民，而且政府在浙路上的态度关系到民族、国家的存亡。为了给政府施加压力，他向政府表示，要么重视民意，罢黜盛宣怀等卖国官僚，收回错误的决定，维护浙江路权；要么清政府严斥自己，调离路事以谢罪民众，甚至自请政府“悬寿潜之首于藁街，以谢盛宣怀”②。应当说，如果不是事情紧急以及对清政府的失望，汤寿潜不会如此咄咄逼人。

面对汤寿潜的率意陈说和近似威胁，载沣等人极为震怒，8 月 23 日下谕旨斥责汤寿潜措辞荒谬，态度狂悖，认为他故作危词以耸听，“其用心诡谲，尤不可问”，下令将他“即行革职，不准干预路事”。③ 消息一传出，四海人声鼎沸，舆论哗然。绅商、爱国官员、普通民众等纷纷奔走呼号，通过各种方式表达对政府的不满和抗议，全省各地上上下下都掀起了保汤、援汤的热潮。在上海居住的3000 多名浙江绅民，在宁波人范贤方率领下，冒着倾盆大雨，乘专列浩浩荡荡直驶杭州，到巡抚衙门前请愿。在宁波，“万众共愤，有数万人齐拥自道署，要求电禀抚宪，代奏留汤，保全商办……声言若不收回成命，必暴动云”④。浙江铁路学堂的学生也集会抗议，会上“各生相继演说，语甚痛切。会场多泣下者”⑤。会后，义愤填膺的学生齐聚浙江谘议局门前，面见议长陈黻宸，要求谘议局呈请浙江地方政府和中央政府，要求他们收回罢免汤寿潜的错误命令。陈黻宸再三劝慰学生，答应力图挽救。面对浙江民众群情义愤的恳请，谘议局也不甘

① 《汤寿潜致军机王大臣电》，《时报》，1910 年 8 月 27 日。

② 《汤寿潜致军机王大臣电》，《时报》，1910 年 8 月 27 日。

③ 《邮传部致浙江铁路公司照会》，《汤寿潜史料专辑》，第 759 页。

④ 《文汇报·宁波公电》，《汤寿潜史料专辑》，第 153 页。

⑤ 支南珏一郎：《浙路风潮汤寿潜》，《汤寿潜史料专辑》，第 161 页。

人后，连续三次向浙江巡抚增韫递交呈请，要求增韫转达中央，更改错误的措施。浙路公司董事局也致电邮传部，指出浙路总理的废除权在股东，朝廷不得干预。

翌年2月，浙路公司联合苏路公司通过决议，裁撤邮传部强加于苏浙的“沪杭甬铁路局”，辞退英国总工程师。盛宣怀和英使见众怒难犯，最后走投无路，只得同意废除《沪杭甬铁路借款合同》，苏浙保路运动取得了最后胜利。

（三）浙路风潮中汤寿潜的宪政意识

马克思主义唯物史观认为：社会存在决定社会意识，人们的思想观念不是凭空产生，而是源于社会物质生活。浙江保路风潮是发生在清末预备立宪时期的重要历史事件，其间，参与保路的士绅和民众接触到各种新事物、新思想，再加上国势衰微带来的危机意识，他们的国民意识、参政意识、民族意识等不断觉醒，对清王朝专制统治更为不满。保路运动促使了国民思想的觉醒，而觉醒的国民用掌握的新思想、新学说对准专制制度，开展了更为猛烈和有效的斗争。二者相互激荡、相互促进，推动社会不断向前发展。

首先，汤寿潜在浙路风潮中具有强烈的民族危机感和救亡图存意识，危机意识引发了忧患意识，而忧患意识又促进了汤寿潜内心民族主义的觉醒，民族主义的觉醒化作了变革社会的动力，促使他义无反顾地投身于保路运动和参与立宪改革运动。这也印证了梁启超的一句话：“必有忧国之心，然后可以言变法；必知国之危亡，然后可以言变法。”①

铁路是近代西方科技文明的产物，但在近代中国，铁路是一把双刃剑，一方面，它在客观上促进了中国实业的发展、社会的进步。另一方面，它也同帝国主义列强对中国的侵略与掠夺紧密联系，是帝国主义侵略中国的利器。19世纪80年代，汤寿潜就对铁路有独特的认识，他在《危言》的《铁路》篇指出：“陆之有铁路，犹水之有轮船也。”②对于保守士大夫反对建造铁路不以为然，认为既然“海禁大开，既不能闭关以谢客，尚幸内地为我所自主，数大支铁路一成，陆路商务必日新月异，以分海疆之势，以植自强之基，中国大转圜之基，其在是夫”③。

① 梁启超：《论保全中国非赖皇帝不可》，《戊戌变法》(一)，上海：神州国光社，1953年，第293页。

② 《汤寿潜史料专辑》，第289页。

③ 《危言·铁路》，《汤寿潜史料专辑》，第293页。

在浙路风潮中，汤寿潜还认识到“铁道之用，以速统一，固军防”[①]。1910 年他游历广州，演说东南铁路之计划，指出了铁路对于国家统一，维系国民意识的重要性。他说：“中国幅员愈大，交通愈不便。其初引铁路为大戒，继已悉其利矣。不能合全国以统筹，并不能合数省以统筹，因地域之睽离，致人心之乖隔，外人且笑我十八省如十八国，其危孰甚。”[②]他指出日本等国对京汉、粤汉、川汉等铁路虎视眈眈，对于铁路沿线人口、货品、海陆工程之难易，里数、桥梁、隧道之尺寸，勘探细致，了如指掌，远胜于他。汤寿潜警告道，外人既然调查之，必然会以各种阴谋或强力实行之，到时候，外人反客为主，国人反而成了见识国亡的看客。对此，汤寿潜深感“可惧”“亦可愧”。

1910 年 6 月，汤寿潜在《中华新报》刊文，向国人指陈东南铁路大计划，再次强调合数省建造一铁路干线的重要性，以防止外人染指中国东南铁路权益。他说：“自来言商业者，莫不重东南而轻西北，土地之膏腴也，物产之丰富也，人口之稠密也，交通之利便也。此四者，虽皆为商业上之要素，而其尤要者，则在于交通。人知东南所以独占优胜者，在于河流之交通。今则商业大势，由河流贸易时代，一变而为铁道贸易时代……故论将来商业之消长，当以铁道之长短为比例，不得以河流之多少为比例也。”“信如前说，商业以铁道为命脉，则东南数省商业，将来之命运，可以预卜矣……我东南数省，如粤、如闽、如赣、如浙，非东南财赋之乡，商务繁盛之埠乎？何以各自经营，鲜有联合数省成一大干线之计划者？宜乎创办数年，非此疆彼界，各自观望，即东鳞西爪不成片段。外人欺我政府惯矣，一旦利用之，别设干线，则此数已设之线，不过为其附属品，而土地权不可问矣。岂不悲哉！”[③]

汤寿潜认识到了铁路不仅有利于商业，而且有利于国防，对于提升国民意识也有重大的作用。虽然腐朽的清政府也认识到自我修筑铁路的重要性，但由于政府无资修筑铁路，一方面允许民间资本投资铁路，以为商办，另一方面，一部分媚外官员不顾铁路乃“国脉所关，不计国财所奋”[④]，受外商运动影响和迫于外交压力，“贪慕夜无知之巾裹物，遽以可生杀一国之生命者之大权许之”[⑤]。铁路在他国视为生命物，但是在自命为参政之大员实为贪污之臣的眼中，“铁路直以为

① 汤寿潜：《〈浙江铁道史〉题辞》，《汤寿潜史料专辑》，第 507 页。
② 《汤寿潜发起东南铁路之演说》，《汤寿潜史料专辑》，第 584 页。
③ 《东南铁路大计划》，《汤寿潜史料专辑》，第 495 页。
④ 支南珏一郎：《浙路风潮汤寿潜》，《汤寿潜史料专辑》，第 134 页。
⑤ 支南珏一郎：《浙路风潮汤寿潜》，《汤寿潜史料专辑》，第 134 页。

天产品矣”，殊不知“铁路若为外得，而铁路之区域，亦非我有。强大之国，足以伸其权力于铁路两旁若干里之地，当用军之际，若遇他国铁路横亘其间，掣肘实甚，此所以只堪为国有、民有，而不能为外有者也”[①]。汤寿潜明确表示，路权所在，即国权所在，既然政府不能承担责任，浙江以及东南数省人民就要勇敢承担责任，绝不能让铁路利权落入外人之手。

其次，在汤寿潜的认识里，国家利益、地方利益、商界利益是三位一体的，他积极参与浙江保路运动体现了他的地方自治思想。他希冀国家变革和立宪政体的成立，但不赞成革命派用暴力手段改变现状，而是应通过合法的法令和组织同政府进行斗争，这既体现了他宪政思想的趋向，也是他参与宪政的具体表现。

1905年春，美国不法商人柏士曾经想染指浙江铁路。3月29日，他宴请汤寿潜、夏曾佑、张元济、严信厚等共商浙赣铁路事宜。会上，柏士狡猾地说：“建筑铁路于本地大有利益，诸公究竟赞成否?”[②]同时拿出纸笔，写“赞成”二字。汤寿潜严词拒绝：“建造铁路，有益地方，固所赞同。但由外人出资代办，为害非浅，所以赞而不成。”[③]5月25日汤寿潜又联名张元济、夏曾佑、张美翊致函沈敦和、王存善、严信厚等人，力主迅速集资自办，“铁路一事，利益既大，即使此次勉强支吾，倘吾国久延不办，终有空穴来风之虑……何不径援四川、江西成例，集资自办?”以死美商之心和保住路权，并一致表示“以华款办华事，弟等虽不肖，亦断不敢如近人所讥之旁观派也”[④]。在汤寿潜的倡议和敦促下，1905年7月24日，汤寿潜、张元济、夏曾佑、王存善、严信厚等爱国浙江绅商在上海成立了浙江铁路公司，倡议自筹股份，由自己修造苏杭甬铁路浙江段，以保路权而救危亡。汤寿潜被公举为公司总理，南浔绅商刘锦藻被公举副总理。会上，浙江商绅经过议定明确表示苏杭甬铁路浙江段拒绝外人承办，拒绝洋股，并且提出会后致电政府，废除苏杭甬铁路草约。这是浙江绅商为保护铁路利权而召开的一次重要会议，会议后他们联合旅沪绅商以及京师浙籍京官160余人共同致电外务部，表明对浙路的态度。一时浙路成为社会各界瞩目的事情，王文韶等也致函商部称：“此事为全浙命脉所关，即为国家利权所系”，所举汤、刘二人“学行才猷，

---

① 支南珏一郎：《浙路风潮汤寿潜》，《浙江铁道史》，《汤寿潜史料专辑》，第134页。

② 周章森：《汤寿潜与沪杭甬铁路》，《汤寿潜史料专辑》，第98页。

③ 《浙江铁路风潮中美帝的侵略野心》，浙江文史委员会编：《浙江文史资料选辑》第2辑，杭州：浙江人民出版社，1962年。

④ 《汤寿潜等致沈敦和函(为浙赣铁路事)》，《申报》1905年5月25日。

均夙为乡里所重”。[①] 在其后的运动中，浙江绅商表现出极大的政治参与热情，视国家利权与地方利权为一体。汤寿潜更是竭尽心力，参与到废约运动中。正是在这一过程中，以汤寿潜为代表的绅商的利权意识得以勃发，由此上升到参政意识。浙路公司成立后，汤寿潜和刘锦藻加强公司的制度建设，很快出台了《浙江全省铁路议略》《浙江铁路公司股东会章程》《浙江铁路公司董事会章程》等规章制度。这些规章制度基本都是参照西方现代企业的做法，产权清晰，权责明确。这不仅是为了修建铁路而制定的公司制度，更是汤寿潜宪政思想的具体体现和实践。

1907 年 11 月 13 日，苏路公司在上海愚园召开股东特别大会，1200 余人与会，决定选派代表进京奉劝政府拒绝英国的借款。虽有人不同意选派代表进京，但汤寿潜、张謇主张派人去，认为如果不去，中央和地方相持不下，终非办法，也不利于路事。《中外日报》专门发表文章指出：“国民与政府争执，而政府令举代表人入京面议，实以此为第一次，设以极正当之要求而竟不能争回，相与达其目的，则路事固已矣。政府又必将藉为口实，此后国民即有所要求，政府必且置之不顾，漠然无所动于衷，而国民即有所大不便，亦惟永呻吟于专制之下，而以其为害，岂有涯矣哉!”[②]在股东特别大会上，张謇首先发言：“立宪方始萌芽，此次代表到京即是人民参与政权之始，若不派去，反蹈放弃之咎，且今之代表系不借款之代表，并非商量借不借之代表，众皆赞成。”[③]其后股东大会公推王文韶、许鼎霖为代表，杨廷栋、雷奋随行。汤寿潜等人看到苏路公司的举动，领导浙路公司也马上行动起来。11 月 15 日，浙路公司也在愚园召开股东特别大会，有 800 余人到会。经过激烈讨论和投票，大会也公举王文韶等人为浙路代表，并决定和苏路公司一起推举最后进京的代表。11 月 19 日，江、浙两省绅商代表召开两省联合会，商讨代表选举问题。汤寿潜首先发言指出，江苏已公举王文韶为代表，浙人亦公推王文韶为代表，又苏省于王相(即王文韶)之下，尚举许九香(许鼎霖)等数人为之协助，浙省亦应公举数人。经浙路公司董事会决议，公举张元济、孙廷翰、李云书、孙诒让四人为代表。两省公司不仅民主推选进京代表，而且也谨慎地对待代表们的素质和资格，一致同意所推举之人应当具有较高的素质和能力。苏州士绅陆基认为：“所举代表须公推深明法理，不畏强权者，此去无所谓会议，惟有据公理、公法以力争而已，代表之权限须与江、浙人协商妥

① 《商部为浙江绅士筹办全省铁路奏折》，《汤寿潜史料专辑》，第 752 页。

② 《论外务部令苏浙士绅派代表入京事》，《江浙铁路风潮》(第一册)，第 177 页。

③ 《江浙铁路风潮》(第 2 册)，第 413 页。

恰，得政府之认可，然后偕行，不可稍有参差。”[①]浙江地方绅商致电汤寿潜和张謇等两公司董事，强调如果浙路、苏路欲派代表进京，“须先定明代表人之资格权限，先请政府承认，勿轻派遣”[②]，并提出了有关代表的六项条件。“一，代表人应代表国民，不得代表公司。二，如代表人为总、副理或股东董事，均为地方代表之资格，不得单代表公司及代表股东之资格。三，代表人到京，须合外、邮、商及度支四部堂官会议，不得单议，不得专议条约关系一部。四，代表人接待礼节不得以官阶临制。五，代表人代表拒款，不代表借款。如代表人受威吓利诱，其代表资格即时消灭。所有一切交涉，无论语言笔据，均为无效。”[③]对于地方绅商提出的条件，汤寿潜、张謇等人都积极回应，表示考虑。最后，通过选举，两省公举王文韶为共同代表，苏路公司推出许鼎霖、雷奋、杨廷栋为代表，浙路公司推出孙廷翰、李厚佑、孙怡让为代表。

12 月 10 日，汤寿潜、张謇等率领着上海的各界代表数百人到码头欢送两省代表进京，当时码头群情激昂，群众高呼“中国万岁，江、浙路公司万岁”。代表进京后，又得到很多在京爱国官绅的支持。12 月 22 日，南方九省政商学各界在北京湖广会馆开欢迎代表大会，会上多人上台演说。演说者强调路存国存，路亡国亡，表示愿意为苏、浙两省后盾，协助拒款，希望两省代表坚持到底，结成团体共同保路。在整个江、浙保路风潮中，汤寿潜、张謇等人逐步体现出了自身的社会力量和独立意识。在他们的积极领导下，社会各阶层进行了广泛的动员并积极参与。虽然此时的绅商还不是独立的资产阶级集团，但他们具有由传统绅士向资产阶级过渡的性质，他们的宪政意识、参政意识在江浙保路运动中明显体现并在实践中得到锻炼。

最后，汤寿潜把保路运动和立宪运动联系起来，认为维护路权与立宪运动相互表里，号召“争回路权，以伸张民权”。

台湾地区学者李恩涵在论及晚清收回利权运动的政治性时指出：收回利权运动实与中国立宪政治的发展有着密切的关联。他对比研究了收回利权运动中的决定性事件和立宪运动中的大事，指出这两大运动不仅在时间上同时进行，而且两者互为表里，相互激荡。立宪运动所表现的是对内要求预闻国家与地方的政务，收回利权运动则是对外要求恢复既失的国家利权。在收回利权运动中，汤寿潜等人认识到专制政府表现出不可救药的权力傲慢，蔑视民众，无畏历史。它既不能

---

① 《苏州陆基致苏路公司函》，三十三年十月初六日，《申报》，91 册，第 132 页

② 《论外务部令苏浙士绅派代表入京事》，《江浙铁路风潮》(第一册)，第 177 页。

③ 《江浙铁路风潮》第 1 册，第 87 页。

维护国家权益，也不能保护绅民的切身利益。汤寿潜进而认识到：推进立宪运动是当时中国人最好的政治诉求。诚如当时的舆论："要之，今日之事，固吾君民相争开幕之第一出也。保垂亡之路在此，开立宪之始基亦在此。"[①]

对于清政府的预备立宪，汤寿潜等人非常赞成并大力支持，汤寿潜希望清政府能诚心诚意地举行宪政，考虑商民的切身利益。1906年9月，清政府公布预备立宪上谕，明确指出，政府立宪的目的在于大权统于朝廷，庶政公诸舆论，以立国家万年有道之基。虽然不见得"庶政公诸舆论"就是清政府的真心实意，但政治参与是宪政国家中国民的一项基本权利，清政府也不得不承认这项权利，以满足立宪派的呼声，同时准许铁路商办。这样，在汤寿潜等人看来，浙江铁路中绅民的呼声就是庶政公诸舆论的具体体现，满足浙江绅民的要求就是立宪的始基。汤寿潜利用这种合法性，把保护路政利权和立宪有机地统一了起来。

1907年，他和刘锦藻联合王清穆、张謇以江、浙铁路公司的名义致电军机处，指出既然津镇铁路且与绅商商议，山西的也允许民众谈论，为何沪杭甬铁路瞒着公司，允诺借款修筑？他们指出，代为借款不仅损害了公司股东的利益，更置"谕旨、部案、商律概无足恃，立宪、谘议亦恐具文。中国人心未去，若逼迫令解体，适招外辱。况可废不废宜启戎心，今争自办，实争大局"[②]。在致邮传部、农工商部的电文中，汤寿潜等人再次强调，如果不废除条约，英人会进一步侵吞中国权利，而且会引发更多侵略者以此援例，到时何以应付。如此，人民不仅怀疑邮传部、农工商部的用心，而且"立宪、谘议人并疑之"[③]。告诫当局如果不能顺应民意，人民对于立宪就会持怀疑态度。其后，汤寿潜致山阴同乡、清政府修订法律大臣俞廉三的电文中批评汪大燮借洋款修路的错误举措："汪（汪大燮）不谋浙，率允借款。浙大震，幸署抚院防护，不强压，得未暴动。谕旨、商律、立宪、谘议，一切不顾，弃民信以事敌，适为所乘。商办各业解体不待言，改苏杭甬为江浙，尤有意断送。且浙赣旧议，三门湾、四府矿，援例要索，何以应之。"[④]同时，汤寿潜代表浙路公司还直接致电汪大燮说："自闻借款之耗，浙中商市动摇，人心惶惑，如此现象，就使实行立宪，亦恐无纤毫之益于救国。"[⑤]他在《论浙路勒借外债之弊》一文中也指出强迫借款对立宪与实业的不良影响：

① 《敬告江苏商界同心御侮书》，《江浙铁路风潮》，第469页。
② 墨悲：《江浙铁路风潮》第1册，第60—61页。
③ 墨悲：《江浙铁路风潮》第1册，第61页。
④ 墨悲：《江浙铁路风潮》第1册，第68页。
⑤ 墨悲：《江浙铁路风潮》第1册，第59页。

“苏杭甬借款一事，实足以败宪政之初基，而危国本；灰营业之众心，而穷国计；阻侨民归国投资之热诚，而离国人之心。朝廷如虑此举之大失人心，必宜速将主持借用外债之外部尚书，立予谴责，使其拒绝外人之要求，以慰天下之人望。不然，怨毒所丛，危亡随之。”①

我们可以看出，汤寿潜在积极谋划江浙保路运动的过程中，自觉地将立宪和保路结合起来，认为立宪的根本在于顺应民意。在他看来，国家、国体、国权、国民、民权、舆情等都是密不可分的，“为国亦为民”，如果出卖利权，就是出卖国家利益，如此，“国体已丧，人心已失，谁与图存”②，自觉而稔熟地利用宪政知识来保护路权。

三、分道扬镳，趋向革命

从1905年7月汤寿潜被举为浙江铁路公司总理到1910年7月9日清政府发布上谕革除他的铁路公司总理的职位，汤寿潜任浙江铁路公司总理达5年之久。在这5年中，汤寿潜怀着一腔热血投身到实业建设中，他不支薪金，不开公费，始终是身袭布衣，头戴草笠，足蹬芒鞋，手持一柄油纸伞，奔波于铁路沿线。同时，还要面对反对派的内外勾结、上下挑剔、筑路过程中各种棘手的纠纷，但其爱国保路的痴心从未改变。在汤寿潜等人的苦心经营下，浙江商办铁路的筑路成效是最好的。时人对此高度赞扬，认为他在极其困难的情况下，“始终持以致城，惮尽义务，无一毫自利蓄存，故言路事之速且善，取信于天下者，必首推浙省，则先生之力为之也”③。汤寿潜对浙路倾尽全力的付出也为他赢得极高的人望，人们视汤寿潜的进退为浙路利权是否能保全的关键。

在浙路问题上，清政府一方面想顺应江、浙士绅的舆情，另一方面，外交上又无力抵抗英国强硬蛮横的态度，而且负责对英交涉的驻英公使汪大燮举措不定，无法废除与英国签订的铁路合同，致使清政府夹在中间左右为难，因此不得不采取敷衍、两面相欺的手段和政策进行应付。浙路风潮初起，汤寿潜等江南士绅对于清廷废除草约抱有很大的期望，虽然他们对签订草约的盛宣怀也时有批评，但他们斗争的主要矛头是英国，清政府仍被浙江绅商视为可依靠的后盾力量。在保卫铁路的利权运动中，江浙士绅的利权意识、民族意识以及地方意识都

---

① 墨悲：《江浙铁路风潮》第1册，第157页。

② 墨悲：《江浙铁路风潮》第1册，第61页。

③ 《中华新报》，1910年5月17日。

不断提升、勃发，他们对于自办铁路充满了信心，不断上书外务部、商部，请求废除草约。清政府对于士绅、浙籍京官乃至普通民众的保护利权的吁求也不敢完全漠视，先后责成浙江地方政府和外务部与英政府和英商交涉，但交涉并不成功。1906年秋，在汪大燮等人的主持下，清政府不得不采取折中的办法，路、款分离，铁路依然商办，但借英款筑路。此举却遭到江、浙士绅的强烈反对，认为延宕多年的交涉，最后却是一个换汤不换药的结果，江、浙绅商纷纷致电外务部，批评此举是“背朝旨、弃路权、失民信”[①]的行为。汤寿潜、刘锦藻代表浙路全体董事致函汪大燮，痛斥道：“夫一经借款，英商必售股，伤哉！苏杭甬股票将充满伦敦之市场，非明明卖路乎？”[②]他们警告汪大燮等人：“自闻借款之耗，浙中商市动摇，人心惶惑，如此现象，既使实行立宪，亦恐无纤毫之益于救国。”[③]汤寿潜又致电农工商部：“签押非可强迫，万一强迫签押，要监不信，浙人死不承认。”[④]坚决反对和英商订立借款合同。

在汤寿潜等绅商的坚持下，浙路拒款运动愈演愈烈，一时人心激愤，奔走相告。浙江省召开了由各厅、州、县代表出席的“浙省公民拒款会”，商讨对策，并分致川、陕、鄂、皖、赣各省寻求援助，公开表示“宁渴不饮鸩酒”，痛斥外务部强令借款的荒唐无理举措。将主持该项借款的汪大燮等四人削去浙籍，永不认为浙江人。汤寿潜受此鼓舞，也措辞尖锐地警告汪大燮：现在浙江民众激愤情绪怒不可遏，虽然您远在京师没有见到，但乡云回首，应有所闻，汹汹之势，盛传公为创议借款，将怒及庐墓子孙，可能大祸将至，后果不堪设想。

对于江、浙人民在保路运动中迸发的爱国热情，汤寿潜认为这是人民参政意识觉醒的表现，如果不诉诸全面的社会动员，腐朽的清政府根本无视绅商的合法诉求。但对于民众抗议所造成的秩序混乱，他又深表担忧。因为他认为保路运动是以保障自身经济利益为旨归的，如果造成社会的动荡，经济利益难以保证。因此，汤寿潜希望政府能顺应民意，了解绅商的苦衷，保护利权，维护民族的利益，政府不要冥顽不化，致使局势不可收拾。他致电浙江布政使说：“借款关系浙人死生，狷者争殉其土，狂者呼号四走，况留学界愤激居多，如报载杭商传单议抗房捐。潜在沪闻噩耗，函电劝阻，苦心当在洞鉴。”[⑤]这表明，汤寿潜对于采

---

① 王佩良：《江苏辛亥革命研究》，长沙：国防科技大学出版社，2008年，第58页。

② 《浙路总副理董事会全体复北京浙路办事处某侍郎》，《汤寿潜史料专辑》，第559页。

③ 墨悲：《江浙铁路风潮》第1册，第59页。

④ 《致农工商部电》，《汤寿潜史料专辑》，第553页。

⑤ 《汤总理复浙藩电》，《汤寿潜史料专辑》，第562页。

取激烈措施保路利权并不完全赞成。另一方面，也以此苦劝政府，不要漠视民众的激烈反应，否则会酿就大祸。他致电邮传部铁路总局局长梁士诒发出警告："大部迁就，为国亦为民无论，越迁就越有侮，即邻好交修，而国体已丧，人心已失，谁与图存。"[①]在汤寿潜看来，国家、国民、国体、国权都是一体的，如果在外交上一味满足英国的侵略野心，不仅国家利权会丧失，更重要的是大失民心，如果国家失去人民的支持，国家也就不复存在了。

然而，清政府一意孤行，于 1908 年 3 月 6 日正式与英国签订了《沪杭甬铁路借款合同》，决定向英国借款 150 万英镑存于邮传部，由邮传部负责还款，改苏杭甬路为沪杭甬路，并聘用英国工程师主持局事。国家的利权被明目张胆地出卖！应当说汤寿潜等绅商对于铁路自办、收回利权抱有很高的期望和热情，但腐败无能的清政府根本无法顺应民情。希望的肥皂泡曾经很美丽，但一旦破灭，巨大的失望和愤怒情绪必然直指清廷。

为了压制人民的抗议，清政府采取调虎离山之计，企图把汤寿潜调离路事。1909 年 8 月 14 日，清政府任命汤寿潜为云南按察使，汤寿潜辞而不赴，清政府深感意外，没有批准汤寿潜的辞职，10 月，汤再辞，还未允。11 月 29 日，汤寿潜第三次奏辞云南按察使。清廷见汤寿潜不去云南就职，仍不死心，同日，授汤寿潜江西提学使职，但汤寿潜仍然不为所动，向朝廷奏请收回江西提学使成命，未准。汤寿潜便以请假两月的方法抗议清政府的任命，回乡伺老。1910 年 2 月 27 日，清廷准许汤寿潜辞去江西提学使一职。清廷调离汤寿潜的阴谋没有得逞，但经过这一系列事件，汤寿潜对清政府已经大失所望。

1910 年 8 月 22 日，清廷不顾民意，谕令盛宣怀重回邮传部任右侍。盛宣怀到任后，决定对全国铁路进行整顿。此时，国内路事日趋纷繁，商办铁路除了江浙铁路建设稍有成效外，其余很多省份都毫无建树，清政府决定实行铁路国有政策。汤寿潜得知主张铁路国有政策的盛宣怀回本任后，义愤填膺，23 日，汤寿潜就向军机处去了一封措辞激烈的电文，矛头直指盛宣怀，指陈盛宣怀损中益外，假公肥私，"既为借款之罪魁，又为拒款之祸首"[②]，人人痛恨之，现在朝廷用人不察，如果让盛宣怀任职邮传部，无异于"以鬼治病，安有愈理，中国大势，危象毕露，无可复讳"[③]。他希望政府能清醒地认识时局的危险，顺应民意，收

---

① 墨悲：《江浙铁路风潮》第 1 册，第 61 页。

② 《致军机王大臣电》，《汤寿潜史料专辑》，第 588 页。

③ 《致军机王大臣电》，《汤寿潜史料专辑》，第 589 页。

回成命，调离盛宣怀，以谢天下，否则玩火自焚，后果无法预料。[①] 对于汤寿潜的电文，清廷也是万分恼火，他们认为汤寿潜数次辞去云南按察使和江西提学使都是沽名钓誉，本来就对汤寿潜极度不满，现在又率意妄陈，批评朝廷用人之权，干预路政，决定处理汤寿潜。当天，清廷就发布了上谕，直斥汤寿潜"措词诸多荒谬，狂悖已极"，狡辩朝廷在任命大臣问题上自有权衡，用不着汤寿潜指手画脚，"着即行革职"，谕令浙江铁路公司另选总理。[②]

然而，清政府的此举遭到了浙路公司和东南民众的强烈反对。浙路董事局依据《大清商律·公司律》第七十七条规定："公司总办或总理人、司事人等，均由董事局选派，如有不胜任及舞弊者，亦由董事局开除。"[③]他们专门召集董事会会议，指斥朝廷的荒谬，认为朝廷没有任何权力撤换浙路公司的总理。他们致电邮传部，拒绝政府对公司的干涉，"浙路公司完全商办……按照《公司律》，总理之选举撤退，权在股东，朝廷向不干预……若使朝廷可以自由撤职，恐中国商办公司从此绝迹"[④]。浙江谘议局也开会专门讨论汤寿潜罢职一事，并将意见写成公呈递交浙江巡抚增韫，请其带奏朝廷。呈文说，无论是政府还是公众，行事皆不能违反法律。而浙江民众更是被这道上谕彻底激怒了，浙属各地都掀起了声势浩大的挽留汤寿潜的抗议活动，"各处舆论皆谓汤去路亡，非坚留总理力事商办不可"[⑤]，手足无措的清廷虽然多方辩解，但并没有收回上谕的诚心。朝廷的腐朽冥顽也刺激了江浙绅民，他们摆出了不达目的决不罢休的架势，坚决维护自己的利权。此时，几千年的封建专制已经出现了松动，民气日益发舒，人们第一次可以合法地指陈时政，议论国事，阐发民主思想。他们对于政府的种种腐败和倒行逆施已经绝望，他们认为不顾民情商律革去汤寿潜浙路总理的职务以及铁路国有政策，会让民众"惶恐震骇"。如是，就会造成这样的局面："凡官吏及达绅，有敢执遵旨商办之言，上达民隐者，其悉革职，则官吏与达绅惧矣！凡民营事业之资本，悉以充公，有不遵者其杀戮之毋赦，则人民毋敢偶语矣！果如是，又何必纷纷扰扰，兴教育，振实业，设谘议局、自治局，蒙此立宪预备之假面目哉！呜呼，人民如仅知有新枢府，不知有国家也，与其有之，不如无生！"[⑥]江浙地方依

① 《致军机王大臣电》，《汤寿潜史料专辑》，第588—589页。

② 《汤寿潜史料拾零》，《汤寿潜史料专辑》，第725—726页。

③ 王培：《晚清企业记事》，中国文史出版社，1997年，第372页。

④ 《浙江铁路公司全体董事、查帐员致邮传、农工商部电》，《汤寿潜史料专辑》，第760页。

⑤ 《拟留汤纪念股票办法》，《汤寿潜史料专辑》，第188—189页。

⑥ 《人民对于新枢府之悲观》，《天铎报》，转引自《汤寿潜史料专辑》，第148页。

据法律，并援引立宪之意旨，要求清廷收回成命，其所持之理由在法理层面上实在无可反驳。虽然邮传部自知理亏，但仍然以蛮横的态度称铁路关系国防，与国家有特别的关系，“即应受国家特别之监督，绝非寻常商业公司可比”[①]，因此汤寿潜虽然由股东选举，而任免权仍操之国家，不顾一切把汤寿潜革职。其结果则是惩一汤而寒天下之胆，民众反清之心渐成，汤寿潜也只能叹喟，“人心从此去矣”[②]。面对汤寿潜的革职，张謇也发出“亦一了局也”[③]的感叹，其中的无奈、绝望之情显而易见。

汤寿潜投身浙江保路运动当中，以外杜他人觊觎之心，内保国家自有之权利相号召，坚定“维护路权即维护国权”的民族大义，当然不乏保护地方利权乃至维护江浙士绅自身经济利益的地方性因素。但却因清政府的措施失当，不仅没有很好地维护国家的利益，反而侵害了绅商和民众的利益，导致江浙地方绅商乃至民众同清政府的博弈斗争。在“预备立宪”的大环境下，以汤寿潜、张謇为代表的江浙绅商，逐渐突破了维护铁路利权的本身，转而更多地援引“预备立宪”懿旨和法律，同清政府进行有理、有法的体制内斗争，这其中有地方利益与清廷中央对抗的成分，也有敦促国家实行立宪，进而要求分享政治权利的成分。作为积极参政、推动政府体制内改革的中坚力量，他们试图将收回利权运动和立宪运动相结合，以获得更多的参政权，推进立宪进程。然而，斗争的结果最终让汤寿潜等绅商和民众看清了清政府的腐朽和专制。汤寿潜的政治理想本来是君主立宪，为立宪奔走多年，但是清政府终究是个扶不起来的阿斗，它不会轻易放弃它的专制统治。长达 6 年的浙江保路运动，成为决定汤寿潜政治态度趋向的重要关节点。当武昌起义后，汤寿潜放弃了对清政府的支持，由体制内的变革转到体制外的革命，由君主立宪走向了共和。

第二节　走向共和

1911 年的武昌起义虽然带有一定的偶然性，但偶然性背后总有必然性起支配作用。辛亥革命的成功不仅是革命党人艰苦卓绝斗争的结果，也与立宪党人摒弃对清政府的幻想，转而支持革命密切相关，更与广大民众积极反对清政府的腐

---

① 池子华、吴建华：《中国社会史教材》(修订版)，苏州：苏州大学出版社，2016 年，第 233 页。

② 电文残件，《汤寿潜史料专辑》，第 693 页。

③ 《张謇全集》第六卷，南京：江苏古籍出版社，1994 年，第 638 页。

朽统治，民心向背转移有关。各种进步力量不断凝聚合力，革命时机日渐成熟，反动政府的败亡也就水到渠成了。作为立宪党人的汤寿潜曾经对清政府的预备立宪抱有很大期望，并积极参与其中。但是，清政府在立宪运动中的举措乖张和在保路运动中的倒行逆施，暴露了它专制统治的真面目。汤寿潜认清事实后舍弃了对清政府的幻想，最终和革命党人合作，走向共和。

一、从权应变，响应革命

1911年10月10日，武昌起义爆发。翌日，湖北军政府成立，革命在湖北取得成功。革命的胜利引发了多米诺骨牌效应，湖南、陕西、江西、山西、云南等省相继附义独立。11月3日，上海举行起义。11月4日晚，杭州革命党人也闻风而起，且基本没有遇到清军的反抗，11月5日，杭州便光复了。其后，江苏、广西、安徽、福建、广东、四川也都宣告独立。专制的清政府已经到了末日。在此过程中，曾经是统治集团内部力量的立宪派面临两种选择：是继续追随行将灭亡的大清王朝呢，还是与革命党联手推翻它呢？形势比人强。面对汹涌澎湃的革命浪潮，立宪派毅然倒戈转向，决定同革命党人联手缔造一个新的民主国家。汤寿潜做为著名的立宪党人，在辛亥革命的大潮中与时俱进，也追随民主思潮，转向了革命。章开沅先生把此称之为辛亥革命时期的“汤寿潜现象”，认为可以从汤寿潜身上获取对辛亥革命某些新的解读。[①]

汤寿潜对武昌起义后的局势有着较为清醒的认识，武昌起义(农历辛亥年八月十九日)爆发的第二天，汤寿潜碰巧有事来到武汉，目睹了武汉的革命气氛后马上回到江浙地区。他在给同年赵熙的信中曾言：“弟(汤寿潜)于八月廿日到鄂，廿二日即归，过金陵，邀季直(张謇)到沪，与三数同志组织临时预备会，于九月朔日成立。”[②]汤寿潜回到上海后，同张謇、赵凤昌等人多次相谈，密切注视着时局的发展。

11月5日，杭州光复后，如何建立政权摆在革命党人的面前。政权问题是革命的根本问题，从对革命发展有利方面说，领导权应当完全掌握在革命党人手中。但是，由于浙江革命力量内部组成复杂，特别是同盟会和光复会之间互相猜

---

① 章开沅：《论汤寿潜现象——对辛亥革命的反思之一》，《浙江社会科学》2001年第6期，第124—129页。

② 汤寿潜：《致赵香宋》，嵊州市档案馆、杭州师范大学民国浙江史研究中心编《嵊州市档案馆藏：浙江都督汤寿潜函卷》，北京：国家图书馆出版社，2011年，第59页。

忌，分歧甚多，还有会党、立宪党人的力量也夹杂其中，各种力量互相掣肘。在起义前夕，革命党人在商讨浙江光复后的都督人选时，争夺十分激烈，不得不多次开会讨论都督人选问题，致使革命局势垂危。11 月 3 日，革命党人认为此时“革命消息沸沸扬扬，只恐增抚(即浙江巡抚增韫)知道，先行下手，祸不可测矣”[①]。在杭州的革命党人朱瑞、褚辅成、顾乃斌、童保暄、王桂林等人决定尽快起义。在安排都督人选时，朱瑞提出军界中无人愿居高位，拟推在革命党人和立宪党人中都有影响的褚辅成担任，但褚辅成不愿膺任此职，转而推荐汤寿潜。他认为汤寿潜在浙江保路运动中领袖群伦，“有声海内，识者皆尊敬之”[②]，现在“东南及江、浙各省均在观望中，吾省宜推一负有重望者担任，方足以资号召，革命较易成功。汤寿潜先生为沪杭甬铁路争自办，众望所归，勘膺此选”[③]。众人皆赞成，却“暂缓决定”，即未完全定下由汤寿潜出任。

革命党人把共同的敌人打败了，但由于对权力过于迷恋，革命后该谁掌控权力的纷争马上出现了。朱瑞、蒋尊簋、童保暄、陶成章、王金发等革命党人都有一批拥戴者，他们各有自己的打算，都试图掌控浙江政权。此外，还有传言说有人也在谋划让曾任职清政府的开明官员徐定超、朱福诜出任都督，一时谣言四起。同时，杭州城内的旗营问题还没有解决，局势非常紧张，急需一个有名望的、各方面都能接受的人选来稳定局势，汤寿潜与杭州旗营协统贵林相交甚好，同时旗人也认为汤寿潜乃仁人，必能保全旗人身家性命。同时，浙江谘议局看到局势危机，也在商讨对策，有人认为童保暄等革命党人出任都督资望不够，谘议局副议长沈钧儒强调“我们须得把汤老找回来”[④]。于是，褚辅成等人去了上海，请示上海都督陈其美，并邀集了在上海的江浙名流虞洽卿、朱葆三等人，共同商定浙督人选，最后大家一致认为汤寿潜是最合适的人选。为此，陈其美专函致汤寿潜，请他“出面维护桑梓”[⑤]。同时，浙江谘议局的陈黻宸、褚辅成、沈钧儒、马叙伦四人具名给汤发电报，“请即回杭”。当天下午，汤寿潜在褚辅成和浙江谘议局副议长陈时夏陪同下，专车到达杭州，各界在谘议局召开大会欢迎，当场推

① 张效巡：《辛亥革命杭州光复记事》，庄建平主编：《近代史资料文库(第 7 卷)》，上海：上海书店出版社，2009 年，第 292 页。

② 《各省独立别裁·浙江》，《辛亥革命浙江史料绪辑》，杭州：浙江人民出版社 1987 年，第 401 页。

③ 庄一拂：《褚辅成先生年谱初稿》，浙江文史委员会编：《浙江辛亥革命回忆录》，杭州：浙江人民出版社，1981 年，第 133 页。

④ 马叙伦：《回忆汤寿潜》，浙江文史委员会编：《浙江文史集粹》第 2 册，杭州：浙江人民出版社 1996 年，第 257 页。

⑤ 浙江文史资料委员会：《浙江辛亥革命回忆录》，杭州：浙江人民出版社，1981 年，第 191 页。

举汤为都督。

杭州光复时，汤寿潜正在上海观察时局，他看到浙江政局复杂，并不愿出任浙江都督。他婉拒前来迎接的褚辅成、陈时夏说："卿等欲革命，径行之耳，奈何以强人？吾虽弗专制，然与卿等异趣，以若所为亦不与也!"[①]褚、陈二人言："杭民六十万户，使阖门而战，一朝可烬。公独能不救之邪?"汤寿潜"不忍，乃卒徇众请莅杭"[②]。可见，汤寿潜虽然极为厌倦清政府的专制统治，但作为出身传统社会的士绅，他更向往体制内自上而下的君主立宪改革，对革命还持一种保留的态度。但是，他也认识到如果不能迅速统一浙江的各种势力，可能会导致更大的仇杀，于是，他答应出任浙江都督。随后，他致信赵凤昌，说明就任浙江都督的一个重要原因："此次返杭，明知火坑，以杭有旗城，可四五千丁，若一相搏杀，伤必相当，坐见万人将流血，乌能无动！且旧政府已倾，新政府未建，则吾曹同为无国之民，冀力与杭旗和平解决。凡旗城各处，均望风而下，是得免流血，又不止杭地。将大发挥人道主义，以震东西人之耳目。"[③]这样，汤寿潜回到杭州，就任浙江军政府都督。当时杭州军政府是依据资产阶级三权分立政治学说和孙中山建国方案设计的，由都督府、议会和法院三部分构成，都督府的办公地点设在谘议局。

后人在论及浙江的辛亥革命失败时，曾认为作为立宪派领袖的汤寿潜就任浙江都督是对革命果实的窃取，这是有失公允的。事实是，汤寿潜出任都督是当时浙江革命派邀请的，是在复杂的革命风云中各种政治力量平衡权力的结果。不仅如此，汤寿潜就任都督后也试图在历史巨变时期"励精图治"，创一番伟业。他致电黎元洪说："敝省父老兄弟谬采虚声，令摄都督之职。潜虽复愚钝无识，宁不知为大局计哉，特承父老兄弟之命，固辞不获，聊自附于君子之后"，誓言谨率全浙，"襄大义而佐伟功，则虽糜潜百体，无所悔矣"。[④] 事实说明，汤寿潜不仅没有抱守残缺，继续追随行将灭亡的大清，而且和革命派一起联手共同推翻了清王朝。

在晚清历史中，改革与革命并非完全对立，走在历史时代前列的知识分子也

---

① 李明勋、尤世玮等：《张謇全集》第6册《艺文杂著》，上海：上海辞书出版社，2012年，第607页。

② 张謇：《汤蛰仙家传》，《汤寿潜史料专辑》，第126页。

③ 《致惜阴主人》，《汤寿潜史料专辑》，第690页。

④ 马叙伦：《关于辛亥革命浙江省城光复记事的补充资料》，中国科学院历史研究所第三所编：《近代史资料》总12号，北京：科学出版社，1957年，第56页。

好，革命者也好，他们面对中国积弱积贫的局面，都想力图振兴，都想改变危局。汤寿潜作为思想的先行者，虽曾力主立宪，但当革命来临时，他毅然拥护革命。后来的研究者应当摒弃革命与改良的二元对立思维，依据当时的历史环境，客观、科学地评判历史人物的政治取向。

二、主政浙江，造福桑梓

从1911年11月6日汤寿潜就任浙江都督到1912年1月15日临时省议会正式批准他辞职，就任都督仅两个多月的时间，此间，汤寿潜虽受各种力量的牵制，不能完全按照他自己的意愿治理浙江，但他还是利用自己的威望和都督地位，开风气之先，维持秩序，造福桑梓。

（一）和平解决旗营

汤寿潜走马上任的第一件事情就是要和平解决旗营问题。杭州旗营驻防在今天杭州湖滨一带，是当时清政府规模较大的驻防之一，人数达5千余名。防地建有城墙，周长5里。武器装备也比较先进，部分是从德国进口的枪械和大炮。旗营虽然由于腐败整体战斗力比较差，但如果处理不好，也会给浙江革命造成巨大的障碍。在杭州光复过程中，杭州驻防旗营起初敌视革命，特别因谣言四起，旗营曾风闻东南各地“争言种族问题相传播，谓必尽杀八旗兵，复朱明氏之仇……主革命者，或谋聚旗族歼之”[①]。因此，杭州旗营戒备森严，准备随时抵抗，并且向革命军传话：如果革命军进攻旗营，屠杀满人，旗营必誓死与汉人斗，不惜糜烂城民。

杭州基本光复后，革命党人组织力量包围了旗营，而旗营也准备负隅顽抗，眼看一场恶战就要发生。汤寿潜回到杭州后，马上着手解决旗营问题。当时旗营首领为将军德济、协领贵林，汤寿潜与二人皆相识。特别是贵林，属于满人中的新派，“学问、道德冠旗营”[②]，与汤寿潜、陈黻宸两人过从甚密。在汤寿潜没有就任杭州都督之前，陈黻宸已经和贵林相见，初步达成旗、汉不战之约。汤寿潜的到来使问题更为容易解决，在此之前，旗营认为只有汤寿潜就任都督，才能保全他们的性命。

汤寿潜抵杭后，马上以都督的名义与旗营协统贵林谈判。据黄元秀回忆说：

---

① 迎升：《辛亥杭州驻防失守记》，《汤寿潜史料专辑》，第769页。

② 迎升：《辛亥杭州驻防失守记》，《汤寿潜史料专辑》，第769页。

“迨光复时，汤督命旗营举出代表，来都督府商订和约。”[①]双方通过谈判，约定了三个条件：“一是革命军保障旗民生命安全，旗兵不能作困兽之斗，骚扰地方；二是开放旗营土地，另建平屋200间，为旗民营住所；三是准其与汉人通婚，并可经商、耕畜，在法律上、学业上，得与汉人平等待遇。”[②]双方谈妥后，杭州旗营遂为革命军接管。汤寿潜对杭州驻防旗营采取和平宽大的方针，超出了满汉仇杀的种族偏见，有利于浙江革命形势的发展与稳定，其后，乍浦、镇江等地的旗营闻风而下，“旬日之间，后先一辙，不劳一师，不血一刃，而浙江全境咸归汉族”[③]。革命形势大好，清王朝在浙江的统治也就此终结。

浙江辛亥革命的成功是各种合力的结果，毋庸置疑，也和汤寿潜的声望与号召力密切相关。对此，蔡元培给予汤寿潜积极的评价，他说：“辛亥鼎革，浙人争拥蛰先为都督，蛰先疑不可。时满汉猜狭久，杭州故有驻防，几酿大衅，非蛰先莫能解。”[④]对江浙局势极为关注的在华英国官员在给国内的报告中也声称：“革命在表面上纯粹是军方干的，但从本地报纸来看，它是汤寿潜和谘议局扶助和组织的。”[⑤]杭州旗营的投诚使浙江局势很快稳定，在汤寿潜和革命党人的推动下，浙江革命军和江苏革命军迅速组织联军，出师攻打南京，推动了革命形势在江浙地区的迅速发展。

（二）成立军政府，进行社会改革

汤寿潜就任浙江都督后，革命兴致非常高，立即着手组建革命军政府。11月7日，浙江举行各界代表会，正式宣告浙江军政府成立。汤寿潜拟任命陈黻宸为民政长，沈钧儒为交涉长，褚辅成为交通长，汪曼锋为巡警长，周承菼为浙军总司令。5人中只有褚辅成和周承菼为革命党人，其他三人皆为浙江谘议局议员。汤寿潜的这个任命名单遭到革命派的反对，尤其反对陈黻宸出任权力比较重的民政长。汤寿潜只得重新设计军政府，任命更多的革命党人出任军政府的要职。改组后的浙江军政府从构成来看，主要有两部分：一是临时参议会；一是都督府。参议会推陶成章为总参议，张恭、吴思豫、顾乃斌等12人为参议。临时

---

① 《辛亥革命浙江史料选辑》，浙江人民出版社，1981年，第521页。

② 《褚辅成先生年谱初稿》，浙江文史究委员会编：《浙江辛亥革命回忆录》，杭州：浙江人民出版社，1981年，第26页。

③ 郭孝成：《浙江光复记》，《辛亥革命》(七)，上海：上海人民出版社，1957年，第140页。

④ 蔡元培：《汤沛恩传》，高平叔编：《蔡元培全集》(第七卷)，北京：中华书局，1989年，第152页。

⑤ 胡滨译：《英国蓝皮书有关辛亥革命资料选译》，北京：中华书局，1984年，第124页。

参议会职权很大，是浙江的议事机关，“所有军政大纲，皆由参议会决议，送到都督府执行”[①]，并有权监督都督，都督的命令要经总参议副署才有效力。都督府下设司令部与政事部，保留周承菼为浙江水陆总司令，褚辅成则改任政事部长，总揽民政、财政、交通、教育、实业、外交。汤寿潜的权力受到较大掣肘，实际权力掌握在革命党人手中。

军政府成立后，立即开展工作，安抚人心，恢复秩序，肇建民主的地方政府。11 月 5 日，汤寿潜以都督之名发布六言告示。告示云：“满人窃踞中国，二百六十余年。汉族降为奴隶，河山久被腥膻。同胞憔悴虐政，备尝困苦颠连。近日名为立宪，专制实甚于前。都督吊民伐罪，保护所在必先。地方各守秩序，切勿听信谣传。若有匪徒抢掠，政府禁令森严。须知此次起义，实为共保安全。”[②]汤寿潜针对混乱的社会秩序，要求浙江各地政府尽心整顿，对各种罪犯“严密查拿，分别正法”[③]。他安抚各地巡防，告诉他们军饷由军政府承担，但他们必须“极力保护地方，不准稍涉松懈，致滋骚扰”[④]。他还要求各地筹办民团，制订了《民团章程》，要求民团“力任治安，不得骚扰，用树国民之基础”[⑤]。汤寿潜还力主保护遵纪守法的外国侨民的生命财产。汤寿潜的举措使得浙江各地居民不惊，社会安定，商店开门如常。

减免赋税，厘清晚清弊政，为资本主义工商业发展营造宽松环境。浙江光复后，虽然新政府初建，百废待举，需费浩大，但为了纾解民困，汤寿潜上任次日，便发布安民告示，通告浙省民众：“所有历年积欠及本年应完钱粮一概豁免，其厘卡九月十五日起先行裁撤。”[⑥]布告一出，万民欢腾。为了解决贫民饥荒，汤寿潜用“官米平粜”“仓米平粜”等办法稳定米价，组织农民开垦屯田，增加粮食产量。为了发展经济，又废除了清朝名目繁多的税项，建立统捐，统捐以外的茶、丝、酒的特捐也给予减轻。政府还对私人办厂给予奖励。人民的负担减轻了，但军政府却面临着财政困境。于是，汤寿潜一边向海外发函致电，吁请故旧门人、海外华侨，伸出援手；同时，发行军用钞票、爱国公债，预征三个月的房租来缓

---

① 《杭州光复记》(二)，《申报》，1911 年 11 月 9 日。

② 曹亚伯：《武昌革命真史》(中册)，上海：上海书店，1982 年，第 228 页。

③ 郭孝成：《中国纪事本末》，北京：商务印书馆，2011 年，第 92 页。

④ 郭孝成：《中国革命纪事本末》，北京：商务印书馆，2011 年，第 92 页。

⑤ 《浙江军政府来电》，温州市政协文史资料委员会编：《温州文史资料》第 7 辑，浙出书临(91)第 137 号，1991 年，第 207 页。

⑥ 《杭州新政汇志》，《申报》，2011 年 11 月 11 日。

解财政困难。汤寿潜对于革命的热情以及所做的努力曾被历史当事人和研究者否定，把他看成是地主阶级和大资产阶级的代表，废除厘金举措是一种阴谋，“只对地主豪商有利”[①]，是为了“博取地主阶级对他的好感”[②]。此论当然不够全面，他们或看到废除厘金所带来的财政困顿，或是革命党人不满汤寿潜而吹毛求疵其政策。对后来的历史研究者而言，历史的真实性远比道德评判更有价值，虽然不能任意拔高历史人物的社会作用，但也不能随意猜测他们的动机而忽略客观历史。

此外，军政府还发布一系列政令，废改封建政治制度，废除封建的陋习。11月17日，都督府下令，要求民众一个月内剪去发辫；禁买卖、吸食鸦片烟；禁止缠足；实行婚姻自主；废除老爷、大人等称呼。都督府还专门拨出6万经费，开办《全浙大汉日报》，宣传革命思想，启迪民智；都督府还要求各级政府增设学校，修改课本，发展教育。这都充分表明，汤寿潜附从革命后顺应时势，积极推动变革，促进了社会的进步。

（三）增援苏、鄂革命，联手攻克南京

辛亥革命时，武昌有首义之功，但中华民国临时政府最终定都南京，其中有一条重要原因就是革命党人攻克南京影响巨大，显示了江浙革命党人力量的强大，对新政权的建立产生了深远影响。联手江苏革命党攻打南京，是浙江军政府成立后最大的一次军事行动，可以说，汤寿潜不仅开府浙江，而且对奠定民国的东南江山也立下大功。以往人们总拿汤寿潜是立宪党人说事，认为他是机会主义者，这不符合历史客观实际，相反，这正是汤寿潜民主思想和实践推动社会发展的重要体现。

武昌起义后，沪、杭等地相继光复，但东南重镇南京依然掌握在清军手中，对上海和武汉构成威胁。11月8日，镇守南京地区的新军在徐绍桢带领下，响应革命，攻打南京，但遭到张勋率领的丁武军反击，起义失利。徐绍桢逃奔上海后，得到上海军政府及驻沪各团体的接纳。他们共商对策，陈其美、宋教仁鉴于南京之得失关系到革命全局，决定组建江浙联军，由徐绍桢任江浙联军总司令，会攻南京。

面对南京新军的失利和清军在武昌的反扑，汤寿潜等人也积极寻找对策。当

---

① 沈钧儒：《辛亥革命杂忆》，《辛亥革命回忆录》第1集，北京：文史出版社，1981年，第524页。

② 裘孟涵：《王金发其人其事》，《浙江辛亥革命回忆录》第1集，杭州：浙江人民出版社，1981年，第65页。

时浙江革命党人有两种主张：一种主张出兵支援武昌，再克金陵；一种主张先发兵攻下南京，进而起到缓解武昌危局的作用。朱瑞力主后者，他向汤寿潜建议："速定江宁，为武昌应。庶上游之师，可出江汉，以窥宛洛，下游之师可踰江淮，以取山东，若旷日持久，士气易隳，非策也。镇江为江宁门户，清驻有防兵，若浙师不即出，使其怀疑思抗，备而待我，尤为非策。"[①]吕公望也认为："浙江急应出兵攻宁，藉以近图绥定江浙，遥为武昌之声援。"[②]此时，汤寿潜也接到徐绍桢的乞援急电，决定助其一臂之力。11 月 7 日，浙江省临时参议会专门召开会议，吕公望便提出了浙江应当联合苏、沪革命军联合攻打南京。大家认识到攻克南京的重要性，"皆谓南京绾毂南北，形势扼要，若不将它攻克，清廷战意必伸，实属关系共和政体前途。"[③]汤寿潜也将徐绍桢的乞援急电送会参阅，于是，参议会一致通过攻打南京行动。随即成立浙军攻宁支队，约 3500 人，选朱瑞为支队队长、吕公望为支队参谋长。

11 月 11 日，陈其美致电苏督程德全和浙督汤寿潜，征求徐绍桢担任联军总司令的意见，汤寿潜立即回电表示同意，并说浙军已经组建完毕，只等命令开赴前线。11 月 12 日，浙军攻宁支队北上。22 日，江浙联军在镇江召开誓师大会，陈其美亲自宣读攻敌檄文。会后，浙江攻宁支队作为先锋，攻打头阵。在战斗中，浙军将士同仇敌忾，勇往直前，"只能进死，不求退生"[④]，攻城略地，所向披靡，给张勋部沉重打击，浙军声威大振。汤寿潜高度关注着联军攻打南京的战况，多方筹措军需物质，源源不断输送到前方。12 月 2 日，南京光复。汤寿潜得知消息后，异常高兴，立即联名章太炎、黄兴、宋教仁、陈其美、程德全等人致电江、浙联军统领，盛赞军队的功勋："南京光复，赖诸公指挥之劳，将士用命之力，东南大局，从此敉平。谨祝联军万岁！中华民国万岁！"[⑤]

南京光复在辛亥革命历史上具有重大意义，它不仅严重动摇了清廷的信心，成为扭转时局的关键之役，而且使南京取代武汉成为新的革命中心，为中华民国临时政府成立奠定了基础。1912 年 5 月，浙江军政府为迎接浙军班师回杭，在

---

① 张謇：《兴武将军海盐朱公墓志铭》，《兴武将军海盐朱公事略》，《辛亥革命浙江史料续辑》，杭州：浙江人民出版社，1987 年，第 476 页。

② 吕公望：《辛亥革命浙军攻克南京纪实》，《浙江辛亥革命回忆录续辑》，杭州：浙江人民出版社，1984 年，第 117 页。

③ 《浙江辛亥革命回忆录续辑》，杭州：浙江人民出版社，1984 年，第 118 页。

④ 吕公望：《辛亥革命浙军攻克南京纪实》，《浙江辛亥革命回忆录续辑》，杭州：浙江人民出版社，1981 年，第 112 页。

⑤ 《申报》，1911 年 12 月 3 日。

西湖边建造了凯旋碑，汤寿潜撰文再次高度评价南京光复的巨大作用。他说："方是时，缘江诸镇新复，汉阳复陷，金陵扼塞，东南安危所系，一不举则乱尤未拨。故共和之业，基于武昌，成于江宁，卒乃定于统一。数月之间，易号改朔，伊古以来未有也。而论者以谓江宁之役，盖浙军劳尤多云。"[①]可以说，南京光复，民国底定。

三、参与南京临时政府筹建，践行共和宪政

革命的基本问题为政权问题。不论是资产阶级革命党还是立宪派，他们梦寐以求的都是改变清王朝的封建专制统治，建立一个资产阶级的民主国家。作为立宪派的著名人物，革命本不是汤寿潜的追求目标，是形势逼迫他选择共和，选择了与革命派联合，但他内心从未放弃早日结束革命，尽快恢复秩序的愿望。

武昌起义爆发后，革命形势迅速成燎原之势，清政府崩溃瓦解不可逆转。如何安定局势，保护革命的胜利果实呢？筹建统一政权很快被提上了议事日程。汤寿潜敏锐地认识到此问题的重要性，同张謇等人连夜商讨对策，认为应当及早筹划建立中央政府。同时，随着革命的进展，也需要建立一个全国统一的新政权处理内政与外交、处置清室等棘手问题。11 月 7 日，武昌革命党人率先公开提出了倡议，湖北军政府都督黎元洪就组织中央政府问题致电江苏都督程德全："现在义军四应，大局略定，惟未建设政府，各国不能承认交战团体。敝处再四筹度，如已起义各省共同组织政府，势近于偏安，且尚多阻滞之处；若各省分建政府，外国断不能于一国之内，承认无数之交战团。兹事关系全局甚大，如何之处，乞贵军政府会议赐教。"[②]希望征求江、浙当局对建立中央政府的意见。11 月 9 日，黎元洪通电独立省份，速派全权代表赶赴武昌，商讨中央政府的筹建问题。黎元洪还代表湖北军政府提出了临时政府的构架和举荐了部分政府部门的候选人员。但因为芜湖至九江的电缆发生了故障，湖北军政府的电文迟迟没有到达江、浙都督府。

因为没有收到湖北革命党人的倡议，汤寿潜、张謇等人在上海积极筹建全国中央政府。张謇的儿子张孝若回忆说："汤寿潜、赵凤昌竹君数人，尤朝夕和我父讨论策划，一意稳定国本，渡过难关。而当时大家所认为最关重要而不容一刻

---

① 洪昌文：《辛亥革命在杭州》，周峰主编：《杭州历史丛编》之六《民国时期杭州》，杭州：浙江人民出版社，1992 年，第 32 页。

② 《黎元洪关于如何组织政府致苏州程都督电》，《民立报》，1911 年 11 月 15 日。

延误的，是组织一临时政府。”①经过多次讨论，11 月 11 日，汤寿潜联合江苏都督程德全致电沪军都督陈其美，明确表达建立新政府的主张。电报内容非常丰富：

自武昌起事，各省响应，共和政府，已为全国舆论所公认，然事必有所取，则功乃易于观成。美利坚合众之制度，当为吾国他日之模范。美之建国，其初各部颇起争端，外揭合众国之帜，内伏涣散之机，其所以苦战八年，卒收最后之成功者，赖十三州会议，总机关有统一进行维持秩序之力也。考其第一、二会议，均仅以襄助各州议会为宗旨；至第三次会议，始能确定国会，长治久安，是亦历史必经之阶级。吾国上海一埠，为中外耳目所寄，又为交通便利、不受兵祸之地，急宜仿照第一次会议方法，于上海设立临时会议机关，磋商对内对外妥善之方法，以期保疆土之统一，复人道之和平，务请各省举派代表，迅即莅沪集议。其集议方法及提议大纲并列于下：

计集议方法四条：

一、各省旧时谘议局，各举代表一人；

二、各省现时都督府，各派代表一人，均常驻上海；

三、以江苏教育总会为招待所；

四、两省代表到会，即行开议，续到者随到随议。

又提议大纲三条：

一、公认外交代表；

二、对于军事进行之联络方法；

三、对于清皇室之处置。

右举各节，迄速核夺，电复为幸。②

对比武昌方面的通电，可以看出，虽然武昌方面比汤寿潜、程德全的通电早，但并没有明确建立什么模式的政体，对于国会也没有提及。武昌方面主张的中央政府一定程度上带有军事管制的痕迹。而汤寿潜、程德全建构的全国政府以美国共和制为模板，并且强调了国会在政权中的地位。都说孙中山、黄兴、宋教仁等革命党人钟情于美国制度，建立共和政体，是一以贯之，因为远在兴中会时

---

① 张孝若：《南京政府成立》，《辛亥革命》第 8 册，上海：上海人民出版社，1957 年，第 48 页。

② 《苏州程都督、杭州汤都督致沪都督电》，《汤寿潜史料专辑》，第 593—594 页，有关对此内容的解读也可参阅陶水木《辛亥革命时期汤寿潜几个问题的探讨》，《民国档案》2005 年 01 期；陶水木、张丁正《嵊州市档案馆藏汤寿潜函卷的史料价值》，［EB/OL］. http：//blog. sina. com. cn/s/blog _64aa6ee90100thby. html。

期，孙中山等便十分醉心于美国的总统制。1905 年中国同盟会成立，并选孙中山为总理时，该会亦采用了美式的三权分立制。但是作为立宪党人的汤寿潜和旧官僚的程德全倡议按照美国共和政体肇建新政府，表明他们已经厌倦旧政府，便顺应时代潮流，从权应变。当时以及后人都曾认为汤寿潜、程德全倡议成立临时政府是想操纵临时政府，是精心策划的一场阴谋。不可否认，人是有自私性的，在激烈的革命变动关头，总是鱼龙混杂，有人随波逐流，有人投机革命，有人真心追随革命，辛亥革命亦是如此。但需要反思的是：在辛亥革命中为什么这么多人转向共和，他们都是投机吗？以动机论评价其行为科学吗？事实是，汤寿潜的主张得到了很多省份的支持，也推动了历史的发展，单纯地以动机论来揣摩、评价当事人的行为，是一种唯心主义态度。

11 月 11 日，通电发表当天，汤寿潜就电约张謇赶赴上海，会见绅、商、学、军等头面人物，“拟联合都督府，组成临时政府”[①]，汤寿潜倡议设立临时会议机关、筹建临时政府的目的就是结束清王朝的专制统治，恢复秩序，汤、程电文中已经明确表示。其后，汤寿潜又致电云南及各省都督府，再次强调：“海内苦专制久矣，自武汉义旗一麾，不一月全国响应，应天顺民，具有明证。侧闻各省之主旨，多以后此政体，专采共和，一洗苟且补苴之陋。”[②]但独立各省内部关系错综复杂，矛盾层出不穷，“虽同激于义愤，而起事各不相谋，容或多立名目，头绪纷繁，此一都督，彼一司令。今虽势力较厚，后则观听将淆。为久远计，不能不虑”[③]。革命党、立宪党人乃至旧官僚借乱各自为政，造成很大的社会混乱。汤寿潜认为建构政府，兹事体大，应当以开国民大会为组织政府的起点，只有这样才能“臻人道之极致，跻治理于大同。惟此为将来世界公理，一举而致之，不到革命之祸，有一再尝试之惨”[④]。作为一名以济世救民为己任的社会名流，目睹社会的动荡，汤寿潜心急如焚，倡议全国政府不仅是其社会责任心使然，也是其政治敏锐性的显现，但如果说汤寿潜倡议设立临时会议机关是为了操纵临时政府的筹建权，这有失历史公允。社会精英人物比一般历史人物更善于抓住机遇，也能创造更多的历史。

11 月 12 日，汤寿潜派出的代表姚桐豫、高尔登和江苏都督府的代表雷奋、

① 转引自汤志钧主编：《近代上海大事记》，上海：上海辞书出版社，1989 年，第 706 页。
② 《汤寿潜等致滇省及各省函》，《汤寿潜史料专辑》，第 595 页。
③ 《汤寿潜等致滇省及各省函》，《汤寿潜史料专辑》，第 595 页。
④ 《汤寿潜等致滇省及各省函》，《汤寿潜史料专辑》，第 595 页。

沈恩孚联名通电各省都督府和谘议局，敦请各省按照11日汤、程的通电筹建“临时国会”，速派代表到上海公议。汤寿潜、程德全的倡议得到陈其美赞同。13日，陈其美也据此通电各省都督，请派代表到上海商议组织临时政府事宜，以立国基，而定大局。汤寿潜、程德全、陈其美的通电一经发出，立即得到各省响应，纷纷委派代表到上海商议，至11月15日，已经到达上海的江苏、浙江、福建、山东等10省代表召开各省都督府代表联合会，讨论了政府组织法案等问题。于此同时，响应黎元洪倡议的湖南、江西、广东、广西等省派出的代表也到达武昌，谋划组建全国政权办法。政权是革命的中心问题，虽然上海和武昌的革命力量都有着筹建中央政权的共同目的，但都想掌控话语权，这样，一时形成了上海和武昌两个革命中心，各种分歧和矛盾不时显现。这是汤寿潜没有预料到的，他不希望纷争加剧，危及革命。为了消弭纷争，11月16日，汤寿潜召开有省参议员、革命党人参加的特别临时会议，他在会上表示要“亲赴武昌，会合各省速筹联邦政府之组织，以定国基”[①]，但参会人员认为浙江事务繁重，都督不应离开，经商议后决定改派张元济赴鄂。

虽然武汉方面并不同意在上海开会讨论临时政府问题，但对汤寿潜、程德全、陈其美倡议的仿照美国会议方法，则表示同意，认为这是“一定不易之办法”[②]。12月2日，江浙联军攻克南京，江、浙力量大增。与此同时，清军猛攻武汉，汉阳失守，武昌受到威胁。12月3日，在武昌的各省代表匆匆通过《中华民国临时政府组织大纲》，将临时中央政府设于南京。

政权的领袖是政权的组织者和领导者，筹建中央政府最为重要的问题自然是挑选合适的总统。学术界认为汤寿潜主张黄兴出任总统，但陶水木先生通过细致研究，认为这不符合历史事实。陶水木认为，在临时中央政府首脑人选问题上，汤寿潜经历了举黎（元洪）到举孙（中山）的转变，而反对举黄。[③] 陶先生的考证是正确的。当时的情况是：12月2日，陈其美在沪军都督府召开紧急会议，与会者除了汤寿潜、程德全和留沪各省代表，还有前一日刚从武汉负气而来的黄兴以及宋教仁、章太炎等人，张謇也被汤寿潜、赵凤昌紧急电召参会。大会除了讨论定都何处外，还讨论了临时政府的首脑问题。陈其美主张选黄兴为大元帅，黎元

---

① 《申报》，1911年11月20日。

② 《黎元洪致江浙都督书》，刘景泉等：《辛亥著名人物传记丛书——宋教仁》，北京：团结出版社，2011年，第116页。

③ 陶水木：《辛亥革命时期汤寿潜几个问题的探讨》，《历史档案》2005年01期。

洪副之，但遭到章太炎、陶成章等浙江方面的反对。其中原因不仅是章太炎、陶成章是光复会成员，和同盟会成员有隙，还在于黄兴刚在武汉打了败仗，浙江方面对于选举黄兴为大元帅不服气。钱基博说："江浙联军诸将，自以克南京有功，而(黄)兴则弃武汉以来，不服。……江浙联军诸将既新胜虚骄，而轻黄兴败将，尤有大欲以望于孙文。"[①]汤寿潜是浙江都督，他自然不会和浙江革命党人站在对立面。陈其美、宋教仁为了说服浙江方面，把原光复会发起人、同盟会高级干事蔡元培请出来做斡旋工作。蔡元培特地去汤寿潜处商谈，正好章太炎也在，虽经蔡元培劝说，汤寿潜不再坚持反对黄兴，但也不愿意直接推举黄兴为大元帅。

12月4日，陈其美、汤寿潜、程德全、赵凤昌等人又在上海的江苏教育总会驻地组织召开规模更大的共和联合会大会。会议虽然依然争议不断，但经过前几日的酝酿，大会除了议定临时政府设于南京外，还选举黄兴为暂定大元帅，黎元洪为副元帅，并通电全国。第二次大会复议决定，以大元帅主持临时政府，黎元洪兼任湖北都督仍驻扎武昌。在12月4日的会议上，江、浙方面的章太炎、程德全等人还是不愿意黄兴高于黎元洪，汤寿潜虽然不再坚决反对黄兴出任大元帅，但也没说同意，为了不左右为难，会议没结束，他就借口离开了。12月10日，汤寿潜在给湖北军政府临时代表何海鸣的信中表示了没有推荐黎元洪的歉意："若沪会之举，合席惟闽代表林(即林长民，引者注)与弟反对，因托快车，不终议先散，盖恐负黎，且自负去鄂之代表，期期以为不可，弟少数无如何耳。"[②]12月11日，汤寿潜又在给浙江赴鄂代表汤尔和等人的信中解释道："伊何沪会不正式之举，已电介公转致，倡于蔡，成于章，其始亦以鄂弃汉阳事，然恶鄂则可，恶黎则不可合席惟闽代表林大反对。弟谓无论于推黎之宗旨顿悖，且何以自对其去鄂之代表？苏、沪人全持之尤力，弟乃拂袖不终议先散。"[③]章太炎在其自订年谱中也说：12月4日沪会讨论大元帅人选时，"诸代表未有言，蛰仙称浙江有事，遂引去"[④]。临时政府领导人的人选问题反映了当时革命阵营的权力纷争，黄兴代表了同盟会，所以得到陈其美、宋教仁等人的支持。汤寿潜、张謇、程德全则和黎元洪利益相关，他们对于同样出身于清政府的黎元洪在政治情感上也更契合，所以倾向推举黎元洪。经过这么一折腾，黄兴也不愿意就任大元

① 钱基博：《辛亥江南光复实录》，《辛亥革命》第7册，上海：上海人民出版社，1957年，第55—56页。

② 《复何海鸣》，《汤寿潜史料专辑》，第702页。

③ 《去组织临时政府代表涵》，《汤寿潜史料专辑》，第694页。

④ 《太炎先生自订年谱》，《近代史资料》1957年第1期，北京：科学出版社，1957年，第124页。

帅之职，反而期待袁世凯反正。

就在领导人问题上纷争不下的时候，12 月 21 日孙中山到达香港，并表示即刻回国。汤寿潜获悉此消息后，很快认识到临时大总统人选非孙莫属。12 月 22 日，他致电伍廷芳说："袁先违约，唐非全权，浙曾有议和作罢之电。今若再与迁就，盖示以弱。中山既来，必有北伐之计。"[①]表达了他对南北议和和让位袁世凯的强烈不满，寄希望于孙中山主持军政，缔造统一的共和国。12 月 25 日，孙中山到达上海。汤寿潜马上给程德全去信，讨论时局。他说："中山到沪，情态何似？是此来能否有总统之资格？公路(引者注，公路为三国时袁术字，汤借指袁世凯)逢此敌手，恐益坚其诱约进犯之志矣。"[②]认为孙中山当选临时大总统，可视为是袁世凯最主要的"敌手"，这样袁世凯的专制野心就不会实现。26 日，他又给汪精卫写信说："闻中山君已到，唐(绍仪)亦约伍(廷芳)续议，临时政府诚刻不容缓耳。"[③]汤寿潜的意图非常明显，就是希望推举孙中山为临时大总统，中止与袁世凯的议和，由临时政府统一谋划北伐。

毋庸置疑，汤寿潜在倡议和参与筹建临时政府问题上态度非常积极，并发挥了重要作用。他明确表示新建立的是美国式的共和政府，他非常担忧独立各省之间的纷争，也不满意同袁世凯的议和，这都显示了他在辛亥鼎革之际的远见和英明，也反映了他对共和宪政的明确态度。

认识汤寿潜在浙江都督任上的宪政主张，有一封电报需要格外注意。这封电报是汤寿潜拍发给江苏都督程德全的，拍发时间是 1911 年 12 月 7 日。汤氏在电报中指出，他很高兴聆听 12 月 4 日在上海由江苏教育总会召开的共和联合会大会上的各种议题，但由于会议太匆忙，还有不少遗憾之处。他认为一个新政府必须明确向世人宣示施政大纲，对国人乃至列强都是一种交代。汤寿潜强调："各国政治更新之始，往往有重大宣言，所以定内外之志，树政策之基，功效至伟。"[④]现在中国政局亟待统一，列强疑虑尚滋。他提出由元帅(指黄兴)征商各省代表，以元帅(或者临时政府)的名义，宣示政治大纲，这样可以使得民众有纲可依，也容易获取列强承认。汤寿潜指出，清政府在垂亡之际，抛出了《十九信条》，以蛊惑人心，做最后的垂死挣扎与自我赎救。临时政府的纲领应当比《十九

---

① 《致伍廷芳等电》，《汤寿潜史料专辑》，第 595 页。

② 《致程德全》，《汤寿潜史料专辑》，第 706 页。

③ 《致伍廷芳》，《汤寿潜史料专辑》，第 707 页。

④ 《致程德全》，《汤寿潜史料专辑》，第 711 页。

信条》更民主、更进步，这样就可以使之相形见绌。为此，汤寿潜拟定了一个临时政府的施政大纲，内容如下：

一、中华民国以汉、满、蒙、回、藏各地为领土。

二、汉、满、蒙、回、藏人皆为中华国民。

三、中华民国之统治权，发生于国民受治之公意，委任大总统总揽行使之。

四、中华民国宪法，由临时政府召集国民议会议决。

五、中华国民各种自由，以宪法规定之。

六、中华国民法律上地位一律平等。

七、中华国民权利义务，均以法律为根据。

八、中华民国对于纪元四千六百零九年八月十九日（即西历一千九百十一年十月十日）以前，清国对诸外国所订之条约及各种合同一律承认尊重之。

九、民国临时政府虽在战时，仍以尊重人道。维持秩序，保护内外国民私权为责任。①

此电报对于认识汤寿潜的宪政思想有重要意义，但并没有得到学术界应有的重视。在电报中，汤寿潜首先认为新政府应当认同五族共和，构建多民族平等的国家。他指出，不论是何民族，人人皆是中华民国国民。晚清政治革命中，排满言论十分流行，虽然在辛亥革命前，构建多民族的民主国家逐渐得到包括革命者的认同，但在辛亥革命的浪潮中，很多人对此还心存疑虑，汤寿潜此时明确要求政府宣示五族共和，因为这对于维护国家统一、民族团结、边疆安定，会起到积极的作用，主张五族共同缔造共和也是他宪政思想生动的彰显。更难能可贵的是，汤寿潜出任浙江都督有一个重要的原因就是希望利用自己的声望和平解决杭州城内的旗营问题，希望“弭种族之争，免梓桑之祸”②。

1912年元旦，孙中山在中华民国临时政府大总统就职宣誓中正式宣示五族共和，也彰显了汤寿潜对此事的先见之明。汤寿潜在电报中强调了宪法的重要性：宪法由国民议会制定，必然能广泛反映民意；宪法规定人民所享有的权利和义务，并且受法律保护，人人在法律面前平等，即使贵如总统，其权力也是来自民众的选举，为选民负责。作为一名绅商代表的人物，从旧体制中走出，能有这样的认识让人惊叹。南京政府成立前后，革命力量内部有关政体的纷争、南北力量的博弈、各种权势的争夺让人眼花缭乱，也容易让人沮丧，但汤寿潜却能从大

---

① 《致程德全》，《汤寿潜史料专辑》，第711页。

② 《复任壮图》，《汤寿潜史料专辑》，第688页。

局出发，拟定政府施政大纲，其政治远见高出包括革命党人在内的很多人。当然，在他所拟定的施政大纲中，同革命党人一样，也存在局限，对帝国主义采取了妥协的态度，提出接受武昌起义以前清政府同帝国主义签订的所有不平等条约，以换取他们对新政权的认可，并且明确表示采取措施维护西方人在中国的各种权利，反映了作为绅商代表的软弱性和妥协性。

四、反对袁世凯的中坚人物

辛亥革命时期最大的赢家应属袁世凯为首的北洋集团。武昌起义爆发后，清政府面临灭顶之灾，于是，表面韬光养晦而实际上养精蓄锐的袁世凯成为清政府的救命稻草，经过几番讨价还价，11 月 1 日，清政府授命袁世凯为内阁总理大臣，可以组织完全内阁，希望袁世凯能挽救清政府的覆亡。但是，历史给清政府开了个玩笑：袁世凯不仅没有成为清政府的救世主，反而在关键时刻用清政府做了个政治交易，为自己换取了民国大总统的职位。

袁世凯重新出山以后，挟北洋军给革命党人造成巨大的压力。袁世凯不愧为乱世枭雄，他意识到革命已经成为不可阻挡的历史潮流，所以，玩弄两面手法，同南方革命势力进行“南北和谈”，为自己捞取政治资本。面对着袁世凯的实力和政治手腕，革命党人内部对袁妥协的声音越来越大，汪精卫更是极尽恭维之能事，鼓吹共和非袁促成不可。黄兴也为袁世凯所迷惑，11 月 9 日，黄兴写信给袁：“明公之才能，高出兴等万万，以拿破仑、华盛顿之资格，出而建拿破仑、华盛顿之事功，直捣黄龙，灭此虏而朝食，非但湘鄂人民戴明公为拿破仑、华盛顿，即南北各省当亦无有不拱手听命者。苍生霖雨，群仰明公，千载一时，祈毋坐失。”[①]此外，宋教仁、孙中山等人虽然认识到袁世凯有“操、莽之遗风”[②]，但也答应只要袁赞成共和，迫清帝退位，一定举袁为临时大总统。联袁覆清成为革命党人的一致选择。袁世凯复出后，与汤寿潜紧密联系的张謇、赵凤昌、程德全等立宪派也极为活跃，无不希望袁世凯统一大局。张謇更是为袁世凯积极谋划，提出只要袁世凯迫使清帝退位，一定会选他为大总统。他曾电告袁世凯：“甲日满退，乙日拥公，东南诸方，一切通过”，“愿公奋其英略，旦夕之间勘定大局”。[③] 袁世凯在革命派的妥协下，在立宪派和旧官僚的支持下，最终导演了一

---

① 《黄兴集》，北京：中华书局，1981 年，第 81—82 页。

② 《论过信袁世凯者之误》，《神州日报》，1911 年 11 月 16 日。

③ 《张季子九录·政闻录》卷 4，第 1 页。

出逼宫大戏，迫使清帝退位，取而代之成为民国大总统。

在联袁覆清的鼓噪中，汤寿潜对袁世凯有着较为清醒的认识。毫无疑问，张謇、赵凤昌等人是南北议和的幕后策划关键人物，为袁世凯攘夺辛亥革命的果实出谋划策，但如果说汤寿潜和张謇等人一样，襄助袁世凯夺权却有违史实。虽然张謇和汤寿潜在辛亥革命中联系密切，江浙两省都督府联系紧密，汤寿潜、张謇、赵凤昌在东南政局以及南京临时政府的筹建上多有合作不假，在对待袁世凯问题上，汤寿潜也曾对袁世凯心存过希望，但他和张謇、赵凤昌、程德全还是有很多不同的。张謇等人是拥袁的急先锋，而汤寿潜则是屈指可数的激进反袁之士。我们谈论汤寿潜的民主思想，不能忽略他在辛亥革命时反袁专制的事实。

汤寿潜很早就认识到了袁世凯弄权专断的政治性格。1907 年，汤寿潜密奏《奏请罢黜树党弄权之枢臣》，矛头直指袁世凯。汤寿潜洞悉袁世凯的罪状，痛斥其"生平无恶不作"，投机专营，"乃得凭藉时会，骤跻枢要，专以把持兵柄，擅窃大权，挟制朝廷，排除异己为能事"，[①] 请求朝廷当机立断，公布袁世凯的罪状，予以罢斥，以免后患。1909 年初，袁世凯终因权高位重，被摄政王载沣罢免，撵回河南老家"养病"。但汤寿潜深知袁世凯老奸巨猾，擅弄权术，而且党羽遍布朝廷内外，担心他东山再起，所以在 11 月底进京面见载沣时大胆陈言："摄政使尽所欲言，因顿首曰：'愿朝廷勿再用袁世凯'。"[②]同年，汤寿潜与朝廷力争拒绝贷借外债事务时，指出袁世凯乃是盛宣怀、汪大燮等人的后台，盛、汪敢于卖国欺民，主要来自袁世凯的支持，"项城(指袁世凯)虽罢，秉钧者尝鼎一脔，孰非项氏"[③]。

辛亥革命后汤寿潜出任浙督，对全国形势进行清醒的分析，他意识到袁世凯的地位举足轻重，为了尽可能地减少流血和损失，同时避免列强的干涉。他和张謇等立宪派同革命党人一样，曾经对袁世凯抱有一定的幻想。11 月 13 日，他致书袁世凯，指出"清失其政，天下共弃"[④]，清政府的垮台已成定局。他希望袁世凯认清革命形势，同清廷一刀两断，成就共和大业。他劝道："东南人士，咸以为政体不可不立，外交不可无主，谓宜亟设共和政府，以收统一之效。"[⑤]汤寿潜强调清王朝已经走到历史的尽头，濒临死亡，即使有"百胜之师"，也无法挽狂澜

---

① 《奏请罢黜树党弄权之枢臣》，《汤寿潜史料专辑》，第 511—512 页。

② 张謇：《汤蛰先先生家传》，《汤寿潜史料专辑》，第 126 页。

③ 《拟上摄政王书》，《汤寿潜史料专辑》，第 536 页。

④ 《与袁内阁书》，《汤寿潜史料专辑》，第 709 页。

⑤ 《与袁内阁书》，《汤寿潜史料专辑》，第 709 页。

于既倒，“公即据有河北，亦不足以号令天下，况拥残破之余，当沛然之旅，欲为清廷假息旦暮，是公亦知其不可，徒苦吾民耳！外人伺隙，不容自为攻战，不幸而召分割之祸，非公孰执其咎？苟翻然变计，恭行天罚，举戈一挥，中国遂定……名声著北，区夏余威，震于殊俗。百世之下，与华盛顿争烈，亦惟公之自择之。得失之数，不蓍可决。曾谓公当代人杰，而虑不及此，祸福之枢，功罪之的，在公一身”①。汤寿潜希望袁世凯能抓住这千载时机，毅然反正。作为立宪派的汤寿潜，他希望能以和平、少流血的方式迅速过渡到共和，他出任浙江都督有一个重要原因就是他能安抚旗营，减少革命的阻力，减少流血冲突。此时，他认识到握有重兵的袁世凯如果能反正，速定共和，不失为一件以小成本换取大胜利的好事。

但汤寿潜对袁世凯的本性有着清醒的认识，知其为翻云覆雨之辈，知道他本无立宪和共和的政治理念，而实际上只有攫取国家政权的政治野心。11 月 27 日，冯国璋率领北洋军攻克汉阳，本欲乘胜攻击武昌，袁世凯电令冯国璋酌情行事，不可执意进攻武昌，批评其缺乏政治眼光，其意一方面利用掌控的清军给革命军造成巨大压力，另一方面利用革命军力量要挟清政府。在湖北军政府与袁世凯议和之始，汤寿潜就忧心忡忡，极力反对。他在给香港林景高的信中说：“议和不可恃，东南仍修战备。项城舍三千载一时之伟人不为，不学无术，大可惜也。”②12 月 2 日，南京攻克后，汤寿潜、陈其美、程德全等相商，提出此时军队士气大振，应当长驱幽燕，一举攻克北京。12 月 9 日，袁世凯的议和代表唐绍仪离京南下。就在这天，浙江省临时议会召开第一次会议讨论北伐，会议一致认为“北伐一层，万不可缓，满奴一日未除，汉民一日不安，为今之计，有进无退”③。同日，汤寿潜在给浙军管带许耀的信中说：“伐燕之不可缓，下走视军界更为焦急。”④表达了他对北伐的坚决态度和急迫心情。还在同日，他致电程德全说：“北方愈有世变，北伐愈不可懈。”⑤提出以攻为守，警惕和防范北洋军倾巢而下。⑥ 12 月 10 日，他给浙江赴鄂代表陈时夏、汤尔和等人去信，要求他们在

① 《与袁内阁书》，《汤寿潜史料专辑》，第 710 页。

② 《致林景高》，《汤寿潜史料专辑》，第 688 页。

③ 《新浙江纪事》，《申报》，1911 年 12 月 17 日。

④ 《致许耀》，《汤寿潜史料专辑》，第 718 页。

⑤ 《致程德全》，《汤寿潜史料专辑》，第 712 页。

⑥ 《致程德全》，嵊州市档案馆、杭州师范大学民国浙江史研究中心编：《嵊州市档案馆藏：浙江都督汤寿潜函卷》，北京：国家图书馆出版社，2011 年，第 58 页。

武昌揭露袁世凯的阴险用心，“应申明大义，以彰天讨，为大义，不为满洲。弟手无寸铁，不然剑及履及矣”[①]。主张停止南北议和，放弃对袁世凯的幻想，“声明其为民贼，与之宣战”[②]。12 月 11 日，汤寿潜又去信提醒黎元洪南北议和不可信，“此次议和，必多要挟，不妨与之决裂，因合词以布其罪于海内外，而遂以联军讨之……一举而振大汉之天声，去中原之民贼”[③]。12 月 15 日，汤寿潜亲赴南京，慰问浙江将士，鼓励他们全力以赴，继续北进。他说：“燕京未复，正军人磨砺以须之时，我军人当珍重前途，努力前进……直捣黄龙。”[④]

12 月 18 日，南北和谈正式开始，汤寿潜感到非常遗憾，但他依然尽心尽力，不断致电南方议和代表伍廷芳和苏、沪、皖、鄂等地都督，提醒他们要警惕袁世凯玩弄和谈的骗术。12 月 24 日，他致信朱复安，对和谈深表担忧：“袁多狡计，唐非全权，前经电沪，谓不必与议，今其诈已褫白而尚迁就之，和之误国大矣哉！”[⑤]次日，汤寿潜又致信安徽都督孙毓筠，提醒他要注意袁世凯玩弄花招，提出了防范策略：“北军诱约，进占侵及辖境。以我不往，致彼先来，大抵袁悍愎多诈，以我援兵集鄂，必以分队牵制武昌，而以全力一指徐州，一冲皖北，而趋重于南京，是不可不有以备预之耳。”[⑥]12 月 26 日，他又致信旅日侨商领袖吴锦堂说：“方今南北媾和，尚无端倪。袁性多诈，易堕术中。扰我皖北，显违约章，浙惟预备北伐以待。”[⑦]12 月 31 日，汤寿潜又电告孙中山，主张革命军应当先发制人，分兵四路，进行北伐，并表示“民国初建，尤宜示威，以表实力，浙人枕戈已久，惟命是听”[⑧]。

这些信函足以表明汤寿潜对时局的关切和担忧，虽然他一度也认为如果袁世凯能赞成共和，将非常有利于革命，但他对袁世凯有着长期的观察，洞烛其奸，认为袁世凯是曹、莽似的枭雄，而非华盛顿似的开国英豪。所以汤寿潜反对议和，力主北伐，决意以革命战争推翻清朝的统治，反对同袁世凯媾和，否则将被袁世凯玩弄，最后葬送革命。这表现了汤寿潜与众不同的革命精神和民主精神，他虽然出自立宪派，但在某些方面来说，他比革命派更革命。正是因为汤寿潜有

---

① 《致黎元洪》，《汤寿潜史料专辑》，第 713 页。
② 《致公侠、季衡、旭初、尔和诸先生》，《汤寿潜史料专辑》，第 694 页。
③ 《致黎元洪》，《汤寿潜史料专辑》，第 713 页。
④ 《申报》，1911 年 12 月 19 日。
⑤ 《致朱复安》，《汤寿潜史料专辑》，第 704 页。
⑥ 《致孙毓筠》，《汤寿潜史料专辑》，第 692 页
⑦ 《致锦堂》，《汤寿潜史料专辑》，第 68 页。
⑧ 《浙江军府致孙大总统电》，《申报》，1912 年 1 月 8 日。

这样的认识，浙军会攻南京后，经过补充军械和人员，继续沿津浦路北伐，到2月中旬，打败张勋进驻徐州，这是革命军陆路北伐到达的最远之地。

1月15日，汤寿潜卸任浙江都督前夕，再次致电孙中山及临时政府各部长官等人，痛斥袁世凯背信弃义的罪状。如果说他在浙江都督任上还受到革命派的掣肘，他对袁世凯的批评就有受革命派制约之嫌，但此时他卸任在即，已经无所顾忌，所以他直言无隐的个性再次显现。他在给孙中山等人的电文中痛快淋漓地抨击袁世凯的政治野心和奸诈的权术，力陈与袁议和的严重危害。汤寿潜的电文指出："袁某有英雄资望而乐做奸雄，谲诈以为能，信义素非所尚；狡辩以为奇，人言所向不恤，中外共知之，无待赘述。既此次议和备战，其不信有十四，请历陈之：明授唐使全权，议件必须电商，名实先已不符，不信一；停战期间，攻娘子关，不信二；进占太原，不信三；河南大戮志士，不信四；捏登蒙、回、藏不认共和之报，不信五；暗令倪嗣冲陷颍、亳，不信六；张勋聚溃卒于徐州，一再接济饷械，不信七；滦军要求立宪，围攻诛杀，不信八；即鄂地授兵大集，请让武汉，不信九；一闻代表举总统，不审上有临时字样，即于限内炮击，不信十；遣使议和，清廷已明认民军之国家，默许共和为政体，其亲贵之明达者亦知国民实行优待，密请退位，袁必强待国民会之议决，在斗满汉为鹬蚌，彼将收渔人之利，不信十一；滥借滥抵，宁亡中国而必速其臆，竟忘其家族庐墓亦隶于中国，不信十二；国民地点已明言北京或天津及南京矣，袁自任接议，不敢南来，复强伍总长来京，不信十三；各款由全权唐使电商而后定，忽有取消之说，并径撤唐使，不信十四。迭次违约，仅予电诘推宕抵赖，本其惯技，直令国际战时神圣之公法听其蹂躏而不顾。"①

不可否认，袁世凯是一代枭雄，对政治局势的变化有着敏锐的洞察力，其政治权谋也高人一筹，曾经表现得非常革新，迷惑过不少立宪派乃至革命党人。汤寿潜起初也赞成如果袁世凯能逼清皇退位，拥护共和，不失为少流血而成民国的幸事。但在南北和谈的过程中，袁世凯处心积虑地施展各种厚黑学，玩弄清政府与革命力量于股掌之间，让汤寿潜更加清楚地认识到了袁世凯的政治野心，他翻云覆雨只是为了权势。民国也好，大清也好，无论是君主立宪政体，还是民主共和政体，袁世凯根本不懂其真谛，也无意去真正践行它们。这些都是他获取最高权力、实行专制统治的道具。这些罪状，句句属实，针针见血。汤寿潜奉劝孙中

① 观渡庐(伍廷芳)编：《共和关键录》，第二编，海棋盘街著易堂书局，1912年，第22—23页。

山等人，放弃对袁世凯的幻想，“迅与决一行战，庶不再受其愚”[①]。作为一个直言无隐、心地坦荡而淡泊名利的人，最难忍受阴险奸诈之人。汤寿潜即将卸任，其肺腑之言充满了对民国的关切，表现了他对袁世凯可能专制的担忧，而后来的事实证明，汤寿潜的话一语成谶，袁世凯的专制给民国的民主政治带来了巨大灾难。

袁世凯对汤寿潜又恨又怕，但他又十分赏识汤寿潜的才干，企图笼络汤寿潜。1912 年初，袁世凯致电赵凤昌和汤寿潜，希望二人担任政府顾问，汤寿潜婉拒之。1912 年 6 月，汤寿潜刚从南洋归国，便又收到袁世凯拍来的“求贤”电报，电文称：“远役归来，劳尘足念。民国成立，经纬万端，亟待谘取，实关大计兴躅，莫致良用翕然。尊论足以箴时砭俗，中流一柱，有裨世道，曷胜敬佩。”[②]汤寿潜本已无意宦途，更不愿意为虎作伥，对于袁世凯接二连三的邀请，汤寿潜坚辞曰：“竞利固属小人，贪名亦非佳士，若误啖殷浩之虚名，转致樊英之失据，浇竞将沿成风气，秽浊更不减胜朝。舆论向背乃属耳目，甚不愿共和前途或自某败坏。”[③]不卑不亢，风骨可见，袁世凯只好作罢。

1913 年 7 月，二次革命爆发。孙中山、黄兴、陈其美组织力量讨袁。汤寿潜眼见共和制度仅建立一年多，便兵戈又起，对政局充满了忧虑，“人之爱国，谁不如我，鹬蚌徒利于渔翁，虫沙易化为流寇，商市紧迫，即无兵事亦足招亡，此则潜所日夕大忧”[④]。他极力反对袁世凯的专制，表示要维护共和政体，但他既拒绝了黎元洪请他出山商筹国事的邀请，也不愿意和孙中山、黄兴、陈其美等人合作。章太炎在给友人的信中指出了汤寿潜这种矛盾的心态：“浙中如汤蛰仙辈，皆憎恶政府特甚，但不欲与黄、陈合谋耳。”[⑤]1915 年，袁世凯加快复辟帝制步伐，汤寿潜虽然赋闲在家，身体也不好，但他对于袁世凯的倒行逆施义愤填膺，公开表明反对帝制。同时，汤寿潜收到黄兴等人的来电，黄兴希望汤寿潜和张謇、赵凤昌、伍廷芳、唐绍仪、庄蕴宽等不甘附逆的老朋友一起维护自由共和政体，防止大局不可收拾。汤寿潜欣然同意，积极参与反袁的活动，直到袁世凯在一片骂声中身败名裂，悲惨死去。纵观汤寿潜反袁的历程以及坚定立场，虽曾对于袁世凯举行新政、赞成立宪表示赞赏，但一旦袁世凯耍阴谋、行专制，汤寿

---

① 观渡庐(伍廷芳)编：《共和关键录》，第二编，海棋盘街著易堂书局，1912 年，第 22—23 页。

② 《覆汤蛰仙》，陆纯编：《袁大总统书牍汇编》，台北：文海出版社，1966 年，第 273 页。

③ 《汤蛰仙复电》，陆纯编：《袁大总统书牍汇编》，台北：文海出版社，1966 年，第 273 页。

④ 《汤蛰仙复电》，《黎大总统书牍汇编》卷三，上海：上海广益书局，1914 年，第 35 页。

⑤ 章太炎：《与伯中》，马勇编：《章太炎书信集》，石家庄：河北人民出版社，2003 年，第 483 页。

潜便洞烛其奸，坚决反对，这反映了汤寿潜一贯反对专制、追求进步、不与奸臣乱主同流合污的民主精神和高贵品格。

五、殊途同归，皆为富强

历史的结局是各种合力的结果，历史偶然性背后必有其必然性。武昌起义爆发后，中国社会并没有发生大的战乱，而是在较短的时间内，君主专制被废除，国家得以统一，民主宪政得以尝试，这实得益于当时各派力量制衡下的合作与妥协。汤寿潜不是革命家，但他能顺应时势，从权应变，拥护共和，虽然貌似离奇，但又是一种可以解释的合理现象。

在清末新政时期汤寿潜醉心于君主立宪，辛亥革命时期走向共和，看似矛盾，但马克思主义唯物辩证法告诉我们，事物都是相互矛盾又相互关联的，君主立宪与民主共和作为一种制度，都是资本主义民主政治形式，在本质上是同一的。革命派与立宪派都取法于西方，都把中国救亡图存的出路寄托于实现资本主义。改革与革命本是异曲同工。革命与改良之于社会，就如燕雀之有双翼，舟车之有两轮。革命是“用暴力打碎陈旧的政治上层建筑，即打碎那些由于和新的生产关系发生矛盾而到一定的时机就要瓦解的上层建筑”①，变旧质为新质；改良则是以渐进的斗争形式推动旧事物向新事物转化。它们既是相互依存的，又是矛盾对立的，二者交叉地出现，或缓或急地促进社会的新陈代谢。在社会变革史中，有革命或者改革之分，人们选择革命或者改革的价值取向受各种因素影响，但其目的和方向并不能分野，有同向的目标，都是希望社会变得更美好。汤寿潜作为立宪派，出身于旧制度，虽然不满意清政府的专制与腐朽，但他不愿彻底放弃它，希望清政府能自我变革，自我实现资本主义的君主立宪政体，以渐进的变革实现国家的富国强兵梦想。就改革和革命目的来说，汤寿潜的追求和革命派的追求有异曲同工之妙，二者之间是一种互动关系。革命党举行的武装起义震慑了清政府的统治，加快了新政改革的步伐；清政府的新政改革造就了革命的条件，推动了革命时机的成熟。

作为一名和旧制度有着密切关系的知识分子，汤寿潜和他的同仁一样，都是心向立宪、反对革命的。他们恐惧革命对社会秩序造成的巨大破坏力，害怕革命给他们带来的经济损失。但当他发现改革的条件被清政府破坏殆尽、革命时机已成并成燎原之势时，也认识到如果再拒绝革命，便有被革命之火吞噬的可能，而

---

① 《列宁选集》第1卷，北京：人民出版社，1972年，第616页。

且他们发现革命也并非想象的那样可怕。传统文化的实用理性、现实的形势所迫乃至心中的政治诉求交织在一起，他们转向革命也就成了一种理所当然的历史自觉。辛亥鼎革时，与汤寿潜多有交往的伍廷芳也转向革命，他曾说过自己支持革命的心态。他说："我初亦以为中国应君主立宪，共和立宪尚未及时。惟今中国情形，与前大异，今日中国人之程度，可以为共和民主矣。人心如此，不独留学生为然，即如老师宿儒，素以顽固称者，亦众口一词，问其原因，则言可以立宪，即可以共和，所差者只选举大总统耳。今各省咨议局、北京资政院，皆已由民选，则选举大总统何难之有？"[①]革命派以救亡图存、振兴中华为旨趣，立宪派又何尝不以民族安危为念？民族的、时代的共同愿景和需求，让他们超越改良与革命的政治分野而走到一起。

汤寿潜转向共和的原因还在于他对清廷彻底失望。他曾经以极大的热情投身立宪活动，积极奔走，游说瞿鸿禨等朝廷重臣，更是与张謇、郑孝胥等东南名流创办立宪学会，出版书籍，启迪民智。但清廷的种种拖延欺诈行为，让他渐渐失望。但他还没有完全放弃，仍以较高的热情参与其中，时常来往于沪、杭、宁等地，力促宪政的实现。但结果是1911年"皇族内阁"的出台，他与张謇等人苦苦规谏载沣，但毫无改变。哀莫大于心死。保路运动中清政府的无视舆情、与民争利、出卖国权等倒行逆施行为让汤寿潜义愤填膺，愤然弹劾盛宣怀，指陈朝廷的荒谬，而朝廷也恼羞成怒，革掉汤寿潜浙江铁路公司总经理的职务。汤寿潜彻底失去了对清廷的信任，清廷已"无可期望"。他出任浙江都督后，在对友人的信中曾提及他对清廷的失望之情，"前年冬(引者注：指1909年冬汤寿潜进京面陈摄政王载沣一事)挚诚北行，流涕万言，冀中央能自改革，事半功倍，以免栋折侨压。腊底开缺，又陈现状，为最后之忠告，曾不为动。生平与盛无嫌，去秋电劾，亦以借款造路，盛非其人，必铸大错。虑之深，故言之切，始终不悟，而人心从此去矣"[②]。在对沈其昌的信中也说："痛哭陈书，以冀一悟，而彼昏不知，亵如充耳。"[③]武昌起义后，"曾不期月，势成土崩。妄庸误国，祸贻孺子，亦可悯也"[④]。汤寿潜的立宪派盟友如沈鳗云、李平书等都纷纷转入革命阵营。革命

① 伍廷芳：《南北代表会议问答速记录》，《伍廷芳集》上册，北京：中华书局，1993年，第391页。

② 《汤寿潜残信》，《汤寿潜史料专辑》，第693页。

③ 《致沈怀仲》，嵊州市档案馆、杭州师范大学民国浙江史研究中心编：《嵊州市档案馆藏：浙江都督汤寿潜函卷》，北京：国家图书馆出版社，2011年，第124页。

④ 《致沈怀仲》，嵊州市档案馆、杭州师范大学民国浙江史研究中心编：《嵊州市档案馆藏：浙江都督汤寿潜函卷》，北京：国家图书馆出版社，2011年，第124页。

本身则彻底击碎了汤寿潜的立宪之梦，形势的无情促使他必须做出新的政治选择。

谈到汤寿潜对于革命的态度以及心向共和的思想趋向，还可以从同他极为熟悉的郑孝胥等人对他的批评看出来。郑孝胥、张謇、汤寿潜是晚清立宪运动中的三驾马车，1906年预备立宪运动会成立时，郑任会长，张、汤任副会长，都是名重一时的立宪中坚人物。1910年，某人曾出对曰“张汤郑当时”[①]，言张謇、汤寿潜、郑孝胥，乃当时负时望者，郑孝胥对此很是得意，把它记在日记里。1911年，武昌起义爆发时，郑孝胥时任湖南布政使，对革命充满了敌意，积极为朝廷出谋划策，想法来扑灭革命。[②] 当民国成立后，郑孝胥便以遗老自居，视民国为敌国。他对于汤寿潜、张謇等人赞成共和、拥护革命极为不满，斥以“干名犯义”，痛斥他们是“反复小人”。在他看来，张謇是晚清状元，汤寿潜中过进士，并且曾经授官两淮盐运使等职，理应忠于清王朝。但是，“杭州叛，以汤寿潜为都督”，故郑孝胥愤愤然说：“武汉乱后，国人多以排满为心理，士君子从而和之，不识廉耻为何物，于黎元洪何责焉；宜作书一正张謇、汤寿潜之罪，他不足道也。”[③]他认为现在国人还没有谈共和的资格，两方意见的分歧使他们之间的交谊发生了裂痕，从此张謇、汤寿潜与郑孝胥等人交往甚少，最后分道扬镳。此外，陈三立、缪荃孙等挚友也因张、汤等人赞成共和与他们的交往渐疏。虽然汤寿潜走向共和不像革命党人那样积极主动，但他面临时局的变化，毅然支持革命，这和郑孝胥等人相比，其革命性和进步性不言而喻。1911年12月，严复曾对时局有这样的言论：“今日政府未必如桀，革党未必如汤。”[④]严复此论虽然认为清政府还没有暴虐到非推翻不可的地步，对于清政府的覆灭有惋惜之叹，对汤寿潜赞成共和也有讥讽之意，但从另一方面讲，对宪政有着深厚素养的严复都如此看待汤寿潜，难道不更反映出汤寿潜对于共和宪政的态度吗？

历史的发展与人生一样，和预期的并不一样。汤寿潜在浙江都督任上只做了短短的两个多月便离职了。汤寿潜与革命党人的疏离，在于二者本身就是代表资

---

① 《郑孝胥日记》，北京：中华书局，1993年，第1265页。

② 汤寿潜与郑孝胥在武昌起义之前就因铁路是商办还是国办产生了分歧，同盟会会员范鸿仙说：“汤蛰老文豪也，郑苏勘诗豪也，其为名士也，同其办铁道也亦同，乃汤则主张商办，郑则主张国有；汤则攻击盛宣怀，郑则附和盛宣怀。噫！一薰一莸，于此判矣！杜老云：‘在山泉水清，出山泉水浊。’吾不禁为郑氏羞，又不禁为汤氏赞也。”（《民立报》，1911年9月7日。）

③ 《郑孝胥日记》，北京：中华书局，1993年，第1361页。

④ 《郑孝胥日记》，北京：中华书局，1993年，第1373页。

产阶级中的不同派别，有着不同的政治理念。在革命初起时，成败尚未可知，革命党人为了稳定局势，需借重立宪派，而立宪派也愿意为政局的稳定出力，所以能求同存异，暂时合作。一旦政局稳定，革命党人对立宪派的猜忌心理加重，于是暗中排斥立宪派，这种先利用后排斥的过程很伤汤寿潜的心。王金发是浙江辛亥革命的重要人物，曾被孙中山称为“东南英杰”，在杭州光复中起了很大作用。但他极力反对汤寿潜出任浙江都督，提出“秋瑾被害，喧传汤寿潜曾赞一词，不应举为都督”①。此论皆是莫须有的传言，王金发的反对并没有得到其他革命党人的支持。王金发反对汤寿潜实际上在于他认为汤是立宪党人，掌权后会破坏革命，他曾质问陈其美：“汤寿潜是反对我们革命的，为何要推他出来做都督？”②汤寿潜做了都督以后，王金发“强向都督府索兵索饷，欲自取衢州，朝夕催迫，合署不宁，且云‘予等拼生命、炸军库，而汤某坐火车来，为现成都督，奈何坐视不管？’汤公闻之，大有辞职之意”③。王金发蛮横无理的取闹让汤寿潜大感头痛，萌生去职的想法。

不仅王金发屡屡对汤寿潜发难，即使推举汤寿潜为都督的褚辅成、周承菼等人也挟兵自重，不愿接受汤寿潜的领导。汤寿潜名义上为最高长官，但有名无实，不能很好地行使权力。他本来任用陈黻宸为民政司长，但革命党人指责陈黻宸“乡望不孚且系反对独立者”，把他改选掉。④ 后提出让沈钧儒、吴雷川等人出任，皆不成。他任命张鸿为财政司长也遭到革命党人的反对。最后军政、政事、财政等大权都掌握在革命党人手中，都督有名无实。当时都督府秘书长马叙伦回忆道：“汤老固然正式做了都督，但是没有实权。”⑤汤寿潜只得采取放任态度，时常有隐退之心。1911 年 11 月 11 日，他在给张元济的信中就说：“军政属之司令部，民政属之民政府，一省之内，颇似两头政体，公亦可鉴其进行濡滞之故矣……一俟人心稍定，苟有引避之机，奉身即退，走海上，从公作逍遥游，幸矣。”⑥辛亥革命时，革命党人有着满腔的热血，希望推翻清政府缔造一个民主的

---

① 褚辅成：《浙江辛亥革命纪实》，《辛亥革命》第 7 册，上海：上海人民出版社 1957 年，第 156 页。

② 裘孟涵：《王金发其人其事》，《浙江辛亥革命回忆录》，杭州：浙江人民出版社，1981 年，第 54 页。

③ 陈燮枢：《辛亥绍兴光复见闻纪略》，《浙江辛亥革命回忆录》，杭州：浙江人民出版社，1981 年，第 232 页。

④ 《浙江光复记》，《申报》，1911 年 11 月 8 日。

⑤ 马叙伦：《我在辛亥这一年》，《辛亥革命回忆录》第 1 集，北京：文史资料出版社，1961 年，第 175 页。

⑥ 《汤寿潜致张菊生函》，《汤寿潜史料专辑》，第 698 页。

国家，走向富强。但是辛亥革命的花朵并没有结出理想中的民主、富强之果，这不仅仅是因为汤寿潜等立宪派进入革命阵营，革命党人的政治操守、执政能力也有很多值得反思之处。

第五章

对汤寿潜宪政思想及实践的历史透视

任何一个时代都有自己特有的思想文化，它反映了时代的变化和发展趋势。近代中国是一个真正的“过渡时代”(梁启超语)，以大炮和资本主义工业为后盾的西潮汹涌东来，引发了古老中国数千年未有的大变局。中国的经济、政治、社会、文化等都发生着从旧到新的变化。当然，由于每一个国家和地区都有不同的社会条件和历史发展趋势，传统文化到近代的变迁也必然是新旧杂糅、良莠混杂的。思想文化的主体是具体生活在一定社会关系当中的人(既包括个体意义上的人，也包括群体意义上的人)，他们需要也必然会铸造一种能够反映那个时代主题和要求的思想文化，但由于其所处的历史时代的局限以及个人的惯性思维、个性，他们的文化思想也是有局限性的。汤寿潜是一个思想家，他对时代有着敏锐的嗅觉，有着强烈的危机意识和社会担当意识，提出了一些符合时代发展的思想观点，但他又不是一个书斋思想家，即使他的思想并未形成完整的体系，他也愿意去践行。他淡泊名利，又有着功成身退的传统儒士的作风。汤寿潜是一个绅商，他的宪政思想和宪政追求体现了一个过渡群体在过渡时代所特有的情怀，而他所处的时代以及他身份所归属的绅商特点也决定了宪政在中国的步履维艰。

第一节　汤寿潜与近代绅商阶层

19 世纪末 20 世纪初，中国传统的“四民”阶层结构已初步解体。绅商、新知识分子群体、学生、无产者以及新式军人等社会群体纷纷出现，逐渐从社会的边缘走向中心。特别是绅商，伴随着社会地位的上升表现出了“思出其位”的强烈政治参与意识，对中国近代社会的变迁产生了深远影响。

一、绅商的兴起与思想指向

马敏先生认为：绅商是指从官僚、士绅和旧式商人向资产阶级转化的一部分人。“他们既不再是传统意义上的绅士，也不是近代工商资本家，而是介于二者之间，具有相对统一、明确的经济和政治特征：既从事工商实业活动，又同时享有传统功名和职衔，可以视作新旧时代之间的一种过渡性社会阶层。”[①]简而言之，绅商就是指在近代中国具有绅士身份的商人。在中国步入近代社会以前，中国社会结构长期是“士农工商”的架构，士子处在四民之首，商人阶层处在末端。封建统治者长期奉行“重本抑末”政策，儒家文化也大讲“贵义贱利”，整个社会推

① 马敏：《官商之间：社会巨变中的近代绅商》，武汉：华中师范大学出版社，2003 年，第 91 页。

崇“重儒贱商”的风气。鸦片战争以后，资本主义的侵略加速了中国自然经济的解体，也给中国资本主义的产生和发展带来契机。从同治(1862 年至 1875 年)年间起，中国资本主义经济产生并逐步发展起来，尽管它只不过是小农生产方式汪洋大海中的点点绿洲，但却是新的社会经济。“重商”“商战”“以商立国”的重商思潮也成为近代中国的救国呐喊。在社会环境改变和民族危机的刺激下，一批具有功名的绅士开始从事工商业。同时，一些商人通过成功经商也能获得功名。士人、商人之间的流动促成了“绅商”阶层的兴起。特别是 1905 年清政府废除科举制度后，彻底切断了士子们的得第求官之心，不少人不得不另谋出路，重新确定自己的社会角色，其中有一部分人成功地进入商场，孜孜牟利，蜕变为亦绅亦商的绅商，绅、商合流的趋势的空前增强，深刻影响了清末民初社会的发展。据马敏先生研究，到 1912 年左右，全国绅商人数估算为 5 万人，人数只占相当于绅士阶层总人数的 3.3%，约占全国人口的 0.01%。[①] 人数虽然极少，但绅商是近代中国一个新兴阶层，上通官府，下达工商，而且他们大多集中在经济比较发达的城镇，在日常生活方式、价值观方面都引领风尚，在把持地方事务、影响地方政治方面，可谓集权、钱、势于一身，具有不可低估的社会活动能量，能引领社会的发展趋势。

绅商是中国近代社会的新兴阶层，虽然还不是完全意义上的资产阶级，但其发展的趋势指向资产阶级是毫无疑问的。严峻的社会现实和对新兴阶层身份的认同激发了绅商强烈的参政意识。在传统社会下，绅士就是以以天下为己任的政治理想为基本价值取向的。虽然商人在四民社会中处于末位，参政意识淡薄，但在晚清民初，随着绅商合流以及重商主义的兴起，绅商的参政意识已经勃发。他们意识到时代赋予他们的历史使命，对外御侮救亡，对内改良政治，以实现资产阶级的民主政治为最高政治理想。

近代绅商参政意识的勃发是他们追求与自身经济地位相当的政治诉求。经济基础决定上层建筑，存在决定意识。绅商经济力量的增强和社会地位的提高必然让他们谋求相当的政治地位，并为近代工商业的发展创造有利的社会环境。清政府虽然也不停地变革，但封建专制的本质并没有根本扭转，经济利益必然使绅商阶层逐渐突破传统“在商言商”的束缚，去积极表达自己的政治见解和要求，他们试图突破封建专制的束缚，建构资本主义的政体和国体。

---

① 马敏：《官商之间：社会巨变中的近代绅商》，武汉：华中师范大学出版社，2003 年，第 104—105 页。

民族危机的加剧则是绅商参政意识勃发的催化剂。美国历史学家芮玛莉(Mary C. Wright)曾将20世纪初年中国社会所出现的一系列新事物，归结于民族主义的勃兴，认为民族主义乃是中国近代革命运动最强大的推动力。[①] 19世纪末20世纪初，在弥漫于商人心际的前所未有的各种危机感中，强烈的民族危机感最为突出，其根源是帝国主义列强对中国进行疯狂的蚕食鲸吞和瓜分豆剖。此时，资本输入成为帝国主义侵略中国的重要手段，一条条铁路，一座座矿山被列强攫取，沿海、沿江、内河的航运权，也为外国轮船公司所垄断。农村的凋敝、城镇生活的艰难，都和帝国主义的侵略脱不了干系。中国利权的外溢、社会情势的危急引起商人的深切忧虑，他们惊呼："我中国庞然一大物，精华所集，物产之富，甲于天下，是彼碧眼虬髯辈所闻之而生羡者，故倡议开放门户，代理财政，欲以向之待印度、波兰者待我。"[②]存亡绝续的民族危机激发了绅商的爱国情感，促使他们将眼光从自己的身家移注于整个国家和民族。他们呼吁："今则一息尚存，苟能群策群力，收回已失之利权，发挥我无尽之蕴藏，与彼角逐于经济竞争之世界，争存于惨淡猛然之剧场。至二十世纪之中叶，我支那民族握全球商业上之惟一之霸权未可知也。故今日者，我支那民族死生绝续之关键。今日之商家，实操我支那民族存亡起废之权者也。"[③]表现出了强烈的参政意识和社会责任感。

在20世纪初年，作为一支举足轻重的社会力量，绅商的身影已经无处不在，开展新式教育、修建道路、桥梁、兴修水利、义赈慈善、保甲、缉拿贼盗、消防、卫生等地方事务，很多绅商都参与其中，特别是随着清末新政的展开，清政府开展地方自治事务，绅商更是以极大的热情参加，很多新兴城镇地方自治事务都被绅商把持，不仅如此，绅商举行的各种事务还启迪了人民的参与意识，而且也提供了参与的渠道，社会参与进一步扩大，不少较为发达的地方已经逐渐显现了由传统的"封闭型"社会体系向近代的"开放型"社会体系过渡的现象。

除了积极参与地方自治事务外，绅商在晚清的重大政治事件中，也表现出强烈的民族意识和民主意识，积极干政，并起到举足轻重的作用。这一时期，绅商参加的重大事件首先是抵制美货运动。1905年5月，上海绅商为了抗议美国排

---

① 转引自马敏：《官商之间：社会巨变中的近代绅商》，武汉：华中师范大学出版社，2003年，第314页。

② 《商业发达论》，《江苏》1903年6月，第3期。

③ 《商业发达论》，《江苏》1903年6月，第3期。

华风潮，首倡全国实行抵制美货活动，各地绅商积极响应，形成了一个全国性的抗议美国的运动。上海商务总会总理曾铸和张謇、汤寿潜、李平书等著名绅商是上海地区抵制美货的重要领导者，甚至引领全国的风潮。虽然在美国政府和清政府软硬兼施的威逼下，抵制美货运动经历 4 个月便收场了，但在运动中，绅商的民族意识空前高涨，参政意识进一步勃发，领导能力、组织程度也进一步提高。更重要的是，绅商的国民意识、民族意识、自立精神也得到提升，在某种意义上而言这也是一场民主运动，对于激发国民的民主意识起到了深远影响。

在收回利权运动中，绅商也是运动的中坚力量。辛亥革命前的收回利权运动是一场社会各界广泛动员和参与的爱国运动，运动所涉及的省份之多、参加人数之众以及影响之深远都是空前的。由于帝国主义大肆掠夺中国矿山开采、铁路修建等利权，加剧了中国的民族危机，而且直接侵犯了资产阶级化绅商的切身经济利益，因此，绅商逐渐成为各地收回利权运动的组织者和领导者。比如当时的报刊对收回粤汉铁路中的绅商在运动中的首倡作用有过形象的描述："湘粤士绅，振臂一呼，群起反对，激论血争，百折不挠，终使虎口之物失而复返，恢复东南半壁江山于无形。"①在江浙保路运动中，汤寿潜、张謇、王同愈、刘锦藻等绅商更是领袖群伦，海内外为之侧目。四川保路运动是辛亥革命的导火线，领导者蒲殿俊、罗纶虽然并不赞成革命，但他们毫不妥协的斗争却促进了革命时机的到来。在收回利权运动中，绅商阶层表现出了明显的民主意识和强烈的民族情感，坚信路权、矿权即国权的信条，充分动员群众，外拒西方列强的经济侵略、外交敲诈，对内抨击权贵和官僚的专横和腐败，他们已经初步把反帝爱国同反封建专制统治、争取政治权利结合起来。虽然他们还没有主动否定清王朝和封建专制，但运动的结局加剧了绅商同清王朝的矛盾，到辛亥革命爆发时，其中很多人站到了革命的阵营一边。

面对严重的内忧外患，1906 年清政府又抛出了仿行预备立宪，对此，绅商阶层极力赞成并热情参与其中，成为立宪运动的最强大动力。张謇、汤寿潜、郑孝胥等人更是立宪运动的积极倡导者和领导者。绅商阶层虽然对宪政认识肤浅，他们的宪政理论也并不系统，但他们大都经营商业，注重实用，很容易跟随社会的变迁而改变政治上的信仰。他们钟情宪政，希望中国能随世界大势，与时俱进，建立一个资产阶级性质的国家，促进资本主义的发展，并获得民族的独立与

---

① 大悲：《呜呼腾越铁路之命运》，庄兴成、吴强、李昆：《滇越铁路史料汇编》，昆明：云南人民出版社，2014 年，第 219 页。

复兴。当然，绅商脱胎于旧的社会母体，他们主张的是体制内的变革，在政治上希望走稳健、改良的道路，建立君主立宪政体。在立宪运动中，绅商建立各种宪政研究会，出版宪政书籍、报刊，游说开明官员，参与地方的自治事务，在著名的国会请愿运动中，绅商们更是扮演着主要角色，并把立宪运动推向了高潮。然而清政府预备立宪的目的是摆脱内外交困的境况，缓解国内各种矛盾，改变落后挨打的被动局面，是借立宪之名，抵制民主革命。虽然具体的立宪内容不乏现代性，但政治目标是消极的，其进程也是被动而滞缓的，实际后果更是背离清政府立宪的初衷，不仅激化了统治阶级内部的满汉矛盾，也让绅商大为不满，他们认识到了清政府的狡虚、专横、腐朽，怀疑清政府立宪的诚意，随后弃之而去。

现实是残酷的。绅商阶层不论在收回利权运动中，还是在预备立宪运动中，都怀着杜鹃啼血般的爱国情感，真诚希望最高统治集团能从国家和民族的大义出发，振作精神、革新体制、真诚改革，使中国走向现代化国家的行列。作为从传统社会向近代社会过渡的“承载物”和“中转站”，绅商们坚持体制内变革，采取渐进改革之路。他们不断请愿、游说、上奏，希冀统治者终能醒悟，然而，政府“直以热心爱国之绅民与革党、会匪齐观而等视矣”。国会请愿运动的失败和皇族内阁的出现如铁一样的事实教育了绅商和一切期望改革的善良的人们，打破了他们的立宪幻梦，把他们“逼向”了革命。

按照亨廷顿的解释：身份认同的意思是一个人或一个群体的自我认识，它是自我意识的产物，是个性和特性(自我)的形象，行为者特有并通过与他人的交往而形成的这一印象，有时还改变这一印象。[①] 由于西方势力的侵入，近代中国社会发生着巨大的动荡和从传统到近代的变迁，在这一过程中，不论是思想还是社会，呈正统衰落、边缘上升的大趋势。由于中国取法于西方资本主义元素来挽救危亡，四民社会中处于末位的商人的地位得到极大提升，绅、商合流，亦绅亦商，成为一个新的社会阶层。作为社会的精英，身份的认同使他们产生大体一致的政治旨趣，并形成一种合群合力的认同，自觉地承担起了“一个社会内诱发、引导与塑造表达的倾向”[②]，有着强烈的参政意识和社会担当。汤寿潜不论是在抵制美货运动中，还是在收回利权运动中，抑或在立宪运动中，都是骨干和领导者，名震东南。他所在的绅商阶层所抱有的宪政情怀极其强烈，甚至于近乎痴迷

① 亨廷顿：《我们是谁——美国国家特性面临的挑战》，程克雄译，北京：新华出版社，2005年版，第20页。

② 崔卫平：《知识分子二十讲》，天津：天津人民出版社，第178页。

的程度，他们对宪政满腔热情、执着追求和积极参与。理解绅商阶层的宪政情怀是理解晚清中国社会宪政发展的一个关键点，也是理解汤寿潜宪政思想的一面镜子。

二、汤寿潜与绅商同仁

根据马敏先生的研究，按照接受教育的程度与儒学文化关系的深浅来划分，绅商可以分为士人型(士商)和普通型(民商)两大类，前者深受儒学的影响，经商并非单单为了逐利，而是言商仍向儒，他们人数虽然不多，但以其知识和涵养而构成绅商的中坚力量，大多是各地绅商的领袖人物。

汤寿潜无疑是绅商中的佼佼者。他早年苦读儒家经典，刚日读经，柔日读史，并留心西学，成为名噪一时的早期维新思想家。1892 年汤寿潜中进士，殿试后入翰林院学习。散馆后，1894 年授知安徽青阳县。学而优则仕，汤寿潜此时的人生之路和其他读书人并无太多的差别。但是，愤恨于西方列强的侵略和清政府的腐朽，汤寿潜仅三个月就辞官归里，交结维新人士。汤寿潜是实业救国主张的积极倡导者，并身体力行。1901 年，他受张謇联络，同李审之、郑孝胥、罗振玉等人在南通创办通海垦牧公司，张謇任总理，汤寿潜入股。1905 年，汤寿潜、张謇和安徽候补道许鼎霖向商部申说创办“上海大达轮步股份有限公司”。汤、张、许任股东，公举刘锦藻为总办。同年 3、4 月间，汤寿潜与张元济、夏曾佑等发动旅沪浙江同乡，倡议集股自办全浙铁路，以抵制英国侵夺苏杭甬铁路修筑权。同年 7 月，全浙铁路公司成立，汤寿潜为总理，刘锦藻为副理。1907 年，为了解决浙路公司巨额股款的存取问题，汤寿潜等人又建立浙江兴业银行，取“振兴实业”之意，此为浙江第一家商办银行，也是中国较早的商业银行之一。1908 年，汤寿潜与陈三立曾共同发起组织中国商办铁路公司的倡议，但由于人事阻碍，未成。1910 年，汤寿潜在上海创办《天铎报》，自认董事长，报道内容侧重商情。可以明确地说，汤寿潜是一个士人型的绅商。但汤寿潜经商并非唯利是图，他这是投入实业救国的实践中，将书生治国平天下的抱负落到实处，走的是言商仍向儒的路径。

绅商在官与商之间起着中介的作用，为了更好沟通，他们热衷交游，以乡邻、师友、亲谊、同年、属僚等各种关系交际来往，这其中既有现实利益所驱，也有思想相同、情趣相近之交。汤寿潜自述“平生恒以自苦为极，虽为人不多，自为实少”[①]。可见，汤寿潜交友十分甚重，他的友朋中的一些人不仅影响了他，甚至在一个时期里左右着他的思想和活动。对汤寿潜的社会交往、人际关联和思想交汇进行考察，既可以深入探究他宪政的思想特色，也可以深入了解以他为代表的士绅阶层的思想动向。比如张謇就是汤寿潜最重要的志同道合的朋友。1889年，张謇与汤寿潜结识。这一年，张謇36岁，汤寿潜33岁。此后，二人相知日深，荣辱与共，名震东南。在汤寿潜病逝后，张謇曾说：“予获交汤君，垂三十年，粗能详其志事。方是时，朝野讻讻，争欲致力革新之业，予君亦各树议立事，国人并称之张汤。”[②]张謇不仅在商业上和汤寿潜有关联，思想倾向、政治旨趣也有着共同点。二人联手在晚清做了很多匡时救世的大事，比如在东南互保、抵制美货运动、收回利权运动、立宪运动、辛亥革命中都有二人联手的身影。著名历史学家章开沅先生有一篇文章《张汤交谊和辛亥革命》，对二人的交往以及在近代中国重大事变中携手前行做了深入的考察和论述，给人深刻的启迪。[③]

同汤寿潜交往最多、思想多相通的是江南的士绅阶层。他们痛感于近代中国的民族危机，大都有拯时救世的抱负，力主变法，革除旧政，以君主立宪为政治改革的目标。他们同官府关系密切，是地方督抚的座上客，并为之出谋划策，但也有同权力一定程度疏离的表现，以中坚力量的姿态活跃于社会。在近代中国，他们的思想和行为都特别值得关注，很多人都在近代中国社会的变迁中留下了浓重的历史身影。与汤寿潜交往较为密切的士绅如表4所示。

表4　汤寿潜与江南士绅关系一览表

姓名	生卒年	籍贯	功名出身	主要活动经历	与汤的关系
张　謇	1853—1926	江苏海门人	1894年状元	长期从事实业，主张实业救国，1909年任江苏谘议局议长，1910年发起国会请愿运动，1912年出任南京临时政府实业总长。	1889年与汤寿潜相识，达30余年，世人并称张、汤。二人在东南互保、预备立宪、江浙保路运动、辛亥革命中同前进、共荣辱。

① 张謇：《汤蛰先先生家传》，《汤寿潜史料专辑》，第127页。

② 张謇：《汤蛰先先生家作》，《汤寿潜史料专辑》，第125页。

③ 章开沅：《张汤交谊和辛亥革命》，《历史研究》，2002年第1期。

续表

姓名	生卒年	籍贯	功名出身	主要活动经历	与汤的关系
郑孝胥	1860—1938	福建闽侯人	1882年举人	1906年，被推为预备立宪公会会长，参与晚清立宪。1932年出任伪满洲国国务总理。	在立宪运动中，张、汤、郑号称三驾马车。但在辛亥革命后，郑以遗老自居，与张、汤疏离。
刘锦藻	1862—1934	浙江湖州人	1894年进士	浙江南浔富商。1905年出任浙江铁路公司副总理；1907年与汤寿潜等创办浙江兴业银行。	1896年经张謇介绍结识。汤的挚友，二人不仅在商业上多有合作，且在教育、学术上也极为投趣。1899年汤受刘邀请出任浔溪书院山长，并在刘的引荐下，结识了南浔庞莱臣、周湘龄、蒋汝藻、张钧衡等绅商，这些人大都成为浙路和兴业银行的股东。
沈曾植	1850—1922	浙江嘉兴人	1880年进士	以“硕学通儒”显名于世。曾赞助康有为创立强学会，1901年任上海南洋公学监督。晚清参与立宪。	在东南互保中，相交甚深，在立宪运动中也多有来往。但因汤赞成共和，二人分道扬镳。
汪康年	1860—1911	浙江钱塘人	1892年进士	甲午战后，在沪入强学会，办《时务报》，后改办《昌言报》，自任主编。	与汤同年。在维新运动时，汤与汪交往密切。但在浙路事件中，由于汤不遗余力地抨击汪康年的堂兄汪大燮，二人关系因此疏离。

续表

姓名	生卒年	籍贯	功名出身	主要活动经历	与汤的关系
张元济	1867—1959	浙江海盐人	1892 年进士	曾参与戊戌变法。1901 年投资商务印书馆，并主持该馆编译工作。1905 年参与江浙保路运动。	与汤同年，在戊戌变法期间，二人交往渐密。立宪运动中，张是预备立宪公会的骨干分子。保路运动中，张更是积极参与，支持汤。辛亥革命时，张也参与浙江军政府的工作。
蒯光典	1857—1910	安徽合肥人	1883 年进士	1898 年创办江宁高等学堂。1908 年赴欧洲任留学生监督。参与晚清立宪。	曾参与东南互保、立宪运动，和张、汤多有往来，并和张、汤、赵凤昌等人为张之洞、魏光焘起草立宪奏稿。
缪荃孙	1844—1919	江苏江阴人	1876 年进士	主要从事教育与学术工作，为从事中国近代图书馆事业的鼻祖。参与预备立宪。	在预备立宪中，缪荃孙与张謇、汤寿潜多有往来。
孟昭常	1871—1918	江苏武进人	留学日本法政大学	1905 年与郑孝胥等在上海筹组预备立宪公会，曾任副会长。1909 年，当选江苏谘议局议员，资政院议员。	预备立宪公会的骨干分子，江浙保路运动的中坚，江苏立宪运动的领导人之一。
王同愈	1856—1941	江苏元和人	1889 年进士	预备立宪公会会员，1906 年任江苏教育总会副会长。参与江浙保路运动。	保路运动中江苏的骨干分子，与汤多次合作。

续表

姓名	生卒年	籍贯	功名出身	主要活动经历	与汤的关系
赵凤昌	1856—1938	江苏武进人		曾做过张之洞的多年幕僚，1900年参与东南互保。辛亥革命调和南北，有“民国助产婆”之称。	惜阴堂主人。参与策划东南互保。武昌起义后，张、汤等人多次聚集惜阴堂，畅论时局。
何嗣焜	1843—1901	江苏武进人		1896年与盛宣怀创办南洋公学，任第一任总理(即校长)。	参与东南互保时突然病逝。
沈瑜庆	1858—1918	福建侯官人	1885年举人	曾任淮阳兵备道、顺天府尹、江西布政使、护理江西巡抚等职。	沈葆桢之子，林旭的岳丈。参与东南互保。
陈三立	1859—1937	江西义宁人	1886年进士	1895年入强学会，戊戌时助其父陈宝箴在湖南推行新政。1905年参与创办江西铁路公司。	参与东南互保，辛亥后以遗老自居。
蒋汝藻	1877—1954	浙江湖州人	1903年举人	浙江铁路公司董事，浙江光复后任盐政局长。	南浔望族，系刘锦藻姻亲，其父蒋锡绅与张謇、汤寿潜都是挚友，汤氏多次提携蒋氏。
许鼎霖	1857—1915	江苏赣榆人	1882年举人	1906年参与筹办预备立宪公会，任会董。1909年筹办江苏省谘议局，任总会办。1910年任北京资政院议员。	曾与张謇、汤寿潜、刘锦藻一起创立大达轮步公司。预备立宪公会会董，保路运动的骨干分子。

续表

姓名	生卒年	籍贯	功名出身	主要活动经历	与汤的关系
李厚祐	1867—1935	浙江镇海人		1903年禀请设立杭州铁路公司，1906年任上海商务总会总理，参加预备立宪公会，任会董。	宁波富商，投资浙路1万元，与张謇、汤寿潜等人友善。
雷　奋	1871—1919	江苏松江人	日本早稻田大学毕业	预备立宪公会会董，江苏省谘议局议员，资政院民选议员。	立宪运动中骨干分子。
夏曾佑	1863—1924	浙江杭州人	1890年进士	1897在天津与严复等创办《国闻报》，宣传新学，鼓吹变法。1905年，随载泽出国考察宪政。	1905年，汤氏与张元济、夏曾佑等发动旅沪浙江同乡，倡议集股自办全浙铁路。夏也是预备立宪公会骨干。
周廷弼	1853—1923	江苏无锡人		参与抵制美货运动，1905年随载振出洋考察宪政。筹组上海商学会，任主持人。预备立宪公会会董。	在抵制美货运动中与汤友善。
王清穆	1860—1941	江苏崇明人	1890年进士	1903年任商部左丞。1906年任江苏铁路公司总理。预备立宪公会会董。	在江浙保路运动中为江苏铁路公司总理，与汤寿潜并肩抗争。
沈敦和	1866—1920	浙江四明人	英国剑桥大学留学，专攻政法	历任南洋大臣翻译官、金陵同文馆教习，1901年后任全国路矿局提调，兼开平煤矿、建平金矿总办。1903年转入商界，投资保险业、银行业，同时从事慈善。	在江浙保路运动中汤与之多有接触。

续表

姓名	生卒年	籍贯	功名出身	主要活动经历	与汤的关系
朱葆三	1848—1926	浙江定海人		上海工商界显赫人物。曾投资交通、电力、自来水、面粉、丝织等行业。任中国通商银行总董、宁波旅沪同乡会会长、上海商务总会协理等职。	和张謇、汤寿潜友善。辛亥革命时曾任沪军都督府的财政部部长。
周晋镳	1847—1927	浙江宁波人		早年曾在江西广昌县、南昌县担任知县等。1887 年，移居上海，弃仕从商，是宁波帮商人的代表人物之一。预备立宪公会的会董。	在预备立宪活动中和汤寿潜多有接触。
王舟瑶	1858—1925	浙江黄岩人	举人	曾主讲九峰精舍和清献诸书院，1902 年入京师大学堂，任教习。1904 年为广东师范学堂监督、擢道员。	与汤同为俞樾弟子，瞿鸿禨的弟子。王舟瑶在与瞿的信中称汤“情辞慷慨，血性过人”。
徐定超	1845—1917	浙江永嘉人	1883 年进士	1906 年授山东道监察御史，参与江浙保路运动。1909 年出任浙江两级师范学堂监督。辛亥革命时，任温州军政分府都督。	在保浙路运动中，汤、徐二人多有交往。辛亥时，汤氏派徐氏到温州主持军政分府。
朱福诜	1841—1919	浙江海盐人	1880 年进士	曾任翰林院侍读学士，河南、贵州学政等职。1902 年上书立宪，1906 年参与江浙保路运动，1910 年任预备立宪公会会长。	是浙江保路运动中的骨干分子，1907 年专折上奏开国会。

续表

姓名	生卒年	籍贯	功名出身	主要活动经历	与汤的关系
田时霖	1876—1925	浙江上虞人	实业家	参与江浙保路运动。	与汤意气相投，田氏家谱收录多件汤写的序言、寿序、家传、墓表、像赞等文。辛亥革命时曾助力汤氏。
沈钧儒	1875—1963	浙江嘉兴人	1904年进士，日本私立法政大学毕业	1908年任浙江谘议局筹办处总参议，1909年当选为浙江省谘议局副议长，参与国会请愿运动。	浙江立宪运动首领之一，在辛亥革命时与汤氏也多有交往。
程德全	1860—1930	重庆云阳人	廪贡生出身	1910年任江苏巡抚，参与预备立宪活动。1911年辛亥革命时，宣布江苏独立，任都督。	辛亥革命时，汤、程几乎是联手行动和发布主张。
马一浮	1883—1967	浙江会稽人	曾游学德国、西班牙、日本等国	1901年与马君武、谢无量合办《翻译世界》，传播西学。	汤寿潜的女婿，一代国学宗师。
马相伯	1840—1939	江苏丹阳人	神学博士	1870年加入耶稣会，从事宗教活动，1876年脱离耶稣会，从事外交和洋务活动。1903年，创办震旦学院。1905年，办复旦公学(今复旦大学)。	1897年曾与汤书信来往商讨农垦事宜。在立宪运动中也与汤有接触。
孙宝暄	1874—1924	浙江钱塘人		参与江浙保路运动。	《忘山庐日记》作者，思想开放。在江浙保路运动中与汤有接触。

续表

姓名	生卒年	籍贯	功名出身	主要活动经历	与汤的关系
章　梫	1861—1949	浙江三门人	1904 年进士	任京师大学堂译学馆提调、监督，国史馆协修、纂修，功臣馆总纂，邮传部、交通部传习所监督。	俞樾的得意弟子，与汤氏、王舟瑶交往密切，汤氏游说瞿立宪的信就是委托章氏传递的。
屠　寄	1856—1921	江苏武进人	1892 年进士	曾任浙江淳安知县、工部候补主事。1909 年被选为江苏谘议局议员。	与汤同年，1897 年汤曾与之在农学报往来商讨黑龙江屯垦事宜。
丘逢甲	1864—1912	台湾苗栗人	1889 年进士	1907 年，成立广东自治会。1908 年，任广东教育总会会长。1910 年任广东谘议局议长。	二人号都是蛰仙。汤称之为同年，不知何故。1890 年二人相识，1910 年在广东重逢，互相赠诗。
宋　恕	1862—1910	浙江平阳人		早期维新思想家，曾入李鸿章幕府。戊戌后任教杭州求是学堂。1905 年任山东学务处议员。	宋氏乃俞樾的得意门生。二人相识于 1895 年 12 月，相从甚密。宋氏对汤氏极为推崇。
陈　虬	1851—1904	浙江瑞安人	1889 年举人	早期维新思想家，参加维新运动，曾参加“保国会”，与蔡元培等筹立“保浙会”。	陈氏号陈蛰庐，与汤氏合称“浙东二蛰”。
庄蕴宽	1866—1932	江苏武进人	1891 年副贡	曾任浔江书院山长、平南知县等。1909 年底辞官，1910 年出任吴淞商船学校监督。	1910 年后居上海时，因与同乡赵凤昌时常往来，加入预备立宪公会。此后，便与赵凤昌、张謇、汤寿潜等人往来甚密。

续表

姓名	生卒年	籍贯	功名出身	主要活动经历	与汤的关系
李平书	1854—1927	江苏苏州人	龙门书院肄业	曾先后任广东陆丰、新宁、遂溪等县知县。后在上海投资保险业、面粉厂、水电厂等，为上海商界的头面人物。	1904年，汤寿潜主持上海龙门书院，李平书是该校肄业，并任该校校董，支持汤寿潜在书院的改革。李也是预备立宪公会会董。
张美翊	1856—1924	浙江鄞县人		曾任直隶知县，两度担任南洋公学提调兼总理，办学有方。	曾任上海宁波旅沪同乡会会长，在立宪问题上与张、汤多有商讨。
陈黻宸	1859—1917	浙江瑞安人	1903年进士	1900年任杭州养正书塾教习，1903年任京师大学堂师范科教习，1909年当选为浙江省谘议局正议长。	支持浙江保路运动。武昌起义爆发后和汤寿潜组织民团响应，汤氏督浙后，曾任民政部部长。
陈训正	1872—1943	浙江慈溪人	1903年举人	1910年入同盟会，同年选为浙江省咨议局议员。辛亥革命中，宁波光复后，推任宁波军政分府财政部部长。	1910年，汤寿潜出资在上海创办《天铎报》，聘任陈训正为社长。该报曾发表大量抨击清政府的文章。
严修	1860—1929	原籍浙江慈溪，生于天津	1883年进士	曾任贵州学政，学部左侍郎。1904年，与张伯苓创办敬业中学堂(南开学校前身)。	1904年严修东游日本时即在上海结识汤寿潜，1906年严修举荐汤寿潜为学部咨议官。
叶景葵	1874—1949	浙江仁和人	1903年进士	曾入赵尔巽幕，后从事实业，浙江兴业银行首批股东。	曾受汤寿潜委托在东北为浙路招股，代表浙江人民进京向清政府进行国会请愿。

从表4可以看出，同汤寿潜交游的群体从地缘上看主要是江浙地区，他们当

中的相当一部分人从事工商业活动或者有投资，这是一种业缘，他们大都有功名，是科举同年或者具有师承关系，这可以说是学缘，而绅商之间也有血缘和亲缘关系，这就构成了一个相对稳定的群体。我们知道，在传统的社会惯性中，人们不得不借助传统的地缘、业缘、亲缘、学缘关系来形成自身的群体组织，虽然在晚清，中国社会在缓慢地向近代变迁，但在历史的惯性、动荡的社会现实以及人的本性下，这种结缘更为显著。他们大都拥有相当的财富，又有传统的功名或者官衔，还通过"行会""商帮""同乡会"组织起来，并得到地方官府的保护和交结，成为地方政治、经济和文化生活中的重要力量。

我们知道，在中国的传统社会中，虽然君主君临天下实行大一统的统治，国家政权在法统上拥有治理地方社会的合法性，但由于疆域的广阔和统治力的低下，在实际中，国家权力基本延伸到县级建制，县以下的基层权力往往由士绅阶层把持，担负联通地方与国家的职能，形成既能维护国家权力，又拥有相当自治权的权力架构。晚清政府实行预备立宪，准许地方自治，使得这些绅商群体把持了相当多的地方实权。虽然他们不是书斋中的思想家，但由于受儒家思想教化非常深，具有强烈的国家、社会责任感和政治热情，他们痛恨于西方的侵略和中央政府的专制，希冀通过自己的政治参与，变革中国的封建制度。晚清东南绅商群体中，张謇和汤寿潜以及郑孝胥都是公认的领袖人物，[①] 他们希望通过自身的努力来沟通政府和人民，实现他们的政治诉求。张謇曾这样表达他们的政治心态，虽然"不履朝籍"，但"于人民之心理，社会之情状，知之较悉；深愿居于政府与人民之间，沟通而融和之"[②]。这一思想，正是当时东南社会绅商名流普遍的政治心态。

汤寿潜作为绅商的领袖和"屡受荐辟，天子动容"的天下名士，也交结了很多的重臣、大吏，其中有翁同龢、王文韶、瞿鸿禨、张之洞、刘坤一、岑春煊、魏光焘、张曾敭、张曜、袁树勋、增韫、李家驹等人。翁同龢很赞赏汤寿潜的《危言》，并把它推荐给光绪皇帝。汤寿潜外放青阳县离京前，翁同龢亲自接见，二

---

① 张、汤、郑的国内立宪派的领袖地位也得到康有为、梁启超等海外立宪派的关注，试图交结和合作，但又对张、汤等人心存猜忌，进行防范。梁启超1906年12月致康有为书："张季直、郑苏龛、汤蛰仙三人本为极紧要之人物，但既入党，必须能与我同利害共进退乃可。我党今者下之与革党为敌，上之与现政府为敌，未知彼等果能大无畏以任此否。彼现在诚有欲与我联合之心，然始合之甚易，中途分携则无味矣。故弟子拟到上海一次，与彼等会晤，透底说明。彼若来则大欢迎之，若不来亦无伤也。"（丁文江、赵丰田编：《梁启超年谱长编》第4册，上海：上海人民出版社，1983年，第371页。）

② 《请新内阁发表政见书》，《张謇全集》第1卷，南京：江苏古籍出版社，1994年，第173页。

人畅谈甚欢。翁同龢革职回故里后，汤寿潜和张謇数次去拜访。晚清重臣王文韶籍贯浙江，与汤寿潜也交好，在浙路运动中，王文韶就给保路运动一定支持。军机大臣瞿鸿禨是汤寿潜科举时的座师，汤寿潜两次上书瞿氏，并赠送《宪法古义》，游说他推动了立宪的发展。张之洞、刘坤一长期在江南为官，汤寿潜与他们在戊戌维新运动期间就建立了密切联系。义和团运动期间，东南精英们更是联手张之洞、刘坤一策划了东南互保。张曜巡抚山东时，汤寿潜在其幕府，深得张曜器重。袁树勋在上海做了5年的道台，为官清廉开明，张謇、汤寿潜、赵凤昌等人都是其座上常客，经常讨论时局，袁树勋对他们的建议甚是赞同，其后袁树勋成为清政府内部立宪的积极倡导者。汤寿潜交往较密的官员大都是为官声誉比较好、相对开明的官员。

虽然汤寿潜等人的声望比较高，但他们大都是在野的身份，要想把改革主张变成现实，还必须借助政权的力量，把主张变成可供操作的政策，才具有实现的可能性。更主要的是，汤寿潜和这些官员一样，深受儒家价值观念的影响，在他们内心深处有着强烈的经世致用的人生理想。同时，晚清政局是内轻外重格局，中央和地方、满汉势力集团之间进行着激烈的权势博弈，朝臣、大吏也要借助绅商的力量。杨国强先生认为，晚清绅商名士已经显示出一种政治化，和官府之间有着很多共同的话语。杨先生指出，汤寿潜、张謇、郑孝胥等人，“在当时号能做事者”，“始终在士议鼓荡中穿走呼应，并各以长才而为人望所归”。[①] 清末名士政治化的时流，让总督、尚书、亲贵心悦诚服地一路跟着走。[②] 汤寿潜与这些重臣大吏的交往固然有着很多私谊，但也是代表政府与民间、国家与社会的一种关系。在中国这样的后发外生型现代化国家中，政府所体现的国家力量的权威的干预是必不可少的，而且起着主导的作用，这是动员国家资源从事现代化运动的必要手段。在一个盛行官本位的国家，也只有借助他们才有可能实现绅商们的宪政情怀，但也因为这种关系，汤寿潜等人的政治独立性不可避免地带有妥协性和依赖性。

作为从体制内出来的在野名士，汤寿潜对于清政府的弊病有着清醒的认识，对于反政府的人士也抱有一定的同情心，因此，汤寿潜的交游圈还有一部分革命党人，如蔡元培、章太炎、汪精卫、马叙伦、陈布雷、邵力子等。汤寿潜、蔡元培和章太炎都是浙江人，蔡和汤更是绍兴府山阴县老乡，又在1892年同中进士，

---

① 《郑孝胥日记》第3册，北京：中华书局1993年，第1266页。

② 杨国强：《晚清的士人与世相》，北京：三联书店，2008年，第204—205页。

交往密切，互视为挚友。1903 年，蔡元培鼓吹革命，“苏报案”发生后，蔡元培被牵连，一度很危险。汤寿潜等人都非常关切，谋划让蔡出国躲避。[①] 汤和章都同学过俞樾，章太炎是学者型的资产阶级革命家，汤寿潜是名满天下的立宪派。1897 年，章太炎、宋恕等在杭州创办兴浙会和《经世报》时，汤寿潜与章太炎便有密切交往，后来二人虽然在变革中国的路径上有分歧，但私谊依然密切。辛亥革命后，汤、章二人多次交谈，商讨浙江及民国事宜。1907 年，秋瑾就义后，有各种传言，其中就有人传汤寿潜素恨秋瑾，在秋瑾问题上落井下石，因此导致秋瑾没有被审判即被清廷杀害，汤寿潜对此进行了辩解。其实，如果汤寿潜真的是杀害秋瑾的帮凶，浙江光复后汤寿潜很难获得浙江都督一职，也很难在民国立位。[②] 汤寿潜淡泊名利，为人宽厚，说他对秋瑾提倡男女平等、鼓吹革命恨之入骨，很难让人信服。这在他创办《天铎报》一事上也表现得很明显。1910 年，汤寿潜出资创办《天铎报》，目的是以舆论作后盾，与清廷实行铁路国有化的计划相抗衡。《天铎报》由慈溪人陈训正(陈布雷的堂兄)任社长，报道内容侧重商情。其后，同盟会会员李怀霜、戴天仇(季陶)等先后参加该报工作，《天铎报》成为资产阶级革命派的舆论阵地，成为江浙地区深受欢迎的报刊之一。如果汤寿潜害怕革命，对革命党人厌恨，作为报纸的出资人，报纸出现革命倾向，他怎么没有整顿报社，清理革命党人呢？当时的实际情况是，汤虽然出资兴办报纸，并自任董事长，但其“长厚疏脱，不甚问社中事”，由社长陈训正经营，这一方面说明汤寿潜知人善用的个性，另一方面也说明他没有把革命以及革命党人看成洪水猛兽。历史的发展总有其必然性。武昌起义后，汤寿潜很快从权应变，赞成共和，和他平时交结革命党人有一定的必然联系。浙江革命党人黄元秀也有回忆，辛亥革命前汤寿潜“常与民党中人往还，虽未参加革命，行动精神早有默契”[③]。正是由于这种交往，彼此认同，汤寿潜才很自然地由君主立宪走向共和立宪。

---

① 蔡元培在《自写年谱》中说：“我在爱国学社时，我的长兄与至友汤蛰仙、沈乙斋、徐显民诸君均愿我离学社，我不得已允之，但以筹款往德国学陆军为条件。汤、徐诸君约与我关切者十人，每年各出五百元，为我学费。”后蔡氏躲到青岛研读了两个多月的德文，才回到上海。(高平叔：《蔡元培年谱长编》，人民教育出版社，1996 年，第 270 页。)

② 浙江大学郑云山教授在查阅中国历史第一档案馆《浙江办理秋瑾革命全案》的基础上，竭力为汤寿潜辩诬，最后得出汤寿潜参与制造秋瑾案是传言，查无实据。见《近代史研究》1991 年第 1 期。

③ 黄元秀：《辛亥浙江光复回忆录》，戴逸主编：《中国近代史通鉴(1840—1949)·辛亥革命》，北京：红旗出版社，1997 年，第 1082 页。

第二节　汤寿潜宪政思想及实践的特色

黑格尔说："个人作为时代的产儿，不是站在他的时代以外，他只在他自己特殊形式下表现这时代的实质——这也就是他自己的本质。没有人能够真正地超出他的时代，正如没有人能够超出他的皮肤。"[①]汤寿潜作为一个近代历史人物，他的思想深受时代的影响，并反映了时代的变化和发展趋势，也影响了那个时代的思想文化。

一、强烈的忧患意识和爱国热忱

马克斯·韦伯说："传统政权领导发生问题时，传统中必然产生特殊而有非常领导能力者，出而领导社会变迁方向，此类非常人物，多为德高望重者。"[②]汤寿潜毋庸置疑就是一位应时势而举的"德高望重者"，张謇就曾赞其"立名于当时，可式于后人"。汤寿潜之所以有如此的大名，一个重要的原因就是终其一生，都充满了强烈的忧患意识和爱国热忱，他的思想愤时感事，积不能平而发，是以拯时救民为旨归。

汤寿潜所处的时代，正是我国逐步沦为半殖民地半封建社会的时代。他少时受太平天国战乱的影响，成年又受中法战争、中日甲午战争战败的刺激，经历戊戌变法的失败和庚子之役的变局，晚清十年更是世事纷扰。严重的民族危机牵动着社会各阶级、各阶层的生存和发展，救亡图存成为时代的最强音，先进的中国人表现出强烈的爱国主义情感。这一时期，中外思想、古今思想也激烈碰撞，有智识的中国人上下求索，寻求救国救民的出路，向西方学习逐渐成为中国救亡不二的选择。

汤寿潜是一位忧患感极强的人，他对国家、民族充满了感情，对社会有着强烈的责任意识，对民众的悲苦遭遇极其同情，"伏念宵旰焦劳于上，生民荡析于下，辄为彷徨累叹"[③]。1887年，汤寿潜刚而立之年，备受各种沉重灾难的煎熬，"义愤所激，裂眦痛心"[④]，开始撰写《危言》，历经三年而成，并于1890年刊行，

① （德）黑格尔：《哲学史讲演录》第1卷，北京：商务印书馆，1981年，第56—57页。
② 转引自张朋园：《立宪派与辛亥革命》，台湾："研究院"近代史研究所，1969年，第32页。
③ 《危言·北河》，《汤寿潜史料专辑》，第306页。
④ 汪林茂：《中国近代思想家文库 汤寿潜卷》，北京：中国人民大学大学出版社，2015年，第3页。

这比郑观应的《盛世危言》还早四年，是汤寿潜在晚清率先喊出了警世"危言"。其目的很明确，"弊者别之，衰者救之，病者破之，蒙者发之"[①]。拳拳爱国之情，催奋人心。

甲午败于"蕞尔小国"的耻辱感带来了一个民族的觉醒。汤寿潜对于国家日趋孱弱的境况痛心疾首，亟图改革以救亡。他愤而辞官，参加维新活动。他强烈谴责当时的种种弊政和官吏的腐败现象。他愤激地说："尝设身以处地，如寿潜所不能任之事，必不以效责人；不能省之款，必不以廉劈人，徒高自标帜以府怨也。人之爱国，谁不如我，其能任、能省者多矣。"[②]由此可见汤寿潜的爱国担当。

1900年春，八国联军出兵中国，气焰非常嚣张，一时间中国面临被列强瓜分的危险。面对八国联军带来的灾难和瓜分危机，汤寿潜深感"震扰"，参与东南互保。1901年，清政府不得不改弦更张，实行新政。汤寿潜、张謇等人积极参与张之洞、刘坤一谋划新政的纲领性文件，但由于汤寿潜和张謇的所拟文件"宏深博大，意在一劳永逸"，刘坤一认为现在整个社会环境"积习太深"，汤寿潜等人的计划很难实行，所以采纳了沈曾植提出的温和计划。[③] 张謇后来把文件修改成了《变法平议》，汤寿潜的草稿下落不明，但到9月份，汤寿潜化名"衔石生"抛出了《宪法古义》，直接提出了要在中国实行宪政。从化名我们就可以看出汤寿潜杜鹃啼血般的爱国情感和精卫衔石以填沧海的不屈精神。在《宪法古义》中，虽然汤寿潜采用附会中国古义来解释宪政，有其局限性，但在整个文章中，汤寿潜对于宪政的理解是全面的。在文章中，汤寿潜提到了宪政众多的词汇，比如：三权分立、司法独立、天赋人权、宪法、法制、法治、立法、代表、代议、合群、主权、国家、国体、国权、国民、民权、民气、民主、责任、义务、自主、参政、言论自由、出版自由、集会自由、迁徙自由、人身自由，不一而足。英国政治思想家、哲学家霍布豪斯曾言："巨大的变革不是由观念单独引起的，但是，没有观念就不会发生变革。"[④]这些观念是汤寿潜民族意识觉醒的表现。一个伟大的民族，在任何时候都要有一种民族意识，而民族意识的觉醒首先是在一群有着深深的爱国情感和强烈社会担当意识的知识分子中产生的。在20世纪初年，由庚子国难引发的民族危机，激发了汤寿潜强烈的国家意识、民族意识，即使面临着众

① 《危言·自序》。

② 《理财百策·自序》，《汤寿潜史料专辑》，第321页。

③ 参阅《刘制台来电》，《张之洞全集》第10册，石家庄：河北人民出版社，1998年，第8562页。

④ (英)霍布豪斯：《自由主义》，北京：商务印书馆，1996年，第24页。

多困难，他依然会表达其政治参与的呼声，哪怕是比较隐晦的表达。

晚清十年，绅商风起云涌，其最基本的精神动力就是爱国。绅商以强烈的御侮救亡民族意识关注外国经济侵略及由此引发的利权外溢、国利被夺现象，以入世参与意识和社会使命感积极投身各种活动。他们宣称："窃闻国家兴亡，匹夫有责。天下虽分四民，而士商农工具为国民之一分子……而实行之力，则惟商界是赖。"①晚清重商主义政策的推行也极大地提高了商人的社会地位，激发了他们的自信心和自重感，以及油然而生的社会责任感，"今日之商家，实操我支那民族存亡起废之权者也"②。商人主体意识的觉醒，也是整个时代的觉醒。

在立宪运动和收回利权运动中，汤寿潜的爱国情感得到迸发。当汤寿潜等人目睹日、俄两国在中国土地上厮杀，中国人民遭受苦难，中国主权受到损害，而腐朽的清政府只能无奈中立时，他们心中充满愤恨和忧虑，"危苦语多，欢乐语少"，苦苦思考中国的救亡之道。1906 年 9 月，政府下诏宣布预备立宪，汤寿潜、张謇等人"奔走相告，破涕为笑""欢呼庆祝之声动天地"③，认为中国终于有救了。一悲一笑，一无言一欢庆，对比强烈，爱国之情，涌自肺腑，蓬蓬然勃发，且可亲、可敬。

在江浙铁路风潮中，汤寿潜始终身着布衣短褂，头戴草笠，足蹬芒鞋，手持一柄油纸伞，不取公司一分薪金，任劳任怨，奔走于路事上，在极其困难的情况下，修筑浙路 150 余公里，为各省商办铁路之冠。时人对此高度赞扬，赞其"始终持以致诚，亶尽义务，无一毫自利蓄存，故言路事之速且善，取信于天下者，必首推浙省，则先生之力为之也"④。马克斯·韦伯在论述西方资本主义发展动力时，曾指出新教伦理——苦行僧的世俗劳作和克己赎罪，同上帝选民重建理想世界的神圣天职相结合，转而通过勤俭致富达到灵魂自救，是推动资本主义发展的最原始动力。他认为中国缺少西方基督教伦理提供的那种"特殊的心态"——资本主义精神，所以资本主义不能发展。诚然，中国传统道德把人的自我完善作为目的，轻视世俗工商。但是，在中国近代，外侮频仍产生的忧患意识和儒生"修身、齐家、治国、平天下"的传统政治抱负，以及中国学习西方所产生的各种新观念的影响，驱动着士绅投身近代工商业。而且办厂赚钱，也不只是为一身一

① 汪敬虞：《中国近代工业史资料》第 2 辑（下），北京：三联书店，1957 年，第 732 页。

② 《商业发达论》，《江苏》第 3 期。

③ 《为设立预备立宪公会与郑孝胥等致民政部禀》，李明勋等，《张謇全集》第 1 册，上海：上海辞书出版社，2012 年，第 143 页。

④ 《中华新报》，1910 年 5 月 17 日。

家，而是对乡里、国家、民族应负的责任和义务。毫无疑问，汤寿潜的苦行僧式的劳作和奉献精神，比起西方受新教伦理精神浸染的资本家毫不逊色，而且他对于国家和民族的情感更深重和执着。

要知道，江浙铁路是帝国主义垂涎的肥肉，所以汤寿潜等人坚拒外人染指铁路利权，坚定“路权所在，即国权所在”的信念，毫不妥协地同帝国主义者和政府内部的妥协者进行斗争，甚至达到了鞠躬尽瘁的地步。但是，他的拳拳爱国之心并没有得到政府的认可，政府希望牺牲江浙人民的利益而满足帝国主义的要求，赶紧结束铁路风潮。1907 年，汤寿潜接到汪大燮来函，批评汤寿潜反对对外借款。汤寿潜见内有“路事大难，宁怪个人，莫怪朝廷”之语时，“阅竟号啕大哭”[①]情绪完全失控。我们可以理解汤寿潜的愤懑心情，他一心忠君爱国，但朝廷并不理解他忠于国家、造福地方的赤子之心，他感到委屈，也深感无奈，所以才痛哭。虽然汤寿潜一度有脱离路事的想法，但浙江民众的渴望、绅商阶层的厚爱、他自身对担当使命的自觉意识都让他继续领导浙江的保路运动，直至 1910 年上奏激愤斥责盛宣怀而遭到革职。

国会请愿运动是凸显绅商们爱国主义的民主运动，通过国会请愿运动，绅商们不仅得到一次民主意识的锻炼和考验，提高了他们的政治参与能力，而且还激发了国人的爱国热情，具有思想启蒙的作用。汤寿潜是预备立宪公会的副会长，认为政府提早召开国会责无旁贷。1908 年 6 月 30 日，由郑孝胥主笔，经汤寿潜、张謇商讨后联名致电清宪政编查馆的电文，提出了以两年为限速开国会的主张。电文称：“今日时局，外忧内患，乘机并发，必有旋乾转坤之举，使举国人心思耳目，皆受摄以归于一途，则忧患可以潜弥，富强可以徐图。……切愿王爷、中堂、宫保上念朝事之艰，下顺兆民之望，乘此上下同心之际，奋其毅力，一鼓作气，决开国会，以二年为限。”[②]强调开国会一事举国观瞻，攸关中国富强和存亡，如果时限过长，必定让爱国者灰心。7 月 11 日，郑孝胥、汤寿潜等人再次致电宪政编查馆，指出两年之期并非难事。同年，他又代表浙江民众撰写了《代拟浙人国会请愿书》，向政府表达速开国会的爱国之情。在汤寿潜看来，自中西交通以来，西方列强鹰瞵虎视中国，中国丧权辱国，其根本原因在于西方列强是宪政政体，国会可以“驯至富强”，并且人民有参政权，自然有强烈的国民责任心，国家有事，可以牵一发而动全身，动员全国参与。他急切希望清政府顺应天

---

① 《汤总理对电而哭》，《申报》1907 年 11 月 1 日。

② 《郑孝胥、张謇、汤寿潜呈北京宪政编查馆请速开国会电文二则》，《东方杂志》1908 年第 7 期。

时，洽顺舆情，实行立宪。国会请愿很快发展成一场声势浩大的爱国运动，各地请愿书签名后接连上呈朝廷，汤寿潜所拟请愿书有8000余人签名，其中800多人为老年人，还有500多人为天主教徒。虽然清政府最终压制了请愿运动，但在请愿运动中，以汤寿潜、张謇、郑孝胥等为代表的绅商所表现出的强烈爱国主义情感和参政意识激励了其他绅商和民众，提高了国人的民主主义觉悟和爱国主义思想。

毫无疑问，汤寿潜宪政思想和宪政实践中凸显的爱国主义思想是与近代中国“救亡图存”的时代主题紧密联系在一起的，是与时代前进的步伐合拍的。虽然他很难清醒地认识到中华民族与帝国主义的矛盾、人民大众与封建统治者的矛盾是近代中国的主要社会矛盾，但他看到了西方列强鹰瞵虎视、鲸吞蚕食和中国一败再败、丧权辱国的事实，这使他激愤难平，产生了强烈的危机感，危机意识引发了忧患意识，而忧患意识又促进了汤寿潜内心民族主义的觉醒，民族主义的觉醒又必然促使民主意识的启蒙。于是，意识反作用社会存在，理论指导实践，意识化作了变革社会的动力，促使汤寿潜义无反顾地投身到救亡图存的社会变革中。换句话说：帝国主义的侵略必然会激发爱国主义，爱国主义的高扬又促使民主意识的觉醒。反帝必然促使清政府民主化，而促使清政府民主化是为了更好地反帝，也就是说，民族独立与人民解放是相辅相承的，并且随着历史的发展这种认识不断深化，历史效果不断提高。汤寿潜爱国主义和民主意识的发展轨迹也和这个历史过程吻合。

当然，我们也必须看到，汤寿潜受自己身份和历史传统的影响，开始时将爱国与维护清王朝统治联系在了一起，爱国与忠君有着难以割舍的关系。在他内心身处，他追求的是体制内的自改革，最初出发点是为了挽救清政府的统治。他虽然主张清政府资本主义民主化，但反对剧烈的社会革命，面对革命党人掀起的推翻清朝皇权的革命风暴，他感到恐惧，他和张謇、郑孝胥等人奔走于皇族与显臣贵宦门下，力陈立宪可消弭革命的观点。但是清政府在立宪和收回利权运动中的倒行逆施让汤寿潜对清政府绝望，再加上革命形势所迫，他最终抛弃清政府，走向共和。以汤寿潜为代表的东南绅商的这种政治态度走向，章开沅先生的见解至为深刻：“他们宁肯苟全于清朝政府腐朽统治之下谋求缓慢的革新，一直要到客观形势所驱迫，他们才蹒跚地走上与封建统治者决裂的道路。”[①]当然，作为从传

① 章开沅：《辛亥革命与江浙资产阶级》，《辛亥革命与近代社会》，北京：天津人民出版社，1985年，第92页。

统到近代变迁的绅商代表人物，我们对于其爱国主义中的局限要多一份同情，而不是否定。

二、鲜明的改良特色

俗话说：观其行而知其言，闻其言而知其心。评价一个人的思想，必须了解其个性和人品。民国初年，陈赣一在其笔记《新语林》中记载了两则汤寿潜逸事，可见其性格。

其一是：

汤蛰仙朴实无华，出恒徒步。居武林时，一日，天雨，草笠敝屦，诣巡抚增子固，坐谈良久。及辞，增呼其舆马，汤笑向差役索笠自执之，扬扬出门去。增退而对幕客张仲仁语之，叹曰："蛰仙毫无官场习气，犹是书生本色。"

其二是：

政府授黄陂等三十人嘉禾章或文虎章，独汤蛰仙辞不受。或曰："公得毋沽名钓誉耶?"汤曰："与使君子窥其罔耻，甘令小人笑其沽名。"[①]

宋恕是浙江近代大儒，他与汤寿潜相从甚密，对汤寿潜的人品和思想有着深入了解，在其书信和日记中对汤寿潜多有臧否，也有助于我们了解汤寿潜的个性和人品。1896年2月，宋恕初识汤寿潜，在给友人王儒舲的信中他这样评价汤氏："汤子蛰仙，近已获晤，既狂且狷，绝异时流。三月青阳，飘然解印，绍芳彭泽，尤所心钦!"[②]1897年7月，宋恕在给友人童学琦和胡道南的信中评价汤寿潜和陈虬说："蛰仙、蛰庐，的是豪杰，其平日皆鄙薄治经家。"[③]宋恕认为汤寿潜乃是"靖节(指陶渊明，笔者注)身后"，"舆论翕然推为当世第一高士"。[④] 我们从陈赣一和宋恕的评价中可以看出，汤寿潜是一个特立独行的儒士，他淡泊名利，鄙视虚伪，耿直无伪，对自己的道德要求极严格。他也是一个对国家和社会充满感情的人，无私无畏，直言无隐，确是一书生的本色。汤寿潜是一个儒士，他有着儒家知识分子济世救民的思想抱负，对民族和民众充满了恻隐之心，希望能挽救乱世。但他又有着隐士的心态，希望功成名就后或者世事终不可为时便归隐山林。因此汤寿潜出仕的时候，竭尽全力承担责任，辞官的时候也非常决绝，

① 车吉心主编，《民国轶事》第1卷，济南：泰山出版社，2004年，第416页。

② 宋恕：《致王儒舲》，《宋恕集》，北京：中华书局，1993年，第553页。

③ 宋恕：《又复胡、童书》，《宋恕集》，北京：中华书局，1993年，第578页。

④ 宋恕：《推荐国文学堂监督人选禀》，《宋恕集》，北京：中华书局，1993年，第400页。

一无留恋。汤寿潜非常倾慕东汉时庞德公隐居帆山却又能留心世务的故事，在其《利往公家传》中云："巢父忘世以自乐，沮溺避世以为高，皆不免于山林枯槁之所为；若季汉庞德公，放其于白云深处而仍能留心时事，不遣子孙以安，乃无愧为隐君子矣。"①他又深受经世致用思想的影响，有着一种如果能拯救社会，他愿意承担一切苦难的精神。郑孝胥在其日记中记载了一则时人对郑孝胥、张謇、汤寿潜的印象："郑、张、汤三君在今日号能任事者。设为挽车人：郑所御马车，轻驶自喜，且以余闲调笑；张则拉车，飞奔喘息；汤推独轮车，竭蹶委顿之状睟于面、盎于背矣。"②可以看出，郑孝胥认为自己做事比较潇洒，应付事情游刃有余(也可以看出其无原则性，晚年变节和其性格不无关系)，张做事这比较严肃，而汤寿潜则任劳任怨，不顾艰辛和不屑于世人误解。

章开沅先生对汤寿潜有一个评价，认为汤寿潜是近代中国历史文化名人之一，是中国现代化的伟大先驱之一，但"从其个人特点来说，有政治头脑而无政治手腕，有社会声望而无实力基础，有革新纲领而无响亮口号，因此只能依违于强大实力集团之间，始终未能进入政治主流的核心，而终于游离于政治主流之外"。③ 汤寿潜兼具传统士绅功名地位与近代工商职能身份，他有着济世救民的抱负，又倾慕陶渊明、庞德公，无意于仕宦。传统文化的熏陶、个性品德和社会大氛围的影响，使其人生价值取向摇摆于传统与现代之间，其思想处于新陈代谢之中，即徘徊在激进与保守之间。我们知道，汤寿潜 1890 年就出版了《危言》，他继承了经世思潮的传统，利用自己了解的中西知识，提出了种种变革措施，特别是对封建专制时弊进行反思和批评。比如，在《尊相》篇中，他曾对君主专制政体提出了批评，认为皇权制度让君尊臣卑，国家大臣成了皇帝的家臣私奴，官员们平时互相猜忌倾轧，遇事则推诿、敷衍，一副奴才相，毫无生气。他羡慕西方的议会制，西方的上下议院制不仅能根除封建君尊臣卑、上下隔阂的封建弊病，而且能提高行政效率，健全官员人格。建构议会的具体办法则是"自王公至各衙门堂官、翰林院四品以上者，均隶上议院，而以军机处主之(军机处非行走者不得至，可以内阁为之)。堂官以下各员，无问正途，任予、訾郎，及翰林院四品以下者，均隶下议院，而以都察院为主"④。汪荣祖先生认为汤寿潜的早期议会

① 《利往公家传》，《汤寿潜史料专辑》，第 455 页。

② 《郑孝胥日记》，北京：中华书局，1993 年，第 1266 页。

③ 章开沅：《论汤寿潜现象——对辛亥革命的反思之一》，《浙江社会科学》2001 年 06 期，第 129 页。

④ 《危言》卷 1，第 9 页。

观颇类似英国之“古里亚”，即将官吏转为议员，如王公堂官组成上议院，而大小臣工组成下议院。议院组成后，主要政事须经两院商讨，再由宰相综合不同意见，送呈皇帝批准。[①] 应当说，在甲午战争前，汤寿潜尖锐批评封建专制制度影响非常深远，以至于沈宗畸在《东华琐录》中这样评价《危言》和冯桂芬的《校邠庐抗议》，“自海禁大开，西风东渐，新学书籍日益藩滋，其间如《校邠庐抗议》、汤氏《危言》诸书，皆因愤时感事，积不能平，而不觉言之过激，此所以来学究家之訾议也”[②]。

在当时人看来，汤寿潜的主张是激进的，但放在大历史观中，汤寿潜对君主专制制度的批评是委婉的，比如，他在批评君主专制的同时，又在《亲藩》篇中为王公、王孙的培养出谋划策。他的议院主张虽然一定程度上可以抑制君主专制毫不受约束的权力，但同西方的君主立宪制貌似而神离，和西方民主政治的精髓相比还相差甚远。他所主张的议院基本上是把中国古代的民本思想和西方的资产阶级民主思想糅合在一起，是以纳贤才、通上下之情以及得民心这几点出发的，目的是为了维护自己阶层的利益。其享有议政权的是“官和绅”，而不是人民，所谓“君民共治”实际上是君臣共治，是伸张绅权。清王朝本来已经腐败透顶，但他又在应试诗中歌颂“九天敷湛露，一曲和阳春”，粉饰太平。[③] 他尽管洞悉到封建专制的弊端，窥探到西方开明的民主政治制度，但是封建王权两千年的积威以及儒士根深蒂固的忠义思想，使他只能寄希望于清王朝的自改革，并且希望清王朝因此中兴。

经历甲午战争、戊戌变法和庚子之变后，汤寿潜对清王朝的腐朽专横以及西方列强变本加厉的侵略有了更深入的认识。他较早地提出在中国实行宪政，为此还煞费苦心地写了一本小册子《宪法古义》。从《宪法古义》的内容来看，汤寿潜显然是受了日本《明治宪法》(即《大日本帝国宪法》)的影响。《明治宪法》是日本基于近代立宪主义而制定的首部宪法，公布于 1889 年 2 月，1890 年 11 月开始施行。中国对日本立宪的介绍比较早，在 1889 年日本立宪开议院当月，江南制造局编辑《西国近世汇编》就及时报道其盛况，并介绍了《明治宪法》的主要条文和特点。汤寿潜阅读兴趣极广，对于明治宪法的内容接触比较早。《明治宪法》确定了日本

---

① 汪荣祖：《晚清变法析论》，张灏编著：《中国近代思想人物论晚清思想》，台北：时报文化出版事业有限公司，1982 年，第 117 页。

② 沈宗畸：《东华琐录》，章伯锋、顾亚主编：《近代稗海》第 13 辑，成都：四川人民出版社，1989 年，第 606—607 页。

③ 《会试朱卷》，《汤寿潜史料专辑》，第 432 页。

的二元制君主立宪政体，带有明显的保守性，1908年清政府颁布的《钦定宪法大纲》就是以日本《明治宪法》为蓝本的。汤寿潜很认同在维护君主地位下实行宪政，但他也清楚，立宪事大骇人，会有很大的阻力，所以苦心收罗撰写《宪法古义》，希望从中国典籍中寻求一些民本思想，借古义以证今义，借中义以释西义，其目的和康有为一样，是托古改制，是为中国行宪政寻求变革的合法性，是增强其变革主张的权威性。但这种做法以及对西方的认识无疑带有很大的局限性，是其保守性、改良性的一种具体表现。

1906年9月，清政府正式宣布仿行宪政，“以立国家万年有道之基”。自此，中国进入有政府主导的君主立宪的轨道。汤寿潜等绅商奔走相庆，认为这是中国历史古今未有的盛举，是国家转弱为强的始基。1906年12月，他和张謇、郑孝胥等东南名流在上海成立预备立宪公会，他出任副会长，其目的在于“绅民明悉国政，以预立宪基础”。他和张謇、郑孝胥等人成为立宪的首领。在立宪运动中，汤寿潜等人虽然对于清政府拖延立宪不满，但他又用心良苦地去游说朝中大臣，并在1909年和1910年两次晋京面见摄政王载沣，规劝摄政王能以大局为重，满足绅商乃至民众的立宪企盼。

不可否认，汤寿潜渴望立宪顺利进行，希望速开国会，尖锐批评朝中权贵和王公在立宪运动中的错误，在保路运动中毫不妥协地同朝廷斗争。但是，汤寿潜的政治态度还是相对保守的，他希望在保存现有君主制度下实行宪政，他对革命派的民主共和是持排斥态度的。1905年2月，汤寿潜在给宋恕的信中明确表达了他对自由、平等的态度。1905年，上海春风馆编撰《寻常初等小学国文教科书》，汤寿潜作为鉴定者，也想请宋恕审定一下，宋恕看了教科书以后，认为教科书宣扬自由独立学说、尚武精神，并且对儒学、佛学的认识也和自己的主张有异，拒绝审定。汤寿潜看到宋恕的信后，回复说：“向知公之平生，走之不主自由、平权，十余年如一日，公亦知之稔矣。”[①]此言出现在汤寿潜给宋恕的私信中，应当是他的肺腑之言。可见，他无论对于清政府如何的抗议和不满，也不愿意附和革命者的主张。1909年，他给朝廷上《三恳乞养折》提道：“德意志、日本之维新，得其道也；土耳其、波斯之立宪，失其道也。”[②]在他看来，德国、日本实行自上而下的变革，建立了君主立宪政体，不仅国家因此走向富强，而且君权也得到保障。土耳其、波斯走的则是下层的资产阶级革命，虽然也建立了君主立

① 《汤寿潜复函》，《宋恕集》，北京：中华书局，1993年，第620页。

② 《三恳乞养折》，《汤寿潜史料专辑》，第515—516页。

宪政体，但这种政体是在革命形势所迫下建立的，君权受到极大削弱，而且社会动荡不安。作为近代资产阶级上层的代表，汤寿潜自然是向往德国、日本的君主立宪改革，而不愿出现类似土耳其、波斯的资产阶级革命的情况。

在立宪过程中，汤寿潜虽然痛恨清政府的拖沓、欺骗，但他又认为这都是一些利益集团和腐朽官员从中捣鬼，而最高统治者仍然是喁喁求治。1909 年底，他面陈载沣时说痛恨阳奉阴违的官员，因为他们根本不能体谅“皇上之孝、监国之贤，旰食宵衣，汲汲求治”的心思。对此，汤寿潜深感痛心，“臣诚见上有励行宪政之德意，而奉行诸臣，名与实违，甚或有假新政以罔民而误国者，心以为危”[①]。1910 年底，汤寿潜再次晋京，希冀清廷最高层“赫然兴起，焕然一新，摧百年之积习，从一世之群望，举国家之全局而改良之。易寡而为众，易散而为聚，易昏昏而为昭昭”。即使到了 1911 年“皇族内阁”出笼后，汤寿潜和张謇等人还没有最后放弃清王朝，他们痛哭陈书，希望载沣等人“勿以国为孤注”，赶紧改弦更张，收拾人心。可见，在整个立宪运动中，汤寿潜虽然不断地失望，但作为绅商的代表，其思想的软弱性使他对清王朝又抱有幻想，他把立宪的希望寄托在清朝统治者的最上层。这种言行不仅不可行，也不符合立宪的真精神。

1911 年武昌起义后，汤寿潜从权应变，从君主立宪走向共和宪政，出任浙江都督，绥靖地方，赞襄民国临时政府。但也不可否认，汤寿潜赞成共和是矛盾的，他在出任浙江都督时也有渡过关键时刻后就隐退的念头。作为绅商的代表，他立宪的旨趣是体制内的自改革，是在保留皇权条件下的君主立宪，所以当褚辅成、陈时夏前往上海迎请汤寿潜出任浙江都督时其曾经婉拒。在汤寿潜出任浙江都督后，他曾一度励精图治，誓言率全浙“襄大义而佐伟功，则虽糜潜百体，无所悔矣”[②]。但事情总是不遂人愿，在革命派的操纵下，汤寿潜近似傀儡，再加上他本身与革命党的隔阂，便有隐退之意。1911 年 11 月下旬，他在给朋友的信中说：“生平所佩仰止黄鹂子一人，有机可乘，便絜身以去，从阁下于南天一角，渔钓以终，倘许我否。”[③]虽然在辛亥革命中汤寿潜与革命派一度成为同路人，但由于身份的不同，有着不同的价值取向和革命态度，最终使他们分道扬镳。

从上述的分析中可以看出，不论是在早期维新思潮时期，还是在庚子之后撰

① 《为宪政维新沥陈管见事》，《汤寿潜史料专辑》，第 535 页。

② 马叙伦：《关于辛亥革命浙江省城光复记事的补充资料》，中国科学院历史研究所第三所编：《近代史资料》，总 12 号，第 56 页。

③ 《致林景高》，《汤寿潜史料专辑》，第 688 页。

写《宪法古义》阶段，抑或在立宪运动中，汤寿潜是宪政思想和行动的先行者之一，是一位性格独特的思想者，他主张变革，但他绅商的身份、归隐的倾向都决定了他的宪政主张是一种体制内的自改革。即使他走向共和，就任浙江都督，也有一种无奈就职的感觉，不时怀着隐退之心，回归到亦绅亦商的精神世界。

汤寿潜宪政思想的特点既属于他自己，也具有时代和阶级的共性，诚如恩格斯所指："主要人物是一定阶级和倾向的代表，因而也是他们时代的一定思想的代表。"[①]汤寿潜及其同仁所在的阶级是中国近代不成熟的资产阶级上层。他们对于宪政的追求一方面是民族危亡刺激所致，更主要的方面则是资本主义经济的发展受到封建专制的桎梏，他们需要建构一个与资本主义发展相适应的政治环境。同时，经济发展的支撑、社会地位的提高以及传统的功名也为他们的政治参与提供了良好的条件。汤寿潜、张謇身处江浙，而江浙在近代是民族资本最发达的地区之一。毛泽东指出："这种资本主义经济，对于封建经济来说，它是新经济……没有资本主义经济，所谓新的观念，所谓新文化，是无从产生的。"[②]资本主义经济的发展彻底改变了商人在社会群体中的地位，再加上传统的功名和官衔，使他们成了那个时代登高一呼、万众景从的精英人物。而资本主义的发展也必然伴随资产阶级政治诉求的增加与发展。20世纪初年，绅商阶层已经形成一股有相当影响力的社会力量，他们已经不再满足"在商言商"的约束，而是不断在社会、政治、经济等问题上提出自己的诉求，维护他们的正当权益，进行各种社会活动。当然，绅商们出于传统士绅属性所有的忠诚信念及维护既得利益的自私性，又驱使他们竭力反对暴力革命，以免掀起巨大社会变动危及赖以存在的传统体系和既得利益。因此，绅商们虽有新知的启发，新思潮的刺激，却不能毅然摆脱旧有的传统，而只能接受渐进的求变方式，渐变无损其既得利益，因此他们宪政路径的选择首先是体制内的自改革，和平过渡到资本主义宪政。

三、浓厚的实用主义色彩

近代中国遭受三千年未有之变局，国家蒙难，民族蒙辱，文明蒙尘，亡国灭种的危机迫在眉睫。救亡图存成为任何一个近代思想家都必须考虑的首要问题，学习西方成为近代知识分子的共识。中国知识分子在介绍、引进、移植宪政思想

---

① 《恩格斯致斐·拉萨尔》，《马克思恩格斯选集》第4卷，北京：人民出版社，1972年，第343—344页。

② 毛泽东：《新民主主义论》，《毛泽东选集》，北京：人民出版社，1991年，第695页。

和制度时，首先是把它当作一种工具，是救亡图存的利器。因此，宪政思想和制度进入中国很自然地就从“道”变成了“器”，从“体”变为“用”，其蕴含的“自由、民主、权利”等最为本源和珍贵的价值也理所当然地被忽略。“富强为体，宪政为用”是近代中国宪政思想和宪政实践最明显的特点。这种功利主义情节在汤寿潜思想和行为中表现得非常明显。

汤寿潜宪政思想的这种功利主义和他深受近代经世致用的思想影响有很大关系。熊月之先生在《汤寿潜与浙江人文传统》中指出，汤寿潜思想的第一个特点就是“强烈的经世意识”。[①] 汤寿潜家乡浙江山阴，和会稽同治绍兴府。山阴和会稽两县人才辈出，其中就有一代大儒刘宗周。刘宗周世称蕺山先生，浙江山阴人，万历二十九年(1601年)进士，官至南京左都御史，正直敢谏。万历末年罢官讲学于蕺山，办证人社，创蕺山学派，被后人标榜为宋明理学的殿军。其学说提倡“诚敬”为主，“慎独”为功，被誉为“千秋正学”，天下敬仰他为“泰山北斗”。南明政权覆亡，绝食而卒。张履祥、陈洪绶皆是其弟子，黄宗羲也曾经问学于刘宗周，并主讲蕺山书院，其后，全祖望、毛奇龄、孙星衍、段玉裁、李慈铭等皆讲学过蕺山书院，这些大儒都讲求经世致用之学，汤寿潜自然深受这种治学传统的影响。在三十岁之前，汤寿潜往返家乡和杭州之间，像其他浙东学子一样，求学苦读。除了研读四书五经外，他还对典章制度产生浓厚的兴趣，开始编辑《三通考辑要》，无不显示出受“经史兼修、突显经世传统”的浙江人文传统的影响。

在经世实学传统的陶冶下，在应对“西学东渐”的文化震荡之中，汤寿潜对于实学的理解也有着变化，年轻时，汤寿潜像众多的浙江学者一样，专攻考据之学，认为那才是实实在在的学问，并著有《尔雅小辨》《说文贯》等著作。然而，面对社会的巨变，他认为小学无补于世，“忽斥不复道”，弃而转向诗文。[②] 又有《辰臼夕玑室诗》《古文辞》之作，但他目睹时势之艰，认识到“豺虎满地，待食弱肉，吾辈尚雅步以为度，雕虫以为技乎?”[③]于是尽弃诗、雅之学。1890年庚寅科会试不中，汤不以为意，反而更加忧心于国家民族的存亡，所以研习中外经世致用之学，撰写《危言》4卷，并饮誉朝野，为时所重。对此，俞樾的弟子、诸暨学者陈遹声曾借用颜元的话称汤寿潜是东南地域志在经世济民、习行圣道的“经济之儒”的重要代表。

---

① 熊月之：《汤寿潜与浙江人文传统》，《同济大学学报》(社科版)，1994年第5卷第2期，第17页。
② 吴忠怀：《〈危言〉跋》，《汤寿潜史料专辑》，第315页。
③ 吴忠怀：《〈危言〉跋》，《汤寿潜史料专辑》，第315页。

汤寿潜对于经世致用之学的认识也表现在他对科举的态度。1885年，30岁的汤寿潜认识到科举无补于社会、人生，便放弃了乙酉科乡试，他在《县学生鉴甫族祖传》中云："寿潜年三十，大悟五百年时文之毒，天下遂成虚病，尝为鉴甫论治生，谓欲娇虚病求人足自食，非急兴实业不可。非唯治生然，治国亦由之。"①孜孜不倦致力于实用之学，他鼓吹实业救国、教育救国、宪政救国等，都是他治国之路的具体体现。1897年，他编辑出版质学会丛书，目的就是"广搜中外图书，储藏刊刻，传播新知识，以俾实用"。1899年，汤寿潜历经二十年编辑出版的《三通考辑要》也是救世致用思想的体现。编辑此书时，他以"宪古证今，咸务实用"为原则，将古代制度、历史源流梳理清楚并加以诠释，从而体现其"拯时之苦心"。②

对于自己的功利主义思想，汤寿潜晚年曾总结道："吾少习勤苦，粗能属文；长游四方，以代为养。乃留心经制，推之世务，慨然有革易时弊之志。尝私有论创，归于强本节用，时尤在光绪中叶，变法之说未兴。吾虽言近功利，而不为仕进，视后之谈富强、心利禄者有别也。"③汤寿潜说得很清楚，文中提到的"留心经制，推之世务""强本节用""言近功利"都是为了拯时救世，为了国家的富强，这是他一生的追求，也是他宪政思想和宪政实践中一个显著的特色。

如果追溯这种"功利主义"价值诉求的本源，还得归因于中国传统文化中的"实用主义"。实用主义是中国传统文化的一大特点，儒家学说向来主张学以致用，其优点在于务实，但缺点也显而易见，功利、短视、浮躁、机会主义随处可见。中国古代的读书人一向把读书和做官联系在一起，"学而优则仕"。中国知识分子把实现政治的抱负当成是实现人生理想的一种手段、一种工具，并且成为一种自觉境界。他们怀抱着"正心、诚意、修身、齐家、治国、平天下"的理想，也把此当成实现理想的路径，积极入世，企图"致君于尧舜"。在社会严重动荡不安时期，知识分子的济世安民的冲动更加强烈。汤寿潜是一个有理想的绅商，一腔热血为国为民，"义之所在，尚奋袂赴之不少怯"④。但他又有知识分子特有的敏感，面对险恶的现实，有着"穷则独善其身"的心态。残酷的社会现实让其进退两难，因此，为了应付现实，一方面，他内心有着自己远大的政治抱负，另一方面

---

① 《县学生鉴甫族祖传》，《汤寿潜史料专辑》，第471页。

② 汤寿潜：《〈三通考辑要〉自序》，《三通考辑要》，通雅堂藏版图书集成局铅印，光绪二十五年。

③ 张謇：《汤蛰仙先生家传》，《汤寿潜史料专辑》，第127页。

④ 《县学生鉴甫族祖传》，《汤寿潜史料专辑》，第472页。

他做事、处世极周到、圆滑。这种“文化实用主义”的心态是中国知识分子的一种近乎本能的性格，这决定了他们在接受西方宪政制度时的不能不功利的一面。

无论在《危言》中，还是《理财百策》中，抑或《宪法古义》中，还是在后来的立宪运动中，汤寿潜都十分关注民族和国家整体性利益，但也珍视个人权利和自由。他批判君主专制，斥责封建制度的种种弊端，力主学习、移植西方的教育、工业制度，乃至建构宪政制度。但是，这二者在他心中位置并不平等，他从大处着眼，以救亡为第一要务，他对于民权、平等、个人权利忽视或者反对，乃至前后会出现自相矛盾。其实，这种矛盾在中国宪政史上又是一种很常见的历史现象，我们不能仅仅从其文章或言论中看到自相矛盾的一面，还要根据历史语境分析为何产生这种矛盾。在近代中国，国家的危亡是思想家们考虑最紧迫的问题，为此，国家利益高于个人利益，个人自由和权利被暂时淡化，并置于第二位，这是任何爱国的思想家都会采取的态度。汤寿潜态度鲜明地指出：“有国而后有家，国之不存，家将焉附。”①他深知，如果无国家思想，自殖其家，坐视国家危亡而不顾，个人即使有无尽的财富，也只能做列强的奴隶，“恐茵席丰厚之子若孙，且不卜为谁氏之奴、之隶、之囚、之虏、之鱼、之肉、之……”②。

西方的宪政思想在传入中国的过程中，由于它和中国传统文化的巨大不同，遭遇了强大的阻力和排斥。特别是清政府中的满汉顽固势力害怕民主宪政对其绝对权力的挑战和冲击，抵制和拒绝宪政。同时，绝大多数国民民智未开，不知宪政为何物，对其也不感兴趣。但文化随着社会的变迁有着强大的自我调适性。西方宪政思想与中国传统文化经过碰撞和冲突后，必然走向相互交汇，彼此融合。在严重的民族危机面前，恐怕只有像康有为、梁启超、严复这样的知识分子和张謇、汤寿潜、郑孝胥、郑观应等绅商对民族危亡有着切身之痛，能从中西冲突中认识时代的变迁，把握和体认西方宪政对中国的意义和价值，热情倡言西方宪政。但我们也不得不看到他们的尴尬地位，他们的权势和地位不足以操纵宪政变革。他们能做的只是著书立说，向民众传播宪政思想，以及利用各种资源游说统治者，打动他们接受宪政思想和宪政制度，希冀统治者能运用权力将宪政付诸实践。自然，说服统治者的最有效方式就是在宪政和富强之间建立一种因果关系：实现宪政，即可富强。

1908 年 7 月，立宪派掀起国会请愿运动，汤寿潜代表浙江人民向慈禧太后、

---

① 《理财百策·报效》，《汤寿潜史料专辑》，第 324 页。

② 《理财百策·报效》，《汤寿潜史料专辑》，第 324 页。

光绪皇帝撰写请愿书，力言国会“为国利”“为民富”的好处，他说“夫使中国迄今锁港，外无列强之角力，或角力者与我同一政体，则国会未必不可稍缓。海通以来，十数强国鹰瞵虎视，其所以驯至富强者，所有政体无一不归墟于立宪，收效于国会；且有视立宪更进者，大率立两院制度之国会，予人民以参政之权，有参政权而后有责任。时势所趋，日本迎其机而利用之，蕞尔三岛，已见明效。中国为之，事半功倍，何独不为？”[①]“天下兴亡，匹夫有责。”在强烈的忧患意识和历史责任的驱使下，思索着、呼喊着、奔走着，苦苦寻找救国的良方并且身体力行，不畏险阻。汤寿潜、张謇等绅商没有私心和企图心，只有一颗拳拳的爱国心。汤寿潜曾言：“寿潜亦人耳，安有避官以为荣，枵腹以为乐，所以齿齿焉锲而不舍者，盖以商办实奉特旨，遵先帝之明诏，重全省之公推，不专为浙，不专为路，国之强弱是非而已。”[②]张謇也在晚年总结他投身实业救国的心路：“年三、四十以后，即愤中国之不振。四十年后，中东事已，盖愤而叹国人无常识也，由教育之不革新。政府谋新矣而不当，欲自为之而无力，反复推究，当自兴实业始。然兴实业则必与富人为缘，而适违素守，又反复推究，乃决定捐弃所恃，舍身喂虎。认定吾为中国大计而贬，不为个人私利而贬，謇愿可达而守不丧。自计既决，遂无反顾。”[③]他们目睹了西方的富强，领教了日本的崛起给中国带来的危害，更愤恨和无奈于中国的衰弱不振。多难兴邦，饱尝艰辛而斗志更强。他们并没有在灾难面前沉沦，而是奋起自救。于是，“教育救国”“实业救国”“宪政救国”都是他们挽救中国的希望。

王人博教授认为：宪政在中国并不被看作是一种纯粹的政制形式，中国的实践者和思想家从来也是不单纯地探求宪政在政治生活中所具有的原生价值，而是超出“宪政”自身去寻找——在他们看来——更根本、更“实用”的功效。中国的知识分子最感兴趣的是“宪政能为国家的富强做些什么？”[④]，这是因为中国走上宪政道路完全不同于西方国家内部的资产阶级通过革命的或者变革的手段建立宪政，中国完全是在亡国灭族的生死关头，在外敌入侵的巨大压力下，想摆脱压迫、实现强国富民而走上宪政道路的。以汤寿潜、张謇为代表的绅商完全把宪政视为救中国的一剂“速效药”“强效药”，把宪政视为“富国强民”的救亡手段，于是

① 《代拟浙人国会请愿书》，《汤寿潜史料专辑》，第489页。

② 《汤寿潜致军机王大臣电》，《时报》，1910年8月27日。

③ 张謇：《大生纱厂股东会宣言》，《张謇全集》，南京：江苏古籍出版社，1994年，第114—115页。

④ 王人博：《宪政的中国语境：目标和价值》，《法学研究》2001年第2期。

民主、人权完全被视为工具服务于“富国强民”的指挥棒，什么对“富国强民”有益，就学习什么，宪法就规定什么。这也是汤寿潜、张謇等人很容易就从坚守的君主立宪转到共和立宪的现实原因之一。

汤寿潜等人将宪政视为工具并没有错，然而他们只看到了宪政的工具性、实用性和表层的功效性，对于宪政的目的性、理想性和终极性等核心价值，他们知道得不多，或者有意忽略。而且宪政不仅是一个制定宪法、制度建构的过程，更是一个学习的过程、经验积累的过程、改造民族性情的过程。它需要有一个深厚的宪政土壤，需要统治者的宪政智识和修养的提高，需要民智大开，也需要经济条件的支持，但这些在晚清远远不够。1908 年，宪政编查馆出台了九年筹备立宪清单，但在立宪派和部分开明官员的要求下，预备立宪缩短至六年，但立宪派还不满意，他们希望更快些，郑孝胥、张謇、汤寿潜代表预备立宪公会上书朝廷，希望把筹备立宪缩短至两年。汤寿潜、张謇、郑孝胥都是改良派，但在立宪问题上，也表现出激进的一面，就是想急切地建构起宪政，认为只要国会一成立，中国就可以富强，其中的心情可以理解，但他们的主张很多都是不切实际的一厢情愿。最后的结果是，不仅宪政无法有效地建立，富强也遥不可及。当然，我们不能苛责身怀宪政理想的以汤寿潜、张謇为代表的近代资产阶级上层，因为每个人都有其时代、阶级和历史的局限性。评价历史人物不是看他们比后人少做了什么，而是看他们比前人多做了什么，是否符合时代的发展要求。汤寿潜所处的时代赋予他们的使命和责任更多的是思考怎样救亡图存，他们为此奋斗。在他们的积极努力下，宪政思想逐渐为民众所接受，成为国家、社会转型的推动力。历史本身就充满了矛盾，这也是历史的魅力所在。

结　语

汤寿潜并非一流的思想家，也非力挽狂澜的历史关键人物，但他是近代中国一个从传统士绅向近代资产阶级转型的代表。他早年面对西方列强的侵略、政府腐败统治所造成的危机，产生了一种强烈的危机意识，大声疾呼："时乎！时乎！危乎！危乎！"强烈的危机感、忧患意识激发了汤寿潜的爱国热忱和社会责任感，寻求社会变革之道，于是便有了《危言》，意为危言以存国，成为名传一时的维新力作。其后，他投身维新变法的事业中，宣扬"教育救国""实业救国"，并身体力行。庚子事变中，他同张謇、沈增植等人倡议并推动"东南互保"。20 世纪初，清政府实行新政，加快了中国传统社会的解体。此时，汤寿潜已经转化成一名具有近代资产阶级特征的人士，他和张謇、郑孝胥等东南名流参与抵制美货运动、立宪运动、收回利权运动等，成为名重一时的立宪派领袖人物。辛亥革命后，汤寿潜又与时俱进，赞成共和政体，出任了浙江光复后的首任都督，并为中华民国临时政府的成立做出了贡献。对于汤寿潜的历史定位，可以参照王尔敏《经世小儒》对王韬、郑观应、薛福成、宋育仁、张謇、经元善、盛宣怀等人的评价。王尔敏指出，虽然这些思想家或社会活动家的身份背景、阅历、生活遭遇、志趣节操有不同，但面对中国变局，都具有时代的敏觉性，能发抒一得之见，即便有不同感受与辨识，"却俱足表达应变之觉识"，提出变革社会的主张，为世人提供警悟，推动社会进步。[①] 汤寿潜和这些人一样，面对世事巨变，卓异自立，在近代各种思潮、运动中，特别是早期维新思潮、维新运动、宪政思潮和宪政活动中留下了自己的足迹，其志节可敬，救世心肠可感。虽然他与严复、梁启超等一流的思想家相比还有差距，但其思想的变迁轨迹又具有代表性，对于解读近代中国思潮的变迁和宪政史有着特殊的意义。

历史的发展是阶段性和连续性的辩证统一。无论是思想观念的变革，还是社会制度的变迁，都不可能是毫无内在根源的突然发生，它总是一定历史时期的产物，并深受历史文化传统的制约。汤寿潜的宪政思想深受中国传统文化的影响，企图调和中学与西学，实现传统文化和政体的现代化转型。由于中国的传统文化并没有孕育出西方宪政文化的基因，汤寿潜等中国的精英阶层在寻求救亡之道时不得不将西方宪政文化的诸多要素置于"中国语境"中并予以重新解释，这体现了移植文化与本土民族文化氤氲化生的结果。早年的汤寿潜作为早期维新思想家，面对中西两大文明发生的激烈碰撞，敏锐地认识到西方的强大不仅是洋枪洋炮，而是先进的军事技术有发达的经济基础支撑，经济的背后是先进的法律和政治制

---

① 参阅王尔敏《近代经世小儒》序言，桂林：广西师范大学出版社，2008 年。

度以及先进的教育制度。于是，他的危机感化为社会变革之道，著书立说，危言以存国。他不仅严厉地批评了封建专制的种种弊端，也提出以重民重商为中心的经济近代化主张。更可贵的是，他试图移植西方的议院制度，提出了“君民共主”的君主立宪主张。这些都代表了那个时代的中国进步知识分子对民权思想和民主宪政制度的朦胧追求。但不可否认，时代的局限性同样不可避免。汤寿潜设计的议院是中西杂糅的，是典型的“中国式议院”。庚子之后，汤寿潜是较早提出在中国实行宪政的思想家，并撰写《宪法古义》。在《宪法古义》中，汤寿潜对西方宪政有了全面的认识，诠释了宪法、三权分立、民权、法治等宪政核心问题。他希望中国的统治者能明了宪政大义，推进中国走向宪政之路。但不无遗憾，汤寿潜释义宪政时有明显的局限性。他采用附会的方法，借古义以证今义，借中义以释西义，虽然此举与康有为托古改制的做法一样，是为在中国行宪政寻求变革的合法性，增强变革的权威性，但在一定程度上消解了宪政的本义，并不能使人信服。然而我们要对这些先行者有一种同情的理解，在当时的历史场景中，对宪政的这种理解既是近代知识分子一种民族文化主义的自觉，也是一种策略。

相对于中国传统政治文化而言，西方宪政完全是一种异质文化，与前者有着本质区别。汤寿潜说：“中国自三代以来，即有君尊臣卑之说，由是尊卑之分严，上下之等立。盖中国以礼为立国之本，故制礼以繁而尊；西人以利为立国之本，故立法以公而平。”[①]虽然汤寿潜以及相似的开明思想家认识到了中国学习西方的政教是正确的救亡之道，但他深受传统文化的熏陶，面对西学的强势东来，深深陷入了一个“混乱的逻辑迷宫”[②]。他既认识到学习西方文化的必要性，又从民族主义的情感出发，带着极强的文化优越感对唯西方是崇的态度十分不满，为此他批评道：“昔以西学为集矢之的，今则以西学为炫奇之媒；昔以西学为徒隶之事，今则以西学为仕宦之挚矣。”[③]他既反对那种认为西学不可学的妄自尊大、深闭固拒的态度，也反对事事推崇西方、妄自菲薄的悲观态度，因为这样，“输攻墨守，两俱失之”[④]。

汤寿潜之所以出现这种矛盾的思想，是中西文化相互碰撞、冲突、抵抗、融合的结果。从大历史的观点看，也凸显了现代性制度与传统文化、移植文化与本

① 《〈宪法古义〉叙》，《汤寿潜史料专辑》，第465页。

② 参阅丁伟志、陈崧：《中西体用之间》，北京：中国社会科学出版社，1995年，第151页。

③ 《危言》卷1，第10页。

④ 《危言·中学》，《汤寿潜史料专辑》，第224页。

土化之间的矛盾与冲突。传统文化中虽然有较多的民本资源可以利用，但它又是一种为专制制度服务的文化，有很多成分与现代化、宪政相悖。中国文化的坚强内聚力和稳固结构阻碍了中国对西方侵略作出迅速、有效的反应。由此，汤寿潜等精英知识分子自觉不自觉地会把西方宪政文化的诸多要素置于“中国语境”中并予以重新诠释，以达到救亡图存的目的。其结果自然是西方的民主、法治、人权思想在中国传统文化下产生了变异，中国移植了宪政的形式，而排斥了宪政的灵魂。当然，对于这些，我们不能简单地否定，应站在那个时代的历史场景中，持一种客观、同情的态度，理解汤寿潜的匡时救世之情，苦心孤诣之作，艰苦之践行。由此，对于历史人物的评价才更客观，对社会发展的内在逻辑的理解才更深刻。人类历史的最终形成是无数相互交错的力量合力的结果，无数历史现象充分证明，一种新生事物的产生是极其复杂的，不论是社会制度的变革，还是思想文化的推陈出新，必然是在已有历史土壤中蜕变而来。新时代的降临难以跳越历史前提。

汤寿潜坚守的宪政之路是体制内的改良道路。他虽然极不满意清政府的专制和腐败，但还是希望在清政府的主导下完成由专制向宪政的转变。皇权对汤寿潜等人而言，不仅是一种国家权力，是保证政府决策正常化和社会秩序稳定化的力量，也是中国知识分子价值世界的象征。无论从哪一方面讲，都很难让他放弃皇权。他在《危言》中的“尊相”“议院”篇，批评了皇权，但又在“亲藩”中为皇子王孙的培养出谋划策。他在《宪法古义》中极为推崇二元制的君主立宪制度，指出此制度下的君主有着崇高的地位，“今立宪国民，其于元首也，尊之，亲之，保护之。尧民之颂尧者曰：‘仁如天，智如神。’宪法定之曰神圣，其所以重视君身者，亦至矣哉。”他强调：君主是国家的象征，“犯者如犯其国”，君主犯了错误，可以批评，但不能“侵犯其身体”。[①] 他还指出，在君主立宪政体下，君主有很大的权力，对内有人事任命权，有召集、解散议会之权，还是军队的最高统帅，对外则有宣战、讲和、结条约等实权。在他的设计下，立宪制度下的皇权比之专制制度下的皇权并没有受到多大的影响，但君主的责任可以被分担。在汤寿潜看来，皇权的存在并不影响民主政治的发展，而且在中国这样的国度，皇权还是民主政治的保证力量。在20世纪初年，汤寿潜等人最大的政治情怀就是如何在保证皇权的基础上实现向宪政国家的过渡，并且殷切希望最高统治者能顺应形势，能体味绅商们的良苦用心，进行国家体制方面的变革。

---

① 《宪法古义》卷1，第1—2页。

为了能在清政府体制内实现宪政，汤寿潜等人走的是上层路线。他和张謇等人为湖广总督张之洞和两江总督魏光焘草拟《拟请立宪奏稿》，游说军机大臣瞿鸿禨，劝说考察宪政大臣端方、戴鸿慈都最走上层路线的事例。清廷下诏宣布“预备仿行宪政”后，汤寿潜等人又成立预备立宪公会，力主宪政有序发展。宪政实践中，汤寿潜虽然对清廷在立宪问题上的拖延、欺骗非常不满，但他依然苦口婆心进行劝说，不仅发起国会请愿运动，希望用请愿的方式推动清廷加速立宪，还亲自两次晋京面陈摄政王载沣，规劝立宪。即使在江浙保路风潮中，对于民众的过激行为汤寿潜也持反对态度，并以此警告清政府，如果不能顺应舆情，后果不堪设想。立宪改革的目的往往为防止或终止革命，包括汤寿潜在内的精英阶层支持晚清政府立宪改革大都有此苦心。假如清政府能真诚地推动立宪改革，汤寿潜等人必然是站在清政府一边的。但是，历史没有“假如”，在各种历史因素的跌宕冲突中，清政府统治的合法性丧失殆尽，它自己失去了立宪改革自救的机会，而汤寿潜等绅商也放弃了对清政府的忠诚，转而支持革命。

汤寿潜在江浙保路运动中积累了对清廷的不满，加大了裂痕。浙江保路运动是汤寿潜最用心的一件事情，他曾誓言，“路权所在，即国权所在”，极力主张绝不能让铁路利权落入外人之手。在运动中，汤寿潜提升和锻炼了宪政意识，他试图将收回利权运动和立宪运动相结合，以获得更多的参政权，推进立宪进程。他运用法律手段同外商、同清政府据理力争，动员民众社会参与，都取得良好的效果。然而，在同清政府的抗争中，他也认清了清政府的腐朽和专制，产生了难以弥合的裂痕，导致他和他所在的整个资产阶级上层的独立性倾向增强，甚至发出了“思叛其上”的呼号：“故窃谓时处今日，为诸君计，惟有力去其依赖之性质，当此失尽援绝之时，力为破釜沉舟之计。”[①]应当说汤寿潜等人对于铁路自办、收回利权曾经抱有很高的期望和热情，但清政府的倒行逆施让汤寿潜等人最后心倾革命。

在立宪运动中，清政府的拖延、欺诈、保守也让汤寿潜等人对宪政由希望变失望，最后绝望。起初，汤寿潜热烈地欢呼预备立宪的实行，似乎很快就能看到宪政带来的富强场景。然而，出乎他的意料，严肃的宪政成了利益集团们争权夺利的工具，各种卑劣的心机和手段无不以宪政改革的招牌出现，致使宪政面目全非。为了能推进宪政，张謇、汤寿潜、郑孝胥等绅商发起了国会请愿，三次请愿运动虽然声势浩大，但清廷顽固如旧，请愿运动一挫再挫，最后竟然是皇族内阁

① 《论江浙宜速招足股本以救借款之失》，《浙江铁路风潮》第1册，第168页。

的出台。至此，统治阶级的落后性、腐朽性、顽固性暴露无遗。“每一种事物好像都包含着自己的反面。”[①]张謇、汤寿潜同清政府本来可以成为同路者，但玩火者必自焚，当革命发生时，张、汤等人不可能再为清政府卖命。

汤寿潜虽然是立宪党人，不愿意看到革命的爆发，但他并没有视革命为洪水猛兽，反而和革命党人有一定的交往。浙江革命党人黄元秀曾回忆，辛亥革命前汤寿潜“常与民党中人往还，虽未参加革命派，行动精神早有默契”[②]。汤寿潜和蔡元培、章太炎等人的交往就是明证。此外，他对于光复会重要领导人徐锡麟被杀也深表同情。1912 年 1 月，汤寿潜和女婿马一浮共同撰写《烈士徐君墓表》，表彰徐锡麟。[③] 1913 年 8 月，汤寿潜在杭州建议建朱舜水祠，成立舜水学社，亲任社长，并授意女婿马一浮编辑《朱舜水集》，汤亲自为该书作序。朱舜水是当年抵抗清军南下的坚定人物。汤寿潜表彰朱舜水其实也是暗示他对于清政府不满的态度，此举还遭到顽固遗老郑孝胥的讽刺。[④] 1914 年，汤寿潜又在西湖边建三贤祠，供奉张煌言、黄宗羲和吕留良三人，此三人也是当年著名的反清人物。上述几件事情非常有意思，虽然有些事情已经发生在民国初年，但至少表明汤寿潜受到这类人物的影响，他的思想深处早已对清政府的专制和腐朽不满了，也表明了汤寿潜对清政府的态度绝不是抱守残缺，当他看到清政府失去人民的支持后，自己也没有必要再为清政府矢忠尽孝了。

晚清立宪是一种被动性和功利性的立宪，张謇、汤寿潜等人虽然极力支持立

① 马克思：《在〈人民报〉创刊纪念会上的演说》，《马克思恩格斯选集》第 1 卷，北京：人民出版社，2012 年，第 776 页。

② 黄元秀：《辛亥浙江光复回忆录》，戴逸主编：《中国近代史通鉴(1840—1949)·辛亥革命》，北京：红旗出版社，1997 年，第 1082 页。

③ 徐锡麟也是山阴人，和汤寿潜有同乡之谊。徐锡麟是光复会的重要首领，有人说汤寿潜也曾加入光复会，但无法证实。(可参阅杨际开：《马一浮先生事迹摭遗——访浙江首任都督汤寿潜先生之孙汤彦森》，《杭州师范学院学报(社会科学版)》2002 年第 05 期)。1912 年 1 月，徐锡麟遗骨归葬杭州西湖，汤寿潜命令女婿马一浮为其代写徐锡麟的墓表。马一浮写就后，汤寿潜做了修改，并以自己的名义发表。虽然此时已是民国，墓表也是马一浮起草，但也可以看出汤寿潜对于徐锡麟的倾向。在这篇《烈士徐君墓表》中，翁婿二人指出“时国人已经厌清政，草野之士，争言革命”，称赞徐锡麟“布衣穷巷之士，哀愤郁积，抱咫尺之义，犯险难、蹈白刃不顾，必死以求自达，而非有利天下之心。志苦而计浅，迹诡而意纯，虽匹夫之节，君子有取焉”的牺牲精神。(可参阅《烈士徐君墓表》，《汤寿潜史料专辑》，第 504—505 页。)虽然不能表明汤寿潜支持革命，但他对于革命者发愤思抗清王朝抱有一定的同情。

④ 汤寿潜建朱舜水祠，请求郑孝胥为此作诗。郑孝胥对于汤寿潜赞成共和极为不满，于是，借此讽刺曾经的老友，郑孝胥在日记中记道：“复汤蛰先(寿潜)书。汤于杭州议会议建朱舜水祠，以舜水有汉族御侮之意，欲为舜水学社以自解其排满之说，求余为诗。余复书曰：‘舜水孤忠苦节，吾甚敬之。然吾辈不幸亦生亡国之际，欲使大节不愧古人，乃为善学柳下惠者。不然，舜水有知，必不引乱臣贼子为同志，其不为所严斥者几希矣。”(《郑孝胥日记》第 3 册，第 1464 页。)

宪，但他们的旨归并不是为了清政府的统治，而是国家的富强与参与政治的诉求。当希望无法实现，幻想被残酷现实粉碎后，在强烈目的性的促使下，自然会赞襄革命。因为革命能带给他们希望。武汉起义成功后，汤寿潜赞成革命，有其自身潜在的革命因素，也是立宪、革命的功利心使然。从整个晚清和民初的宪政历史来看，改良与革命，看似道路不同，其实殊途同归。没有革命的压力，改良到一定程度就会停滞，当然，如果革命时机成熟了，再坚持改良，也会成为社会前进的绊脚石。汤寿潜能跳出改良和革命的二元对立和政治分野，完全顺应时势，以民族和国家的富强为旨归，这是难能可贵的。

马克思有一句名言："权利永远不能超出社会的经济结构以及由经济结构所制约的文化发展。"[①]任何一种新的意识形态和新的社会政治制度的确立，都是一定历史时期的产物，都必须以相应的经济基础和民众的普遍意识为基础。历史唯物主义认为，宪政思想和宪政体制作为一种上层建筑，是建立在与生产力相适应的生产关系即经济基础之上的。没有经济基础的支撑，上层的建筑便无法建构。西方宪政思想与制度的产生是以比较发达的资本主义商品经济为基础的。在19世纪末20世纪初，中国的资本主义发展有了长足的进步，特别是在清末新政中，清政府实行重商主义，国家主导的现代化运动进入一个快速发展期。在这一过程中，到处闪现着近代资产阶级上层的影子，他们在现代企业或者新式文教事业中充任着主要创办人以及投资者和管理者的角色。就汤寿潜本人而言，他投资的企业有：1901年与张謇、郑孝胥、罗振玉等人发起投资创办南通通海垦牧公司；1903年与沈玉林等在上海创办会文堂书局；1905年与张謇、许鼎霖在上海创办大达轮步股份有限公司，为重要股东；1905年与张元济、夏曾佑发起全浙铁路公司，并任总理；1907年又参与创办浙江兴业银行。毫无疑问，汤寿潜已经一步步跨入了近代经济社会的门槛，日益趋近于工商资本家。经济发展的需求、社会地位的提高必然促使汤寿潜等人产生强烈的参政意识，希冀获取政治上的发言权，以更好地维护他们的经济利益和国家主权。从晚清政治的实践来看，汤寿潜等精英以政治上立宪、经济上发展资本主义为宗旨，利用合法性的社会资源、经济资源与政治资源向清廷的权威发出了直接的挑战。在这一过程中，他们由对清政府的认同与支持到严重的疏离与对立，最终发展到矛盾难以调解而分道扬镳。但问题是，中国资本主义的发展并没有大步地向前迈进。相对于整个社会经济结构而言，中国资本主义规模小、资本少、发展缓慢，极不平衡并与封建主义有着

① 马克思：《哥达纲领批判》，《马克思恩格斯选集》第3卷，南京：人民出版社1972年，第12页。

千丝万缕的联系。正如毛泽东所言："微弱的资本主义经济和严重的半封建经济同时并存，近代式的若干工商业都市和停滞着的广大乡村同时并存，几百万产业工人和几万万旧制度统治下的农民和手工业同时并存……若干的铁路航路汽车路和普遍的独轮车路、只能用脚走的路和用脚还走不好的路同时存在。"[①]政治制度化的进程不能超越社会经济变革的实际水平，所以资产阶级民主政权建基于经济贫困化之上，就会成为"空中楼阁"，汤寿潜等近代资产阶级上层的宪政道路经历的坎坷与挫折表明脱离了经济发展的政治进步不可能成就真正的现代化。

马克思指出："主要的人物是一定的阶级和倾向的代表，因而也是他们时代的一定思想的代表。"[②]尽管在很多历史书中，汤寿潜、张謇等为代表的立宪派往往是被贬低的，不可否认，由于时代和阶级的局限性，他们自身有很多弱点，但对于这些局限性，我们应当回到复杂的历史情境中去考量和深思。中国发展到今天的模样，是历史的选择，是在一代代前人奋斗下发展而来的。一种崭新的思想和制度的培植、生长以及开花、结果，每一个环节都需要相应的历史人物，以及与之相适应的主题。汤寿潜虽然并未处于历史舞台的中心，但他对时代的认识，对于救亡图存道路的思考和选择，表现了为民族文明富强而努力奋斗的一种良知。在历史大转变的时代，他上演了自己的精彩人生。他不是历史新陈代谢过程中被动的棋子，而是历史的直接介入者和创造者，为近代中国社会的转型和发展起到了推波助澜的作用。这样的历史人物不应当小觑。

---

① 《中国革命战争的战略问题》，《毛泽东选集》(合订本)，北京：人民出版社，1991年，第172—173页。

② 《恩格斯致斐·拉萨尔》，《马克思恩格斯选集》第4卷，北京：人民出版社，1972年，第343—344页。

附　录

汤寿潜年谱简编

1856 年(清咸丰六年丙辰)，1 岁

7 月 3 日(农历六月初二)巳时，生于浙江省绍兴府山阴县天乐乡(今属杭州地区萧山市进化镇)大汤坞村。小名丙僧，字孝起、翼仙，后更字蛰仙、蛰先，学名震，1890 年会试未中而更名寿潜。

汤寿潜父名沛恩，字石泉，监生出身，除同治间短暂在陕西武功、盩厔(今周至)等县充任过师爷外，其余都在乡间以塾师为业。沛恩虽非饱学之士，但“笃学勤诲，孝友肫至”，深得家人乡邻好感。汤寿潜深受其父影响，蔡元培说：“(潜)其志行谊，多本之庭训。信乎教化之原，自家而国。”[①]1918 年 5 月 12 日汤沛恩在家无疾而终。

1857 年(咸丰七年丁巳)—1860 年(咸丰十年庚申)，1—5 岁

居家。英法军入侵北京，文宗出奔热河，订《北京条约》。

1861 年(咸丰十一年辛酉)，6 岁

从村塾汤仰山正式读书。颖异好学，二三月尽读《大学》《中庸》。是年，太平军攻占山阴，汤寿潜家庭困难，其父、叔父等以团民的身份参与抵制太平军的战斗。

1862 年(同治元年壬戌)，7 岁

居家课读，弱冠有闻。

1864 年(同治三年甲子)，9 岁

继续在家读书。

7 月，天京失陷，太平天国运动失败。

1865 年(同治四年乙丑)—1872 年(同治十一年壬申)，10—17 岁

继续居家课读，其间，渐濡经术，学业大有长进，为此后数十年奠定基础。

1873 年(同治十二年癸酉)，18 岁

是年，汤寿潜游学杭州，向坊肆赁读《通典》《通志》《通考》等文献，并摘抄。以暇宁家。

1874 年(同治十三年甲戌)，19 岁

继续游学省城，苦读摘抄《通典》《通志》《通考》等文献，穷日继夜，乐此不辍。

1875 年(光绪元年乙亥)，20 岁

---

① 蔡元培《《汤沛恩传》，高平书编：《蔡元培全集》第 7 卷(1936－1940)，北京：中华书局，1989 年，第 172 页。

娶张家桥、叶维松之女为妻。继续游学省城苦读，综括典章。

1876年(光绪二年丙子)，21岁

7月23日(农历六月初三)，长子孝佶出生。佶，字吉人，号拙存，清例选中书科中书，杭州光华火柴厂创始人。继续游学省城，农时居家耕读。

1877年(光绪三年丁丑)—1878年(光绪四年戊寅)，22—23岁

来往于家乡和杭州之间。居杭期间，博览群书。

1879年(光绪五年己卯)，24岁

潜赴秋闱，名录副榜第四名。

长女纫芳出生。

1880年(光绪六年庚辰)—1882年(光绪八年壬午)，25—27岁

来往家乡与省城之间，继续阅读、摘抄《通典》《通志》《通考》等书籍，并开始构思编撰《三通考辑要》，编纂纲要。

1883年(光绪九年癸未)，28岁

次女孝愍出生。1899年孝愍适绍兴马一浮为妻，1902年病逝。马一浮(1883—1967年)现代国学大师、理学家、佛学家，与梁漱溟、熊十力合称为“现代三圣”。马一浮一生受汤寿潜影响颇深。

1884年(光绪十年甲申)，29岁

次子孝傯出生。

1885年(光绪十一年乙酉)，30岁

是年，汤寿潜严厉批评科举制度，力倡实业。

1886年(光绪十二年丙戌)，31岁

因“家贫求力养”[①]，入山东巡抚张耀之幕，辅治黄河，献九策，即探源之策三、救急之策三、持久之策三；强调“清除积弊，信赏必罚”[②]。为张耀所器重。

1887年(光绪十三年丁亥)，32岁

始作《危言》。

1888年(光绪十四年戊子)，33岁

赴戊子科乡试，得中第六名举人。

结识乡榜同年象山陈汉章，后多有交往，曾经劝说陈汉章出山为仕，均被陈汉章拒绝。

① 张謇：《汤蛰先先生家传》，《汤寿潜史料专辑》，第126页。

② 刘操南：《汤寿潜先生进士试卷议析》，《汤寿潜史料专辑》，第389页。

1889年(光绪十五年己丑)，34岁

9月始与南通张季直(謇)结交。

3、4月，入京考礼部试，考取内阁汉中书。

1891年(光绪十七年辛卯)，36岁

4月，《危言》成，共4卷40篇，刊刻后，朝野目汤寿潜为唐甄、冯桂芬之流，该书的出版奠定了汤寿潜在中国近代思想界的历史地位。

是年，潜应会试，未中。

1892年(光绪十八年壬辰)，37岁

赴壬辰科会试，得中第十名贡生，殿试二甲，赐进士出身，朝考二等，授翰林院庶吉士。在这次会试中，汤寿潜不拘科举八股文的限制，“放言时事，海内诵之”[①]。

此科中进士者还有蔡元培、叶德辉、唐文治、沈宝琛、屠寄和赵熙等人。

《危言》再刊，内容有增删，卷数依旧4卷，篇数增至50篇。

1893年(光绪十九年癸巳)，38岁

任国史馆协修。

1894年(光绪二十年甲午)，39岁

庶吉士期满，以知县衔归部铨选，授知山西乡宁县，旋改知安徽青阳县。赴任前夕，翁同龢召见潜并断言：“汤必为好官。”[②]

10月9日，参加由翰林院编修戴兆春领衔、翰林院浙江籍官员孙宝琦、夏偕复、姚诒庆等共14人上书奕䜣的活动，内容是请光绪帝与日本“忍侮求和”[③]。

冬，与孙宝暄交，经常畅谈时务。

1895年(光绪二十一年己未)，40岁

春，汤寿潜知青阳县3月余，以亲老辞归，后往来沪杭之间，与维新人士交往密切。

12月，与宋恕结交(宋恕乙末日记摘要：“十一月二十四日，始识陈杏孙、汤蛰仙于仲屿席上。”[④])。

是年，汤寿潜受聘出任金华丽正书院山长。

---

① 马叙伦：《石屋余渖》，太原，山西古籍出版社，1995年，210页。

② 《翁同龢日记》第6卷，上海：中西书局，2012年，第2826页。

③ 胡珠生：宋恕集》下册，北京：中华书局，1993年，第935页。

④ 胡珠生：《宋恕集》下册，北京：中华书局，1993年，第935页。

是年，短暂入张之洞幕府。

1896年(光绪二十二年丙申)，41岁

5月，《理财百策》成稿。

向罗振玉主编的《农学报》撰写文章。

是年，汤寿潜与湖州刘锦藻相交。

1897年(光绪二十三年丁酉)，42岁

5月，汤寿潜在《农学报》发表《汤蛰仙书马君(马相伯)条议后》(《农学报第2册》)。

8月，浙绅胡道南、童学琦等在杭州创办了《经世报》，汤寿潜、宋恕、章太炎、陈介石等参与其中，宣传维新变法的思想。

12月，汤寿潜与屠寄(敬山)在《农学报》发表《屠敬山太史与汤蛰先太史论黑龙江屯垦事宜书并章程》(《农学报》第17册)。

是年，汤寿潜主持刊刻了质学会丛书初集。丛书包括汤寿潜的《危言》、李提摩太的《新政策》、傅兰雅的《佐治刍言》、梁启超的《西学书目表》、徐建寅的《德国议院章程》等时务著述，凡三十种80卷。

是年年底，直隶总督王文韶拟在保定设立畿辅学堂，延请汤寿潜为山长，汤寿潜电辞不就。

1898年(光绪二十四年戊戌)，43岁

1898年1月27日，清政府下诏举行经济特科。张之洞为清廷举荐人才，汤寿潜、梁启超、杨锐、郑孝胥、易顺鼎、邹代钧都在被举之内，其中大多数是当时维新变法的活跃人物。

5月，内阁学士张百熙也举荐17人，有康有为、梁启超、汤寿潜、陈三立、唐才常、杨锐、宋育仁等。

5月、7月，光绪帝先后两次电诏浙江巡抚廖寿丰，宣诏汤寿潜进京，由“部带领引见”①，汤寿潜因母病缓请。9月，慈禧太后发动戊戌政变，新政废，召见事寝。

夏，汤寿潜纂辑《治事文编》并为该书自序。

1899年(光绪二十五年己亥)，44岁

1899年春，汤寿潜受好友刘锦藻之邀，就任湖州南浔浔溪书院山长，主讲经史、策论、时务等课，次年离去。

---

① 《刘坤一集》第2册，长沙：岳麓出版社，2018年，第491页。

5月17日，访蔡元培于杭州养正书塾，商议请浙江巡抚衙门为绍兴中西学堂拨款事。

10月，汤寿潜所撰《三通考辑要》由上海图书集成局铅印出版，共30卷，200余万字。汤寿潜为该书封面题写签条，俞樾、袁昶、刘锦藻分别作序赞赏此书。

是年，汤寿潜在上海参办会文堂书局，委邵伯棠主其事。

1900年(光绪二十六年庚子)，45岁

6月27日，汤寿潜去张謇处长谈东南互保事情。

6月28日，汤寿潜拜见刘坤一，与刘坤一、陈三立议定，由汤寿潜北上追赶被派往山东的李秉衡，面陈安危之计，劝说李秉衡毋为刚毅、赵书翘利用。但汤没有追上李氏。

7月初，与张謇、何嗣焜、沈瑜庆、陈三立、施炳燮(刘坤一幕府)商议，联合刘坤一、张之洞实行东南互保。

9月13日，张謇来访。汤寿潜向张謇提出，请端王、刚毅自求罢斥。

1901年(光绪二十七年辛丑)，46岁

1月29日，清廷正式下谕表示将实行"新政"。

3月3日，汤寿潜、张謇、沈曾植作公祭何嗣焜文，电告郑孝胥，使速来沪。

3月13日，汤寿潜、张謇、郑孝胥、汪康年、沈曾植、黄绍第在上海雅叙园聚会。

3月21日，蒯光典招沈曾植、沈瑜庆、张謇、汤寿潜、缪荃孙等观剧。

3、4月间，汤寿潜、张謇、沈曾植等去南京和两江总督刘坤一共相商讨如何与张之洞合奏变法事宜。张謇、汤寿潜、沈曾植各替刘坤一拟一稿，刘坤一再把稿件交给张之洞，并评价三稿说："鄙见张、汤稿宏深博大，意在一劳永逸。惟积习太深，一时恐难办到。沈稿斟酌损益，补偏救弊，较为切要。"①

6月，郑孝胥向盛宣怀电荐汤寿潜出任汉冶萍铁厂及南洋公学，汤辞而不就。

6月6日，谕旨令张之洞保荐梁鼎芬、徐世昌、王同愈、劳乃宣、郑孝胥、汤寿潜等进京引见。

9月，汤寿潜撰写《宪法古义》，翻新旧传统，提出了自己对宪政的理解，向

---

① 《刘制台来电》，苑书义等：《张之洞全集》第10册，石家庄：河北人民出版社1998年，第8562页。

清廷呼吁以君主宪政作为新政改革的政治目标。

9月21日，汤寿潜、张元济、赵凤昌、缪荃孙、沈曾植等于九华楼同进茶点，商讨教育事。

是月，汤寿潜劝孙宝暄在上海创办新式学校。

11月，张謇联络汤寿潜、李审之、郑孝胥、罗振玉等人发起报股，创办通海垦牧公司于南通，张謇任总理。

1902年(光绪二十八年壬寅)，47岁

1月28日，沈曾植将入京，张謇、汤寿潜、蔡元培等十九人饯沈曾植于上海辛园。

2月，张謇与汤寿潜商议通州自立师范事。

7月24日，与张謇、袁树勋在一起吃素餐。25日，张謇从上海返回通州，汤寿潜送行至码头，更谈良久。

6月，汤函赞汪康年、梁启超首创《新报》社。

10月下旬，张謇邀请罗振玉、汤寿潜参观大生纱厂并一同勘查南通师范学校校址建设工程。

1903年(光绪二十九年癸卯)，48岁

3月12日，汤寿潜、张元济约饮郑孝胥、赵凤昌等于一家春。

4月，军机大臣瞿鸿禨保举汤寿潜入经济特科，汤不赴。

4月25日，上海各界三四百人在张园集会，拒俄反清，宣传革命。蔡元培、邹容、吴稚晖等演说。汤寿潜与郑孝胥碰巧遇到，听后感觉“颇动听”。

5月16日，汤寿潜、张謇、郑孝胥、赵凤昌宴集上海九华楼。17日上午，樊芬(时勋)约郑孝胥、张謇、汤寿潜、赵凤昌等至义昌洋行。夜，郑孝胥、俞明震、张謇、汤寿潜同饮雅叙园。18日，汤寿潜宴请郑孝胥、俞明震等。19日，汤寿潜、张美翊宴请沈曾植、郑孝胥、张謇等。

5月22日，张謇去日本考察。汤寿潜、沈曾植、郑孝胥等前往送行。

6月，清政府恼怒于蔡元培等人在张园宣传革命，准备通缉蔡元培，汤寿潜得知消息后，通过蔡元培的哥哥，劝告蔡元培出国避难。

夏、秋间，汤寿潜两次上书朝廷，力陈盐政时弊。

10月10日，去南通访张謇，谈至深夜。

是年，清廷派汤寿潜出任京师大学堂总教习，汤不赴。

是年，与沈玉林等在上海创办会文学社，亦称会文堂书局，出版了许多特色教科书。

1904年(光绪三十年甲辰)，49岁

1月24日，邀请张謇、张元济、袁树勋等人商议是否出任两淮盐运使一职。

4月13日，严修访日过沪，严信厚于聚丰园设宴，汤寿潜、吴昌硕、张美翊、周晋镳、何蒙孙等在座。

清廷特赏汤寿潜道衔，擢署两淮盐运使。汤辞不受，陈三立以诗寄之曰："飞书万行泪，却聘五湖船。"①

5、6月间，汤寿潜、张謇、赵凤昌等人在上海为湖广总督张之洞和两江总督魏光焘起草《拟请立宪奏稿》，请求仿日本立宪之制。

6月初，汤寿潜与张謇、张元济、张美翊、许鼎霖等连日商谈，决议游说瞿鸿禨等达官显贵，促使朝廷立宪。

7月3日，翁同龢在江苏常熟病逝，汤寿潜与张謇一同前往吊唁。

8、9月间，汤寿潜接连通过章梫(一山)致信军机大臣瞿鸿禨，游说瞿劝说朝廷立宪。

是年，汤寿潜受聘任上海龙门书院院长，力主改革，次年，书院更名为龙门师范学堂，开设算学、地理、物理、化学、历史、国文、英文、日文、体操等课，教学与研究一时称盛，成为上海县城内最高学府。

1905年(光绪三十一年乙巳)，50岁

1月8日，署理江苏巡抚端方欲离沪去湖南任巡抚，张謇、汤寿潜、赵凤昌、袁树勋、王清穆、李平书、张元济等为之饯行。

3月23日，汤寿潜与郑孝胥同赴中国公学。

3月29日，美国协丰公司代表倍次由浙江洋务代表许鼎霖、沪宁路总办沈敦和陪同，于一品香宴请汤寿潜、张元济、张美翊、夏曾佑等人，集议浙赣铁路事。与会者拒绝倍次要求。

3、4月间，汤氏与张元济、夏曾佑等发动旅沪浙江同乡，倡议集股自办全浙铁路，以抵制英国侵夺苏杭甬铁路修筑权。

7月24日，浙江绅商在上海议决成立全浙铁路公司，公举汤寿潜为总理、刘锦藻为副理，由商报奏报清廷。

8月，清廷授予汤寿潜四品京卿，总理全浙铁路。

是月，与张謇、汪康年、周廷弼等于沪协商疏通办法，商讨抵制美货问题。

9月，汤寿潜、刘锦藻通过军机大臣王文韶等上奏，要求废除邮传部与英商

---

① 陈赣一：《新语林》，上海：上海书店出版社，1997年，第46页。

订立的《苏杭甬铁路借款草约》，批准浙江自办铁路。

是年，汤寿潜、沈炳经等人创办杭州初级师范学堂。

1906年(光绪三十二年丙午)，51岁

1月，宋恕向山东巡抚推荐山东国文学堂监督人选，汤寿潜、陈三立、蔡元培、孙诒让、严复、陈黻宸等在举荐之中。宋恕荐汤寿潜的评语是："四品京堂汤寿潜，系浙江籍，学宗杜马，有守有为。曾辞两淮盐运使恩命，舆论翕然推为当世第一高士。"[①]

2月，汤寿潜、刘锦藻致电外务部、商部，提出废除中英《苏杭甬铁路借款草约》的五点理由。

2月4日，蔡元培来访，商议组织师范讲习会和组派学生去上海学习。

3月，在上海与两广学务处王舟瑶多次畅谈时局，提出在上海联络外国各领事，以有裨益于外交。王舟瑶在与瞿鸿禨的信中称汤论"情辞慷慨，血性过人"。

5月13日，商部奏准《商办全浙铁路公司章程》，咨行浙江巡抚督办。

7月底，端方、戴鸿慈等考察宪政回国抵上海，逗留多日，与张謇、汤寿潜、赵凤昌等人先后四次讨论立宪问题。

8月，汤寿潜、刘锦藻在杭州谢麻子巷创办浙江高等工业学堂(铁路学堂)，专门培养铁路车务人员。

9月1日，清廷正式下诏宣布"预备仿行立宪"。

9月，汤寿潜致信瞿鸿禨，提出"立宪必先分治，过渡尤重得人"[②]的主张。

10月，学部奏请设立谘议官，汤寿潜被任命为一等咨议官，相当于教育界国会议员。

11月底，在杭州多次与张元济互访，商量浙路聘请工程师之事。

是月，汤寿潜致函浙江巡抚张曾敭，推荐濮紫泉为政府提学、议长。

12月16日，郑孝胥、张謇、汤寿潜等人，联合江、浙、闽绅商200余人，在上海成立"预备立宪公会"。汤寿潜被举为副会长。该会是清末立宪运动期间最具影响力的立宪团体。

12月22日、30日，汤寿潜两次致函浙抚，分别提出杭州铁路施工进度以及下一步设想。

---

① 胡珠生：《宋恕集》上册，北京：中华书局，1993年，第400页。

② 汤寿潜：《致瞿鸿禨》，汪林茂：《中国近代思想家文库·汤寿潜卷》，北京：中国人民大学出版社2015年，第123页。

1907 年(光绪三十三年丁未)，52 岁

2 月 23 日，汤寿潜前往吊唁业师俞樾。

3、4 月间，汤寿潜欲辞浙路经理，张元济列举汤为事勤、公、廉，以诚恳之辞挽留汤，汤答应继续任职。

4 月 30 日，汤寿潜召开浙江铁路公司会议，重新设计铁路进入杭州的路线以及车站的位置。

5 月 3 日，汤寿潜受任学部头等咨议官，同时向学部提出“振兴教育之草案”。

5 月 27 日，浙江铁路公司在杭州创设铁路银行，汤寿潜名其为“浙江兴业银行”，该银行为浙江第一家商办银行。

是月，张謇、汤寿潜合力争于外务部，反对英商强借款给江浙铁路公司。

是月，汤寿潜与杜亚泉等在沪发起组织浙江旅沪学会，汤为会董，并受学会委托，往劝浙江巡抚增韫，每年拨银 3 万两，派遣 20 名优秀学生去欧美留学。

8 月，沪杭铁路江墅段通车。江墅铁线的建成，结束了杭州无铁路的历史现状，故称浙路第一段。

9 月 22 日，浙江省各地教育界代表 300 余人于杭州浙江高等学堂集会，成立浙江教育总会，先选举汤寿潜为会长，汤因任职浙路总理，辞以不能兼任。遂举张元济为会长，张也坚辞。遂公推孙诒让为教育总会会长。

10 月 22 日，浙江铁路公司在杭州开会，一致表示“款本足，无待借，路已成，岂肯押”①，反对政府借款，并成立了“浙江国民拒款会”，拒款风潮席卷江浙。

是月，汤寿潜接连致函在京浙藉京官，坚持浙路自主商办，拒绝英款。

铁路业务学校学生邬纲、浙路副工程师汤绪先后殉路，引发浙人乃至全国民众共愤，保路风潮越发激烈。清廷要求地方官多方劝导。

12 月，汤寿潜、张謇、蒯光典等筹议了有关国会和立宪的问题，支持预备立宪公会与宪政公会、政闻社、宪政研究会，共同筹备成立国会期成会。

汤寿潜作《议复罗署正(罗振玉)教育计划草案》。

12 月 10 日，清廷电浙抚，召汤寿潜、劳乃宣、缪荃孙、樊恭煦等七位浙绅进京入觐，打算解决浙路抗议风潮。汤寿潜推以浙路总理有接任者“即当遵旨首

---

① 仲继银：《伟大的公司：创新、治理与传承》，北京：企业管理出版社，2019 年，第 687 页。

途”[①]，未进京。

是月，汤寿潜、刘锦藻致电大清国驻日公使李家驹，恳请其在日本学界施加影响，为浙路集股。

1908年(光绪三十四年戊申)，53岁

2月16日，张謇、汤寿潜、孟昭常等人在预备立宪公会第一次会员常会上发表演说，研讨请开国会事宜。

3月6日，清廷任命盛宣怀出任邮传部右侍郎。盛代表清政府与英国正式签订借款合同，将所借英款一百五十万镑存于邮传部，由邮传部负责还借，所谓“部借部还”，聘用英国工程师主持路事。同时下令解散“国民拒款会”，调动军队，以武力相威胁。

是月，汤寿潜痛斥盛宣怀“部借部还”方案为“不渴而饮鸩”“掩耳盗铃”，强烈要求把盛宣怀逐出邮传部。

4月11日，汤寿潜、刘锦藻在《时报》发表《敬告股东意见书》，批评政府的“部借部还”方案，敦促已认未缴之股东缴款。

同日，汤寿潜致函钦差日本考察宪政大臣李家驹，求其在日本收罗有关铁路组织、经济管理的资料，并流露出对日本立宪治国安民的强烈兴趣。

6月7日，张謇、汤寿潜等人决定，以预备立宪公会的名义通告各省，向政府请愿召开国会。为此，汤寿潜撰写《拟浙人请开国会公呈》。公呈由前吏部侍郎朱祖谋领衔，全省8000多绅民签名。

6月30日，郑孝胥、张謇、汤寿潜等人以预备立宪公会的名义致电宪政编查馆，要求朝廷以两年为期，决开国会。

6、7月间，吉林成多禄过沪，汤寿潜与之时常往来，并为成多禄的家谱作序。禄，曾任绥化知府，有廉名，时在江苏巡抚程德全做幕府。

7月11日，郑、张、汤等人再度上书，重申了以两年为期的要求，并特别指出，“时不可失，敌不待我”，朝廷若有意开国会，当革除“迟疑顾虑”之锢习，“决然为之”。[②]

是年，汤寿潜与陈三立共同发起组织中国商办铁路公司的倡议，但由于人事阻碍，未成。

11月23日，汤寿潜、刘锦藻致函江西广信府知府许子元(浙人)，敦促江西

① 《咨呈浙江巡抚部院冯》，《汤寿潜史料专辑》，第567页。

② 《〈郑孝胥日记〉有关汤寿潜史料零拾》，《汤寿潜史料专辑》，第725页。

铁路公司和江西绅商实践诺言，携手合作，加快浙赣铁路建设。

12月1日，岑春煊宴请汤寿潜、郑孝胥、沈瑜庆等。

12月6日，出席预备立宪公会年例大会，会议议决提倡地方自治，与郑孝胥、张謇、孟森、张元济等21人一起被举为董事。

是月，清政府对立宪采取高压政策，郑孝胥辞预备立宪公会会长，汤寿潜与郑孝胥绝交，退还郑孝胥四封立宪公会寄来的信，“以示不阅告绝之意”[①]。

1909年(宣统元年)，54岁

3月，清廷下诏重申预备立宪，命各省当年内成立谘议局。汤寿潜联名发起杭州地方自治筹备处。

4月，汤寿潜家乡附近尖山、朱家塔一部分乡民阻碍筑路，汤寿潜发表《通告尖山、朱家塔诸父老意见书》，力陈利国利民、无碍风水，要求乡民顾全局，支持浙赣线勘测工程。

5月初，浙江巡抚增韫请汤寿潜担任浙江署财政议绅，负责全省财政，5月8日、15日汤寿潜两次致函增韫，婉辞不就。

5月19日，汤寿潜致电摄政王监国载沣，对清廷任命汪大燮为邮传部左侍郎，复任盛宣怀为右侍郎一事耿耿于怀，痛斥汪、盛出卖路权行为，提出如果清廷坚持任命汪、盛，则要求清廷撤销汤寿潜的四品卿衔，并另举他人总理浙路。

6月24日，浙江铁路公司举行年会，汤寿潜因极少数股东主张动用英商借给政府的存款，在年会上提出辞掉浙路总理。

7月15日，汤寿潜致函邮传部尚书徐世昌，询问路事，并对徐世昌主持邮传部寄以希望。

8月13日，沪杭铁路全线竣工通车，商旅腾颂。

8月14日，清廷任命汤寿潜为云南按察使，辞，未允。10月，再辞。11月，三辞。

8月23日，郑孝胥、张謇、汤寿潜等宴袁树勋于海藏楼。

11月3日，邀请张謇到杭州，共同访问浙江巡抚增韫，陈述召开国会及组织责任内阁之理由。夜与张謇、王清穆、蒋汝藻等议论时局及开国会事。

11月15日，到北京，住成寿寺。

11月20日，一早进宫请安。会见摄政王载沣，面陈不就滇臬原因。载沣使

① 《〈郑孝胥日记〉有关汤寿潜史料零拾》，《汤寿潜史料专辑》，第725页。

尽所欲言，因顿首曰："愿朝廷勿再用袁世凯。"[①]载沣默然。

午，章梫招饮，在座者有劳乃宣、陶拙臣、吴士鉴、徐宝蘅等。

11 月 26 日，访徐宝蘅。

11 月 27 日，徐宝蘅来访。

11 月 28 日，汤寿潜上奏《为国势危迫，敬陈存亡大计》。

11 月 29 日，汤寿潜第三次奏辞云南按察使。同日，清廷授汤寿潜江西提学使职。

11 月 30 日，汤寿潜奏请收回江西提学使成命，未准。

12 月 2 日，许宝蘅来访，汤寿潜告知监国载沣于其所陈八事颇为嘉纳，国会可望成立，并谕且到江西再说。汤寿潜拟请假两月回乡，再行疏辞。

12 月 4 日，清廷准予汤寿潜两月假期，回乡伺老。

12 月 6 日，与许宝蘅到嵩阳别业，约江西京官议常山、玉山路事，到者有李盛铎、朱益藩、刘廷琛、熊经仲、蔡金台。议定两省合办，设常玉路局，另举总、副理各一人，浙、赣各一人，股本各半，与两省公司划分。汤寿潜提议工程师一层不用外国人，众亦赞成。

12 月 10 日，汤寿潜离京。

是年，汤寿潜再次当选预备立宪公会副会长，辞。

1910 年(宣统二年)，55 岁

2 月 27 日，清廷准许汤寿潜辞去江西提学使一职。

是月，学部将严复编辑的《国民必读课本》照会汤寿潜征求意见，希望汤能"悉心察验"，将修改意见报告学部，以便修正。汤寿潜在阅过该书后，致长函于学部尚书唐景崇，"痛诋该部新编《国民读本》种种不通，逐节指驳，几于体无完肤"。[②]

是月，汤寿潜再次当选预备立宪公会副会长。

是月，御史江春霖弹劾庆亲王奕劻未果，反被斥责，愤而辞职，得到众多官绅同情，要求政府开国会。汤寿潜致电江："为大局痛，为公贺。回署归养，莫非国恩。南下过沪，期一痛饮。"[③]

3 月 11 日，汤寿潜在上海创办《天铎报》，自认董事长，聘陈屺怀任社长，

---

① 张謇：《汤蛰先先生家传》，李明勋等：《张謇全集》第 6 册，上海：上海辞书出版社，2012 年，第 606 页。

② 《汤寿潜痛诋〈国民读本〉》，《申报》，1910 年 4 月 25 日。

③ 王光明：《清王朝的崩溃：公元 1911 年中国实录》，天津：天津人民出版社，2006 年，第 46 页。

报道内容侧重商情。创办一年后，同盟会会员李怀霜、戴季陶等先后参加该报工作，舆论逐渐倾向激烈。其后民国成立，孙大总统就职时之《告友邦人士书》，即由《天铎报》首先载其全文。辛亥初，汤寿潜把报纸转让于粤人陈芷兰。

3 月 19 日，与张謇、赵凤昌商议加强中美国民外交事。

4 月下旬，汤寿潜赴广州联络当地绅、商、学、报各界名流，发起集资自办东南铁路。

在广州期间，汤寿潜受邀发表演说，宣讲“速开国会”的主张。《时报》进行了追踪报道，并刊登汤氏演说全文，反响强烈。

是月，在广州重逢密友丘逢甲，互赠诗鼓励。

5 月，汤寿潜抵汕头，向潮汕各界宣传东南铁路计划。

8 月 22 日，汤寿潜上书清廷，痛斥弹劾复任邮传部右侍郎的盛宣怀媚外祸国，请求政府要么“收回成命，将盛宣怀调离路事，以谢天下”，要么“请旨严饬寿潜，勿令干预路事”。①

8 月 23 日，清廷恼羞成怒，指责汤寿潜“狂悖已极”，迅速革去汤寿潜浙路总理的职务。消息传出，舆论哗然。各界纷纷举行集会，抗议清廷，挽留汤寿潜。

9 月 26 日，汤寿潜由杭抵沪，浙江旅沪学会为之北上进京践行。

9 月 27 日，汤寿潜孑身经山东进京。在山东，谒孔林、登岱岳、访青岛。

12 月中下旬，因愤路事想游关外，出京。过锦州时有诗云：“壮游老未忘医国，似此雄藩袖手过。出塞山疑天子嶂，绕城水是女儿河。地犹沙砾耕桑少，人到幽燕感慨多。隔岸遥东一衣带，幼安皂帽近如何。”②

1911 年(宣统三年辛亥)，56 岁

2 月，汤寿潜与江苏铁路公司协商，江浙两路公司联合行动，以撤销沪杭甬铁路局来抗议清政府的卖路政策。盛宣怀见江浙人民保路之决心，遂于英国公使朱尔典议妥，同意废止沪杭甬铁路借款合同。浙江保路运动取得胜利。

3 月 25 日，郑孝胥在北京宴请赵熙、汤寿潜等。

6 月，汤寿潜、张謇等联名致电摄政王，要求改组皇族内阁，但被拒绝。张、汤等人深感失望。

6 月 27 日，汤寿潜在汉口遇郑孝胥，汤、郑政见发生分歧，汤倾向共和，

---

① 支南珏一郎：《浙路风潮汤寿潜》，《汤寿潜史料专辑》，第 141 页。

② 朱孝藏著，白敦仁笺注：《彊村语业笺注》，杭州：浙江古籍出版社，2015 年，第 240 页。

郑主张保皇。

10月30日，御史徐定超上《奏派汤寿潜总办全省团练，设立总局，官督民办，保护治安》，清廷下谕"著照所请"。汤寿潜、陈介石、马叙伦等合议，谋在谘议局开会成立团练总局，未成。

10月10日，武昌起义爆发，翌日，汉阳、汉口也相继光复。11日，汤寿潜抵达武汉，目睹了蓬勃发展的革命形势，意识到清政府即将倾覆，遂于13日返沪，与人商讨浙江的情况。

11月初，浙江革命党人准备举义。革命党人朱瑞、黄元秀、吴思豫、褚辅成等人秘密集会，商议浙江光复后的都督人选。朱瑞推褚辅成，褚不就，转而力荐汤寿潜，得到与会者的赞成。

11月5日，杭州光复，军政府成立。当日下午，各界即在谘议局当场推举汤为都督。汤就职。

11月6日，革命党人设计诱杀杭州旗人协领贵林父子等四人。汤寿潜、陈黻宸等闻贵林之死伤心不已。汤寿潜感觉无法控制革命派，表示要辞去都督一职。众坚留。汤被说服表示暂留数月。

11月7日，汤寿潜派彭鼎周至南浔，筹组地方新政府。

11月11日，汤寿潜、程德全联名致电沪督陈其美，倡议在沪设立临时会议机关，筹建临时中央政府，应付复杂的局面。

同日，汤寿潜致函张元济，告之都督府内人事复杂，有引退之意，深恐造成混乱，不敢一怒径去。

11月13日，汤寿潜致函给袁世凯，表示东南各省人民希望建立统一的共和政府。

本日，与张謇、赵凤昌电联张家口商会，请其转请库伦商会及蒙古各界人士赞成共和："满清退位，即在目前，共和政治成立，人人平等。大总统由人民公举，汉、满、蒙、回、藏五族皆有选举大总统之权，皆有被选为大总统之资格。……务各同心协力，一致进行，蒙汉同胞，并受其福。"①

11月14日，清廷发布上谕，打算派汤寿潜、张謇、江春霖、谭延闿、梁鼎芬等名流分任各省宣慰使，企图拉拢立宪派，扑灭革命，挽救危局。但是，上谕发布时，汤寿潜已任浙江省都督，清廷的打算落空。

11月18日，浙江军政府主办的《汉民日报》创刊，汤寿潜邀请杭辛斋总其

① 庄安正：《张謇年谱》(晚清卷)，长春：吉林人民出版社，2002年，第331页。

事，邵飘萍被聘任为主笔。

14日，上海光复。张謇、汤寿潜、赵凤昌等推庄蕴宽去武汉，为组织统一革命机构事征求黄兴与黎元洪的意见。

12月3日，蔡元培去汤斋拜见汤寿潜，适章太炎在座，商讨中华民国临时政府的首脑问题。

是夜，程德全、汤寿潜等去赵凤昌惜阴堂密议。

12月7日，汤寿潜致函程德全，并附去《临时政府政治大纲九条》，以备采择实行。

12月11日，汤寿潜致函黎元洪，提出南北议和时防止袁世凯各方要挟。

12月25日，汤寿潜、陈其美、程德全到达南京，协商组织临时政府有关事宜。

1912年(民国元年)，57岁

1月10日，汤寿潜向浙江议会辞都督，举陈其美、章炳麟、陶成章继任。经省会军学界挽留无效，拟推蒋尊簋继任都督。

1月15日，浙江议会批准汤寿潜辞去浙江都督之职。

1月16日，汤寿潜被任命为中华民国临时政府交通总长。汤未到任。

2月，海外华侨吴世荣在上海发起华侨联合会，其目的“一方面对于政府欲补助其建设，一方面对于华侨谋未来之幸福”[①]，黄兴、宋教仁、陈其美、伍廷芳、张謇、汤寿潜等赞成。

3月2日，章炳麟的中华民国联合会与预备立宪公会合并，正式组成统一党，由章炳麟、程德全、张謇、熊希龄、宋教仁为理事，汤寿潜、唐绍仪、汤化龙、赵凤昌等为参事。

4月11日，南京临时政府授汤寿潜为赴南洋劝募公债总理。

4、5月间，汤寿潜携次子孝億游历南洋，“周历群岛，侨人争求识君惟恐后”[②]。在马来西亚柔佛促成汤孝億、蒋抑卮、蒋孟苹办明庶农业公司，种植橡胶。

6月11日，汤寿潜归国返沪。汤寿潜此次南洋之行，虽“万里远役”，却“一钱不名”，[③] 向北京电辞劝募公债总理。

---

① 《上海通志》编撰委员会：《上海通志》第2册，上海：上海人民出版社，2005年，第1028页。

② 张謇：《汤蛰先先生家传》，《汤寿潜史料专辑》，第127页。

③ 张謇：《汤蛰先先生家传》，《汤寿潜史料专辑》，第127页。

6月19日，浙路公司重新邀请汤寿潜担任浙路公司经理，汤接受邀请。

8月1日，汤寿潜再次总理浙路公司，职名改称理事正长。

9月，汤寿潜继续坚持浙路商办，反对袁世凯政府“统一路政、干线国有”[①]政策，提出如果国有，必须首先废除1908年中英双方签订的《沪杭甬铁路借款合同》。

10月，汤寿潜派朱福诜等人代表浙路公司赴京谈判铁路国有问题。

12月10日，孙中山到杭州，浙江都督朱瑞设宴招待，汤寿潜应邀参加欢迎会。

1913年(民国二年)，58岁

6月，在汤寿潜的积极奔走调停下，麻溪坝终于着手改坝为桥，并修建茅山闸。乡民咸赞汤氏功德，并于1936年5月建“汤蛰先先生纪念碑”于茅山之巅。

6月，江苏铁路公司同意苏路国有，这给浙路坚持商办造成很大压力。但汤寿潜仍坚持商办的宗旨。

8月，汤寿潜在杭州提议建朱舜水祠，成立舜水学社，亲任社长，并授意女婿马一浮编辑《朱舜水集》。汤亲自为该书作序，并请郑孝胥作诗。郑孝胥在日记中记道：“汤蜇先以舜水有汉族御侮之意，欲为舜水学社以自解其排满之说，求余为诗。”[②]

10月5日，张謇邀请汤寿潜、刘垣、孟森、雷奋等到南通，商议是否出任熊希龄内阁的工商总长一职，在听从汤等人的建议后，张謇决定立即北上。

是年，汤寿潜为《浙路輶轩表》作序。

1914年(民国三年)，59岁

3月5日，名流内阁总理熊希龄、农商总长张謇联名致函汤寿潜，要他体谅政府困难，同意浙路收归国有。汤寿潜再三考虑，经过股东大会的激烈争论，做了“浙路交归国有”的决定。

是年，汤寿潜主事改西湖彭公祠为三贤祠，供奉张煌言、黄宗羲和吕留良三人。

是年，民国政府将沪杭铁路收归国有，为补偿汤寿潜前后四年督造而不收薪之劳，特犒银20万元，汤两次拒而不受。不果后，经子孝佶、婿马一浮建议，悉数捐赠浙江教育会，用于新建浙江公共图书馆。

---

① 《汤寿潜史料专辑》，第106页。

② 劳祖德整理：《郑孝胥日记》第3册，1993年，第1484页

是年，经世文社编辑的《民国经世文编》出版，汤寿潜为之作序。

1915年(民国四年)，60岁

12月13日，袁世凯在中南海居仁堂宣布接受“推戴”，大封百官，准备登基当皇帝。汤寿潜得知后，说：“项城死期近矣。”并通电反对。

12月21日，黄兴自美国函张謇、汤寿潜、唐绍仪、赵凤昌、伍廷芳、庄蕴宽等人，说：“今兹共和废绝，国脉将危，泣血椎心，哀何能已！先生等负国人之重望，往时缔造共和，殚尽心力，中复维持国体，委曲求全。今岂能掉心任运，坐视而不顾乎？……贤者不出，大难终不可平，国之存亡，系于今日。”[①]

1916年(民国五年)，61岁

是年，汤寿潜居家静养，以诗文聊以自娱。

6月，袁世凯在千夫所指中忧惧而亡，汤氏得知后，心情愉悦，病体稍安。

1917年(民国六年)，62岁

1月5日，《申报》刊登新闻，浙江有识之士发动公民大会，为抗议北洋政府向浙江渗透拟集会抗议，主张浙江自治，汤寿潜被列为首名发起人之一。汤寿潜得知这一消息后，致函浙江公民大会，对其爱念桑梓之举表示赞赏，但就未先征求意见，而被列名一事提出异议，表示无意政治，要求从发起人中除名。

6月6日，汤寿潜病逝于萧山临浦。

8月21日，北京政府拨给治丧费2000元，褒恤前浙江都督汤寿潜。

---

① 毛注青：《黄兴年谱》，长沙：湖南人民出版社，1980年，第272页。

参考文献

[1]中国第一历史档案馆藏．汤寿潜档案全宗(缩微胶卷)[M].

[2]萧山政协文史委．汤寿潜史料专辑[M]. 浙临时出书．1993 年．

[3]浙江省档案馆．汤寿潜与保路运动档案 民国档案案卷目录库(MG)[A]. 1—34.

[4]墨悲．江浙铁路风潮[M]. 1907 年(光绪三十三年).

[5]汤寿潜．危言(第 4 卷)[M]. 三鱼书屋，国家图书馆文津分馆藏，1898 年(光绪二十四年).

[6]汤寿潜．宪法古义[M]. 翰墨林编译印书局光绪三十一年(1905)版，国家图书馆文津分馆藏．

[7]汤寿潜．三通考辑要(30 册 76 卷)[M]. 光绪二十五(1890)年通雅堂版，国家图书馆文津分馆藏．

[8]汤寿潜．经史百家序录(12 册)，会文学社，清光绪二十八年(1902 年)[M]. 北京师范大学图书馆藏．

[9]汤寿潜．质学丛书初集(80 卷)，光绪二十三(1897)年质学会版[M]. 国家图书馆文津分馆藏．

[10]汤寿潜．治事文编初编[M]. 从新学社光绪二十四(1898)年版，上海图书馆藏．

[11]汤寿潜．治事文编[M]. 从新学社光绪二十七(1901)年版，上海图书馆藏．

[12]宪政编查馆．清末民初宪政史料辑刊(全 11 册)[M]. 北京图书馆出版社，2005.

[13]观渡庐(伍廷芳). 共和关键录[M]. 上海棋盘街著易堂书局，1912.

[14]浙江社会科学院历史所．辛亥革命浙江史料选辑[M]. 杭州：浙江人民出版社，1981.

[15]浙江社会科学院历史所．辛亥革命浙江史料续辑[M]. 杭州：浙江人民出版社，1987.

[16]浙江文史资料委员会．浙江辛亥革命回忆录续辑[M]．杭州：浙江人民出版社，1984.

[17]稽曾绮．浙江通志[M]．台北：台湾商务印书馆，1986.

[18]汪康年．汪康年师友书札[M]．上海：上海古籍出版社，1986—1989.

[19]劳祖德整理．郑孝胥日记[M]．北京：中华书局，1993.

[20]高平书．蔡元培全集[M]．北京：中华书局，1984.

[21]梁启超．饮冰室合集[M]．北京：中华书局，1989.

[22]张树年，张人凤．张元济书札[M]．上海：商务印书馆，1981.

[23]张元济．张元济日记[M]．上海：商务印书馆，1982.

[24]郑观应．盛世危言[M]．郑州：中州古籍出版社，1998.

[25]冯桂芬．校邠庐抗议[M]．郑州：中州古籍出版社，1998.

[26]赵树贵，曾丽雅．陈炽集[M]．北京：中华书局，1997.

[27]胡珠生辑．宋恕集[M]．北京：中华书局，1993.

[28]胡珠生辑．陈虬集[M]．温州：温州市政协文史委员会，1992.

[29]孙宝煊．忘山庐日记[M]．上海：上海古籍出版社，1983.

[30]严复著，王栻．严复集[M]．北京：中华书局，1986.

[31]刘师培．刘申叔遗书[M]．南京：江苏古籍出版社，1997 年影印本。

[32]缪荃孙．艺风堂友朋书札[M]．上海：上海古籍出版社，1980.

[33]祁龙威．张謇日记笺注选存[M]．扬州：广陵书社，2007.

[34]马叙伦．石屋余瀋[M]．太原：山西古籍出版社，1995.

[35]曹聚仁．我与我的世界[M]．太原：北岳文艺出版社，2001.

[36]汤志钧．章太炎年谱长编[M]．北京：中华书局，1979.

[37]许全胜．沈曾植年谱长编[M]．北京：中华书局，2007.

[38]中央编译局．马克思恩格斯选集(4 卷)[M]．北京：人民出版社，1972.

[39]中共中央文献编辑委员会．毛泽东选集[M]．北京：人民出版社，1991.

[40]中央编译局．列宁选集[M]．北京：人民出版社，1995.

[41]萧山政协文史委．汤寿潜研究[M]．北京：团结出版社，1995.

[42]王人博．宪政文化与近代中国[M]．北京：法律出版社，1997.

[43]王世杰，钱端升．比较宪法[M]．上海：商务印书馆，2002.

[44]熊月之．中国近代民主思想史[M]．上海：上海人民出版社，1986.

[45]徐爽．旧王朝与新制度——清末立宪改革(1901—1911)纪事[M]．北京：法律出版社，2010.

[46]苏全有．清末邮传部研究[M]．北京：中华书局，2005.

[47]迟云飞．宋教仁与中国民主宪政[M]．长沙：湖南师范大学出版社，1997.

[48]丁伟，陈．中西体用之间[M]．北京：中国社会科学出版社，1995.

[49]张朋园．立宪派与辛亥革命[M]．长春：吉林出版集团，2007.

[50]刘刚，李冬君．通往立宪之路(上下册)[M]．杭州：浙江大学出版社，2011.

[51]王尔敏．近代经世小儒[M]．南宁：广西师范大学出版社，2008.

[52]张玉法．清季的立宪团体[M]．长沙：岳麓书社，2004.

[53]章开沅．离异与回归：传统文化与近代化关系试析[M]．长沙：湖南人民出版社，1988.

[54]冯筱才．在商言商——政治变局中的江浙商人[M]．上海：上海社会科学院出版社，2004.

[55]王怡．宪政主义：观念与制度的转捩[M]．济南：山东人民出版社，2006.

[56]罗福慧．辛亥时期的精英文化研究[M]．武汉：华中师范大学出版社，2001.

[57]唐力行．商人与中国近世社会[M]．上海：商务印书馆，2003.

[58]章开沅，田彤．张謇与近代社会[M]．武汉：华中师范大学出版社，2002.

[59]熊月之．西学东渐与晚清社会[M]．上海：上海人民出版社，1994.

[60]汪荣祖．晚清变法思想论丛[M]．北京：新星出版社，2008.

[61]汪林茂．浙江辛亥革命史[M]．杭州：浙江大学出版社，2001.

[62]陶士河．浙江民国史研究通论[M]．北京：中国社会科学出版社，2007.

[63]马勇．超越革命与改良[M]．上海：上海三联书店，2001.

[64]孙广德．晚清传统与西化的争论[M]．台北：台湾商务印书馆，1982.

[65]侯宜杰．二十世纪初中国政治改革风潮[M]．北京：出版社，1993.

[66]王人博．中国近代的宪政思潮[M]北京：法律出版社，2003.

[67]郑匡民．西学的中介：清末民初的中日文化交流[M]．成都：四川出版集团、四川人民出版社，2008.

[68]朱宗震．大视野下清末民初变革[M]．北京：新华出版社，2009.

[69]王磊．百年共和与中国宪政发展[M]．北京：法律出版社，2003.

[70]迟云飞．清末预备立宪研究[M]．北京：中国社会科学出版社，2013.

[71]朱仁显．传承与变革——从君主民本到民主宪政[M]．北京：中国社会科学出版社，2012.

[72]刘厚生．张謇传记[M]．上海：上海书店出版社，1985年影印本．

[73]卫春回．张謇评传[M]．南京：南京大学出版社，2001.

[74]陶士和．民国浙江史研究[M]．西安：陕西人民出版社，2006.

[75]方同义，陈新来，李包庚．浙东学术精神研究[M]．宁波：宁波出版社，2006.

[76]吕顺长．清末浙江与日本[M]．上海：上海古籍出版社，2001.

[77]李墨海．探寻宪政之路——孙中山的宪政思想及实践问题研究[M]．北京：中央编译出版社，2011.

[78]杨际开．清末变法与日本——以宋恕政治思想为中心[M]．上海古籍出版社，2010.

[79]王磊主．百年共和与中国宪政发展——纪念辛亥革命100周年学术研讨会论文集[M]．法律出版社，2012.

[80]沟口雄三．龚颖译．中国前近代思想的屈折与展开[M]．北京：三联书店，2011.

[81]周锡瑞．杨慎之译．改革与革命一辛亥革命在两湖[M]．南京：江苏人民出版社、凤凰出版传媒集团，2007.

[82]三石善吉．余项科译．传统中国的内发性发展[M]．北京：中央编译出版社，1999.

[83]小野川秀美．林明德、黄福庆译．晚清政治思想研究[M]．时报文化出版事业有限公司，1982.

[84]松本三之介．李冬君译．国权与民权的变奏——日本明治精神结构[M]．北京：东方出版社，2005.

[85]亨廷顿．王冠华、刘为等译．变化社会中的政治秩序[M]．北京：三联书店，1996.

[86]柯文．林全奇译．在中国发现历史一中国中心观在美国的兴起[M]．上海：商务印书馆，1989.

[87]柯文．雷颐，罗检秋译．在传统与现代性之间一王韬与晚清革命[M]．南京：江苏人民出版社，1994.

[88]列文森．郑大华、任菁译．儒教中国及其现代命运[M]．北京中国社会

科学出版社，2000.

[89]章开沅．辛亥革命与江浙资产阶级[J]. 历史研究，1981－10－15.

[90]章开沅．张汤交谊与辛亥革命[J]. 历史研究，2002(1)：99－113.

[91]章开沅．论汤寿潜现象——对辛亥革命的反思之一[J]. 浙江社会科学，2001－12－15.

[92]来新夏，焦静宜．论汤寿潜的历史功绩[J]. 天津师范大学学报，1995(2)：49－52.

[93]茅家琦，吴春梅．汤寿潜与晚清新政[J]. 历史教学(高教版)，1995(1)：3－7.

[94]戚其章．中国近代早期维新思想发展论——兼论汤寿潜的早期维新思想[J]. 中州学刊，1995－3－20.

[95]汪林茂[J]. 江浙士绅与辛亥革命[J]. 近代史研究，1993－3－2.

[96]张皓．从汤寿潜到朱瑞：浙江辛亥革命的领导权问题与都督位置之争[J]. 史学月刊，2011－9－25.

[97]胡国枢．浙江在辛亥革命中的地位与作用[J]. 浙江学刊，2001－10－27.

[98]周育民．试论汤寿潜的《危言》[J]. 上海师范大学学报，1984(2)86－91.

[99]陶水木．辛亥革命时期汤寿潜几个问题的探讨[J]. 民国档案，2005(1)：106－112.

[100]刘冰冰．论汤寿潜的立宪思想及其社会实践[J]. 齐鲁学刊，200211－30.

[101]王嘉．比较视野中之晚清"西学中源"与"中体西用"文化观[J]. 晋阳学刊，2007－9－25.

[102]都樾．汤寿潜佚著《宪法古义》考证[J]. 江苏教育学院学报，2007－3－25.

[103]叶世昌．从《危言》看汤寿潜的市场经济思想[J]. 复旦大学学报，1995(1)：21－24.

[104]竺柏松．作为历史学家的汤寿潜及其《三通考辑要》[J]. 近代史研究，1995(5)：218－224.

[105]陈晓东．沪杭甬铁路风潮中浙路公司的维权斗争[J]. 苏州大学学报(哲学社会科学版)，2008(5)：101－105.

[106]易惠莉．清末新政时期上海官、绅、商结合的实业活动：主要考察浙路公司和汉冶萍合并商办案[J]. 思想与文化，2004(4)86－115.

[107]理明．汤寿潜与浙江保路运动[J]. 档案与史学，2004－8－25.

[108]姚培锋．略论汤寿潜与浙江收回路权运动[J]. 绍兴文理学院学报(哲学

社会科学版)，2001－2－28.

[109]陶士和．汤寿潜近代经济思想评析[J]. 杭州师范学院学报，1998(1)：1011－105.

[110]余丽芬．汤寿潜"危言"论西学[J]. 学习与思考，1997(9)：47－48.

[111]陈同．在中学与西学之间——汤寿潜思想述论[J]. 史林，1995(2)：69－73.

[112]赵晓红．从反帝到反清：由浙路运动看辛亥革命之社会基础[J]. 浙江社会科学，2011(11)：113－117＋159。

[113]孙祥伟．东南精英群体的代表人物——汤寿潜研究(1890—1917)[D]. 上海：上海大学，2010.

[114]方莉．汤寿潜"学战"思想与实践研究[D]. 杭州：浙江大学，2012.

[115]李涛．汤寿潜与中国教育近代化[D]. 杭州：杭州大学，1997.

[116]姚顺．汤寿潜早期维新思想研究——以《危言》《理财百策》为中心[D]. 长沙：湖南师范大学，2008.

[117]胡进．江浙绅商与铁路风潮(1905—1908)——江浙铁路风潮新探[D]. 苏州：苏州大学，2008.

后　记

本书是在我的博士论文基础上修改而成的，基本保持了博士论文的原貌。

遥想 2004 年 9 月博士入学时，意气风发，干劲十足，对做学术充满了敬意和热情。为了有更多的时间进行专业学习，英语口语不好的我利用整个暑假，苦练口语，并顺利通过入学之初的博士英语免修考试。博士论文选题确定后，还雄心壮志做了规划，打算除完成博士论文，再写一部汤寿潜的传记。但在博士论文写作过程中，我也切身感受到其中的辛苦。有近一年的时间泡在中国第一历史档案馆和国家图书馆古籍馆，查阅资料，抄录档案，其中甘苦自知。再加上生性驽钝，做事拖沓，期间又夹杂各种琐事，博士毕业一再延期，想来总感觉愧疚。今天论文能够出版，也算了了一桩心事。此时此刻，我对在求学路上帮助过我、鼓励过我的老师、同学、同门以及家人充满了深深的感激之情。

首先要感谢恩师史革新先生。1997 年秋，我到史老师门下读硕士，2004 年秋又跟他读博士，一直到 2009 年 7 月 28 日史老师病故。虽然史老师已经离开我们 14 年多了，但他的音容笑貌总是浮现在我的眼前，他的谆谆教诲让我难以忘怀。史老师年岁不高，但被很多同事称为“老夫子”，不仅在于他学识渊博、治学严谨，而且品德高尚、待人宽厚。他在北师大历史系做总支书记多年，做事任劳任怨，事必躬亲，从也不愿意麻烦同事。他对学生充满了深沉地爱，诲人不倦。不论他所教的本科生，还是指导的硕士生、博士生，他都投入了大量的时间和精力，把立德树人的情感倾注到每一位学生身上。即使在术后化疗期间，他依然拖着孱弱的身躯，伏案审阅学生的论文。在我记忆当中，不知多少次，他放弃午休时间，在教研室耳提面命地指导我和同门。还有好几次，我们在国图古籍馆相遇，午饭时间，我们师徒二人就在附近的山西面馆，一人一碗刀削面。他边吃边指导我如何辨别史料、运用史料。他在重病期间也念念不忘我的学业，鼓励我早日把博士论文完成，并嘱咐我多锻炼身体，珍惜身体健康。师恩似海，史老师的道德文章是我最宝贵的财富，我永远忘不了。

我还要深深地感谢导师王开玺先生。从上硕士时，我就跟着王老师上专业课，我的硕士论文开题、答辩、博士论文的开题，王老师都参与其中。史老师去世后，王老师继续指导我。王老师有着极强的责任心和仁爱心。我归于王老师门下后，曾一度彷徨，好长时间都没有动笔写论文，甚至一度想放弃继续攻读学位，是王老师给予我莫大的鼓励，告诫我做学问要有韧性，不能轻言放弃。他耐心地指导我如何开拓视野，如何从博杂的史料中读懂历史。当我把论文交给王老师时，他说论文虽然存在不少问题，但参加答辩没问题，这给我很大的自信。他倾注大量心血，从论文结构、语言表述、乃至标点符号都提出修改意见。树高千尺不忘根。王老师虽然他已经70多岁，身体还受过重伤，但他依然坚守着育人的初心，关爱着学生，并且笔耕不辍。王老师值得我永远感激和尊重。

此外，还要感觉龚书铎、郑师渠、孙燕京、李帆、张昭军、王宪明、李细珠、黄兴涛、藏文旭等诸位先生，他们或在我学习或开题或答辩的过程中，给于我鼓励和指导，让我受益匪浅。在这里，谨向以上各位先生表示由衷感谢。

感谢同学王秀丽、王海鹏、胡忆红、李在全、王云红、柳宾、周兆利、吕厚轩、何立波、吴修申诸君，上学期间，我们相处甚好，留下了至今都难以忘怀的许多美好回忆。现在，我们也多有联系，彼此交流教学、科研、工作、生活中的各种收获、喜悦或烦恼。人生有几位挚友，也是一大幸事。

本书的出版也得到山东科技大学马克思主义学院出版基金的资助，感谢学院领导和同事们的关心和支持。另外，还要感谢吉林大学出版社的编辑，他们为本书的出版付出了辛勤的汗水。

最后还要感谢家人，家是温暖的港湾，它既可以诗意地栖居，又可以柴米油盐酱醋茶的平淡生活。家人们并不在乎你是否成功，他们更关心你是否快乐，是否健康。正是家人的爱给我信心和力量，让孤独退去，感受到生活的美好和温馨

在论文撰写和修改过程中，我虽然竭力全力，但由于本人水平有限，加之一些档案难以辨识，书中难免有错误和疏漏，敬请读者批评、指正，并深表谢意。

时间是一个伟大的力量，它见证了历史的新陈代谢，也记录下我们的成长和变化，沉淀了我们的经历和感悟。人生的道路上，会有成功，也会有失败，会有改变，也会有遗忘，但也有一些事情和东西难以改变，甚至随着时间的推移，它们会变得更加清晰起来。这其中就包括爱与感激。

邵勇

2023年10月8日于山海花园